禅宗文化发扬光大青原法脉源远流长

佛历二五六〇年四月初八日 纯一题

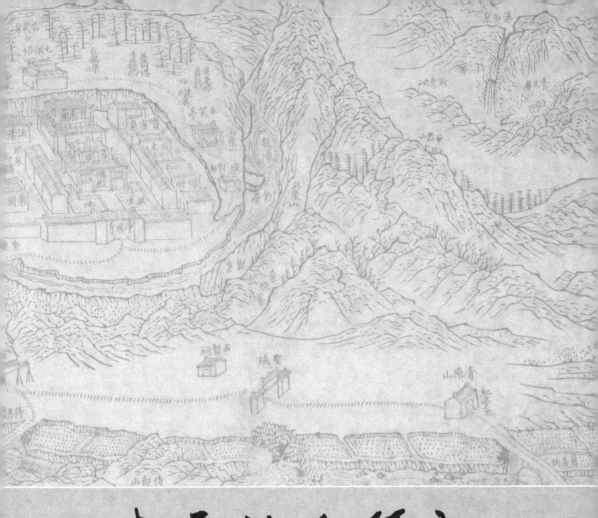

青原法派研究

徐文明　著

中国社会科学出版社

图书在版编目(CIP)数据

青原法派研究／徐文明著．—北京：中国社会科学出版社，
2016.5

ISBN 978-7-5161-8262-8

Ⅰ.①青… Ⅱ.①徐… Ⅲ.①禅宗—佛教教派—研究—
中国 Ⅳ.①B946.5

中国版本图书馆 CIP 数据核字(2016)第 116755 号

出 版 人	赵剑英
责任编辑	冯春凤
责任校对	张爱华
责任印制	张雪娇

出　　版	中国社会科学出版社
社　　址	北京鼓楼西大街甲 158 号
邮　　编	100720
网　　址	http://www.csspw.cn
发 行 部	010-84083685
门 市 部	010-84029450
经　　销	新华书店及其他书店

印刷装订	北京君升印刷有限公司
版　　次	2016 年 5 月第 1 版
印　　次	2016 年 5 月第 1 次印刷

开　　本	710×1000 1/16
印　　张	29.25
插　　页	2
字　　数	465 千字
定　　价	89.00 元

目　　录

序

　　江西吉安是著名的禅宗之乡，青原山为天下闻名的禅宗祖庭。禅宗四祖道信大师曾于吉州受戒，并于此地传禅。后世自六祖惠能嫡传青原行思以下，名德辈出，宗匠叠起，青原法派，天下流传。

　　吉安市委、市政府制订"三山一江一城"的旅游发展战略，将青原区定为吉安中心城区休闲大花园，青原区委、区政府决定大力推动青原山的文化建设，以促进地区经济发展。他们希望通过整理青原法脉，挖掘禅宗文化，将优秀的传统文化与时代精神结合起来，以提升青原区乃至整个吉安市的文化知名度做出贡献，这是一件很有远见，并具有学术价值和现实意义的文化工程。

　　为此，他们专门礼请北京师范大学徐文明教授来编写这部《青原法派研究》的专著。徐文明教授长期致力于禅宗研究，有十余部与禅宗相关的著作问世，并发表论文二百余篇，勤学深思，创获甚多，是这项专著工程的最佳人选。果然，徐文明教授不负当地政府领导和民众的厚望，在短短的半年多时间里，写出了这部四十万字的巨作。

　　曹溪一滴，流入吉水；宝林之花，盛于青原。青原行思大师门下石头希迁，开为曹洞、云门、法眼三宗，不仅派分中国，并且遍行东亚，成为中国禅宗中与南岳怀让系并肩的最大禅派之一。作者在书中对青原法派进行了系统的梳理和全面探究，对行思以下各个重要的支派和宗师进行了深入地探讨，特别是对三宗之外其他较少受到关注的支系与人物，如德山门人感潭资国系、岩头全豁系等，对于其中重要禅师的生平经历、师承宗系、住持道场、机缘语句、禅法理论、地位影响等方面进行了细致的梳理。

　　作者对行思大师打破旧俗，回到本乡传法，体现了乡情与道情、爱国与爱教的统一这一优良传统，深加赞许，给予了特别的关注和论述。因而，书中也以较多的篇幅突出青原系在江西乃至吉州青原本地一带的传播，与弘法盛况，并专门列表图示青原派吉州高僧的简况，这也与当地政府弘传本地文化的意愿相契。

书末，作者还以专章论述了青原系在海外的传播情况，突出了青原系在国际上的广泛影响。青原系自晚唐始，便陆续流传到新罗、越南、日本等地，并且成为当地最有影响的佛教派别。其中，一些宗匠还成为国师帝师等，有力促进了中国文化与世界各国文化的交流与融合。这对推动当今国际文化交流，中国文化走出去，也是很有启发的。

作者书成后，嘱老朽续貂数语以为序，故略读目录和数章节后，写了以上几点观感，以为复命，期读者当以读本书为首务。

楼宇烈

2016 年 5 月

前　言

　　青原行思为六祖惠能大师门人，也是青原法派的开创者，下出石头希迁，希迁下出药山惟俨与天皇道悟，药山下出曹洞宗，天皇下出云门与法眼二宗，成为青原法派的主流。青原与南岳两个法派并盛共存，延续至今，体现了禅宗两株嫩桂久昌昌的盛况。

　　青原法派繁荣至今，并非无因，而是具有十分突出的特色。其一，行思大师生于吉州安城，又在本乡终身弘法，这是比较少见的。丛林相传，有"弘道莫还乡，还乡道不香"之说，据说大名鼎鼎之马祖，一度回乡弘法，被乡人嘲笑为"马簸箕"之子。而行思大师却反其道而行之，坚持在本乡弘法，融合道情与乡情，打通世法与佛法，体现了出入不二、两边不立的精神。

　　其二，青原法派的崛起是一个长期渐进的过程。尽管《宋高僧传》卷九有"自江西主大寂，湖南主石头，往来憧憧，不见二大士为无知矣"之说，然此说出自石头法孙刘轲，或有溢美之嫌，其实当时石头的影响力与马祖无法相提并论，石头门人的数量亦不足马祖的十分之一，直到晚唐时期，随着药山、丹霞、天皇三大系都明确宣布归宗青原，青原一系的力量才开始增强，具备了与南岳系并立的资本。到了宋代，由于沩仰宗已然衰落，临济宗有孤立之感，而青原系的云门、法眼、曹洞三宗都依然兴盛，故青原始有出人头地的势头。

　　其三，由于石头多数门人都曾先后参见二大士，故其归属问题时有争论，学术界对于这一问题也有不同的看法。本书尊重其后人的选择和传统的观点，将药山、天皇、丹霞三支都纳入青原法派，这不完全代表个人的学术观点。中国禅宗宗派之见并不浓厚，相互之间关系融洽，合作与团结为主流，争论也只限于学术辩论，基本上不伤和气。这是中国佛教的优秀传统，应当发扬光大。

青原系对于中国禅宗发展的意义无须讨论，而对于青原系的研究却仍显不足。一则对于曹洞、云门、法眼三宗缺少整体系统的研究，二则对于三宗之外其他青原支派关注不足，很多重要禅师甚至几乎无人问津。当然，由于时间与篇幅局限，本书也无法完成对整个青原系的完整阐述这一艰难复杂的重任，而是希望对于青原法派的整体轮廓和思想体系进行比较全面的概括，有助于了解青原系的全貌和基本构架。

本书特色之一，即对于青原系三宗之外的支派和人物进行尽可能详尽地研究与描述，这些方面往往是被忽略的，如丹霞系、德山门下资国感潭系、岩头系等，这些支派当时影响都很大，只是由于后世不继而被忽略。

本书特色之二，即重视青原本土支派和人物，对于青原系与吉州有缘特别是青原山弘法者给予特别关注，这也是继承了行思大师的宗风，强调禅法与乡情的结合。

本书特色之三，即通过图表和年表，对于整个青原系的概况进行全面的描述。图表体现青原系的各个支派及人物传承情况，对于一些在正文中未曾细述的重要人物加以补充说明。年表则是对于青原系发展脉络的详细再现，有些关键人物及历史事件于此得以展示。事实上是从时间和空间两个维度补充展现青原系的全貌。

由于时间紧迫，学力不足，本书存在的问题肯定不少，希望得到诸方的指点。

第一章　青原行思与青原法派的开创

第一节　青原行思的生平事迹

青原行思为江西吉州安城人，其生平事迹相关资料并不完整，禅宗史料有《坛经》、《祖堂集》、《景德传灯录》、《五灯会元》等，青原山有明萧发生《青原遗碑略记》、正德十年（1515）《青原净居禅寺钟铭》等。

行思生卒年，《祖堂集》称"师以开元二十八年十二月十三日迁化"，后世禅宗史料因之。此与《宋高僧传》所载一致。

据《宋高僧传》卷九：

> 又释行思，姓刘氏，庐陵人也。濡润厥躬，贞谅其性。出尘之后，纳戒已还。破觚求圆，斲雕为朴，厥志天然也。往韶阳见大鉴禅师，一言蔽断，犹击蒙焉。既了本心地，祗迭告还，复吉州阐化，四方禅客，繁拥其堂。开元二十八年十二月十三日入灭于本生地。勅谥大师号曰洪济，塔曰归真。其塔会昌中例从埋毁，后法嗣者重崇树之。①

《景德传灯录》卷五作"唐开元二十八年庚辰十二月十三日，陞堂告众，跏趺而逝"②，更加明确是在开元二十八年（740）庚辰之末入灭。如此行思卒年明确，生年未明。

然而青原本山所留碑铭则是另外的说法。《青原净居禅寺钟铭》称"东土七祖慈应禅师，族出安城刘氏，唐开元二十六年于山跌化，到今肉身住

---

① 《大正藏》50 册，第 760 页中下。
② 《大正藏》51 册，第 240 页下。

世八百余载，水旱疾疫，祈祷不应。弘治辛酉，合寺毁熄，肉身殿宇无存"①。

此处明确称是开元二十六年（738）行思趺化，比前说早了两年。如果说这只是后世之说，不可凭信，那么还有更加重要的史料。

据《青原遗碑略记》：

> 天宝六载碑，略曰：七祖，汉长沙定王发后，得旨曹溪，遂住青原。开元二十六载化，寿六十八。时朝议郎、江南西道采访判官朱元，朝议郎、庐陵县令吴自励，僧道莫、如画等，印山龛于绝顶。②

这是有关行思生卒年的最为原始可靠的资料，可惜的是如此重要的碑文竟然未引全碑，而是略记其事。从所引碑文内容来看，天宝六载（747），江西采访判官朱元、庐陵县令吴自励、僧人道莫、如画等人，共同为其在山顶造龛，供奉真身。此说与前引钟铭一致，出自青原本山，是可靠可信的资料。

如此行思（671—738）生于咸亨二年（671），灭于开元二十六年（738），寿六十八。

行思早年史事不详，《景德传灯录》称其"幼岁出家，每群居论道，师唯默然"③，唯言其出家很早，未明具体时间，《青原山志》则道其开耀元年（681）十一岁出家，不知所据，又道他于通天二年（697）二十四岁时前往曹溪④，此说显然有误，要么是万岁通天二年（697）二十七岁时，要么是延载元年（674）二十四岁时。

行思在曹溪十几年，深得法要，颇受六祖器重。

据《六祖大师法宝坛经》卷一：

> 师深器之，令思首众。一日，师谓曰："汝当分化一方，无令断

① 《青原山志》，方志出版社 2011 年版，第 283 页。
② 同上书，第 231 页，标点有改动。
③ 《大正藏》51 册，第 240 页上。
④ 《青原山志》，第 44 页。

绝。"思既得法，遂回吉州青原山，弘法绍化。（谥弘济禅师）。①

又据《景德传灯录》卷五：

> 祖深器之，会下学徒虽众，师居首焉。亦犹二祖不言，少林谓之
> 得髓矣。一日祖谓师曰："从上衣法双行，师资递授，衣以表信，法乃
> 印心。吾今得人，何患不信！吾受衣以来，遭此多难，况乎后代，争
> 竞必多。衣即留镇山门，汝当分化一方，无令断绝。"②

六祖门下，人才辈出，以资历论，最早门人以法海、玄策等为首；由
明悟言，玄觉堪称第一。行思、怀让、神会等属于小字辈，虽然列名《坛
经》，当时并非地位最高者。传衣之说不见于《祖堂集》和《宋高僧传》，
或当为后世所作。《景德传灯录》作者道原属于法眼宗，为青原后人，推尊
祖师，合乎情理。然而既然《坛经》明言六祖深加器重，"令思首众"，表
明行思在门人中具有比较突出的地位，为后辈中之杰出者。

据宋元之际的《青原山墨宝碑》，"寺创于唐景龙己酉"，这表明行思于
景龙三年（709）离开曹溪，回到家乡开创青原山静居寺。行思回到家乡的
时间有三种说法，《青原山志》之《大事记》称"神龙元年（705），肇建
安隐寺，开山祖师法号等失考"，这是否定了行思的开山祖师身份，不可
取，与黄庭坚"水犹曹溪味，山自思公开"之说不合，并且与该书第三章
第一节"开山祖师行思"之说自相矛盾。其实这是行思归乡建寺的一说，
而且是时间最早的观点。第三种说法最为广泛，即开元年间开山说，一般
说成开元二年（714），是为了强调行思是在惠能去世后离开曹溪。

此三说之中，究竟何者更加可靠呢？神龙元年说太早，开元二年说太
晚，景龙三年己酉说于史有据，应当从之。其时行思年近四十，思想已然
成熟，故六祖令之归乡开法。

此说还有旁证，据《中土前期禅学史》：

---

① 《大正藏》48 册，第 357 页中。
② 《大正藏》51 册，第 240 页上。

僧传云其"居曹溪数载,后遍寻名迹",表明他未必留至六祖去世。也许他就在景云元年(710)时离开曹溪,游历名山,以广见闻,是以对其后之事知之不多,故而其言建塔之时与他书不同。他此次出游,大概只在南方一带(北方早时已经游历),待闻六祖去世,便赶回奔丧,于记六祖灭度归葬时日之时,痛断肝肠,心中恍惚,故不遑多问,其间偶闻旁人误传景云二年(711)玄楷、智本建塔及先天二年九月六祖归新州之事,未加细思便记下来,致有此误。神会二至曹溪究竟呆了几年难下定论,然据其语录,他曾在与远法师辩论时举普寂同学西京清禅寺广济于景龙三年(709)十一月至曹溪偷传法袈裟之事①,其描述颇为生动具体,当是神会亲历。神会曾为北宗弟子,又在西京受戒,可能与广济当年已经认识,其述此事时广济及在场的惠远、玄悟等大概都尚在世,若非实有其事,神会又安敢指名道姓地加以指责。由此亦可知神会当时尚在曹溪。神会既然误记景云二年(711)六祖令弟子造塔事,可见其时他已离开曹溪,不得其情。因而最有可能的是景云元年(710)神会离开曹溪。②

《祖堂集》、《景德传灯录》皆载神会自曹溪来参行思,而神会离开曹溪游方访道是在景云元年(710),大概其年六祖教示十弟子三科法门、三十六对法,令其分化一方,事在付嘱行思之后,表明了行思的特殊地位。

行思开法三十年,影响很大,四方禅客,齐聚其堂,使得江西吉州成为禅宗传播的中心之一。开元二十六年(738)十二月十三日,行思入灭,奇异的是,他和六祖一样,真身不坏。天宝六载(747),江西采访判官朱元、庐陵县令吴自励及行思门人道莫、如画等为其在山顶造龛,安奉真身。

行思入灭之后,被门人奉为七祖,前来参礼者甚多。

据《青原山志》之《大事记》:

　　天宝八年(749),扬州大明寺鉴真和尚第五次东渡日本,遇海风

---

①　《神会和尚禅话录》,第32、33页。
②　徐文明:《中土前期禅学史》,北京师范大学出版社2013年版,第370、371页。

受阻，由广东返回扬州时，路过吉安，与随行的日本僧使普照，特地到寺参礼行思和尚塔。

又据《游方记抄》卷一之《唐大和上东征传》：

> 后移开元寺，普照师从此辞大和上，向岭北去明州阿育王寺，是岁天宝九载也。时大和上执普照师手，悲泣而曰："为传戒律，发愿过海，遂不至日本国，本愿不遂。"于是分手。感念无喻。时大和上频经炎热，眼光暗昧。爰有胡人，言能治目，加疗治，眼遂失明。后巡游灵鹫寺、广果寺，登坛受戒。至贞昌县，过大庾岭。至虔州开元寺，仆射钟绍京左隣在此请大和上至宅，立坛受戒。次至吉州，僧祥彦于舟上端坐，问思托师云："大和上睡觉否？"思托答曰："睡未起。"彦云："今欲死别。"思托谘大和上，大和上烧香，将曲几来，使彦凭几向西方念阿弥陀佛。彦即一声唱佛，端坐寂然无言。大和尚乃唤彦彦，悲恸无数。

> 时诸州道俗闻大和上归岭北。四方奔集，日常三百以上。人物骈阗，供具炜烨。从此向江州，至庐山东林寺，是晋代慧远法师之所居也。[①]

如此鉴真路过吉州是真，然而时间不是天宝八载，而是九载（750），而且普照并未随行，他在此前已经去往浙江明州了。鉴真在吉州时，门人祥彦于舟中入灭，其他事迹不明，他有可能到靖居寺参礼，但是原始史料没有明确记载。

大历二年（767），颜真卿到访，应寺僧之请，书"祖关"二字，后刻于山门。

《宋高僧传》称"勅谥大师号曰洪济，塔曰归真。其塔会昌中例从埋毁，后法嗣者重崇树之"，似乎暗示其师号与塔号都是武宗会昌灭法（845）以前所得，此说不符合实际，有夸大行思影响之嫌。《景德传灯录》称是僖

---

① 《大正藏》51 册，第 991 页下、992 页上。

宗时（874—888）谥，已是唐末。而据《青原遗碑略记》，"大顺元年，谥曰弘济大师"，依照惯例，塔号也应是同时。如此，直到唐昭宗大顺元年（890）时，行思才得到朝廷的谥号，此时距离唐朝灭亡只有十余年。

第二节　行思的禅法思想

有关行思的思想资料存世不多，最早出自《坛经》。
据《六祖坛经》：

> 行思禅师，生吉州安城刘氏。闻曹溪法席盛化，径来参礼。遂问曰："当何所务，即不落阶级？"师曰："汝曾作什么来？"曰："圣谛亦不为。"师曰："落何阶级？"曰："圣谛尚不为，何阶级之有？"师深器之，令思首众。

对此笔者曾经作过解释。
据《顿悟心法》：

> 行思来参礼六祖，马上就问："当何所务，即不落阶级。"阶级，就是阶梯，阶梯的本质特征是有上有下，有高有低，分阶层。所以行思这一问，就奠定了后来青原的宗风——追求不落阶级，不起分别，不生二见，要有平等性智。
>
> 六祖没直接回答这个问题，反问："汝曾作什么来？"你曾经做过什么？其实这句话，既是反问又是回答。问在启发，答就在启发之中告诉他答案。这寥寥数语，含义极其深刻。
>
> 青原马上就受了启发，说："圣谛尚不为，何阶级之有？"就是说，我连菩提都不求，连涅槃都不求，连佛都不作，阶级从哪儿来呢？就是从自己的分别心中来的，这个世界本来没有分别，上下本身是人为的施舍。如果心中没有凡圣见的时候，还有上下高低吗？六祖只说了六个字，就把行思给超度了，转凡为圣，转识成智，转迷为悟。[1]

---

[1]　徐文明：《顿悟心法》，金城出版社 2010 年版，第 161、162 页。

从这段对话来看，行思的目标就是"不落阶级"，此句有多种意蕴，最根本的意义就是平等。平等是佛教的根本精神，也是中国本土文化特别是儒家最为缺少的方面，因为儒家的特点是讲究"分"，君臣之分，男女之分，父子之分，师生之分，是强调拉开距离，使不同的人各有分位。应该承认，儒家思想在早期是具有合理性的，因为儒家的"分"是对应于人类原始社会时期的浑沌不分，"分"是文明的开始，是礼的开端。然而，儒家的"分"一旦模式化、固定化，就容易走向极端，从而造就社会的不平等、不公平，使社会丧失活力。印度佛教的传入，最大的贡献就是平等思想的引入，儒释互补，有分有不分，有差异有平等，从而建构一种更加合理的社会体制。

行思远祖为汉朝王室，与惠能一样，都属于没落的贵族，经历了世态炎凉，因此对于社会上下等级的危害十分清楚，他希望佛法的平等精神能够解除"阶级"差别，从而建立一个公平合理的社会，并且由此消除分别心，直入涅槃，成佛作祖。因此，一见到仰慕已久的六祖大师，便迫不及待地提出自己的心愿，希望大师指点迷津。

行思的思想有体有用，不仅有自己的主张，更重要的是寻求实现这一理想的途径。因此，他希望六祖直示其道，告诉他怎么做才能够不落阶级，这表明他是一个务实的修行人，不是一个空谈的思想家。

六祖对此成竹在胸，没有直接回答，而是反问行思你曾经做过什么来实现自己的理想，启发行思自己找到问题的答案。这正是一个高明的导师和教育家的风范，是通过循循善诱来启发学人自己悟道。

行思一经反问，便开始反思怎么做才能不落阶级。佛法不外是圣谛与俗谛两种，按照常理，当然是选择最高的圣谛，而选择圣谛，本身就意味着心中有凡有圣，有高有低，存在着上下分别二见，这与不落阶级的理想南辕北辙、大相径庭。如此不仅俗谛不可为，圣谛亦不可求。凡有所为，皆是造作，尽属妄求。一切有为法，如梦幻泡影，尽是虚妄。想到这里，他便直言告诉六祖，如我所见，圣谛亦不可为。

六祖见行思有所觉醒，便步步紧逼，绝不放过，又问行思，一切不为，落何阶级？

行思一想，我连圣谛都不执著，心无凡圣，还有什么阶级呢？于是赶紧道，圣谛亦不为，何阶级之有！至此他才明白，原来阶级分别本不在外，都是自己内心的分别妄想。万法本来平等，众生本来一体，都是由于人为的分别造作，才产生了阶级差别。本来这个世界上不存在阶级，阶级是人类自己造作出来的，根子在于人心，不在外境。因此，要想不落阶级，必须从改造人心开始。人人都有平等心，都有公平心，都没有分别心，哪里会有什么阶级呢？

行思主张凡圣两边俱不立，这与印度佛教离两边而归中道的精神是一致的，亦与龙树大乘中观学派的宗旨相同。因此，行思的思想更加体现了南宗宗旨，平等一味而又归于空观，亦与六祖无念为宗、无相为体、无住为本的禅法不异。

行思与师弟神会曾有一番对话，表达了各自的禅风。

据《景德传灯录》卷五：

> 荷泽神会来参。师问曰："什么处来？"会曰："曹溪。"师曰："曹溪意旨如何？"会振身而已。师曰："犹滞瓦砾在。"曰："和尚此间莫有真金与人否？"师曰："设有与汝，向什么处著！"（玄沙云："果然。"云居锡云："只如玄沙道果然，是真金是瓦砾？"）①

行思问神会什么处来，其实是明知故问，看他是否得到曹溪真传。神会振身而立，表达了高度的自信，表示即此便是曹溪意旨，吾之所解，与吾师不异。行思不予认可，认为他不够纯粹，身上还有瓦砾，我见犹存，我慢未除。神会反唇相讥，道是你说我所悟不够，如同瓦砾，难道你别有真金吗？行思见神会不够谦虚，稍微一试，便知果然是瓦砾，于是道莫管我到底有没有真金，即使有黄金给你，恐怕你也承受不住，没有地方安置，你福报不够，消受不起。

神会未明心地，稍得为足，虽从曹溪来，未明曹溪意，见到师兄，又不肯虚心求教。行思努力点化于他，但神会心存我慢，根本听不进去。他的知解与证解还有很大的距离，是以六祖预言他即使有些小福报，也不会

---

① 《大正藏》51册，第240页中下。

改变知解宗徒的毛病。

　　神会后来在北方大弘南宗顿教，有功于宗门，但他又挑起南北两宗的矛盾，通过攻击北宗来表现自己，这显然不是六祖愿意看到的局面。虽然安史之乱后神会一系开始崛起，成为南宗在北方的代表，荷泽宗盛行一时，一度成为与洪州宗并列的两派。神会本人相传被德宗立为禅门七祖，成为官方认可的正统。然而瓦砾毕竟是瓦砾，雷鸣一时也取代了须弥金钟。会昌法难之后荷泽宗便开始消沉，甚至早于其所批评的北宗而灭亡。

　　行思一派的"真金铺"虽然开始阶段无人问津，后来还是逐渐兴盛，最终取代了神会系的位置，成为与南岳并存的两支。

　　据《景德传灯录》卷五：

　　　　僧问："如何是佛法大意？"师曰："庐陵米作么价？"①

　　这是与行思相关的一个重要公案，后世禅门评唱者无数。
　　据《禅宗颂古联珠通集》卷九：

　　　　清源因僧问："如何是佛法大意？"师曰："庐陵米作么价？"颂曰：
　　出家学道未心开，请问宗师大意来。却问庐陵米几价，当时心境
　　一时灰。（汾阳昭）。
　　　　乌龟三眼赤，祥麟一角尖。腾云生暮雨，溪月夜明帘。（法昌遇）。
　　　　巨宋山河四百州，交关物物有来由。庐陵米价依然在，天下衲僧
　　语路绸。（正觉逸）。
　　　　庐陵米价逐年新，道听虚传未必真。大意不须岐路问，高低宜见
　　本来人。（黄龙南）。
　　　　庐陵米价越尖新，那个商量不挂唇。无限清风生闻外，休将升斗
　　计疎亲。（白云端）。
　　　　庐陵米价知不知，合下相酬两莫亏。君信入鄽空返者，到头只是
　　爱便宜。（三祖宗）。

---

① 《大正藏》51 册，第 240 页下。

太平治业无象，野老家风至淳。只管村歌社饮，那知舜德尧仁。（天童觉）。

丰俭时年各不同，岂教浮俗妄争功。庐陵米价谁增减，贵贱宜当见祖翁。（草堂清）。

庐陵米价播诸方，高唱轻酬力未当。觌面不干升斗事，悠悠南北谩猜量。（长灵卓）。

庐陵米价若为酬，入市知行趣自由。借问年来何所直，大宋山河四百州。（佛灯珣）。

老清源，没缝罅；问佛法，酬米价。衲僧一粒若沾唇，拄杖横担绕天下。（高菴悟）。

庐陵米价少知音，佛法商量古到今。绣出鸳央任人看，无端却要觅金针。（鼓山珪）。

老清源，没缝罅；问佛法，酬米价。差毫厘，成话霸；无面目，得人怕。（径山杲）。

【续收】庐陵米价走禅徒，五老嵯峨矗太虚。堪笑华山图籍上，又添潘阆到骑驴。（海印信）。

自古庐陵是吉州，至今米价没人酬。青山绿水依前在，黄叶西风又一秋。（佛陀逊）。

清源佛法意如何，米价酬来太老婆。眨上眉毛行大道，莫于平地起风波。（照堂一）。

庐陵米价报君知，浩浩尘中识者稀。回首不知何处去，白云流水共依依。（妙峰善）。

冲开碧落松千尺，截断红尘水一溪。饱食高眠人不到，日从东出又沉西。（无准范）。

一派清源出少林，信衣到此只传心。寻常示众无人会，尽向庐陵米价寻。（张无尽）。①

自汾阳善昭以下，论者数百，实不止上述诸人。诸方评唱，各有玄机，

---

① 《续藏经》65 册，第 523 页下、534 页上。

于此不可一一置评。

从行思本意来讲，此与其"圣谛亦不为"的宗旨是相应的。此僧固然志向不凡，开口便问佛法大意，可谓"子问太高生"，不过佛法大意，不从人得，有问有答，则非大意。好高骛远，不如脚踏实地，尔问我难，我问尔易，莫道佛法大意，且问广陵米价钱高低。

行思崇尚的是朴实直捷的禅风，最反对矫揉造作、装腔作势。正如僧传所言，"破觚求圆，斲雕为朴，厥志天然也。"可谓"清水出芙蓉，天然去雕饰"。简单朴实、天真自然，不拐弯抹角，不虚张声势，正是青原一派的风格，与神会一系形成鲜明的对照。

据《联灯会要》卷十九《吉州青原行思禅师》：

> 僧问："如何是祖师西来意？"师云："又怎么去也。"
> 僧问："和尚近日有何言句，乞示一两则。"师召云："近前来。"僧近前。师云："分明记取。"①

此两则出自后世，未明所据。问祖师西来意，与佛法大意相近，都是"志存高远"一辈。西来无意，不可寻觅，又怎么去，陷入圣谛。当时好高骛远之辈甚多，多由此失陷，不肯老实修行。

近来言句，分明记取，莫道无言，其声如雷。向三寸上觅活计，不如从枯骨上寻剩汁。

行思与同门怀让亦有往来，曾让弟子希迁致书怀让。

据《景德传灯录》卷五：

> 师令希迁持书与南岳让和尚，曰："汝达书了速回，吾有个钝斧子，与汝住山。"迁至彼，未呈书，便问："不慕诸圣、不重己灵时如何？"让曰："子问太高生，何不向下问？"迁曰："宁可永劫沈沦。不慕诸圣解脱。"让便休。迁回至静居，师问曰："子去未久，送书达否？"迁曰："信亦不通，书亦不达。"师曰："作么生？"迁举前话了，

---

① 《续藏经》79 册，第 162 页中。

却云："发时蒙和尚许鈯斧子，便请取。"师垂一足，迁礼拜，寻辞往南岳。①

上不慕诸圣，下不重己灵，于外离佛，于内无我，无上无下，无内无外，两边俱不立，这正是青原系的宗风。怀让对此当然是清楚的，不过这种境界高则高矣，若是初机，恐怕落空，于是他让希迁注意向下一路，有理有行。希迁觉得与怀让机缘不契，便道宁可永劫遭受沉沦之苦，也不向诸圣求取解脱，这与行思"圣谛亦不为"的宗旨一致。怀让见希迁十分自信，不愿向自己求教，便休去。希迁个性很强，觉得与怀让无缘，书信亦不给怀让，就径直回来了。行思觉得希迁回来得太快了，问其原委，希迁据实禀报，然后向行思要求临行时许给他的"鈯斧子"，行思只是垂下一足，希迁大悟，遂礼拜，而且不久辞行，重回南岳，向怀让求教。行思垂示一足，与怀让"向下问"意旨不二，有目有足，有理有行，有慧有福，方可成就大事。希迁知二师之苦心，得其旨趣。终成大器。

行思与门人希迁的对话了也体现了他的禅学思想。

据《景德传灯录》卷五：

迁闻语便礼辞祖龛，直诣静居。师问曰："子何方而来？"迁曰："曹溪。"师曰："将得什么来？"曰："未到曹溪亦不失。"师曰："恁么用去曹溪作什么？"曰："若不到曹溪，争知不失？"迁又问曰："曹溪大师还识和尚否？"师曰："汝今识吾否？"曰："识，又争能识得？"师曰："众角虽多，一麟足矣。"迁又问："和尚出岭多少时？"师曰："我却不知汝早晚离曹溪。"曰："希迁不从曹溪来。"师曰："我亦知汝去处也。"曰："和尚幸是大人，莫造次。"他日师复问迁："汝什么处来？"曰："曹溪。"师乃举拂子曰："曹溪还有这个么？"曰："非但曹溪，西天亦无。"师曰："子莫曾到西天否？"曰："若到即有也。"师曰："未在，更道。"曰："和尚也须道取一半，莫全靠学人。"师曰：

---

① 《大正藏》51 册，第 240 页中。

"不辞向汝道，恐已后无人承当。"①

通过有关曹溪的三段对话，体现了行思教示学人的功夫。行思问希迁从曹溪将得什么来，希迁未学神会振身而立，而是道此物本来不迁，无得无失，即使未到曹溪，也不会有减。行思道既然如此，则为何又到曹溪？希迁若不到曹溪，不悟此理，则根本不知道此物不增不减之理，虽然本有之物非由外来，然而曹溪六祖大师等大善知识的教化之功是不可否认的。若无善知识开示，则有体无用，有还同无。

希迁问曹溪大师知道和尚吗，行思反问莫道曹溪大师，你现在知道我吗，希迁自知境界不如行思，便道我哪里有能力知道和尚呢。行思对于希迁十分满意，道是希迁如同麒麟，一亦足矣。希迁又问行思何时离开曹溪，这也是一语双关，有虚有实，行思不上当，道是我何时离开你不知，我却知道你何时离开。希迁不肯轻易服输，道是我本不从曹溪来，你怎么知道我何时离开。行思道我不仅知道你的来处，还知道你的去处。希迁道你老人家是大善知识，千万不要乱说话。后来，行思又问希迁从何处来，希迁直言曹溪，再问曹溪还有这个拂子么，希迁道这是您老人家的独门暗器，别说曹溪，西天都不会有，行思道你说西天没有，难道你到过西天，希迁道我要到过西天，西天就会有您的禅法了。行思对此不满意，说是回答得不到位，继续说，希迁道您也得说一半，不要全靠学生，行思道不是我不肯说，就怕说了之后后人无力承当。

通过这些对话，可知行思在教化学人方面不拘一格，灵活机动，为学人去粘拔楔，使其通体透脱，完全自在，遇佛杀佛，遇祖杀祖，扫除一切执著。

据《宗镜录》卷九十七：

　　吉州思和尚云："即今语言，即是汝心。此心是佛，是实相法身佛。经云，有三阿僧祇百千名号，随世界应处立名。如随色摩尼珠，触青即青，触黄即黄。宝本色如指不自触，刀不自割，镜不自照，随

① 《大正藏》51 册，第 241 页中。

像所现之处，各各不同，得名优劣不同。此心与虚空齐寿，若入三昧门，无不是三昧；若入无相门，总是无相。随立之处，尽得宗门，语言啼笑，屈伸俯仰，各从性海所发，故得宗名。相好之佛，是因果佛，即实相佛家用。经云，三十二相，八十种好，皆从心想生，亦云法性家焰，又云法性功勋，随其心净，即佛土净。诸念若生，随念得果，应物而现，谓之如来，随应而去，故无所求。一切时中，更无一法可得，自是得法，不以得更得。是以法不知法，法不闻法，平等即佛，佛即平等，不以平等更行平等，故云独一无伴。迷时迷于悟，悟时悟于迷，迷还自迷，悟还自悟。无有一法不从心生，无有一法不从心灭，是以迷悟总在一心，故云一尘含法界。非心非佛者，真为本性过诸数量，非圣无辩，辩所不能言，无佛可作，无道可修。经云，若知如来常不说法，是名具足多闻，即见自心具足多闻。故草木有佛性者，皆是一心，饭食作佛事，衣服作佛事故。"

这段法语的前半部分，《宗镜录》又称是马祖大师云，不知是马祖引用行思之说，还是有误。

行思强调心即是佛，以心为本，一切相好为因果报身佛，心为法身实相佛，万法皆由心生，迷悟在于自心。心本具足，故无法可得，无佛可作，无道可修。

虽然行思只有只言片语存世，但其根本思想与宗旨还是十分鲜明，显示了青原法派的宗风。这一宗风源自曹溪，兴自青原，成于石头，在后世禅宗中产生了广泛的影响。

第三节　石头希迁的生平与禅法

石头希迁（700—790）为端州高要人，是行思最为出色的门人，也是杰出的佛教大师。

据《宋高僧传》卷九：

释希迁，姓陈氏，端州高要人也。母方怀孕，不喜荤血。及生岐嶷，虽在孩提，不烦保母。既冠，然诺自许，未尝以气色忤人。其乡洞獠，民畏鬼神，多淫祀，率以牛酒祚作圣望。迁辄往毁丛祠夺牛而归，岁盈数十，乡老不能禁其理焉。

闻大鉴禅师南来，学心相踵，迁乃直往，大鉴衎然，持其手且戏之曰："苟为我弟子，当肖。"迁逌尔而笑曰："诺。"既而灵机一发，廓若初霁。自是上下罗浮，往来三峡间。开元十六年，罗浮受具戒。是年归就山，梦与大鉴同乘一龟泳于深池。觉而占曰："龟是灵智也，池是性海也。吾与师乘灵智游性海久矣，又何梦邪？"后闻庐陵清凉山思禅师为曹溪补处，又摄衣从之。当时思公之门学者麏至，及迁之来，乃曰："众角虽多，一麟足矣。"

天宝初，始造衡山南寺。寺之东有石状如台，乃结庵其上，杼载绝岳，众仰之，号曰石头和尚焉。初岳中有固、瓒、让三禅师，皆曹溪门下，佥谓其徒曰："彼石头真师子吼，必能使汝眼清凉。"由是门人归慕焉。或问解脱，曰谁能缚汝；问净土，曰谁能垢汝，其答对简速，皆此类也。广德二年，门人请下于梁端。自江西主大寂，湖南主石头，往来憧憧，不见二大士为无知矣。贞元六年庚午岁十二月二十五日顺化，春秋九十一，僧腊六十三。门人慧朗、振朗、波利、道悟、道铣、智舟，相与建塔于东岭。塔成三十载，国子博士刘轲，素明玄理，钦尚祖风，与道铣相遇，盛述先师之道。轲追仰前烈，为碑纪德，长庆中也。勑谥无际大师，塔曰见相焉。①

这一传记资料来源是石头门人道铣所述及刘轲以此所作碑，最为可靠。石头初见六祖，是在先天二年（713）七月，当时六祖归新州故乡，以报父母之恩，高要距此不远，故十四岁的石头前来参礼，有幸亲见六祖，六祖见之微笑，欲度之为门人，石头敬诺。如此石头实为六祖晚年最后门人，六祖谓其肖己，可见对之相当重视。

六祖去世之后，石头往来于罗浮山与曹溪祖庭周围之间，其间经历湟川三峡，在连州，并非长江三峡。他可能参礼同门罗浮山定真禅师，也连

① 《大正藏》50 册，第 763 页下、764 页上。

州一带也应当有同门在此弘化。总之，在开元十六年（728）受具之前，他一直在广东南北境内参学。

据《景德传灯录》卷十四：

> 石头希迁大师，端州高要人也，姓陈氏。母初怀妊，不喜荤茹。师虽在孩提，不烦保母。既冠，然诺自许。乡洞獠民，畏鬼神，多淫祀，杀牛酾酒，习以为常。师辄往，毁丛祠，夺牛而归，岁盈数十，乡老不能禁。后直造曹溪，六祖大师度为弟子，未具戒，属祖师圆寂，禀遗命谒于庐陵青原山思禅师，乃摄衣从之。①

与僧传及《祖堂集》相对照，可知此段有错误。石头得度为六祖弟子，是在新州，并非在曹溪，是年他只有十四岁。

开元十六年（728），他已二十九岁，从罗浮山受戒之后，他回到曹溪，梦见自己与六祖同乘一龟，游于清池，他认为龟乃灵智，池为性海，意味着与师共同乘灵智、游性海，又想起六祖生时有令其"寻思去"之遗命，于是天天兀坐寻思，有师兄（应当是令韬）告之曰：汝有师兄，乃青原山行思，师让你去依行思，其意甚明，汝自不觉，苦思何益。于是他又到江西吉州青原山（又名清凉山）依行思参学，当时行思门人很多，见之惊异，以为众角虽多，一麟足矣，对其十分器重。

如此石头师从行思，最早始于开元十六年（728），直到二十六年（738）年行思入灭。其间，他曾经受命前往南岳致书怀让。天宝之初（742），他来到南岳，在南台寺东一块石头上打坐修行，故号称"石头"，得到曹溪门下怀让、坚固、明瓒（一说为普寂门人）的称赞和支持。怀让又令门人为其建造寺院，直到天宝三年（744）入灭，一直在帮助石头，虽然石头并没有转投其门下之意。

石头在南岳一带传法四十年，与马祖在江西同时并化，门下往来憧憧，故有"走江湖"之说。广德二年（764），因已年高，上下不便，门人请其下梁端传法。贞元六年（790）入灭。

---

① 《大正藏》51 册，第 309 页中。

据《林间录》卷一：

> 石头和尚庵于南台有年，偶见负米登山者，问之，曰："送供米也。"明日即移菴下梁端。遂终于梁端，有塔存焉。①

如此石头晚年大部分时间是在山下的梁端住持传法，目的是为了减少他人的负担，体现了一个佛学大师的慈悲与关爱他人的精神。

据《禅源诸诠集都序》卷一：

> 二泯绝无寄宗者，说凡圣等法，皆如梦幻，都无所有，本来空寂，非今始无。即此达无之智亦不可得。平等法界，无佛无众生。法界亦是假名。心既不有，谁言法界？无修不修，无佛不佛。设有一法胜过涅槃，我说亦如梦幻。无法可拘，无佛可作，凡有所作，皆是迷妄。如此了达本来无事，心无所寄，方免颠倒，始名解脱。石头、牛头下至径山，皆示此理。便令心行与此相应，不令滞情于一法上。日久功至，尘习自亡，则于怨亲苦乐，一切无碍。②

宗密将禅宗分为息妄修心宗、泯绝无寄宗、直显心性宗，以对应密意依性说相教、密意破相显性教、显示真心即性教三教。这种分法带有宗派的偏见，且列石头一派为第二等，并不公平。然而列石头为强调般若思想的空宗，与出自三论宗的牛头宗相近，没有太大的问题。宗密的时代上距石头不远，对其思想宗风还是比较熟悉的。

青原石头一系的禅法特征鲜明，即得六祖"自性般若"之真谛，不落阶级，无二无别，以境智不二为宗，内不执智，外不住境，上不慕诸圣，下不重己灵，圣谛亦不为，俗谛更不行。

据《景德传灯录》卷十四：

---

① 《续藏经》87 册，第 255 页中。
② 《大正藏》48 册，第 402 页下。

师一日上堂曰:"吾之法门,先佛传授。不论禅定精进,唯达佛之知见,即心即佛。心佛众生,菩提烦恼,名异体一。汝等当知,自己心灵,体离断常,性非垢净,湛然圆满,凡圣齐同。应用无方,离心意识。三界六道,唯自心现;水月镜像,岂有生灭!汝能知之,无所不备。①

这段法语又见《宗镜录》卷九十八,并于末后多了"诸圣所以降灵垂范,广述浮言,盖欲显法身本寂,令归根耳"② 一句。佛之知见,即是灵智,即是自性般若,即是见性。六祖曾云"唯论见性,不论禅定解脱",又道何期自性、本自清净、本不生灭、本自具足、本无动摇、能生万法等,石头这里正是对于六祖思想的进一步发挥,特别是强调自心具足一切、能生无法之意。

既然本来具足,本自清净、本自解脱,故不假修行,不必费力,是故有问涅槃,便道谁将生死与汝,有问解脱,便道谁缚汝,有问净土,便道谁垢汝,表明染净、缚脱、生死涅槃不二之意。又道禅即砖头、道即木头,即是境智不二、内外一如之意。其应答简捷迅疾,不加思索。

诸圣之所以广示文言,根本目的是为了显示法身本寂,令人返本归根,识取法身,从而达到涅槃,见性成佛。

相传石头希迁还有《参同契》与《草庵歌》。其中《草庵歌》体现了他不慕富贵、不乐城市、甘居山林、结草为庵的禅者生活,还讲"回光返照便归来,廓达灵根无向背",与前引法语一致,都是返本还原、回归法身(灵根)之意。

---

① 《大正藏》51 册,第 309 页中。
② 《大正藏》48 册,第 943 页下。

第二章　石头希迁门人及其影响

第一节　石头希迁主要门人

石头希迁传法近五十载，门人数量众多，而其知名弟子较少。
据《祖堂集》卷二：

> 三藏又谶曰：
> 说小何曾小，（希字是也。）
> 言流又不流。（迁字是也。）
> 草若除其首，（石头无草。）
> 三四继门修。（传法弟子人数。准其传法人数，应云：十七继门修
> 也。）①

这一谶语是说石头希迁的，所谓"三四继门修"，是讲其传法弟子人数。三四是活句，可以说是三加四，也可以说是三乘四，无论哪一种说法，数量都不算多。按照《祖堂集》的解释，应该有十七人，即使按照这个数字，与马祖门人相比还是很少，而《祖堂集》只为其中七人立传，即天皇、尸梨、丹霞、招提、药山、大颠、长髭。

《宋高僧传》称"门人慧朗、振朗、波利、道悟、道铣、智舟，相与建塔于东岭"，这是为他建塔的亲传弟子。

据《景德传灯录》卷十四：

---

① 《祖堂集校注》，第62页。

　　南岳石头希迁大师法嗣二十一人

　　荆州天皇寺道悟禅师

　　京兆尸利禅师

　　邓州丹霞山天然禅师

　　潭州招提寺慧朗禅师

　　长沙兴国寺振朗禅师

　　澧州药山惟俨禅师

　　潭州大川和尚

　　汾州石楼和尚

　　凤翔法门寺佛陀和尚

　　潭州华林和尚

　　潮州大颠和尚

　　潭州长髭旷禅师

　　水空和尚（已上一十三人见录）

　　宝通禅师

　　海陵大辩禅师

　　渚泾和尚

　　衡州道诜禅师

　　汉州常清禅师

　　福州碎石和尚

　　商州商岭和尚

　　常州义兴和尚（已上八人无机缘语句不录）①

　　这是最为全面的石头门人，不过其中也有问题。如宝通禅师，被认为
与大颠为同一人，乃大颠之法名；华林和尚，与华林善觉当为同一人，又
被视为马祖门人。

　　《联灯会要》列希迁法嗣十一人，最后一位是丁行者，曾访天然门人吉
州性空。

---

　　① 《大正藏》51 册，第 308 页下、309 页上。

据《祖庭事苑》卷七：

> 丁行者
> 下参见石头，住字，当作大字写。①

这是对佛鉴惠勤《八方珠玉集》的注释，可见原文中确有"参见石头"之语。

据《景德传灯录》卷十四：

> 京兆尸利禅师。初问石头："如何是学人本分事？"石头曰："汝何从吾觅？"曰："不从师觅，如何即得？"石头曰："汝还曾失却么？"师乃契会厥旨。②

尸利禅师住长安，为石头门人中为数甚少的住持京城寺院的禅僧。

本分之事，如何向他人觅取；本来未失，何必从师求得。尸利由此得悟，分得石头一枝。

据《景德传灯录》卷十四：

> 长沙兴国寺振朗禅师。初参石头，问："如何是祖师西来意？"石头曰："问取露柱。"曰："振朗不会。"石头曰："我更不会。"师俄然省悟。住后，有僧来参，师乃召曰："上坐。"僧应诺。师曰："孤负去也。"曰："师何不鉴。"师乃拭目而视之，僧无语（时谓小朗禅师）。③

振朗住持长沙兴国寺，因生年晚于招提慧朗，故称"小朗"。他曾在石头入灭后参与建塔，为其亲传弟子之一。

西来之意，问我不如问取露柱；非但你不会，我更不会。西来本无意，

---

① 《续藏经》64 册，第 412 页下。
② 《大正藏》51 册，第 310 页中。
③ 同上书，第 311 页中。

问他如何得；此意无人会，不会更亲切。于不会处会取，自无意中得意。

据《禅宗颂古联珠通集》卷九：

> 觌面相呈便相骂，两个中有一人嗔。要识是非须看取，铁牛耕出
> 玉麒麟。（灵源清）。①

这是灵源惟清之颂。若道我会西来意，便是相骂；若明其中是非，且
看铁牛下种，却出一个玉麒麟。于此不疑，便知是非。

石头问取露柱，后世效颦者众，自椑树慧省、鼓山神晏、鼓山智严、
西明琛、清溪山清、白云守端、大通善本等以下，引者甚多。

国师三唤，侍者三应，是谁辜负？莫道不鉴，拭目不见。此僧自无眼
目，反怪于师。

据《景德传灯录》卷十四：

> 潭州大川和尚（亦名湖），有江陵僧新到，礼拜了，在一边立。师
> 曰："几时发江陵？"僧拈起坐具。师曰："谢子远来，下去。"僧便出。
> 师曰："若不恁么，争知眼自端的。"僧抚掌曰："苦杀人，几错判诸方
> 老宿。"师肯之。（僧举似丹霞。霞曰："于大川法道即得，于我遮里即
> 不然。"僧曰："未审此间怎么生？"霞曰："犹较大川三步。"其僧礼
> 拜。霞曰："错判诸方底甚多。"洞山闻之曰："不是丹霞，难分玉
> 石"）②

大川和尚，住潭州，其他事迹不详。有僧从江陵来，礼拜之后，侧立
一边。师问几时发自江陵，其僧不言，拈起坐具示之。行脚之人，要行便
行，要坐便坐，随心所欲，哪管时节。师曰，既然如是，不劳久立，远来
辛苦，不如下去。僧闻言便出，良马见鞭影即行。师曰，若不如此勘验，
怎知衲僧具眼。僧抚掌称叹，道是苦哉，差点错判诸方老宿。师肯之，予

---

① 《续藏经》65 册，第 528 页上。
② 《大正藏》51 册，第 312 页下。

以认可。后来其僧将此公案举似丹霞天然，丹霞道，在大川那里则可，于我这里则不然。僧曰，未明此间如何。丹霞道，我这里较之大川还有三步。其僧闻之礼拜。丹霞道，看来错判诸方老宿的人甚多。洞山闻之道，若非遇到丹霞，何以区分玉石。

觉悟之人，常觉恒觉，此僧自以为得到大川印可，得判定诸方老宿之眼。然而丹霞再加勘验，其僧便露马脚。师师不异，法法无二，丹霞何异大川，这里较之大川尚差三步，汝尚不得，怎敢道具判定诸方之眼。

据《景德传灯录》卷十四：

> 潭州大川和尚法嗣
> 仙天和尚。新罗僧到参，方展坐具拟礼拜，师捉住云："未发本国时道取一句。"其僧无语。师便推出，云："问伊一句，便道两句。"又有一僧至，拟礼拜。师云："野狐鬼！见什么了便礼拜？"僧云："老秃奴！见什么了便恁问？"师云："苦哉苦哉！仙天今日忘前失后。"僧云："要且得时，终不补失。"师云："争不如此？"僧云："谁？"师乃云："呵呵，远即远矣。"①

仙天和尚，生平事迹不详。新罗僧到参，师捉住便问，本发本国时道取一句来，其僧明明无语，师却道问一答二，是何道理？未跨船舷便与三十个棒，省得东寻西寻，自误平生。莫道无语，念头转盛，岂止两句！

新罗僧不堪一击，次僧到来，则是一场好法战。东寻西觅，只是孤魂野鬼，见人便礼，不知自家尊贵，故师呵之。其僧不肯就范，反唇相讥，道是和尚也是老秃奴，凭什么开口便问。仙天知是法器，便道苦哉，被阇黎一问，直得忘记前后，不明尊卑。其僧道，得不偿失，功难抵过。师曰，敢问怎样才能避免如此。其僧道无人无我，谁知争不如此。师曰，剑去远矣，何劳刻舟；箭过新罗，寻之何及。

此僧虽然伶俐，怎奈中了仙天一招回马枪。仙天败中取胜，先抑后扬，其僧终是上当。一句言谁，果然不知，既不明理，又不知礼，佛法世法，

① 《大正藏》51 册，第 316 页下。

皆差之万里。

据《景德传灯录》卷十四：

> 福州普光和尚。有僧立次，师以手开胸云："还委老僧事么？"僧云："犹有遮个在？"师却掩胸云："不妨太显。"僧云："有什么避处？"师云："的是无避处。"僧云："即今作么生？"师便打。①

普光和尚住福州，亦为大川门人。普光直抒胸臆，开口见胆，却被学人讥嫌，道是犹有这个未除。师便掩胸，道是过于显露。其僧言莫道太显，欲隐不得。师云确是无可回避。僧云，既然如此，为何掩饰。师便打之。

此物隐不得，显不得，欲盖弥彰，欲显更隐。既然知道无可回避，大棒之下，自然承当，好好受用。其僧若知痛痒，便解有无避处，不然只说大话，有何益处。

据《景德传灯录》卷十四：

> 汾州石楼和尚。师上堂，有僧出问曰："未识本来生（性），乞师方便指。"曰："石楼无耳朵。"僧曰："某甲自知非。"师曰："老僧还有过。"僧曰："和尚过在什么处？"曰："过在汝非处。"僧礼拜，师乃打之。师问僧："发足何处？"僧云："汉国。"师云："汉国天子还重佛法么？"僧云："苦哉苦哉！赖遇问著某甲，问著别人则祸生。"师云："作什么嘣？"僧云："人尚不见有，何佛法可重？"师云："阇梨受戒来多少夏？"僧云："三十夏。"师云："大好不见有人。"便打之。②

汾州石楼为石头门人中在后世颇有影响的一位，其公案流传久远，得到宋代以后诸多禅师的评点。

据《拈八方珠玉集》卷一：

---

① 《大正藏》51 册，第 316 页下。
② 同上书，第 312 页下。

举：石楼有僧，礼拜起问："未识本来性，请师方便指。"楼云："石楼无耳朵。"僧云："某甲自知非。"楼云："老僧还有过。"僧云："和尚过在什么处？"楼云："过在你非处。"僧礼拜，楼便打。

佛鉴拈云："宗师眼目，耀古腾今；祖令当行，棒有褒贬。这僧既礼拜，因甚打他？为复是褒他是、贬他非？只如问未识本来性、请师方便指，楼云石楼无耳朵，此语为是指他性、答他话？试捡点看。要识石楼与这僧么？一人烂泥有刺，一人绵絮裹针，只恐踏不著，踏著方知有浅深。"

正觉云："这僧依稀似曲，出自偶然。石楼惯舞太常，便与接拍下梢，要正律吕。元来辜负石楼耳朵。佛鉴道，末后棒是褒是贬。说什么褒贬，打到如今，也休未得。何故？知非元自不知非。"

佛海云："石楼无耳朵，始终听览分明。者僧自知非，因甚吃棒？试断看。"

举：石楼有僧，入方丈，以目顾视楼而立。楼展两手，僧便出去。楼召云："子为复会了出去，未会出去？"僧却回展两手。楼云："不得道佛法中无人，只是少。"僧云："莫是佛法么？"楼云："是则少矣，非则多矣。"僧云："是何言说？"楼以目视之。僧礼拜，楼云："识取目好。"

佛鉴拈云："诸人者，这僧将一条无丝之线，穿石楼无鼻之针，石楼以无鼻之针，度这僧无丝之线。二人一往一来，甚有针线工夫，其奈丑拙已露。且道那个是露丑拙处？具眼者，试验看。"

正觉云："石楼如胶，这僧似漆。佛鉴去里面照影，自露丑拙也不知。"

佛海云："无孔笛，毡拍板，互换拈弄，节奏自然。且道是何曲调？仿佛天仙子，依稀菩萨蛮。"

举：石楼问僧："发足何处？"僧云："汉国。"楼云："天子还重佛法么？"僧云："苦哉！赖遇问著某甲，若问别人，即祸生。"楼云："作什么？"僧云："人尚不见有，何佛法可重？"楼云："阇梨受戒来多少时？"僧云："三十夏。"楼云："大好不见有人。"便打。

佛鉴拈云："此有两处交讹，待伊问受戒来多少时，也是贼过后张弓，不然拂袖便行。不见道，骂人不得骂著，赶人不得赶上。"

正觉云："车不横推，理不曲断。且道石楼行棒，合公道，不合公道？"

佛海云："者僧若能一向把定，石楼也须倒退三千。"

举：元康去看石楼。楼才见，收足坐。康云："得恁么威仪周足？"楼云："汝适来见个什么？"康云："无端被人领过。"楼云："是与么，始为真见。"康云："苦哉！赚却几人来？"楼便起身。康云："见即见已，动即不动。"楼云："尽力道，不出定也。"康抚掌三下。后有僧举似南泉。泉云："天下人断这两个汉是非不得。若断得，与他同参。"

佛鉴拈云："诸人者，南泉、石楼、元康如鼎三足，阙一不可。一人会得如来禅，一人会得祖师禅，一人百无所解。百无所解者，堪与祖佛为师。会得如来禅者，可与人天为师。会得祖师禅者，自救不了。若于此缁素分明，亦许伊同参。"

正觉云："石楼临机应变，元康夺阵冲关。分明一是一非，南泉坐观成败。且道他是非落在阿谁分上？若人会得，山僧亦许伊同参。"

佛海云："得恁威仪周足，不妨领过主人。适来见个什么，却被主人领过。力尽计穷，总道不出。只如王老师与么道，还扶持得起也无？"①

这是有关石楼的最为完整的记述，且有佛鉴惠勤、正觉宗显、佛海石溪心月等人的评唱。

本来之性，岂劳他人拈出；石楼无耳，已是第一方便。此僧伶俐，大音始闻，便自知非。石楼不肯轻易放过，道是己亦有过，实是欲擒故纵。此僧果然上当，问和尚过在何处。石楼抓住时机，一击便中，道是因汝有非，我方有过，汝若自知，何累于我。此僧礼拜，石楼便打。虽是难遇其人，也要令其略知痛痒，是故此棒不可不行。

学僧顾视，石楼展手；此僧展手，石楼顾视。宾主互换，父子敲唱；师资相契，如水投针。来便顾视，有么有么？展手相呈，全体显露。得也

---

① 《续藏经》67 册，第 640 页下、641 页中。

得也，转身便行；会么会么，展手自看。莫道无人会得佛法，其人难得，非无其人，石楼赞叹，也是绵里藏针。此僧得胜之余，未免大意，道莫是佛法么。石楼道若是则稀有稀有，不是则举世尽是。其僧则何出此言，石楼以目顾视，以其人之道，治其人之身。此僧礼拜，石楼云识取目好，是会了礼拜、不会礼拜。

这场法战，实是精彩。学僧初露锋芒，大展意气，石楼不动声色，败中取胜。二人都是以敌制敌，最终得胜者还是老道的石楼。

汉国，实指都城长安。既然发自上国，天子近邻，可知天子崇重佛法么？其僧道低声低声，还好问到某甲，不然则大祸临头。石楼问为什么，其僧抖出包袱，道人尚不见有，何来佛法？人法俱空，无我无人，无法无境，无内无外，天子尚且不见，何来佛法可重？此僧自以为占了上风，洋洋自得。石楼更换话题，道是阇黎这么了得，受戒多少年了。其僧不知是计，道是已经三十年了，我已经是老和尚了，有智慧，有资历。石楼见其露出马脚，便道还说不见有人，我见我慢如此之重，还敢大言诈明头，于是大棒打之。

元康拜见石楼，石楼一见其来，便收足端坐。客来不迎，反而端坐，是重威仪还是无礼？元康话中有话，石楼言中有刺。适才见个什么，若有所见，则被人领过，察觉陷阱，不被牵引，便是真见。不过此言也是褒中带针，还是一个陷阱。元康不肯上当，道是你用这招赚了多少人。石楼起身示之，道是老僧失利。元康道我见汝动，汝实不动，反给石楼下套。石楼道任你尽力乱道，我永不会出定。元康抚掌三下赞之。后有僧以此举似南泉，南泉道天下人难断二人是非，若能断得，与其同参。南泉超然物外，且诱他人断其是非，切莫上当。

《联灯会要》卷八载元康为沩山灵祐门人，那么这一公案是否是历史事实就有疑问，不过公案的关键是思想的真实。

石楼境界很高，后世却无传人，《佛果击节录》卷二称夹山传明大师起初承嗣石楼，后来为船子门人，或有根据。

据《景德传灯录》卷十四：

　　凤翔府法门寺佛陀和尚，师常持一串数珠，念三种名号，曰："一释迦，二元和，三佛陀，自余是什么椀跶丘？"一个过（《五灯会元》

等作"乃过一珠"），终而复始。事迹异常，时人不可测。①

这一公案在后世颇有影响，投子证悟禅师修颙、真如慕喆、佛灯守珣、横川行珙等皆有引用。

据《禅宗颂古联珠通集》卷十五：

颂曰：

三种佳名一个过，邀君把手上高坡。时人自没登山力，空负当年一曲歌。（佛灯珣）。②

一则释迦法王，二则元和天子，三则佛陀比丘，如此三宝具足，其余何益？念三佳名，过一数珠，且道是念佛，是参禅？

据《横川行珙禅师语录》卷二：

师云"念三种号，有三种报应：一消灾，二集福，三安乐。自余是什么椀趓丘，一个出三界去也。"③

念佛号消灾，念国号集福，念僧号安乐，福慧俱足，自在安乐，更有何物可求！

据《景德传灯录》卷十四：

潭州华林和尚，僧到参方展坐具。师曰："缓缓。"僧曰："和尚见什么？"师曰："可惜许磕破钟楼。"其僧大悟。④

这一机缘又见于马祖门人华林善觉⑤，因此二者实为一人，可能也是两

---

① 《大正藏》51 册，第 312 页下。
② 《续藏经》65 册，第 562 页中。
③ 《续藏经》71 册，第 198 页上。
④ 《大正藏》51 册，第 312 页下。
⑤ 同上书，第 261 页下。

家并参，但善觉后来又在百丈怀海门下为首座，与马祖门下关系更加密切，应当属于马祖一系。

据《景德传灯录》卷十四：

> 潭州攸县长髭旷禅师，初往曹溪礼祖塔，回参石头。石头问："什么处来？"曰："岭南来。"石头曰："岭头一尊功德成就也未？"师曰："成就久矣，只欠点眼在。"石头曰："莫要点眼么？"师曰："便请。"石头乃翘一足。师礼拜。石头曰："汝见什么道理便礼拜？"师曰："据某甲所见，如洪炉上一点雪。"（玄觉云："且道长髭具眼祇对、不具眼祇对？若具眼，为什么请他点眼？若不具眼，又道成就久矣，且作么生商量？"法灯代云："和尚可谓眼昏。"）①

岭南一尊早已成就，只差点眼开光。石头照猫画虎，东施效颦，仍是翘出一只臭脚。长髭却奉为至宝，不识其味，不仅眼昏，鼻亦失灵，反成一场笑具。

红炉点雪之公案，颇为后世所重，评唱者无数。

据《禅宗颂古联珠通集》卷十五：

> 颂曰：
> 一铺大悲千手眼，十分圆就未开光。君看笔下神通现，更有灵踪在上方。（保宁勇）。
> 长髭未向岭南来，功德圆成眼已开。珍重善财回首处，文殊元不下楼台。（智海清）。
> 拨草瞻风到石头，关山重叠路迢迢。岭头功德圆成久，一点红炉雪未消。（草堂清）。
> 这铺功德自何来？垂足清机孰可猜。点雪分明休指注，木人心眼自然开。（禾山方）。
> 圆光皎皎耀寒虚，妙手丹青书不如。当日石头轻点破，至今赤土

---

① 《大正藏》51册，第313页上中。

乱搽糊。(普融平)。

　　岭头功德眼，倦足等闲垂。红炉一点雪，直下廓亡依。(天童觉)。

　　国手精奇老石头，毫端点出佛双眸。破绳床上闲垂足，两道神光夜不收。(张无尽)。

　　大庾岭头功德成，谩言点眼访知音。红炉片雪明端的，象外风光照古今。(疎山如)。

　　【续收】红炉一点雪，知音瞥不瞥。龟毛扇子扇，泥牛一点血。(五祖演)。

　　一足垂来亲点眼，岭头功德已圆成。长髭只怕精神露，却指红炉片雪轻。(心闻贲)。

　　南岳峰前老石头，怜儿何事不知羞。为人点眼长伸脚，直至而今懒不收。(无準范)。①

　　于此引用评点者不下数百，可见它在后世禅门中的巨大影响。诸方所论，也是仁者见仁，智者见智，不必细究。红炉点雪，是有是无? 若有道理可见，则石头空下一只脚;若未见得道理，则长髭本来无眼目。

　　据《禅宗颂古联珠通集》卷十五:

　　【增收】长髭因李行婆来，乃问:"忆得在绛州时事么?"曰:"非师不委。"师曰:"多虚少实在?"曰:"有甚讳处?"师曰:"念你是女人，放你拄杖。"曰:"某甲终不见尊宿过。"师曰:"老僧过在甚处?"曰:"和尚无过，婆岂有过?"师曰:"无过底人作么生?"婆竖拳曰:"与么总成颠倒。"师曰:"实无讳处。"颂曰。

　　长髭李行婆，相见打破锅。彼此两无失，是非转更多。大圆若见伊，扫荡葛藤窠。奉劝参学者，休哆哆罗罗。咄! (大圆智)。

　　长髭解接无根树，婆子能挑水底灯。灯烂树生真可笑，佳声千古播。乾坤讳得么? (方菴显)。

　　【增收】长髭有僧为点茶，三巡后，僧问:"不负从上诸圣，如何是

---

① 《续藏经》65 册，第 561 页中下。

长髭第一句?"师曰:"有口不能言。"曰:"为什么有口不能言?"师乃颂云:"石师子,木女儿;第一句,诸佛机。言不得,也大奇;直下是,莫狐疑。(良久云)是第一句、第二句?"曰:"不一不二。"师曰:"见利忘锥,犹自多在。"僧礼拜。师拈起盏子曰:"直下不负从上诸圣。"曰:"直指人心见性成佛又作么生?"师放下盏子,便归方丈。僧随后入。师翘一足曰:"大地不容针,汝从何处来?"曰:"直是维摩也缄口不得。"师曰:"偶尔之间又逢猛虎。"僧便作虎声。师以拄杖作亚锹势,僧却把住曰:"大地不容针,何处得这个来。"师曰:"不但维摩,文殊也缄口不得。"曰:"著箭虎不可当。"师与一掌推出方丈。颂曰。

是精识精,是贼识贼。猛虎鳖蛇,释迦弥勒。观音势至,寒山拾得。一盏清茶,古今规则。(南堂兴)。

一句两句,葛藤路布。维摩文殊,缄口无处。暗箭藏锋,射中猛虎。一掌相酬,绘事后素。(方菴显)。

第一句言不及,见利忘锥,何得何失。拈起放下,翘足而立。文殊维摩,枪箭交击。果不可当,一掌推出。纵是舜若多神,额头也须汗出。(石溪月)。①

这是后世增收的两则机缘,亦相当精彩。第一则,绛州时事,他人岂知,多虚少实,何必讳之。棒下不打女人,居士敢言僧过?和尚尚且无过,女人如何有过?无过之人如何,和尚颠倒作么?实无讳处,也是将错就错。二人你来我往,见招拆招,不分上下,确实好看。

第二则,若能言得,则非第一句,诸佛之机,远离言句,直下便是,切莫狐疑。见利忘锥者众,过河拆桥者多,不是不肯相报,恩大自然难酬。直下不负诸圣,见性成佛是病。大地一针不容,何处出来一僧。维摩不得缄口,木人也须大痛。莫道又逢猛虎,柱杖正好相呈。大地不容一针,何来柱杖呈凶。非但维摩解语,文殊缄口不能。虎虽中箭仍凶猛,一掌推出是武松。

这两则公案不知何时增入,也未明是否确实属于长髭,然而都是让人眼花缭乱的法战,双方都很了得。由此也可知长髭门下无虚士,可惜后世

① 《续藏经》65 册,第 561 页下、562 页中。

不得其名。

据《景德传灯录》卷十四：

> 水空和尚。师一日廊下逢见一僧，乃问："时中事作么生？"僧良久。师曰："只恁便得么？"僧曰："头上更安头。"师便打之曰："去！去！已后惑乱人家男女在。"①

水空事迹不详。时中之事，默然无言。只此一法，还是别有方便？此僧道是头上安头，更有何事。师便打之，恐其以此法门，惑乱他人。维摩不可妄效，动辄默然，则法堂草深一丈。

据《祖堂集》：

> 招提和尚，嗣石头。师讳惠朗，姓欧阳，韶州曲江人也。年十三，于邓林寺模禅师处出家，十七游衡岳，二十受戒。
>
> 乃往虔州龚公山谒大寂，大寂云："你来何求？"对曰："求佛知见。"大寂曰："佛无知见，知见乃魔界耳。你从南岳来，似未见石头曹溪心要耳，汝应却归石头。"师遂依言而返，造石头，果应大寂之言，契缘悟达，不出招提三十余年，因号"招提朗"矣。
>
> 至元和十五年庚子岁正月二十二日迁化，春秋八十三，僧夏六十四矣。②

又据余靖《武溪集》卷九《韶州月华山天界寺传法住持记》：

> 石头之入室者，有大小朗，招提为大朗，以其不出招提三十年，故号招提朗。然其门人刘轲为之碑甚详，云：朗，曲江人，俗姓欧阳氏，年十三于州邓林寺出家，二十于岳寺受戒，既而曰："戒岂律我哉！"乃往龚公谒大寂，得佛无知见之说，遂归于岳，昼操井臼之役，

---

① 《大正藏》51 册，第 313 页中。
② 《祖堂集校注》，第 129 页。

夜与其徒发坼齿键。石头即世，终丧乃去。正元十一年，将游罗浮，途次曲江之都渚，乃曰："兹地清气盘郁，亦足以栖神矣。"遂驻锡居之，四方学者寻声而至，无虚日矣。招提既没，众散而寺亦榛废。①

如此慧朗（738—820）为韶州曲江人，法海同乡，俗姓欧阳氏。天宝九载（750）十三岁于本州邓林寺出家，十三载（754）十七岁时游南岳，至德二年（757）二十岁于衡岳寺受戒。受具之后，前往龚公山参礼马祖，问佛之知见，这大概是此前已经见过石头，石头重视佛之知见，故有此问。马祖告之佛无知见，若有知见，即同乎魔，表明与石头所授截然不同，又言其与石头有缘，应当向石头求教，慧朗依教归山，依止石头，直到最后。

所谓慧朗不出招提三十年，或是慧朗依止石头于招提三十年，他最早依止石头，不会早于天宝十三载（754），至石头入灭（790）为三十七载，因此他自江西回来依石头于梁端招提寺，不会迟于上元元年（760）。而依《祖堂集》等说，似是慧朗于招提寺住持三十余年，他于贞元十一年（795）前离开湖南，则始住招提，不会迟于永泰元年（765），此时他只有二十八岁，按照当时的习惯，不大可能这么早出世度人。

慧朗居止月华山，自贞元十一年（795）到其入灭，共二十六年，倒是接近三十年。

据《景德传灯录》卷十四：

> 师承命回岳造于石头。问："如何是佛？"石头曰："汝无佛性。"曰："蠢动含灵又作么生？"石头曰："蠢动含灵却有佛性。"曰："慧朗为什么却无？"石头曰："为汝不肯承当。"师于言下信入。后住梁端招提寺，不出户三十余年。凡参学者至，皆曰："去去，汝无佛性。"其接机大约如此（时谓大朗禅师）。②

如此慧朗住梁端招提寺三十余年不出户的说法始自《祖堂集》，后为

---

① 《景印文渊阁四库全书》第一〇八九册，台湾：商务印书馆1983年版，第83页。
② 《大正藏》51册，第311页中。

《景德传灯录》的因袭，成为口实，故亦为余靖所用。刘轲既为慧朗之门人，所作自然最为可靠，余靖见过并引用其碑，可惜未能全引，但其基本事实是清楚的，当以此为准。

慧朗在石头入灭之后，为其建塔，可能次年到梁端招提寺住持，不过为时不长，他便有南归之意。贞元十一年（795），他欲南下罗浮，此山为禅宗名山，也是其师石头受具参禅之地，在路过家乡附近的月华山时，见其清气盘郁，故有栖神之意，随于此住锡，四方学者闻风而至。

如此慧朗最主要的传法之地为韶州月华山天界寺，不是梁端招提寺，也就是说，他在岭南传法近三十年，且终老于此，在湖南传法不过四五年，加上参学时间也不过二十余年，称之为招提朗虽然不能说错误，至少也是不够全面和准确。

慧朗在住持月华时，可能曾经南行，到过罗浮山，或路过广州，见过大海。

慧朗得到过石头与马祖两位大师的指点，是当时"走江湖"的代表人物之一。他参石头，分为两个阶段，一是十七岁到南岳至二十岁时，主要是学习戒律，其间肯定参过当时南岳一带名气最大的石头，但未得其心法；二是受具之后参马祖，问佛知见，是显然来自石头的指示，马祖毫不客气，告之佛无知见，若有知见，即落魔界，批评他只学会了石头禅法的表象与语言，未明其所得曹溪心要，令其回到南岳，再参石头，慧朗遵旨归山，依附石头，直到最后。

慧朗问石头如何是佛，石头则告之汝无佛性。慧朗言有情众生即使蠢动之低级动物皆有灵性佛性，石头道蠢动之物却有佛性，慧朗言为什么我没有，石头道不是没有，只是你不肯承当，慧朗言下大悟。

含生之类皆有佛性，高级之人类，低级之蠢动，皆然。虽然如此，自认为高级的人类一是自认为高级，有贡高我慢，分别心重，所以佛性不得显现，另一类人则反之，信心不足，不信自己是佛，反而向外驰求，自异于佛，是故不能成佛。石头启发慧朗，告之直下承当，不必东寻西觅，相信自性是佛，无所不备，从信门入。慧朗由此信入，是故依样画葫芦，接引学人，每每告之汝无佛性，引导学人自尊自信，自成佛道，可谓得石头禅法之精髓。

第二节 潮州大颠及其门人

潮州大颠禅师为石头最为著名的门人之一，其化韩愈故事更是广为流传。

有关大颠的早期资料有韩愈《与孟简尚书书》、《祖堂集》、《景德传灯录》等，但是这些资料对其生卒、生缘族姓及生平事迹并无提及，只有后世的地方志言其生于开元二十年（732），灭于长庆四年（824），寿九十三。

《隆兴编年通论》卷二十三称"大颠禅师者，潮阳人。"① 这是最早言及大颠生缘家乡者，如此大颠本来是潮阳本地人，故后来归乡传法。

据《潮州市佛教志·潮州开元寺志》：

> 师名宝通，号大颠，俗姓陈（或曰扬姓），先世为颍川人，高祖随官于潮，开元二十年壬申（732）十月十四日诞师于郡。幼即心远尘俗，志慕云林。大历间（766—779），与惟俨同依西山（今潮阳县西岩）惠照禅师（潮阳人，得法于曹溪。精持戒律，博通词翰，为时所重。）出家，后参南岳石头希迁禅师得法。②

如此将大颠与宝通视为一人，以宝通为法名，大颠为自号，此说始自《五灯会元》，称之为潮州灵山大颠宝通禅师，其前则是将二人并列为石头门人。这里存在矛盾，既然他幼年即志慕云林，为什么直到大历年间（766—779）三十多岁时才同药山惟俨（745—828）一起出家，而且惟俨出家是在上元二年（761），并非迟至大历之时，即使按照此说，大颠亦是三十一岁，出家已经比较晚了。是故方志乃后起之说，不可完全信赖。如果他真是幼有出尘之志，则应在天宝年间（742—755）出家，不必和惟俨同时。明隆庆六年成书之《潮阳县志》卷十四《大颠传》称其俗姓陈氏，一曰姓杨（当是将其与门人义中之俗姓相混），开元末生于潮阳，未明确系何

---

① 《续藏经》75册，第223页中。
② 引自达亮：《潮州大颠禅师的道迹》。

年。又谓其大历中师事怀让门人西山惠照，惠照亦为潮阳人，"大历初归自曹溪，深契南宗之旨，常栖止西山，精持戒律，有诗名，士林重焉。"① 惠照不仅深通禅法，还精于戒律，擅长诗文，为士林所重，确实是一个难得的通才。他自南岳得法后，复到曹溪参礼，然后回到家乡潮阳。既然惠照大历初才住西山，大颠、惟俨、怀海等只能于大历间从学于他。然而此说有误，惟俨上元二年（761）十七岁便从西山惠照②，可见惠照开法更早，应当在天宝三年（744）怀让入灭后不久，而不是大历初。

大颠后到南岳，师从石头，其时不详，然不会晚于大历年间。

据《祖堂集》：

> 又一日，师曰："老僧往年见石头，石头问：'阿那个是汝心？'对曰：'即祇对和尚言语者是。'石头便喝之。经旬日，却问和尚：'前日岂不是，除此之外，何者是心？'石头云：'除却扬眉动目一切之事外，直将心来。'对曰：'无心可将来。'石头曰：'先来有心，何得言无心？有心无心，尽同谩。'我于此时言下大悟此境，却问：'既今某甲除却扬眉动目一切之事外，和尚亦须除之。'石头云：'我除竟。'对曰：'将示和尚了也。'石头云：'汝既将示我心如何？'对曰：'不异和尚。'石头曰：'不关汝事。'对曰：'本无物。'石头曰：'汝亦无物。'对曰：'无物则真物。'石头云：'真物不可得，汝心见量意旨如此，也须护持。'"③

这一记载又见《宗镜录》卷九十八，文句基本一致，应当可靠。

南岳门下，主张即事而真，一切现成，平常心是道。大颠在西山惠照门下多年，故答言语者祇对者便是心，石头对此不肯，将其喝出。后来再问毕竟何者是心，石头令其除却扬眉瞬目等事，将心呈来，大颠答无心可以将来，石头道方才说是有心，如今又道无心，有心无心，皆落两边，尽

---

① 林大春：隆庆《潮阳县志》卷十四，《惠照传》，上海古籍书店1963年版。
② 徐文明：《唐五代曹洞宗研究》，中国社会科学出版社2012年版，第14页。
③ 《祖堂集校注》，第141页。

是谤法，大颠于言下大悟。执之即是有心，除之则是无心，皆非中道，石头见大颠不明此理，执于心事，故设机调伏。大颠言下悟道，故反戈一击，道不仅学人须除，和尚也要除之，石头答道我已经除了，大颠则云我已经将示我心给和尚了，石头再问你呈示给我的究竟是何心，大颠答此心与和尚之心不异。石头道吾心不关汝事，非汝能知，大颠道本来无物，何来你我之分别，石头言汝亦本无，不可执著，大颠对云无物即是真物，无我便是真我，石头对之印可，道真物不可得，真我无我相，以无所得为宗，汝既已悟，大须护持，不可忘失。

据《景德传灯录》卷十四：

> 大颠问师："古人云道有道无是二谤，请师除。"师曰："一物亦无，除个什么？"师却问："并却咽喉唇吻道将来。"颠曰："无遮个。"师曰："若恁么即汝得入门。"①

这段对话与前述一致，似是前者的简写版。二人一攻一守，先是大颠问石头，如何除去有无二见之谤，石头道我这里莫道二见，一物也无，有何可除。石头反令大颠闭却唇吻道来，大颠道我这里没有这个，有何可道。石头闻之赞许，许其入门。

大颠自石头得法之后，于贞元元年（785）回到广东，自龙川南下罗浮山瀑布岩，寂然晏坐，终日不起。御史张远凡来游，怪其不迎，大怒，挥刀斩之。大颠禅师不动声色，引颈就刃，道"若必及我，是凤负命，如不负公，残恶在汝。"张远凡愧而收刀，悔谢而去。如此大颠亦与罗浮山有缘，最早于此地开法。

达亮法师《潮州大颠禅师的道迹》一文，对于大颠在潮州及周边地区建寺传法事迹及传说进行了详细的论述，指出唐贞元五年（789年），大颠自瀑布岩返回潮阳，先后又往来潮阳、普宁、惠来、陆丰各县，开创了潮阳的西岩、白牛岩、西胪乌岩、古雪岩、灵山寺、翠峰岩，普宁的马嘶岩、洪山岩，陆丰的法留山、青峰寺；在惠来县传法数年，创建不少寺宇，保

---

① 《大正藏》51 册，第 309 页中下。

存至今的尚有百花岩、普陀岩、铭湖岩、虎头岩、惠来寺、榕石庵等。总之，今天潮汕地区与大颠禅师有关的名胜古迹相当多，皆流传着大颠禅师的故事传说。

当然这些记载多出自方志及后世传说，颇有混乱及附会之处。据此，大颠返回广东，到罗浮山庵居，罗浮是乃师石头曾经参学之地，为禅宗道场，故大颠前来居止，巡礼圣迹。他在罗浮时间不长，或许与御史张远凡待之无礼有关。贞元初，便自罗浮东下，经惠州来到陆丰，于法岇山创建清峰寺。数年后，再次东行，至惠来县境，于溪西虎头岩结茅。

大约贞元五年（789），大颠回到家乡潮阳，此后三十多年间，在潮阳及周边地区开法度人，影响极大，开辟甚多，然而古人已经指出，很多地方未必与大颠有关，由于他在后世成为影响最大的禅师，因此各地寺院皆以与之挂钩为荣，或有攀龙附凤之嫌。

大颠在潮阳的根本道场，无异是灵山寺。此寺开辟于贞元七年（791），长庆二年（822）赐额"灵山护国禅院"，宋天圣七年（1029）改名开善禅院，结构宏大，环境幽静，不愧灵山之号。

据《景德传灯录》卷十四：

> 师后辞往潮州灵山隐居，学者四集。师上堂示众曰："夫学道人须识自家本心，将心相示，方可见道。多见时辈，只认扬眉动目、一语一默，蓦头印可，以为心要，此实未了。吾今为汝诸人分明说出，各须听受。但除却一切妄运想念见量，即汝真心。此心与尘境及守认静默时全无交涉，即心是佛，不待修治。何以故？应机随照，冷冷自用，穷其用处，了不可得，唤作妙用，乃是本心，大须护持，不可容易。"
>
> 僧问："其中人相见时如何？"师曰："早不其中也。"僧曰："其中者如何？"师曰："不作个问。"问："苦海波深以何为船筏？"师曰："以木为船筏。"曰："怎么即得度也。"师曰："盲者依前盲，痖者依前痖。"①

---

① 《大正藏》51 册，第 313 页上。

将此与前面所述与石头对答之语联系起来，可知大颠接受了石头青原系的法要，对于旧学南岳系以扬眉动目、语默动静为心要之说进行了批评，认为这些都是妄想见量，除去妄想便是真心，此外别无真心。他强调识取守护自家本心，若识本心，即心是佛，不用修行；即此本心，应机随照，自生妙用，其用处亦不可得。

南岳青原两家都继承了六祖"自性是佛"的思想，在即心是佛、识取自家本心方面并无差别，差别在于南岳强调自性涅槃、以有为宗，故即妄即真、即事即理、一切现成，语默动静，无非是道，扬眉瞬目，无不是真；青原则强调自性般若，以空为宗，故无物即真物，真我本无我，心境俱亡，理事双遣，二边不立，无得正观。

大颠兼收两家思想，而强调除妄即真，真亦不立，即体即用，用不可得。

亲者不问，问者不亲，若是其中人，何必问他人。众生业重，苦海波深，何为船筏，得度苦厄。大颠道，大小船筏，总不离木，但得好木，何愁无船，有"但得本，莫愁末"之意。此僧亦是伶俐，道如此则得度也，大颠道若是得度，盲者依前是盲，哑者依然是哑，不离本处，自得度脱，本相不改，心性已度。

大颠与韩愈的交往与佛教所乐道、儒者常讳言的一段故事。这一故事本身无人置疑，确有其事，只是在细节方面，也就是韩愈在多大程度上接受佛教、对待大颠的真实态度上存在争议。

据《与孟简尚书书》：

来示云，有人传愈近少信奉释氏者（一作传愈心近少奉释氏者），此传者之妄也（一无此传者之四字）。潮州时（补注元和十四年正月公谪潮州刺史），有一老僧，号大颠，颇聪明识道理，远地无可与语者，故自山召至州郭，留十数日（十数，一作数十），实能外形骸，以理自胜，不为事物侵乱（孙曰：司马温公《书心经后》曰：世称韩文公不喜佛，尝排之，予观其与孟尚书，论大颠云，能以理自胜，不为事物侵乱，乃知公于书无所不观，盖尝遍观佛书，取其精粹而排其糟粕耳。不然，何以知不为事物侵乱为学佛者所先耶？）与之语，虽不尽解，要

且自胸中无滞碍（一无上六字，一无自一字），以为难得（一本云自以
为难得），因与来往。及祭神至海上，遂造其庐。及来袁州（孙曰是岁
十月，公移袁州刺史），留衣服为别，乃人之情，非崇信其法求福田利
益也。①

当事人韩愈自己说话吞吞吐吐，欲言又止，颠三倒四，这是后世矛盾
争执的起点。一方面，他承认参过大颠，对大颠的评价相当高，同时又不
愿给人留下自己转而信佛的口实，故曲为之辩。从韩愈自己的叙述来看，
他认为大颠聪明识道理，对于佛法世法都了然于胸，并且实际修养很高，
能够远离五欲，不为形骸所累，以理自胜，守本真心，不为事物外境侵扰
所动，这种境界显然非常人所能及。韩愈承认对于大颠所示微言大意不能
尽解，然知其发自本心，胸上毫无滞碍，实是难得。事实上，韩愈对于大
颠佩服得五体投地，但又碍于面子，不肯承认，说是因为偏远之地，找不
到一个能够有资格与自己对话的人，只好招大颠到城中，留十余日，后来
到灵山拜访，亦非专程，只是由于到海上祭神，路过其地，不好意思不去
看看；离任到袁州，出于人之常情，留下衣服为别，不是因为崇信佛法，
更不是深信因果，为自己种植福田，求取功德利益。

韩愈最大的毛病是不诚实，首鼠两端。事实上他对佛教有兴趣，有了
解，司马光说得很清楚，一个对于佛教毫无所知的人，怎么能知道不为事
物侵乱为佛教崇尚的高级境界，但他自己又不肯承认。明明对大颠非常崇
敬，以之为知音，又是招请，又是参拜，又是赠衣，却又事事回护，招请
是因偏远之地无可语者，参拜只是路过，赠衣乃人之常情，总之都有理由，
意在刻意掩饰对于大颠的真实态度。

经过与大颠的对话，他对自己的反佛立场实际上有所反省，但又不肯
承认。他事实上害怕因果，只是嘴硬而已。一方面说守道君子，不为祸福
利害所动摇，一方面又为自己壮胆，抛出反佛无害论，道是如果佛是君子
善神，必然不忍心加害守道之人，如果佛是小人邪神，则不会有灵，没有
神通，没有能力加害于人，总之，反佛是不会有代价的。不知佛自然不会

---

① 宋魏仲举编：《五百家注昌黎文集》卷十八。

加害于人，然而因果自招，知佛有道德而故意反之，佛虽慈悲，这种因果也不可能代之承受。

当然站在韩愈的立场上思考一下，他也确实为难。一方面他以儒家的领袖、道统的继承人自居，又与李翱等人发愿终身弘儒，若是骤然改变立场，恐怕受人指责，一方面他又确实受大颠启发，对于佛教的高明之处有所领悟，对于大颠十分佩服，但他虚荣心强，不肯放下架子，接受佛教。在这种矛盾的心境下，他颠三倒四、文过饰非就显得正常了。

大颠与韩愈的公案关涉到佛儒荣誉之争，因此历来广受关注，由此也牵涉到韩愈三封《与大颠书》的真伪问题。有趣的是，苏东坡号称信佛，却力辩此书为伪；朱熹号称大儒，却坚持此书为真。

据宋陈思《宝刻丛编》卷十九：

> 唐大颠禅师壁记
> 大颠名宝通，壁记历叙其所居并退之请大颠三书，皆国初重刻，无书人名氏。集古录目。①

又据宋朱熹《原本韩集考异》卷九：

> 与大颠师书
> （此书诸本皆无，唯嘉祐小杭本有之，其篇次在此。）与作召，颠作巅，师作和尚。方本列于石刻之首，今从杭本附此而名篇从方氏。杭本又注云：唐元和十四年刻石，在潮阳灵山禅院。宋庆历丁亥，江西袁陟世弼得此书，疑之，因之滁州谒欧阳永叔，永叔览之曰：实退之语，它意不及也。方本略载其语，又录欧公《集古录》跋尾云："文公与颠师书，世所罕传，予以集录古文，其求之博，盖久而后获。其以《系辞》为《大传》，谓著山林与著城郭无异等语，宜为退之之言。其后书吏部侍郎潮州刺史则非也。盖退之自刑部侍郎贬潮州，后移袁

---

① 中国东方文化研究会历史文化分会编：《历代碑志丛书》（全25册）·第一册，江苏古籍出版社1998年4月版，第649页。

州，召为国子祭酒，迁兵部侍郎，久之始迁吏部，而流俗相传，但知为韩吏部尔。《颠师遗记》，虽云长庆中立，盖并韩书皆国初重刻，谬为附益尔。"方又注云：今石刻乃元祐七年重立。①

"大颠名宝通"，不知是《壁记》有此说，还是陈思因袭普济，此说似乎不是出自欧阳修。若是石刻中有此语，则此说古已有之。其实欧阳修还是比较谨慎的，认为此壁记虽说长庆中立（表明大颠灭于长庆四年说有据），却并韩书皆是宋初重刻，故有谬误，不只是因为与自己以《系辞》为《大传》的学术观点一致便重之。

其实三书真伪并不特别重要，若真，也只是韩愈招请大颠至郭的一些文字，不足以为大颠重；若伪，则是后世有意贬损韩愈，亦与大颠无关。

最为重要的是所谓《外传》所载的大颠与韩愈问答的一段文字，今载《隆兴编年通论》卷十五，文长不录，但其中体现了大颠对于经史儒学及诸子百家十分熟悉，表明大颠于外书亦很精通，因此能够折服韩愈。

大颠著作，相传有《金刚经释义》及《心经释义》，其真伪有争议。若此事非伪，则他重视般若经典，与石头一系宗风相合。

由于地理位置之影响，潮州佛教在岭南本属不发达地区，传入较晚。开元二十六年（738）潮州开元寺建立，标志着佛教开始流行，开元寺所存一个唐代香炉刻有"三韩弟子任国祚"铭文，此名字不像法名，不可能为僧人，表明当时具有佛教信仰的朝鲜人（很可能是商人）曾来到潮州。② 经过西山惠照的努力弘化，潮州佛教开始兴盛，吸引了江西的惟俨、福建的怀海前来求法，大颠则将潮州佛教推向一个新的高峰。

大颠在潮州的弘化，特别是灵山寺的建立，得到当地巨室朝请大夫洪大丁的大力帮助，先是奠基时舍地二顷，后于贞元十三年丁丑（797）继舍地十二顷以为贞元田庄。后来洪氏子孙长期布施供养灵山寺，这是灵山寺长期兴盛的重要原因。

---

① 《景印文渊阁四库全书》第一〇七三册，台湾：商务印书馆1983年版，第240页。
② 参见李庆新：《唐代高僧大颠事迹考述》，载《六祖惠能思想研究》，李著认为可能是朝鲜僧人，澳门大学1997年版，第539页。

大颠后来影响越来越大，成为民间信仰中的祖师，有关大颠的神话传说十分流行，特别是唐末有发其塔，唯舌独存，宋至道中再发之，唯有一镜，因此后人称"舌镜塔"。与玄奘类似，在明末清初的《后西游记》中，大颠成了再次到灵山取经求道的人物。①

大颠门人，《景德传灯录》载有三平义忠、吉州薯山（无机缘语句）二人，《联灯会要》则增加了马颊山本空和尚、本生和尚二人，还将韩愈列入。

据《禅宗颂古联珠通集》卷十七：

【增收】马颊山本空禅师（嗣大颠）因僧问："去却即今言句，请师直指本来性。"师曰："你迷源来得多少时？"曰："即今蒙和尚指示。"师曰："若指示你，我即迷源。"曰："如何即是？"师示颂曰：心是性体，性是心用；心性一如，谁别谁共？妄外迷源，祇者难洞。古今凡圣，如幻如梦。佛鉴云：问不徒然，答无虚设。才随语转，觌面千山。后偈中虽有收有放，其奈错下名言。山僧重为别过，乃有偈曰：

心本非心，性本非性。心性两忘，谁少谁剩？老倒本空，灼艾求病。妄外迷源，孤负凡圣。

心性从来体一同，有无空处透真空。古今妄外迷源者，春入园林处处红。（涂毒策）。

【增收】本空上堂："祇这施为动转，还合得本来祖翁么？若合得，十二时中无虚弃底道理；若合不得，吃茶说话往往唤作茶话在。"僧便问："如何免得，不成茶话去？"师曰："你识得口也未？"曰："如何是口？"师曰："两片皮也不识？"曰："如何是本来祖翁？"师曰："大众前不要牵爷抱娘。"曰："大众忻然去也。"师曰："你试点大众性看。"僧作礼。师曰："伊往往道，一性一切性在。"僧欲进语。师曰："孤负平生行脚眼。"颂曰：

参禅学道莫匆匆，动转无非触祖翁。口在面门犹不见，吃茶清话

① 参见《唐代高僧大颠事迹考述》。

故难通。水中盐味如相似，色里胶清信不空。欲得不招无间业，莫将情解谤宗风。（南堂兴）。①

本空禅师认为心性一如，体用不二，即此言语，便是本性，事外寻理，妄外求源，皆是妄想。本性自知，不劳指示，若指示人，自生迷惑。最后强调古今凡圣，皆是幻梦，二俱不立，一切皆空。北宋佛鉴惠勤亦有一偈，强调心性俱空，源流本一，事外求理，也是辜负凡圣。涂毒智策之颂，也是强调心性一同，不可别求本源。

言语謦咳，施为举动，无不合于本来祖翁，事事处处，皆见本来面目；如若不然，则吃茶说话只是闲言语，不能合道。僧问如何得免闲言语，师道若识得口，则语不虚发。口是两片皮，不必别求之，祖翁则是自家爹娘，只是大众面前不可依恃，若有依恃，则是冤家。莫道大众欣然，试点出大众本性。一性一切性，一月千江月，于此不能明，徒自费草鞋。

南堂道兴之颂，水中盐味，色里胶清，虽不可见，其性不空。识得己口，闲言不生，莫以情识，妄测宗风。

据《联灯会要》卷二十：

本生和尚（凡二）

拈拄杖，示众云："我若拈起，汝便向未拈起时作道理；我若不拈起，你便向拈起时作主宰。且道老僧为人，在甚么处？"

有僧出云："不敢妄生节目。"师云："也知阇梨不分外。"云："高高处平之有余，低低处观之不足。"师云："节目上更生节目。"僧无语。师云："掩鼻偷香，空招罪犯。"

雪窦云："这僧善能切瑳，争奈弓折箭尽。虽然如是，且本生是作家宗师，拈起也天回地转，应须拱手归降；放下也草偃风行，必合全身远害。还见本生为人处也无？"复拈起拄杖云："太平本是将军致，不许将军见太平。"

师问僧："甚处来？"云："太原来。"师云："那边风景如何？"

---

① 《续藏经》，第 580 页下、581 页上。

云："与此间不别。"师云："且道此间风景如何？"云："和尚与某甲不同。"师云："踏破施主草鞋，当为何事？"僧无对。师云："即古即今，出个问处且难，乃至老僧，亦出不得。①

本生为自在人，拈起也得，放下也得，怎奈学人心生计较，处处别求。既道不敢妄生节目，却又有高有低，有欠有余，横生枝节，叠床架屋，故师斥之掩耳盗铃汉。雪窦重显赞之为作家，拈起放下，皆须回避。

那边与这边不别，学人与和尚何异，此僧有头无尾，虎头蛇尾。本生感叹答时则易，问处则难，出个问头，则起疑情，启大悟，只是应机对境，出个好问头甚难。

大颠最为有名的门人当然是三平义忠（781—872）。

据《唐文粹》卷六十四载王讽《漳州三平大师碑铭并序》：

得菩提一乘，嗣达磨正统，志其修证，俾人知方，则有大师，法名义中，俗姓杨氏，为高陵人，因父仕闽，生于福唐县。年十四，宋州律师玄用剃发，二十七具戒，先修三摩钵提，后修奢摩他禅那。大师幻悟法印，不汩幻机，日损薰结，玄超冥观。先依百岩怀晖大师，历奉西堂、百丈、石鞏，后依大颠大师。宝历初到漳州，州有三平山，因芟薙住持，敞为招提，学人不远荒服请法者，常有三百余人。示以俗谛，勉其如幻解脱；示以真空，显非秘密度门。虚往实归，皆悦义味。知性无量，于无量中以习气所拘，推为性分；知智无异，于无异中以随生所系，推为业智。以此演教，证可知也。

大师一日疾背疽，闭户七日，不通问。泊出，疽已溃矣。无何门人以母丧闻，又闭户七日，不食饮。武宗皇帝简并佛刹，冠带僧徒，大师止于三平深巘。至宣宗皇帝稍复佛法，有巡礼僧常肇、惟建等二十人。刺史故太子郑少师薰俾藏其事，旬岁内寺宇一新，因旧额标曰开元。于戏，知物不终完，成之以禅教；知像不尽法，约之以表微。晦其用而不知其方，本乎迹而不知其常。咸通十三年十一月六日，宴

---

① 《续藏经》79册，第171页上中。

坐示灭，享年九十二，僧腊六十五。

讽自吏部侍郎以旁累谪守漳浦，至止二日访之，但和容瞪目，久而无言，征其意，备得行止事实，相见无间然也。问曰："周易经历三圣，皆合天旨神道，注之者以至虚而善应，则以道为称；以不思而玄览，则以神为名，达理者也。经云：隐而显，不言而喻，不疾而速，不行而至。后之通儒，有何疑也？"异日又访之，适有刑狱，因语及，师曰："孝之至也，无所不善，有其迹，乃匹夫之令节；法之至也，莫得而私，一其政，则国之彝典。"其于适道适权，又如此。言讫颔之，不复更言。今亡矣。夫彊拟诸形容，因为铭曰：

观迹知证，语默明焉；观证知教，权实形焉。体用如一，曷以言宣。太素浩然，吾师亦然。观其定容，见其正性。不阅外尘，朗然内净。智圆则神，理通则圣。师能得之，随顺无竞。吾之行止，师何以知。得性之分，识时之机。达心大师，邈不可追。①

如此义中（《景德传灯录》作忠）于建中二年（781）出生于福唐，贞元十年（794）十四岁从宋州玄用律师出家，元和二年（807）二十七岁受具。其后游方参禅，先依百岩怀晖（754—815）于京师章敬寺，又参西堂智藏（738—817）、百丈怀海（749—814）、石巩慧藏等。

据《景德传灯录》卷十四：

漳州三平义忠禅师，福州人也，姓杨氏。初参石巩，石巩常张弓架箭以待学徒。师诣法席，巩曰："看箭！"师乃拨开胸云："此是杀人箭，活人箭又作么生？"巩乃扣弓弦三下，师便作礼。巩云："三十年一张弓两只箭，只谢得半个圣人。"遂拗折弓箭。师后举似大颠，颠云："既是活人箭，为什么向弓弦上辨？"师无对。颠云："三十年后，要人举此话也难。"②

---

① 《景印文渊阁四库全书》第一〇七三册，台湾：商务印书馆1983年版，第240页。
② 《大正藏》51册，第316页中。

义忠参慧藏是禅宗史上的著名公案，不知何故，《宋高僧传》却称大安（793—883）"之临川见石巩山慧藏禅师。藏之提唱，必持弓弩以拟学人。安膜拜未兴，唱曰：看箭。安神色不挠，答对不差。石巩乃投弩曰：几年射，始中半人也矣"①。如此似又将这一公案安到大安身上，不过这一说法并非公认之说。

见箭不躲，生死勘破，弹弦三下，死中得活，只是活人之箭，如何向弓弦上辨取，义忠于此不明，故又入大颠鏖甕。

据《祖堂集》：

> 自后，侍郎特到山复礼，乃问："弟子军州事多，佛法中省要处，乞师指示。"师良久，侍郎罔措。登时三平造侍者，在背后敲禅床，师乃回视云："作摩?"对曰："先以定动，然后智拔。"侍郎向三平云："和尚格调高峻，弟子罔措，今于侍者边却有入处。"礼谢三平却归州。②

如此韩愈元和十四年（819）参礼大颠时，三平已然为其侍者，且示"先以定动，后以智拔"的拔除烦恼方法，韩愈于此有省，故礼谢三平。

大颠长庆四年（824）入灭后，三平为其营理塔墓，然后于宝庆初（825）到漳州三平山庵居，四方闻风而至，学徒不减三百余人。

三平身虽出家，孝心可彰，闻母丧，闭门七日，饮食不尝。武宗会昌灭佛，隐入三平深山。宣宗兴复，有巡礼僧常肇、惟建等二十人前来求法。大中初漳州刺史太子少师郑薰为之营建寺宇，冠以开元旧额。咸通十三年（872）五月，吏部侍郎王讽贬漳州刺史，常向三平请益，初无言，后请教周易、刑狱等事，所答高妙，可见三平与其师大颠一样，对于外学世事亦能了达。是年十一月入灭，寿九十二，腊六十五。

据《祖堂集》：

---

① 《大正藏》50 册，第 780 页中。
② 《祖堂集校注》，第 141 页。

　　三平和尚，嗣大颠，在漳州。师讳义忠，福州福唐县人也，姓杨。自入大颠之室，而获深契。值武宗澄汰，隐避三平山，后虽值宣宗再扬佛日，而彼海嵎竟绝玄侣。后至西院大沩兴世，众中好事者十数人往彼请，而方转玄关。

　　因有一僧，特称黄大口，师问曰："久响大口，是公不？"对曰："不敢。"师曰："口大小？"曰："通身是口。"师曰："向什摩处屙？"当时失对。自是法道声扬寰海，玄徒不避瘴疠之奔而远凑。

　　师示众曰："今时出来，尽学个驰求走作，将当自己眼目，有什摩相应时？阿你欲学，不要诸余，各自有本分事在，何不躲取？作什摩心愤愤、口悱悱，有什摩利益？分明说，若要修行路，及诸圣建立化门，自有大藏教在；若是宗门中事宜，你不得错用心。"有人问："还有学路也无？"师云："有一路，滑如苔。"僧云："还许人蹋不？"师云："不拟心，你自看。"

　　问："三乘十二分教学人不疑，乞和尚直指西来意。"师云："大德！龟毛拂子、兔角柱杖，藏著何处？"僧对曰："龟毛兔角岂是有耶？"师云："肉重千斤，智无铢两。"荷玉颂曰：

　　龟毛拂，兔角杖，拈将来，随处放。

　　古人事，言下当，非但有，无亦丧。

　　王侍郎问："黑豆未生芽时作摩生？"师云："诸佛亦不知。"师颂曰：

　　菩提慧日朝朝照，般若凉风夜夜吹。

　　此处不生聚杂树，满山明月是禅枝。

　　师云："诸人若未曾见知识，则不可。若曾见作者来，便合体取些子意度，向幽岊雅嵧独宿孤峰，木食草衣，任摩去，方有小分相应。若也驰求知解义句，则万里望向关。珍重！"

　　师有偈三首：

　　即此见闻非见闻，无余声色可呈君。

　　个中若了全无事，体用无妨分不分。

　　又曰：

　　见闻觉知本非尘，识海波生自昧身。

状似碧潭氷［冰］沫覆，灵王翻作客中宾。

又曰：

见闻觉知本非因，当处虚玄绝妄真。

见性不生痴爱业，洞然明白自家珎。①

这里的记载与前碑有所不同，道是三平身处海隅，玄侣告绝，直到咸通七年（866）西院大安兴世，会中好事者十余人前来请益，方转玄关。此说恐怕有问题，有贬低三平、抬高大安之嫌，王讽碑称其开法之初，门下不减三百余人，当以此为准。

三平教化黄大口的故事可谓脍炙人口，自此名扬寰海，学徒不避瘴疠，前来问道。

三平强调须向内体取本分事，不可向外驰求，宗门中事，用心即错，开口则乖。虽然有一路，怎奈滑如苔（石头路滑），若能不拟心，自看或免撑。

西来之意，声势虚张。龟毛拂子，兔角拄杖，拈来便行，不用则放。言下承当，有无俱丧，执之成病，智无铢两。

三平认为，若曾见知识，得取意味，便应山隐林宿，木食草衣，仅守本分，看取自心，方有少分相应。若是向外驰求，言下求解，则是万里望家乡，南辕趋北辙。

三平擅长偈颂，或许是石头家风。他强调升菩提慧日，吹般若凉风，体现了石头系重视般若空示的宗风。这些偈颂体现了体用一如，即事即理的特征。见闻即非见闻，了尘便可明真，若是自昧本来，灵王反成客宾。见性不生贪爱，识海不昧真身，了则当处虚玄，洞明自家之珍。

这些偈颂广为流传，又见《云门广录》、《宗镜录》等（语句不尽相同），虽然数量不多，影响却是很大。

《嘉靖龙溪县志》卷八载义中会昌五年（845）汰僧，义中入三平山九层岩鬼穴，化导众鬼，大中三年（849）佛法再兴，刺史郑薰奏赐广济大师。不知为何，王讽碑中未提其得师号之事。后世所出之《漳州三平广济

---

① 《祖堂集校注》，第158—159页。

大师行录》亦载此事，然而并不能证明当时他确有此师号，这种大事，王讽是不可能漏记的，因此所谓"广济大师"应当是后世的封号，在王讽时并不存在。

据《山堂肆考》、《明一统志》、《大清一统志》等记载，晚唐中和间，还有一位三平和尚在浙江丽水之南明山大安院弘法，尝骑虎出游，灭后真身不坏，有破衲若蝉翼藕丝，其徒宝之。此三平和尚与漳州之三平没有关系，更非一人。

三平和尚后来影响很大，成为民间信仰中的神话人物，其信仰后来遍及闽海，跨越海峡，流传台湾，成为两岸人民共同的信仰和精神纽带之一。

第三章 丹霞天然及其法系

第一节 丹霞天然生平

丹霞天然为境界最高、影响最大的石头门人之一，当时后世都享有盛名。

有关丹霞的资料主要有《祖堂集》、《宋高僧传》、《景德传灯录》等。

据《宋高僧传》卷十一《唐南阳丹霞山天然传》：

> 释天然，不知何许人也。少入法门而性梗槩，谒见石头禅师，默而识之，思召其自体得实者，为立名天然也。乃躬执爨，凡三年始遂落饰。后于岳寺希律师受其戒法。造江西大寂会，寂以言诱之，膺答雅正，大寂甚奇之。次居天台华顶三年。又礼国一大师。元和中，上龙门香山，与伏牛禅师为物外之交。后于慧林寺遇大寒，然乃焚木佛像以御之。人或讥之，曰："吾荼毘舍利。"曰："木头何有！"然曰："若尔者，何责我乎！"元和三年晨，过天津桥横卧。会留守郑公出，呵之不去，乃徐仰曰："无事僧。"留守异之，乃奉束素衣两袭，月给米面，洛下翕然归信。至十五年春，言："吾思林泉。"乃入南阳丹霞山结菴。以长庆四年六月，告门人曰："备沐浴，吾将欲行矣。"乃戴笠策杖，入屦垂一足未及地而卒，春秋八十六。膳部员外郎刘轲撰碑纪德焉。勅谥"智通禅师"，塔号"妙觉"。①

首先是丹霞天然的卒年，《祖堂集》称是"长庆三年癸卯岁六月二十三

---

① 《大正藏》50册，第773页中下。

日"，僧传称是长庆四年（824）六月，《景德传灯录》道是"长庆四年六月二十三日"，《五灯会元》作长庆四年六月。僧传与《祖堂集》共同的资料来源为刘轲所作碑，刘碑今已不存。《隆兴编年通论》卷二十四又有大和三年（829）入灭、春秋八十三之说，《释氏通鉴》、《佛祖历代通载》等从之。

　　大和三年（829）说为后起之说，缺少充分的依据，不可信。那么究竟是长庆三年还是四年呢？《祖堂集》在前，然其书或多误，今且依僧传灯录，作长庆四年（824），其寿八十六，则生于开元二十七年（739）。

　　天然生缘不详，出家时间亦不明。僧传称其少入法门，《祖堂集》与灯录称其早年业儒，与庞蕴（？—808）为友。庞居士为衡阳人，则他也有可能为湖南人。《景德传灯录》卷八载庞居士"唐贞元初谒石头和尚忘言会旨，复与丹霞禅师为友"①，这一说法肯定有问题，因为其时天然已然年近五十，不可谓少入法门。二人相伴入京应举，可能是在大历初年（766），其时天然二十八岁。

　　二人于汉南道中得到马祖门下某禅师点拨，认识到选官不如选佛，乃到江西参马大师。马大师一见天然，知其与石头有缘，便令其到南岳参访。天然到南岳后，石头令其"著槽厂去"，即像六祖当年一样，到厨房帮工。

　　三年之后，石头一日示众曰"佛殿前搭草，明晨粥后铲却"，来日，诸人不明其意，皆持锹钁来，只有天然持刀与水，于大师前礼拜，大师乃为落发，当时石头又欲为说戒法，他则掩耳而出。其时当在大历四年（769）。不久，他又在南岳希操律师门下受具，成为正式的沙门。受具之后，他回到江西参谒马祖。

　　据《祖堂集》卷四：

　　　　石头大师明晨欲与落发，今夜童行参时，大师曰："佛殿前一搭草，明晨粥后划却。"来晨，诸童行竞持锹钁，唯有师独持刀水于大师前跪拜揩洗。大师笑而剃发。师有顶峰，突然而起，大师按之曰："天然矣！"落发既毕，师礼，谢度兼谢名，大师曰："吾赐汝何名？"师

---

① 《大正藏》48 册，第 263 页中。

曰："和尚岂不曰'天然'耶？"石头甚奇之，乃为略说法要，师便掩耳云："太多也。"和尚云："汝试作用看。"师遂骑圣僧头。大师云："这阿师，他后打破泥龛塑像去。"①

又据《景德传灯录》卷十四：

> 便往江西，再谒马师。未参礼，便入僧堂内，骑圣僧颈而坐。时大众惊愕，遽报马师。马躬入堂，视之曰："我子天然。"师即下地礼拜，曰："谢师赐法号。"因名天然。马师问："从什么处来？"师云："石头。"马云："石头路滑，还趷倒汝么？"师曰："若趷倒即不来。"②

如此灯录称其法号天然是得自马祖，而《祖堂集》的记载与此相反，道是石头为其剃发时所立名，僧传与之相同，这体现了两派为争夺天然的归属而所创的不同的故事。

此后天然又观方参禅，居天台华顶峰三年，这是当年智者大师华顶降魔之处。这一时间大概是在大历五年（770）至七年（772）间。

大历八年（773）前后，他又到径山参国一禅师道钦，当时东寺如会亦于八年（773）来参道钦。

大历十年（775）前，他又到京城去参慧忠国师。

据《景德传灯录》卷十四：

> 师一日谒忠国师，先问侍者："国师在否？"曰："在即在，不见客。"师曰："太深远生。"曰："佛眼亦觑不见。"师曰："龙生龙子，凤生凤儿。"国师睡起，侍者以告。国师乃鞭侍者二十棒遣出。后丹霞闻之，乃云："不谬为南阳国师。"至明日，却往礼拜，见国师，便展坐具。国师云："不用不用。"师退步。国师云："如是如是。"师却进前。国师云："不是不是。"师绕国师一匝便出。国师云："去圣时遥，

---

①　《祖堂集校注》，第 121 页。

②　《大正藏》51 册，第 310 页下。

人多懈怠。三十年后觅此汉也还难得。"①

离开国师之后,《祖堂集》称其寻上丹霞山,此说与僧传灯录之说有别。

据《祖堂集》:

> 师寻上邓州丹霞山,格调孤峻,少有攀者。爰有禅德远来问津,山下遇见师,遂辄申问:"丹霞山在什摩处?"师指山曰:"青青黯黯底是。"禅德曰:"莫只这个便是不?"师曰:"真师子儿!一拨便转。"②

这个禅德,依照后世之说,则是邓隐峰。

据《建中靖国续灯录》卷二十七《云居山晓舜禅师三则》:

> 举:邓隐峰去访丹霞,山下逢见丹霞,乃问:"丹霞山在什么处?"霞云:"青黯黯处。"峰近前便扭住云:"莫祇遮个便是?"霞云:"真师子儿,一拨便转。"峰便休。
>
> 师云:"大愚道:'丹霞祇知衫穿,不觉鞋绽。'"③

此说出自云门宗著名禅师舜老夫,其始创者则应是大愚守芝,或许有据。若然,则天然曾经住过丹霞山不为无据,因为邓隐峰元和十一年(816)北游五台,因官军与吴元济叛军交战,他便飞锡空中而过,导致双方罢战,此时天然尚在洛阳,未到丹霞,因此二人相遇,只能是天然首次在丹霞山时。

据《景德传灯录》卷七:

> 蒲州麻谷山宝彻禅师。一日随马祖行次,问:"如何是大涅槃?"

---

① 《大正藏》51 册,第 310 页下。
② 《祖堂集校注》,第 121、122 页。
③ 《续藏经》78 册,第 804 页下。

祖云："急。"师云："急个什么。"祖云："看水。"师与丹霞游山次，见水中鱼，以手指之。丹霞云："天然天然。"师至来日，又问丹霞："昨日意作么生？"丹霞乃放身作卧势。师云："苍天。"又与丹霞行至麻谷山，师云："某甲向遮里住也。"丹霞云："住即且从，还有那个也无？"师云："珍重。"①

如此他与麻谷宝彻同行。据《祖堂集》，麻谷曾参三角和尚，此人当为马祖门人潭州三角山总印禅师。因此二人应当先在湖南一带参访，表明他回到南方。后来北游山西，至蒲州，遇麻谷山，宝彻见此山殊胜，有住持之意，他则在此辅助一段时间后继续游方，其时当在贞元初期。

此后，他应当南归湖南，后达襄汉，于此遇到故友庞居士。

据《景德传灯录》卷八：

元和中北游襄汉，随处而居，或凤岭鹿门，或鄽市间巷。初住东岩，后居郭西小舍。一女名灵照，常随制竹漉篱，令鬻之，以供朝夕。②

庞居士北游襄汉，时间应当在贞元末期，因为他在此地活动甚久，与很多老宿有交往，若是元和三年（808）父女一起入灭，为时过短。

据《佛祖历代通载》卷十四：

丹霞出家，年六十四矣。③

是年为贞元十八年壬午（802），丹霞确实年六十四，但这肯定不是他出家的时间，否则根本见不到马祖、石头。那么为什么记载一句明显是错误的史料呢？此与刘禹锡所谓六祖三十出家一样，其实是指离开家乡，不

① 《大正藏》51册，第253页下。
② 同上书，第263页下。
③ 《大正藏》49册，第611页中。

是出家为僧。因此此年当为他离开湖南、北上襄汉的时间。

据《景德传灯录》卷八：

> 古寺和尚。丹霞参师，经宿，至明旦煮粥熟，行者只盛一钵与师，又盛一碗自吃，殊不顾丹霞。丹霞即自盛粥吃。行者云："五更侵早起，更有夜行人。"丹霞问师："何不教训行者，得恁么无礼！"师云："净地上不要点污人家男女。"丹霞云："几不问过遮老汉。"①

古寺和尚为马祖门人，具体地方不详，要之在湖南湖北一带。此行者殊知本分事，不愧为古寺门人、净地男儿。不是丹霞无礼，而是拷问禅机。

丹霞与庞居士晚年有长期的交谊，相关公案故事很多。

据《庞居士语录》卷一：

> 丹霞天然禅师一日来访居士，才到门首，见女子灵照携一菜篮。霞问曰："居士在否。"照放下菜篮，敛手而立。霞又问："居士在否？"照提篮便行，霞遂去。须臾，居士归，照乃举前话。士曰："丹霞在么？"照曰："去也。"士曰："赤土涂牛嬭。"霞随后入见居士。士见来，不起亦不言。霞乃竖拂子，士竖起槌子。霞曰："只恁么，更别有？"士曰："这回见师，不似于前。"霞曰："不妨减人声价。"士曰："比来拆你一下。"霞曰："恁么则痖却天然口也。"士曰："你痖繇本分，累我亦痖。"霞便掷下拂子而去。士召曰："然阇黎，然阇黎。"霞不顾。士曰："不惟患痖，更兼患聋。"丹霞一日又访居士，至门首相见。霞乃问："居士在否？"士曰："饥不择食。"霞曰："庞老在否？"士曰："苍天！苍天！"便入宅去。霞曰："苍天！苍天！"便回。霞一日问居士："昨日相见，何似今日？"士曰："如法举昨日事来，作个宗眼。"霞曰："祇如宗眼，还著得庞公么？"士曰："我在你眼里。"霞曰："某甲眼窄，何处安身？"士曰："是眼何窄，是身何安？"霞休去。

---

① 《大正藏》51 册，第 262 页上。

士曰:"更道取一句,便得此语圆。"霞亦不对。士曰:"就中这一句,无人道得。"居士一日向丹霞前叉手立,少时却出去。霞不顾,士却来坐。霞却向士前叉手立,少时便入方丈。士曰:"汝入我出,未有事在。"霞曰:"这老翁出出入入,有甚了期?"士曰:"却无些子慈悲心。"霞曰:"引得这汉到这田地。"士曰:"把什么引?"霞乃拈起士幞头曰:"却似一个老师僧。"士却将幞头安霞头上曰:"一似少年俗人。"霞应喏三声。士曰:"犹有昔时气息在。"霞乃抛下幞头曰:"大似一个乌纱巾。"士乃应喏三声。霞曰:"昔时气息争忘得?"士弹指三下,曰:"动天动地。"丹霞一日见居士来,便作走势。士曰:"犹是抛身势,怎生是嚬呻势。"霞便坐。士乃回前,以拄杖划地作七字。霞于下面书个一字。士曰:"因七见一?见一忘七?"霞曰:"这里著语。"士乃哭三声而去。居士一日与丹霞行次,见一泓水。士以手指曰:"便与么,也还办不出。"霞曰:"灼然是办不出。"士乃戽水泼霞二掬。霞曰:"莫与么,莫与么。"士曰:"须与么,须与么。"霞却戽水泼士三掬,曰:"正与么时,堪作什么?"士曰:"无外物。"霞曰:"得便宜者少。"士曰:"谁是落便宜者?"①

除此之外,庞居士与松山和尚、石林和尚、本溪和尚等马祖门人交往时都提及丹霞,这表明他们都与丹霞有来往。

据《景德传灯录》卷八:

本溪和尚。庞居士问云:"丹霞打侍者,意在何所?"师云:"大老翁见人长短在。"居士云:"为我与师同参了,方敢借问。"师云:"若恁么,从头举来共尔商量。"居士云:"大老翁不可共尔说人是非。"师云:"念翁老年。"居士云:"罪过罪过。"②

丹霞打侍者,不知是何公案,或许与国师因丹霞打侍者相同。

① 《续藏经》69 册,第 131 页下、132 页上。
② 《大正藏》51 册,第 260 页上。

据《景德传灯录》卷八：

> 石林和尚。一日，庞居士来，师乃竖起拂子云："不落丹霞机，试道一句。"居士夺却拂子了，却自竖起拳。师云："正是丹霞机。"居士云："与我不落看。"师云："丹霞患哑，庞翁患聋。"居士云："恰是也，恰是也。"师无语。①

看来丹霞有竖拳不语之机，而且此机广为禅林所知。
据《景德传灯录》卷八：

> 松山和尚。一日命庞居士吃茶，居士举起托子云："人人尽有分，因什么道不得。"师云："只为人人尽有，所以道不得。"居士云："阿兄为什么却道得？"师云："不可无言也。"居士云："灼然灼然。"师便吃茶。居士云："阿兄吃茶，何不揖客？"师云："谁？"居士云："庞翁。"师云："何须更揖？"后丹霞闻举乃云："若不是松山，几被个老翁作乱一上。"居士闻之，乃令人传语丹霞云："何不会取未举起托子时？"②

看来当时丹霞与庞居士、松山和尚同在一处，互逗禅机，相交甚欢。

元和三年（808）七月庞居士与其女灵照入灭之后，天然再次北上，来到洛阳一带，上龙门香山，与马祖门人伏牛山自在和尚（741—821）为友，自在禅师初依国一禅师受具，后于南康参马祖，为马祖致书于南阳慧忠国师，贞元四年（788）秋与紫玉道通（731—813）同游京洛，后在伏牛山及洛阳一带游化。自在与天然同师马祖与道钦，又都参过慧忠国师，他还有《三伤歌》，辞理俱美，警发迷蒙，感动幽冥，是故二人有很多的共同点，其为莫逆之交并非偶然。

元和三年（808）某日，天然卧在天津桥上，堵住了东都留守郑余庆出

---

① 《大正藏》51 册，第 260 页上。
② 同上书，第 261 页上。

行之路，郑氏问其原委，他却不慌不忙地自称无事僧，郑余庆对他十分钦佩，官给衣食供养。天然自此名声大振，成为东都名僧。

在洛阳时，还发生了特别著名的丹霞烧木佛故事。

据《景德传灯录》卷十四：

> 于慧林寺，遇天大寒，师取木佛焚之。人或讥之，师曰："吾烧取舍利。"人曰："木头何有？"师曰："若尔者，何责我乎!"[1]

天寒焚木佛取暖，这当然是有违常理、甚至大逆不道之事，天然对此不可能不知。然而木佛既是佛，又是木头，就看从哪一方面看待。天然称烧取舍利，是尊之为佛，烧佛是大逆，荼毗佛身以取舍利则是合理的。院主指责他，木头有什么舍利，正好上了当，既然是木头，以之烧火御寒就很正常了，何必指责我。据说院主不久眉毛脱落。那么为什么烧佛的安然无事，护佛的却为此受罚呢？不是没有因果，而是最初院主以木头为佛，心存佛见，天然视为木头，知其本性；后来天然尊之为佛，信仰至深，院主却视为木头，反生邪见。总之，悟道之人，在在处处，不离佛道，一切行尽是佛行；未悟之人，每生执著，所见皆乖，一切行尽是魔行。

天然作为一代佛教大师，岂能因为天寒而烧木佛。真实的原因可能是因为那尊木佛形制有乖，瞻望不足生敬，他便找个借口将其烧掉。

慧林寺在洛阳城北的北邙山上，在今孟津送庄镇梁凹村，亦为洛阳名寺，本为皇室李澄之别墅，后其子李源舍为寺宇，并与寺僧圆观法师交好，结三生之缘。[2]

天然元和年间主要在洛阳一带弘法，但他居止的具体寺院不详，有可能是龙门香山寺，也有可能与伏牛自在同住。

元和十五年（820），老友自在禅师南下，欲至江南山水佳处终老，天然也声称不愿住在都市，愿归林泉，门人齐静在南阳丹霞山为之结菴，三

---

① 《大正藏》51 册，第 310 页下。
② 参见木头疙瘩：《慧林寺：邙岭上的一抹佛光》，洛阳信息港。

年间，参学齐至，众盈三百，乃成大院。长庆四年（824）六月二十三日，告众欲行，垂足而化。门人为之建塔，谥"智通禅师"，塔号"妙觉"。

天然所参过的前辈高僧有马祖、石头、国一、慧忠等，不知是否参过北宗的东京圣善寺弘正，但他大历年间路过洛阳，不排除这种可能。总之，当时天下禅宗最为重要的大师他基本上都参过。他所交游的同辈大德主要有庞居士、麻谷、自在等，与此三人关系最密切，还有古寺和尚、松山和尚、石林和尚、本溪和尚、邓隐峰等，基本上都属于马祖一系。

第二节　丹霞天然禅法

丹霞天然有较多的著作存世，在《祖堂集》等典籍中有保存。

据《景德传灯录》卷十四：

> 师上堂曰："阿尔浑家，切须保护，一灵之物，不是尔造作名邈得，更说什么荐与不荐。吾往日见石头和尚，亦只教切须自保护。此事不是尔谭话得。阿尔浑家各有一坐具地，更疑什么？禅可是尔解底物，岂有佛可成！佛之一字，永不喜闻。阿尔自看，善巧方便慈悲喜舍，不从外得，不著方寸。善巧是文殊，方便是普贤。尔更拟趁逐什么物？不用经求落空去。今时学者纷纷扰扰，皆是参禅问道。吾此间无道可修，无法可证。一饮一啄，各自有分，不用疑虑。在在处处，有怎么底。若识得释迦，即者（老）凡夫是。阿尔须自看取。莫一盲引众盲，相将入火坑；夜里暗双陆，赛彩若为生。无事珍重。"①

又据《宗镜录》卷九十八：

> 丹霞和尚云："汝等保护一灵之物，不是汝造作得，不是汝諳邈得。吾此地无佛，无涅槃，亦无道可修，无法可证。道不属有无，更

---

① 《大正藏》51册，第311页上。

修何法？唯此余光，在在处处，则是大道。"①

灯录所载似是《宗镜录》所录的扩展版，核心是加上了"吾往日见石头和尚"之语，突出其属石头一系的证据。

从这段话语来看，天然的核心思想是自性本具一灵之物，只要保护即可，不用外求诸佛，无道可修，无法可证，无禅可参，无佛可求，甚至说"佛之一字，永不喜闻"这样看似极端的话语，由此来看，他烧木佛也是这种思想的体现。既然无修无证，修行无他，只要无事即可，故他自称"无事僧"，认为无事是贵人。

天然的这一思想在其偈颂中亦反复强调，如其《弄珠吟》、《玩珠吟》、《骊龙珠吟》、《如意颂》等。

据《祖堂集》：

> 师有《弄珠吟》：
> 般若神珠妙难测，法性海中亲认得。
> 隐现时游五蕴山，内外光明大神力。
> 此珠无状非大小，昼夜圆明悉能照。
> 用时无处复无踪，行住相随常了了。
> 先圣相传相指授，信此珠人世希有。
> 智者号明不离珠，迷人将珠不识走。
> 吾师权指喻摩尼，采人无数入春池。
> 争拈瓦砾将为宝，智者安然而得之。
> 言下非近亦非远，躰用如如转无转。
> 万机珠对寸心中，一切时中巧方便。
> 皇帝曾游于赤水，视听争求都不遂。
> 罔像无心却得珠，能见能闻是虚伪。
> 非自心，非因缘，妙中之妙玄中玄。
> 森萝万像光中现，寻之不见有根源。

① 《大正藏》48册，第944页上。

烧六贼，烁四魔，能摧我山竭爱河。

龙女灵山亲献佛，贫儿衣里狂蹉跎。

亦非性，亦非心，非性非心超古今。

躯绝名言名不得，权时题作《弄珠吟》。①

天然明确指出，此珠即是般若神珠，游乎法性之海，颇有"据真如、游法性"之意。摩尼、瓦砾数句，慧可大师言"本迷摩尼为瓦砾，豁然自觉是真珠"，行昌禅师称"不知方便者，犹春池拾砾"，都是出自《涅槃经》。

据《大般涅槃经》卷二〈哀叹品3〉：

> 汝等当知，先所修习无常、苦、想，非是真实。譬如春时，有诸人等在大池浴乘船游戏，失琉璃宝没深水中。是时诸人悉共入水求觅是宝，竞捉瓦石、草木、砂砾，各各自谓得琉璃珠，欢喜持出乃知非真。是时宝珠犹在水中，以珠力故，水皆澄清。于是大众乃见宝珠故在水下，犹如仰观虚空月形。是时众中有一智人，以方便力安徐入水即便得珠。汝等比丘不应如是修习无常、苦、无我想、不净想等以为实义，如彼诸人各以瓦石、草木、砂砾而为宝珠。汝等应当善学方便，在在处处常修我想、常、乐、净想，复应当知先所修习四法相貌悉是颠倒。欲得真实修诸想者，如彼智人巧出宝珠，所谓我想、常、乐、净想。②

上述数句，都是由此经文化来，当然也受到慧可、行昌等人的影响。

据《宗镜录》卷三十七：

> 肇师云："法本无相，非观行之所能见。见之者，其唯无观乎！"如赤水求于玄珠，罔象而得之。故云藏于身，不藏于川；在于心，不

---

① 《祖堂集校注》，第126、127页。
② 《大正藏》12册，第617页下。

在乎水。故庄子云：黄帝游于赤水之北，登崑仑之丘南望，遗其玄珠。使智索之而不得，使离娄索之而不得。乃因罔象得之。黄帝曰：异哉！罔象乃可得之。夫真不可以定求，故无心以得之。如《弄珠吟》云："罔象无心却得珠，能见能闻是虚伪。"①

这既是对《弄珠吟》的注解，又是引用和发挥，说明有求不得，无心方得。

据《宗镜录》卷三十二：

若实发明，悟了本头。一灵真性，非动非静，非得非失，非生非灭，非合非离。则知无始已来，三界伶俜，六趣狂走，是迷是倒，是妄是虚。皆是情想结成，识心鼓动。则知本觉真性，非因非缘，亦非自然，非不自然，非和非合，非不和合。尽成戏论，悉堕邪思。且无住真心，岂存名相及与处所！若欲以识心图度，句义诠量，而求真实者，如系风捕影，理可然乎？所以祖师云："非自然，非因缘。妙中之妙玄中玄。森罗万像光中现，寻之不见有根原。"②

一灵真性，便是一灵之物，亦是本觉真性。此物非自生，非他生，非自然（与"非自心"同义）而生，非因缘和合，乃是智者大师所说"大中大，上中上，圆中圆，满中满，实中实，真中真，了义中了义，玄中玄，妙中妙，不可思议中不可思议。"③寻之不见，觅之不得，唯证乃知，未到难测。

据《宗镜录》卷七十六：

若入宗镜，智行俱成，我慢山崩，贪痴水竭，胜负情尽，差别业亡。如《弄珠吟》云："消六贼兮烁四魔，摧我山兮竭爱河。龙女灵山

---

① 《大正藏》48 册，第 637 页上。
② 同上书，第 603 页上。
③ 《大正藏》46 册，第 9 页下。

亲献佛，贫儿衣里枉蹉跎。"①

这里不仅是引用和发挥，还提供了更好的版本。灵珠有大用，可使六贼烧毁，四魔消灭，我慢山摧，贪爱河竭。知之可以妙用，故龙女以之献佛；不知空自蹉跎，如贫儿衣中埋没。

最后两句，此珠非性非心，绝名言，超古今，《景德传灯录》本作"全体明时明不得"，不如《祖堂集》准确。

据《祖堂集》：

> 师又有《玩珠吟》：
> 识得衣中宝，无明醉自惺。
> 百骸俱溃散，一物镇长灵。
> 知境浑非体，寻珠不见形。
> 悟即三身佛，迷疑万卷经。
> 在心心岂测，居耳耳难听。
> 罔像先天地，渊玄出杳冥。
> 本刚非锻炼，元净莫澄停。
> 盘泊逾朝日，玲珑暎晓星。
> 瑞光流不灭，真澄浊还清。
> 鉴照崆峒寂，劳笼法界明。
> 到凡功不灭，超圣果非盈。
> 龙女心亲献，蚍王口自倾。
> 护鹅人却活，黄雀义犹轻。
> 解语非关舌，能言不是声。
> 绝边弥瀚漫，三际等空平。
> 演教非为教，闻名不认名。
> 二边俱不立，中道不须行。
> 见月休看指，归家罢问程。

---

① 《大正藏》48 册，第 837 页上。

识心岂测佛，何佛更堪成？
又颂曰：
丹霞有一宝，藏之岁月久。
从来人不识，余自独防守。
山河无隔碍，光明处处透。
軆寂常湛然，莹彻无尘垢。
世间采取人，颠狂逐路走。
余则为渠说，抚掌笑破口。
忽遇解空人，放旷在林薮。
相逢不擎出，举意便知有。①

此诗在后世影响亦很大，引者之众。
据《赵州和尚语录》卷二：

问："百骸俱溃散、一物镇长灵时如何？"师云："今朝又风起。"②

又据《云门匡真禅师广录》卷二：

举：丹霞云：百骸俱溃散，一物镇长灵。师云："拄杖不可不灵
也，唤什么作百骸，甚处得来？"③

再据《景德传灯录》卷二十：

洪州天王院和尚。问："国内按剑者是谁？"师曰："天王。"问：
"百骸俱溃散、一物镇长灵如何？"师曰："不堕无坏烂。"问："如何
是佛？"师曰："错。"④

① 《祖堂集校注》，第124、125页。
② 《嘉兴藏族》4册，第363页下。
③ 《大正藏》47册，第559页上。
④ 《大正藏》51册，第368页中。

如此赵州和尚、云门文偃、天王和尚（疏山匡仁门人）是最早引用评价这一偈颂的高僧。其后有法灯泰钦、叶县归省、雪窦重显、天衣义怀、真净克文、保宁仁勇、宝觉祖心、圆悟克勤、大慧宗杲等。

据《宗镜录》卷九：

> 如金翅鸟，命终之后，骨肉散尽，唯有心在。难陀龙王，取此鸟心，以为明珠。转轮王得，以为如意珠。然一切众生心，亦复如是。幻身虽灭，真心不坏。如经云：如劫烧火，不烧虚空。又祖师云："百骸虽溃散，一物镇长灵。"若能了此常住真心，即同获于如意珠宝。若得之者，广济于法界；用之者，普润于十方。①

又据《宗镜录》卷三十九：

> 故知缘谢形枯，真灵不坠，如薪尽火灭，火性常然。此缘虽灭于今生，彼缘复兴于异世。故《般若吟》云："百骸虽溃散，一物镇长灵。"可谓真心湛然常住矣。②

如此其又名为《般若吟》，"俱"又作"虽"，并且对其意义进行了解释发挥，说明身形虽谢，不碍一灵真性湛然常存，幻身虽灭，真心不坏。

据《古尊宿语录》卷二十九：

> 若论佛，只是当人更无物；若论顶，昼夜舒光照前境；若论心，看时无相用时深；若论经，解语能言不是声；若论斋，所为所作尽和谐；若论愿，犹如身在龙门院；若论了，无虑无疑心皎皎。心皎皎，增添福寿灾殃少。论量功德广难思，须弥未大沧溟小。③

---

① 《大正藏》48 册，第 466 页下。
② 同上书，第 650 页中。
③ 《续藏经》68 册，第 189 页下、190 页上。

这是佛眼清远为居士还《佛顶心经》愿时上堂所说法语，其中引了天然《孤寂吟》"看时浅浅用时深"及此偈"解语非关舌，能言不是声"之句。

据《开福道宁禅师语录》卷一：

> 上堂：解语非干舌，能言不是声。非声非舌用，方乃号圆成。妙造如如旨，还家罢问程。诸禅德，这里荐得，不待三祇劫满、六度功圆，古佛堂中一时参毕。其如疑情未脱见解偏枯，设使辩若满慈，智过鹙子，辞锋展弄，敲唱临机，纵夺卷舒，游戏三昧，于本分事中云泥有隔。何故？正令已行君不会，通身是口卒难陈。①

这是开福道宁说法，两处引用了此偈，并强调非声非舌，方可圆成，于此明得，便知正令，参遍古佛。

于此两句引用者还有保宁仁勇、月林师观、雪岩祖钦等，表明其于后世影响很大。

此句说明语言的局限性，不要在口舌言语上卖弄，多言数穷，不如守中。

据《宗镜录》卷三十六：

> 夫悟心之士，宁执观而迷旨；达教之人，岂滞言而惑理！理明则言语道断，何言之能议；旨会则心行处灭，何观之能思？心言不能思议者，可谓妙契寰中矣。斯乃得旨之人，奚须言境；即届宝所，终不问程；已见玉蟾，宁当执指！故《般若吟》云："见月休观指，归家罢问程。即心心是佛，何佛更堪成！"②

悟心达教，不为言语观照所滞；到家之人，不会再问途中路程。指用指月，指不是月，见到月亮之后就不必再看指头了。值得注意的是，这里

---

① 《续藏经》69 册，第 331 页下。
② 《大正藏》48 册，第 624 页下。

所引版本更为准确，"即心心是佛"与"识心岂测佛"意思相反，说明心本是佛，自性是佛，本来是佛，没有必要再去追求成佛了。

此句引述的名家很多，如奉国清海（云门门人）、石霜楚圆、栖贤澄湜、大慧宗杲等。

第二颂有拟寒山的意味，特别是最后一句，影响很大。解空之人，相逢不必擎出；明心之士，举意便能知有。

据《宗镜录》卷一：

> 凡论宗旨，唯逗顿机，如日出照高山，骏马见鞭影。所以丹霞和尚云："相逢不擎出，举意便知有。"如今宗镜，尚不待举意，便自知有。故《首楞严经》云："圆明了知，不因心念。"扬眉动目，早是周遮。如先德颂云：便是犹倍句，动目即差违。若问曹溪旨，不更待扬眉。①

洞山和尚闻人举此句，便合掌顶戴，后来长庆慧棱、鼓山神晏、石霜楚圆等皆引此句。

天然还有《骊龙珠吟》、《如意颂》等，基本思想与前述一致。

天然又有《孤寂吟》，说明其甘守孤寂、不喜喧闹的禅风。

据《心赋注》卷一：

> 如采樵人，负薪而归，路逢黄金，即弃薪拾金，价逾万倍。况舍伪归真，不依权渐不了义教，直入一心实教之门，则所学功程，日劫相倍。如《孤寂吟》云："不迷须有不迷心，看时浅浅用时深。此个真珠若采得，岂同樵客负黄金。黄金烹炼转为新，此珠含光未示人。了则毛端吞巨海，始知大地一微尘。"一滴一尘并举，喻一心包含广大矣。②

---

① 《大正藏》48 册，第 419 页中。
② 《续藏经》63 册，第 95 页下。

其中所引与前述其他偈颂一样，都是识取心珠、牢牢守护，并使之发挥作用。

在《孤寂吟》中，他强调出家人应当甘心孤寂，清苦度日，"孤寂宇宙穷为良，长吟高卧一闲堂"，"二时粗糠随缘过，一身遮莫布毛裘"，不要追求喧闹富贵。

据《镇州临济慧照禅师语录》卷一：

> 道流！山僧佛法的的相承，从麻谷和尚、丹霞和尚、道一和尚、庐山拽石头和尚，一路行遍天下，无人信得，尽皆起谤。如道一和尚用处纯一无杂，学人三百、五百，尽皆不见他意。如庐山和尚自在真正顺逆用处，学人不测涯际，悉皆茫然。如丹霞和尚玩珠隐显，学人来者，皆悉被骂。如麻谷用处，苦如黄檗，近皆不得。如石巩用处，向箭头上觅人，来者皆惧。如山僧今日用处，真正成坏，玩弄神变，入一切境，随处无事，境不能换。[①]

这表明丹霞天然对于临济宗的创立也有很大的影响，也说明天然与麻谷关系密切。

总之，天然是一个继承六祖自性是佛、强调守护本心、无修无证、孤寂潇洒的禅师，他大半生居无定所，四处漂泊，但是随缘度化、自得其乐。

第三节　丹霞天然门人

丹霞天然虽然正式开法时间不长，但也培养了不少出色的弟子。

据《景德传灯录》卷十四：

> 邓州丹霞山天然禅师法嗣七人
> 京兆翠微无学禅师
> 丹霞山义安禅师

---

① 《大正藏》47 册，第 501 页中。

吉州性空禅师

本童和尚

米仓和尚（已上五人见录）

扬州六合大隐禅师

丹霞山慧勤禅师（已上二人无机缘语句不录)①

如此天然有弟子七人，五人有机缘语句。丹霞山慧勤后来住襄阳白马寺，曾于咸通之末指点令遵去参翠微，自称年老倦于指教学人，可见他也属于丹霞门下老宿。大隐禅师则全无事迹可寻。另外丹霞门人齐静曾为其卜居丹霞山，并领众为师筑菴。

据《景德传灯录》卷十四：

丹霞山义安禅师（第二世住）。僧问："如何是佛？"师曰："如何是上坐？"曰："恁么即无异去也？"师曰："（谁）向汝道？"②

义安禅师继天然住持丹霞山，为第二世，可见也是其门下之杰出者。莫道无异，天地悬隔。若真无异，何以问人。若不警示，恐落我慢深坑，是故依《五灯会元》加一"谁"字更加合理。

据《景德传灯录》卷十四：

吉州性空禅师。有一僧来参，师乃展手示之。僧近前却退。师曰："父母俱丧，略不惨颜。"僧呵呵大笑。师曰："少间与阇梨举哀。"其僧打筋斗而出。师曰："苍天！苍天！"③

吉州性空禅师为天然门下影响较大的门人之一，仰山慧寂（807—883）曾于大和之初（827）来参，表明他在天然入灭后就在吉州弘法了。

---

① 《大正藏》51 册，第 309 页上。

② 同上书，第 313 页下。

③ 同上。

值得注意的是，《景德传灯录》记载了三个性空禅师。

据《景德传灯录》卷九：

　　潭州石霜山性空禅师。僧问："如何是西来意？"师曰："若人在千尺井中，不假寸绳出得此人，即答汝西来意。"僧曰："近日湖南畅和尚出世，亦为人东语西话。"师唤沙弥："拽出死尸著！"（沙弥即仰山也）沙弥后举问耽源："如何出得井中人？"耽源曰："咄！痴汉，谁在井中？"后问沩山："如何出得井中人？"沩山乃呼慧寂，寂应诺。沩山曰："出也。"及住仰山，尝举前语谓众曰："我在耽源处得名，沩山处得地。"①

再据《景德传灯录》卷十一：

　　吉州孝义寺性空禅师法嗣
　　邛州寿兴院守闲禅师（一人，无机缘语句不录)②

复据《佛果圆悟禅师碧岩录》卷二：

　　耽源名应真，在国师处作侍者，后住吉州耽源寺。时仰山来参耽源。源言重性恶，不可犯，住不得。仰山先去参性空禅师，有僧问性空："如何是祖师西来意？"空云："如人在千尺井中，不假寸绳出得此人，即答汝西来意。"僧云："近日湖南畅和尚，亦为人东语西话。"空乃唤沙弥："拽出这死尸著（沙弥仰山）！"山后举问耽源："如何出得井中人？"耽源曰："咄，痴汉！谁在井中？"仰山不契，后问沩山，山乃呼慧寂，山应诺。沩云："出了也。"仰山因此大悟，云："我在耽源处得体，沩山处得用。"③

---

① 《大正藏》51 册，第 267 页中。
② 同上书，第 282 页上。
③ 《大正藏》48 册，第 158 页中下。

这三个性空禅师实为一人。仰山先参无语通，再从韶州北上，先到江西虔州参智藏门人处微，再继续北上，到吉州，参耽源应真，由于应真性格威严，脾气暴躁，住不下来，仰山只好先参同样在吉州弘法的性空禅师，性空举千尺井机缘。如此仰山所参只能是吉州性空，不会是潭州石霜山性空。仰山后来于大和三年（829）离开吉州，到湖南参大沩，才有可能到石霜山。根据仰山的参学经历，挂在潭州石霜山性空名下的机缘其实属于吉州性空，因此可以断定二者实为一人。为什么丹霞门人吉州性空又成了百丈门人潭州性空了呢？有可能是性空先参百丈怀海，后参丹霞天然，在潭州石霜山和吉州都住过，是故后世误作二人。《景德传灯录》卷十一载怀让第四世，将吉州孝义寺性空法嗣守闲列为第四世，以孝义性空为第三世，与沩山灵祐、福州大安、赵州从谂等并列，可见他就是怀让第三世潭州性空。吉州性空与吉州孝义性空更是同一人，孝义寺是他在吉州住持的寺院。《五灯会元》只列孝义性空为天然门人，看来他是住持吉州孝义寺。

此外，所谓吉州孝义寺性空法嗣邛州寿兴院守闲禅师，实为《传法正宗记》卷七所载石霜庆诸门人邛州守闲，《景德传灯录》作邛州守闲禅师，这是把吉州性空与石霜性空、石霜庆诸相混淆的又一例证。或是由于性空与庆诸都是吉州人，又先后住石霜，《景德传灯录》便将二者弄混了，其实性空不仅比庆诸高一辈，在时代上也更早，大和之初他便在吉州开法，仰山曾经师从之，而此时与仰山同年的庆诸正在求学阶段。庆诸有可能参过性空，并于会昌元年（841）继之住持石霜。守闲有可能始从性空，后师庆诸，故后世一说其为性空门人，一说其为庆诸弟子。

性空禅师所举的人在千尺井中的公案耐人寻味，虽然仰山当时未悟，后来借助耽源与沩山两位大师的指点而开悟，他称在耽源处得名（体）、沩山处得地（用），但也不能抹杀原创者性空的功劳。

据《拈八方珠玉集》卷一：

举：性空有僧来参。空云："与么下去，还有佛法道理也无？"僧云："某甲结舌有分。"空云："老僧又作么生？"僧云："素非好手。"空便仰身合掌，僧亦合掌，空却抚掌三下，僧拂袖便出。空云："乌不前，兔不后，几人于此忙然走。只有阇梨达本源，结舌何曾著空有。"

佛鉴拈云："进不前，退不后，头尾中间两处走。胡僧抚掌笑呵呵，此土西天未曾有。"

正觉云："性空向这僧顶门上著灸，这僧向性空命门里著艾。两家病痛一般，其奈肓之上膏之下，总未有干涉。"

佛海云："结舌有分，是说道理；仰身合掌，非用机关。后偈掘地深埋，未免重为别过：昼复夜，初中后，金乌飞，玉兔走。于此忙然与悄然，总是虾跳不出斗。"

举：丁行者来参性空。空打一棒云："瞎却汝本来眼也。"丁云："非但今日，古人亦行此令。"空云："谁向汝道古今？"丁便拂袖出。空云："青天白日，有迷路人。"丁云："莫要指示么？"空便打。丁云："莫瞎却人眼好。"空云："瞎却俗人眼有甚过？"

佛鉴拈云："性空虽行瞎棒，棒棒打著；丁行者虽明古今，皮下无血。"

正觉云："既是瞎棒，为甚却打著？（治）。既明古今，为甚却道皮下无血？（瞎）。佛鉴党事不党理，山僧党理不党事。然虽如此，也是一面山、一面水。"

佛海云："性空虽是瞎棒，正令已行；丁行者虽是俗人，全身担荷。当初于谁向汝道？古今处，夺却棒。倒行此令时如何？贼过后张弓。"

举：有僧来参性空，空展两手。僧近前三步，却退后。空云："父母俱丧，略不惨颜。"僧呵呵大笑。空云："少时与阇梨举哀。"僧打筋斗出去。空云："苍天！苍天！"

佛鉴拈云："展开两手，只见锥头利；进前退后，不见利头锥。呵呵大笑，笑里有刀；连哭苍天，弓折箭尽。且道毕竟如何？良久云：'若不共同桥上过，空信桥流水不流。'"

正觉云："这僧喜极成悲，性空西家助哀。佛鉴虽然庆吊分明，争奈礼烦则乱。只如道，桥流水不流，利害节角，在什么处？会么？打与九分。"

佛海云："展手之机，鱼行水浊；进退之节，鸟飞毛落。父母俱丧，当头责问；大笑呵呵，对面供答。少时举哀，据欵结录；打筋斗出，见机而作。苍天苍天，将错就错，也好与一坑埋却。"

举：僧问性空："千里外来，寻师时如何？"空云："阇梨不涉途。"僧云："不涉途且致，如何是师？"空良久。僧云："此犹是途。"空便打。僧云："屈在于初。"空云："你失在于后。"僧便喝出去。空云："惺后方知不与么。"

佛鉴拈云："一人驴腮马觜，一人象鼻猪头。忽然闹市里相逢，递相叹讶。向水盆里照面，各自慚憛分散。诸人要息疑么？但向水盆里照看，是甚面目。"

正觉云："这僧云：'屈在于初。'什么处是屈处？性空云：'失在于后。'什么处是失处？佛鉴道：'伊驴腮马觜，象鼻猪头。'莫描画伊太过么？更要向水盆里照看，直饶照得分明，未免疑在。要辨他爻讹么？性空停囚长智，这僧养病丧躯。欲得公道两平，许你死中得活。"

佛海云："性空法海，游泳者多，知浅深者少。这僧虽能穷其浅深，而不能卷其波澜。何故？惺后方知。"①

这是有关性空最为完整的资料，且有佛鉴惠勤、正觉宗显、佛海心月三人的评唱，值得重视。

与么下去，还有佛法道理么？不仅学人结舌，长老也非好手。彼此作家，相互合掌。不著空有，始达本源。切莫抚掌赞叹，人道二俱瞎汉。

丁行者，据《联灯会要》为石头门人，乃性空师叔。然而禅锋相击，不论上下。若非瞎却本来眼，东奔西走作什么。道古道今，罪不可恕；盲拳瞎棒，百世野狐。青天白日下，谁是迷路人。瞎却俗人眼，过犯须弥山。作家相见，宾主互换。瞎棒打瞎俗人眼，皮下无血全身担。

空展两手，全体相呈，一丝不留，披肝沥胆。近前细看，有么有么，退后三步，果然不见。父母俱丧，何不惨颜；呵呵大笑，凄惨凄惨。何必稍后举哀，即今身体倒转。苍天苍天，徒自哀叹；奈何奈何，弓折箭断。

千里寻师，犹未涉途；莫道未行，所寻者谁。良久不言，犹在半途；行棒行拳，未称作家。非为屈之于前，而是失在于后。一喝便出未与么，

① 《续藏经》67册，第643页上中下。

醒后照镜自憺罗。

从这些公案来看，性空是一个境界很高、善于提诱的宗匠，其于吉州孝义寺长期演教，为青原三世中出色的禅者。

据《景德传灯录》卷十五：

> 前吉州性空禅师法嗣
>
> 歙州茂源和尚。平田来参，师欲起身，平田乃把住曰："开口即失，闭口即丧，去却怎么时请师道。"师以手掩耳而已。平田放手曰："一步易，两步难。"师曰："有什么死急。"平田曰："若非此个师，不免诸方点检。"①

茂源，《传法正宗记》作"务源"。平田即天台平田禅院（宋朝赐额寿昌）普岸禅师（770—843），初住安陆院，大和年中自襄阳南游天台，八年（834）成禅院，号平田。他是百丈怀海门人，比茂源高一辈。如此则茂源必须于会昌三年（843）前开法，甚至更早，因为普岸在自襄阳南下途中，才有可能路过安徽歙州，是故他应当在大和七年（833）前开法。若然，则他应为性空早期的门人，且开法亦早。当然，此平田亦有可能为二世，如全亮、唯约等。

据《禅宗颂古联珠通集》卷十六：

> 颂曰：主山高与案山低，几见云开又合时。仿佛暮楼堪对处，两峰相峙绝高低。（绝像鉴）
>
> 厮撲欣逢是对头，拳来踢去两相酬。中间手面交加处，鹘眼鹰睛莫可求。（竹屋简）②

这是后人对二人相见公案的评唱，绝象鉴、竹屋简皆为断桥妙伦门人。开口即失，闭口即丧，如何道得。以手掩耳，莫道开口闭口，闻亦有

---

① 《大正藏》51 册，第 318 页中。
② 《续藏经》65 册，第 569 页下。

过。莫道第一步易，第二步难，知得一，万事毕，一尚不明，著甚死急。平田肯之，道得若非其人，不免诸方检点。二人双峰对峙，拳脚相加，高低难分，俱称作家。

据《景德传灯录》卷十五：

> 枣山光仁禅师。上堂次，大众集，师从方丈出未至禅床，谓众曰："不负平生行脚眼目，致个问讯将来，还有么？"方乃升堂坐。时有僧出礼拜，师曰："不负我，且从大众，何也。"便归方丈。翌日有别僧请辨前语意旨如何，师曰："斋时有饭与汝吃，夜后有床与汝眠，一向煎迫我作什么？"僧礼拜。师曰："苦苦。"僧曰："请师直指。"师乃垂足曰："舒缩一任老僧。"①

枣山，一作疎山，那么此光仁与疎山光仁是何关系，是一是二？疎山，即疏山，光仁本名匡仁（843—920），避宋讳而改名，为洞山门人。匡仁为庐陵郡淦阳人，八岁出家，从时间上看，他有可能从学于同在吉州的性空禅师。然而《疏山白云禅院记》载其早岁往投于政禅师出家，政禅师即薯山大师弟子也，师为立号匡仁。如此可知他从东寺如会门人吉州薯山慧超弟子元证禅师出家，并未明言师从性空。在早期史料中，枣山光仁并未与疏山匡仁混淆，只有《联灯会要》未载枣山光仁。从二人机缘语句上，也没有重复之处。因此，可以基本断定二人只是名字偶同，时代相近（疏山稍晚），并非一人。

据《痴绝道冲禅师语录》卷一：

> 上堂举枣山光仁和尚。一日升堂，众集，未登座乃云："不负平生眼目，置个问讯来，有么有么？"师云："幸然开饭店，不怕肚皮宽。"时有僧出作礼。师云："何不掀倒禅床？"山云："负我且从大众何也。"便归方丈。师云："何不与本分草料。"
> 异日有僧请益云："和尚前日陞堂云'负我且从大众何也'，意旨

① 《大正藏》51 册，第 318 页中。

如何?"师云:"冷地有人疑著。"山云:"斋时有饭与汝吃,夜间有床与汝眠。一向煎逼我作么?"师云:"倒腹倾肠说与人。"僧礼拜,师云:"好与适来僧同参。"山云:"苦苦。"师云:"为人须为彻。"僧云:"乞师指示。"师云:"太无厌足生。"山遂垂下一足云:"舒缩一任老僧。"师云:"莫怪坐来频劝酒,自从别后见君稀。"复召大众云:"还见枣山老子用处么?渠侬不是拖泥水,挤得浑身待作家。虽然如是,土旷人稀,相逢者少"。①

这是后世痴绝道冲对于这一公案的评点,相当精彩。出来作礼,便负平生行脚眼目。虽然负我,不责于汝,且从众参请,我归方丈休息。如此老婆,尚有人不解,来日更问。有吃有睡,衣食俱足,更问什么。但知礼拜,不明佛意,故曰苦苦。此僧愚笨至极,还道请师直指,无奈之下,枣山又使出本门垂足绝技,道是卷舒由我,自由自在。虽然枣山入泥入水,怎奈未遇其人。

据《幻有传禅师语录》卷六:

师曰:"疎山老汉可谓慈悲太杀,争奈不遇其人。"忽闻门外狗咬声,师急索曰:"快开门看,有甚祖师来也。倘是中下之机,且缓缓开门,我今劳倦歇去。"②

据《幻有传禅师语录》卷七:

颂云:枣山大有作略,说法无可不可。岂徒用垂一足,展缩要当由我。③

这是明代幻有正传对于这一公案的评点,也相当有趣。无可不可,展

① 《续藏经》70册,第50页下、51页上。
② 《乾隆藏》153册,第583页上。
③ 同上书,第602页上。

缩由我。负我罪小,自负大过。闻狗叫便道有祖师来,看来幻有更是老婆心切,以幻为有。

吉州性空一系长期在吉州说法度人,对于青原系于唐末五代的兴盛贡献很大,值得重视。

据《景德传灯录》卷十四:

> 本童和尚。因门僧写师真呈师,师曰:"此若是我,更呈阿谁?"僧曰:"岂可分外!"师曰:"若不分外,汝却收取这个。"僧便拟收,师打云:"正是分外疆为。"僧曰:"若恁么,即须呈于师。"师曰:"收取收取。"①

似则似,是则不是,以影与形、真像与本人的关系来论禅机,是禅宗惯用的法门。真若是我,何必更呈;形影不离,岂可分外。本童收放在我,学人动辄得咎,非是由他,一悟一不悟也。

据《景德传灯录》卷十四:

> 米仓和尚。有僧新到参,绕师三匝,敲禅床曰:"不见主人翁,终不下参众。"师曰:"什么处情识去来?"僧曰:"果然不在。"师打一拄杖。僧曰:"几落情识,呵呵。"师曰:"村草步头,逢著一个,有什么话处?"僧曰:"且参众去。"②

临济有门人沧州米仓禅师,属于后辈,不可相混。

据《痴绝道冲禅师语录》卷一:

> 师云:"这僧惯经行阵,进退坐作,不失其宜。其奈辊入迷魂寨里,转身无路。米仓审敌势之虚实,纵夺可观,要且不能破其巢穴,楼其种类,是致敌心愈骄。若在蒋山手里,又且如何支遣?"拍禅床一

---

① 《大正藏》51 册,第 313 页下、314 页上。
② 同上书,第 314 页上。

下，云："参！"便下座。①

此僧也是久经沙场，进退有度；米仓更是一代作家，能纵能夺。不见主人翁，则不参众，莫非情识横生，意想分别，是故我慢增重。不是主人不在，而是有眼不识，若不行棒，怎知痛痒。一棒打落情识，也是偶逢村僧，有何说道。既然得见主人，且随众参请。二人机锋相敌，棋逢对手，实主中主。

第四节　翠微无学及其法系

翠微无学为天然最为出色的门人，在后世影响也最大。
据《祖堂集》：

> 翠微和尚，嗣丹霞，在西京。师讳无学。僖宗皇帝诏入内，大敷玄教，帝情大悦，赐紫，法号广照大师。自余未睹行录，不决化缘终始。
>
> 师因供养罗汉次，僧问："今日设罗汉，罗汉还来也无？"师云："是你每日噇什摩？"②

又据《景德传灯录》卷十四：

> 京兆终南山翠微无学禅师。初问丹霞："如何是诸佛师？"丹霞咄曰："幸自可怜生，须要执巾箒作么？"师退三步。丹霞曰："错。"师即进前。丹霞曰："错，错。"师翘一足，旋身一转而出。丹霞曰："得即得，孤负他诸佛。"师由是领旨。住翠微。投子问："未审二祖初见达磨当何所得？"师曰："汝今见吾，复何所得？"一日师在法堂内行，投子进前接礼而问曰："西来密旨和尚如何示人？"师驻步少时。又曰：

---

① 《续藏经》70 册，第 43 页下。
② 《祖堂集校注》，第 145 页。

"乞师垂示。"师曰:"更要第二杓恶水作么?"投子礼谢而退。师曰:
"莫垛却。"投子曰:"时至根苗自生。"师因供养罗汉。有僧问曰:
"丹霞烧木佛,和尚为什么供养罗汉?"师曰:"烧也不烧著,供养亦一
任供养。"又问:"供养罗汉,罗汉还来也无?"师曰:"汝每日还吃
么?"僧无语。师曰:"少有灵利底。"①

大丈夫汉,独立自在,要执巾箒的妇人什么用。退步进前,移身动步,
无不是错。无学使出青原翘足绝技,再加一个旋身,丹霞也未完全认同,
虽然肯定其有得,却又道辜负诸佛。无学由是默领玄旨。住翠微时,投子
来参。莫问二祖见达摩,汝今见我有所得么。西来密旨,不从人得,驻步
少时,以示警觉,于此不省,更要一杓。投子礼谢,切莫垛根,时节一至,
根苗自生。

翠微供罗汉,丹霞烧木佛,烧也不烧著,供养亦无过。罗汉还来否,
应物而现形,每日吃什么。于此不能知,少有伶俐者。

无学禅师住京城终南山翠微,他在僖宗时诏入内供养,皇情大悦,赐
紫袈裟及"广照大师"法号,看来其寿命相当长,至少在咸通十四年
(873)七月僖宗继位之后还在世,此时上距丹霞入灭已经五十年了。他可
能为丹霞晚期门人,故得以活到唐末。

无学生年,应当在贞元十六年(800)之前,或在贞元元年(785)至
十六年间,其卒年下限,当在广明元年(880)前后,门人投子大同离开翠
微,于中和三年(883)前回到故乡,住持投子山。其寿命应当不会低于八
十岁,也算是长寿的禅僧。

其正式开法,不会迟于大中之初(847)。云居道膺(827—902)于大
中五年(851)受具后便前来参请,后来龙牙居遁(835—923)亦于大中十
年(856)受具后来参。与其情况相近者还有洛浦元安(834—898),也是
先参翠微,后参夹山。

可以说,翠微是大中、咸通年间最为著名的禅师之一,当时北有临济、
赵州,西有翠微,南有洞山。翠微是南宗当时在京城最为重要的代表,到

---

① 《大正藏》51册,第313页下。

了僖宗时期，其地位更加崇高，不仅应请入内说法，还受赐广照大师之号。在青原系第四代中，翠微是地位最高、影响最大的一位。

据《景德传灯录》卷十五：

> 京兆翠微无学禅师法嗣五人
> 鄂州清平山令遵禅师
> 舒州投子山大同禅师
> 湖州道场山如讷禅师
> 建州白云约禅师（已上四人见录）
> 伏牛山元通禅师（一人无机缘语句不录)①

虽然有不少出色的弟子后来转换门庭，翠微无学还是有很多杰出的门人。

据《景德传灯录》卷十五：

> 鄂州清平山令遵禅师，东平人也，姓王氏。少依本州北菩提寺，唐咸通六年落发。后诣滑州开元寺受具，攻律学。一旦谓同流曰："夫沙门应决彻生死，玄通佛理，若乃孜孜卷轴，役役拘文，悉数海沙，徒劳片心。"遂罢所业，远参禅会。至江陵白马寺，堂中遇一老宿，名曰慧勤。师亲近询请，勤曰："吾久侍丹霞，今既垂老，倦于提诱，汝可往谒翠微，彼即吾同参也。"师礼辞而去，造于翠微之堂。问："如何是西来的意？"翠微曰："待无人即向汝说。"师良久曰："无人也，请师说。"翠微下禅床，引师入竹园。师又曰："无人也，请和尚说。"翠微指竹曰："遮竿得恁么长，那竿得恁么短。"师虽领其微言，犹未彻其玄旨。文德元年抵上蔡，会州将重法，创大通禅苑，请阐宗要。师自举初见翠微语句，谓众曰："先师入泥入水为我，自是我不识好恶。"师自此化导将十稔，至光化中，领徒百余游鄂州，从节度使杜洪请，居清平山安乐院。上堂曰："诸上坐，夫出家人须会佛意始得，若

---

① 《大正藏》51 册，第 317 页上。

会佛意，不在僧俗男女贵贱，但随家丰俭，安乐便得。诸上坐尽是久处丛林，遍参尊宿，且作么生会佛意？试出来，大家商量。莫空气高，至后一事无成，一生空度。若未会佛意，直饶头上出水，足下出火，烧身炼臂，聪慧多辩，聚徒一千二千，说法如云如雨。讲得天华乱坠，只成个邪说，争竞是非，去佛法大远在。诸人幸值色身安健，不值诸难，何妨近前，著些工夫，体取佛意好。"时有僧问："如何是大乘？"师曰："麻索。"曰："如何是小乘？"师曰："钱贯。"问："如何是清平家风？"师曰："一斗薐作三个蒸饼。"问："如何是禅？"师曰："胡孙上树尾连颠。"问："如何是有漏？"师曰："笊篱。"曰："如何是无漏？"师曰："木杓。"问："觌面相呈时如何？"师曰："分付与典坐。"自余逗机方便，靡徇时情，逆顺卷舒，语超格量。天祐十六年正月二十五日午时归寂，寿七十有五。周显德六年勅谥"法喜禅师"，塔曰"善应"。①

令遵（845—919），山东东平人，俗姓王氏，咸通六年（865）落发于本州北菩提寺，后至滑州开元寺受具，研习律学，因不满足于文字言教，乃罢所习，参禅访道。至江陵白马寺，遇到丹霞门人慧勤长老，慧勤道是自己年老，倦于教人，让他去参同门翠微，令遵遵命到终南山参翠微，其时可能已是咸通末年。

令遵在翠微门下，问如何是西来意，翠微方便开示，并未像接待龙牙那样行棒，只是道待无人时说。令遵不明其意，等四周无人，便请师说，翠微不言，而是下禅床，引其进入竹园。令遵仍然不明，再告此时无人，请师开示，翠微却指竹枝道，这竿怎么长，那竿为何短。令遵此时有所省悟，却未能透彻。西来之意，何处不是，不从人得，自悟便知。

令遵可能在翠微卒后离去。广明元年（880）末，黄巢入长安，京城大乱，令遵当于此时东下。文德元年（888），他到达河南上蔡，州将重法，创立大通禅苑，请其住持。于此近十年，光化元年（898），他领众数百，来到鄂州，为节度使杜洪所请，住持清平山安乐院。他在上堂说法时，强

---

① 《大正藏》51 册，第 318 页中、319 页上。

调体会佛意，认为这是参禅的根本，于此不明，即使说法如云如雨，讲经天花乱坠，聚众一千两千，身体出水出火，也没有什么价值。

令遵在应机回答时简单直捷，有石头之风。有问大乘，他答麻索（大绳），有问小乘，他答钱贯（小绳）。有漏是笊篱，无漏是木杓。觌（觌）面相呈，吩咐典座。这些回答，都是用生活常识表现禅机，体现了他平直简捷的禅风。他说法不徇时情，语超格量，体现了丹霞一派独立自在的宗风。

据《祖庭事苑》卷三：

> 雪窦禅录，凡作语句，未尝妄发，必有依据。且如波波稜稜之语，即僧问清平："波波稜稜时如何？"平云："为君不达。"僧云："达后如何？"平曰："休更茵茵陈陈。"①

这是后世禅门流传的清平过水公案，和清平木杓一样脍炙人口。"如水有波浪，即名为此岸"，故不能达；若是达者，过河拆桥，掉臂便去，哪里会再啰嗦。

令遵灭于天祐十六年（919），即后梁贞明五年，在他入灭四十年之后的周显德六年（959），他被敕封为法喜禅师，塔号"善应"，这表明他本人及其法系在五代时期一直保持着很大的影响力，这在战乱频频的乱世是非常不易的。

据《景德传灯录》卷十五：

> 前鄂州清平山令遵禅师法嗣
>
> 蕲州三角山令珪禅师，初参清平，清平问曰："来作么？"师曰："来礼拜。"曰："礼拜阿谁？"师曰："特来礼拜和尚。"清平咄曰："遮钝根阿师！"师乃礼拜。清平于师颈上以手斫一下，师从此抠衣，密领宗旨。住后，僧问："如何是佛？"师曰："明日来向汝道，如今道

---

① 《续藏经》64 册，第 359 页中。

不得。"①

蕲州三角山为禅宗胜地，令珪于此住持，声势自然非同凡响。令珪生卒年不详，他应当活到五代末或宋初，其师得到朝廷敕封的师号塔号，不知与他有无关系。

据《祖庭钳鎚录》卷二：

> 通容曰："清平不具大人相，受人礼拜也不会，致使三角布裙拖地。"②

这是明末费隐通容对于令珪悟道公案的解释。非是清平不具大人相，受不起他人礼拜，而是令珪不具眼，不仅不识清平大人相，更不识自己大人相，若非清平慈悲斫颈，何以识得自性本具。

据《宗鉴法林》卷六十五：

> 伤心欲问前朝事，惟见江流去不回。日暮东风春草绿，鹧鸪飞上越王台。(频吉祥)③

这是清代频吉祥禅师对于令珪说法公案的评唱。如何是佛，有问则错，令珪不言无人时说，却道明日说，明日复明日，明日何其多，辛苦问他人，归去免蹉跎。

除令珪外，清化全付（882—947）早年亦从之出家，具戒得旨，后南下仰山，为南塔光涌法嗣。

据《景德传灯录》卷十五：

> 湖州道场山如讷禅师。僧问："如何是教意？"师曰："汝自看。"僧

---

① 《大正藏》51 册，第 325 页中。
② 《续藏经》65 册，第 385 页下。
③ 《续藏经》66 册，第 677 页下。

礼拜。师曰："明月铺霄汉，山川势自分。"问："如何得闻性不随缘去?"师曰："汝听看。"僧礼拜。师曰："聋人也唱胡笳调，好恶高低自不闻。"僧曰："恁么即闻性宛然也。"师曰："石从空里立，火向水中焚。"问："虚空还有边际否?"师曰："汝也太多知。"僧礼拜。师曰："三尺杖头挑日月，一尘飞起任遮天。问如何是道人?"师曰："行运无踪迹，起坐绝人知。"僧曰："如何即是?"师曰："三炉力尽无烟焰，万顷平由（田）水不流。"问："一念不生时如何?"师曰："堪作什么。"僧无语。师又曰："透出龙门云雨合，山川大地入无踪。"师目有重瞳，垂手过膝。自翠微受诀，乃止于道场山薙草卓庵。学徒四至，遂成禅苑，广阐法化。所遗坏衲三事及开山拄杖木屐，今在影堂中。（按塔铭云：师姓许氏，吴兴人。七岁去氏于乌墩光福寺，八年如京师受具戒，抵豫章，得心印于翠微。后结庐于道场山。猛挚之兽，驯戢如奉教）。①

如讷禅师生卒年不详，据其《塔铭》，俗姓许氏，吴兴人，七岁出家于乌墩光福寺，八年如京师受具戒，此八年，并非是有些资料所说的十五岁，因为唐朝律制严格，不到二十岁，不大可能受具，因此很可能是指年号，而僖宗之后无八年，因此只能是宣宗大中八年或懿宗咸通八年。

据《嘉泰吴兴志》卷十三：

护圣万寿禅院，在县南十二里道场山。唐中和间，有如讷禅师出巡礼，师曰："好去，逢道即止。"讷经此山，问何名，父老曰："古传号道场。"因欲留止，父老曰："此山多虎。"讷策杖直上，坐磐石，虎伏其侧，经三宿无所伤。因结庵，使居之，今号其处曰伏虎岩。后起廊庑佛殿，塑千罗汉于中。吴越王与额为吴兴正真禅院，续改为寺。②

若是他于中和间（881—885）住山，则其年龄不应太小。是故大中八年（854）如京师受具的可能性更大，既然依年受具，则其年应为二十岁，

① 《大正藏》51 册，第 320 页中。
② 同上。

则应生于大和九年（835）。

据《释氏通鉴》卷十二：

> 壬申（二）（九）（南汉）
> 湖州道场山如讷禅师，自翠微受诀，乃止道场山。薙草卓庵，学徒四至，遂成禅苑。①

又据《释氏稽古略》卷三：

> 壬申二年二月，湖州道场山如讷禅师，卓庵于山，乘虎游行。讷湖州人，师嗣翠微无学禅师，学嗣丹霞然，然嗣石头希迁禅师。②

如讷始住道场山，若在乾化二年壬申（912），则太迟了。还是中和年间合适，很有可能是在中和二年壬寅（882），后世或误作壬申。还有一种可能，如讷住山四十余年，至乾化二年壬申（912）灭度，其时已然七十八岁。后世或以终为始，致有此误。

据《拈八方珠玉集》卷二：

> 举湖州道场，僧问：："如何是教意？"场云："阇梨日日看。"僧云："如何披究？"场云："朗月铺霄汉，山河势自分。"佛鉴著语云：信受奉行。僧问："如何是闻性不随缘？"场云："汝试听看。"僧礼拜。场云："聋人也唱胡家曲，好恶高低自不闻。"僧云："怎么则闻性宛然也。"场云："石从空里立，火向水中焚。"佛鉴著语云：月明不为夜行人。僧问："虚空阔多少？"场云："太多知生。"僧云："未审其中事若何？"场云："三尺杖头挑日月，一尘飞起任遮天。"佛鉴著语云：和盲悖诉瞎。僧问："一念不生时如何？"场云："明镜当台鸾凤舞，不知身影本来双。"佛鉴著语云：贼身已露。

---

① 《续藏经》76 册，第 128 页上中。
② 《大正藏》49 册，第 847 页上中。

佛鉴复拈云：宾家能切琢，主家能琢磨。能知宾与主，见鸭便见鹅。

正觉云：道场四转语，不可雷同。直如四印，一印如印印泥，纹彩成现；一印如印印水，随有随无；一印如印印空，不露踪迹；一印如金箱玉宝，非大王命，谁敢正眼觑著。有人于此择得，可谓玉石分；其或不然，玉石俱焚。

佛海云：凡有问答，无非草窠里作活计，唯有道场较些子。何故？能引人入草，又能引人出草。且此四转语，那个是入草句，那个是出草句？若也辨得，朗月铺霄汉，山河势自分；若也不会，石从空里立，火向水中焚。①

这里不仅有后世的评唱，还提供了不同的版本，有独特的价值。如讷是一个出色的诗人和禅者，出语惊人，气势不凡。教意须自看，问他何以知，自若生智慧，月照山川时。

闻性常在，不随诸缘，形销命迁，闻性不改，出自《楞严经》。不明其意，徒自宣扬，如同聋人唱胡家曲，好坏高低，自不得闻。如此表明闻性宛然么？不然，聋人本不闻，如空中立石，水里火焚。

据《宗鉴法林》卷六十一：

胜法溥云："者僧道闻性宛然，不知自己眼见如盲，耳听如聋。道场恁么道，祇知开口，不觉舌长。"

声色丛中立见闻，随缘世事日纷纷。任渠闻性宛然在，半入江风半入云。（柏林俊）②

此僧只知其体，不得其用，故有眼不可见，有耳不能闻；道场老婆心切，但知开口细述，不觉眉毛落地。声色中立见闻，自然随缘纷纷，虽然闻性宛然，怎奈声入风云。

---

① 《续藏经》67 册，第 659 页下、660 页上。
② 《续藏经》66 册，第 653 页下。

柏林明俊，住莱州福庆妙伟，天笠行珍之嗣。

虚空有无边际，本是分别戏论，本求多知，实为愚昧，行脚之人，杖头挑日月，扬尘任遮天，管什么有际无际。莫道一念不生，实是贼身已露，鸾凤独自起舞，不知明镜当台，形影已彰；莫道全体呈现，不如透出龙门，自在游行。若是真道人，则善行无踪迹，起坐谁人知。毕竟如何，思欲已尽炉无烟，心念定水如平田。

如讷留下的机缘语句不多，但表现出了高超的境界与优美的文风，得到后世诸多禅师的赞美。

如讷天生异相，龙章凤姿，目有重瞳，垂手过膝，少年出尘，长逢名师，住道场名山，号伏虎罗汉，是唐末五代东南最有影响力的禅师之一，可惜《塔铭》不存，弟子无闻。

据《景德传灯录》卷十五：

> 建州白云约禅师（曾住江州东禅院）。僧问："不坐偏空堂，不居无学位，此人合向什么处安置？"师曰："青天无电影。"天台韶和尚参，师问："什么处来？"韶曰："江北来。"师曰："船来陆来。"曰："船来。"师曰："还逢见鱼鳖么？"曰："往往遇之。"师曰："遇时作么生？"韶曰："咄，缩头去！"师大笑。[1]

约禅师初住江州东禅院，后住建州白云。天台德韶（891—972）始于梁开平中（（907—911）参约禅师同门投子大同，后抵江西参龙牙居遁、疏山匡仁等，历参五十四员善知识，最后参净慧文益。从二人问答来看，德韶是从投子出发，度江南下，路过江州东禅院，参约禅师。毒害是波浪，烦恼为鱼鳖，遇时当如何，急令缩头去。是故约禅师大笑，虽然如是，德韶无所省觉。

据《为霖禅师旅泊菴稿》卷一：

> 师云："山僧则不然。今日有人问：'不坐偏空堂，不居无学位，

---

① 《大正藏》51 册，第 320 页中。

此人合向什么处安置？'但向他道：烦恼海中为雨露，无明山上作云雷。且道与约祖是同是别？有人辨得出，许渠具眼。"①

青天无片云，电影不能生。若无烦恼云，何以生周折。为霖道需反用其意，是火里自生莲，常人不可效。

据《宗鉴法林》卷六十一：

> 白云敷云："针来线去，玉振金声。可谓翠微真风犹在，亘（亘）古不磨。若是新白云则不然，设有问，但向道：夜深不向芦花宿，迥出中间与两头。且道与古人相去多少？"②

不居无学，不坐空堂，乃"两边俱不立，中道不须行"之意，虽然如是，也是电影横生，枝节纷呈。

伏牛元通曾与投子大同一起参问翠微，其他事迹不详。

投子大同（819—914）为翠微无学最为著名的门人，在后世影响也最大。有关大同的资料很多，主要有《祖堂集》、《宋高僧传》、《景德传灯录》、《古尊宿语录》等。

据《宋高僧传》卷十三：

> 舒州桐城投子山释大同，姓刘氏，舒州怀宁人也。幼性刚正，有老成气度，因投洛下保唐满禅师出俗。初习安般观，业垂成，遂求华严性海。复负锡谒翠微山法会，同伏牛元通激发请益，大明祖意。由是放荡周游，还归故土，隐投子山，结茅茨栖泊，以求其志。中和中，巢寇荡覆履京畿，天下悖乱。有贼徒持刃问同曰："住此何为？"对以佛法。魁渠闻面膜拜，脱身服装而施之下山。以梁乾化四年甲戌四月六日加趺坐亡，春秋九十六，法腊四十六，凡居化此山三十余载云。③

---

① 《续藏经》72 册，第 685 页下。
② 《续藏经》66 册，第 653 页下。
③ 《大正藏》50 册，第 785 页中。

大同的生卒年没有疑问，然而其法腊记载不同。

据《祖堂集》卷六：

> 师于甲戌岁四月六日跏趺端坐，俄然顺化，春秋九十六，僧夏七十六矣。①

一说四十六，一说七十六，相差三十年，不可不辨。大同幼性刚正，少年老成，受具时间不应迟至五十岁，应以《祖堂集》之说为准。大同生于元和十四年（819），早岁依东都保唐满禅师出家，开成三年（838）二十岁时受具，初学小乘安般禅法，后习华严大教。或于开成之末或会昌之初与伏牛元通一起到翠微法会，大明祖意。后来周游天下，参禅访道，会昌法难时归于故土，住投子山。

僧传认为，他住持投子山三十余载，灯录从之，此说大有问题，若然，则他始于中和四年（884）前住持此山，而中和年间时天下大乱，有盗贼上山劫之，受教而退，此时他已经住山了，并非始住。另外，雪峰义存（822—908）曾经到投子参学，有"三登投子，九上洞山"之说，而雪峰于咸通七年（866）罢参归闽，假如他中和住山，雪峰根本不可能来参。

据《景德传灯录》卷十五投子机缘：

> 雪峰侍立，师指庵前一块石曰："三世诸佛总在里许。"雪峰曰："须知有不在里许者。"师乃归庵中坐。一日雪峰随师访龙眠庵主，雪峰问："龙眠路向什么处去？"师以拄杖指前面。雪峰曰："东边去西边去？"师曰："漆桶！"雪峰异日又问："一槌便成时如何？"师曰："不是性燥汉。"雪峰曰："不假一槌时如何？"师曰："漆桶！"师一日庵中坐，雪峰问："和尚此间还有人参否？"师于床下拈锹头抛向面前。雪峰曰："恁么即当处掘去也。"师曰："漆桶不快！"雪峰辞去，师出门送，蓦召曰："道者！"雪峰回首应诺，师曰："途中善为！"②

---

① 《祖堂集校注》，第168页。
② 《大正藏》51册，第319页中。

可以看出，此时的雪峰尚未觉悟，故饱受钳锤。龙眠路莽直去，问东问西，无由得达。一槌便成，不是好手，不假一槌，亦是这边事。雪峰为境所惑，所见生执，见师抛出锹头，便道当处掘去，若是抛出棒子，又复如何？投子末后一句，欲救死汉，怎奈雪峰机缘不契。

雪峰先上投子，后参洞山，他是在大中五年（851）幽州受具后归乡途中参投子，因此在此之前大同就已经在投子山结庵并接引来学了，如此他住山的时间在六十年之上。

此外，投子与赵州亦有交往。

据《古尊宿语录》卷十四：

> 师到投子处对坐斋，投子将蒸饼与师吃。师云："不吃。"不久下糊饼，投子教沙弥度与师，师接得饼，却礼沙弥三拜。投子默然。①

投子大同为翠微无学门人，《宋高僧传》、《景德传灯录》等皆称他居投子山三十余载，如此则应于乾符二年（875）至中和四年（884）间住山，此时从谂年龄更大，还有可能到投子山吗？因此要么其住山时间很早，要么与赵州实未谋面。②

此说需要斟酌，赵州与投子相见有许多资料提及，不似后人编造，更大的可能是其住山时间更早。赵州于大中十一年（857）八十岁时罢参北归，二人相见不会迟于此年。因此可以断定大同住持投子肯定在大中十一年（857）之前。此与前述相应，可以相互证明。

投子晚年，得到割据淮南的杨行密一系杨吴政权的支持。

据《古尊宿语录》卷三十六：

> 问："诸佛出世为一大事因缘，和尚出世当为何事？"师云："尹司空请我开堂。"问："文彩未生时如何？"师云："虚空合吃多少棒？"问："和尚自住此山，有何境界？"师云："丫角女子白头丝。"问：

---

① 《续藏经》68 册，第 89 页下。
② 引自徐文明：《赵州从谂生平研究》。

"古人拈槌竖拂，还当不当?"师云："不当。"学云："为什么不当。"
师拈起拂子云："只为者个。"问："未问已前事如何?"师云："争解
开口。"问："古人拈槌竖拂，意旨如何?"师云："只为你问。"学云：
"不问时如何?"师竖起拂子。问："忘却将来时如何?"师云："者个
吃。"舒州太守尹建峰送茶椀子，与师云："者个是某甲自将来底茶椀
子。"师接得了，召太守，建峰应诺。师云："吃茶。"①

大同住庵很早，正式开法却晚。尹司空即尹建峰，曾与杨吴名将李
神福合作，任监军。李神福于景福二年（893）为舒州刺史，尹建峰或
于此时与投子相识。尹建峰也有可能于五代初期担任舒州刺史，请投子
开堂说法。
据《古尊宿语录》卷三十六：

师不安时，有李司徒令人送药到，传语师云："若断得人间来往，
生弥勒内院；若未断人间来往，却向弟子家中结缘。"师回传语云：
"不如具正法眼好。"②

此李司徒，有可能是天祐间为舒州刺史的李宗。
据《稽神录·补卷》：

郭厚
李宗为舒州刺史，重造开元寺，工徒始集，将浚一废井，井中
（下有脱）如言而得之，船屋上有脯腊，妇人取以食。四卒视其手（下
有脱）。王寇犯阙，天下乱，僧辈利吾行资，杀我投此井中，今骸骨在
是，为我白李公，幸葬我，无见弃也。主者以告宗，翌日观至井上，
使发之，果得骸骨，即为具衣衾棺椁，设祭而葬之。葬日，伍伯复仆
地鬼语曰："为我谢李公，幽魂处此已三十年，藉公之惠，今九州社令

---

① 《续藏经》68 册，第 236 页中。
② 同上书，第 237 页中。

已补我为土地之神，配食于此矣。"寺中至今祀之。（《广记》卷三百十四）

李宗重造开元寺，事在黄巢变乱三十年后，恰好是在天祐十一年（914）前，虽然此故事事涉神怪，但也记录了李宗此时担任舒州刺史的史实。该书卷六还记载李宗造舒州开元寺成，大会文武官员僧人于寺中。李宗是一个佛教信仰很深的官员，也是投子晚年的大檀越。李宗还有意让投子转生其家，表达了对其的崇敬与情谊。

据《景德传灯录》卷十五：

前舒州投子山大同禅师法嗣

投子感温禅师（第二世住），僧问："师登宝座接示何人？"师曰："如月覆千溪。"僧曰："恁么即满地不亏也。"师曰："莫恁么道。"僧问："父不投，为什么却投子？"师曰："岂是别人屋里事？"僧曰："父与子还属功也无？"师曰："不属"。曰："不属功底如何？"师曰："父子各自脱。"曰："为什么如此？"师曰："汝与我会。"师游山见蝉蜕壳，侍者问曰："壳在遮里，蝉子向什么处去也？"师拈壳就耳畔摇三五下，作蝉响声，其僧于是开悟。[1]

感温为投子第二世，应当是其门下最杰出的弟子之一。登座说法，来者不拒，平等一雨，月照千溪。莫道遍地不亏，无缘不能得见。投父投子，有何差别？父子无功，皆分内事。父子各自解脱，彼此超越功勋。为什么如此，只因汝与我会，有此福报因缘。

修行解脱，如蝉蜕壳。这个色壳子放不下，欲求自在，永世不得。若非努力出牢笼，哪得林间随意鸣。

据《景德传灯录》卷十五：

福州牛头微禅师，师上堂示众曰："三世诸佛用一点伎俩不得，天

---

[1] 《大正藏》51 册，第 324 页下。

下老师口似匾担，诸人作么生？大不容易。除非知有，莫能知之。"僧问："如何是和尚家风？"师曰："山畲粟米饭，野菜澹黄韲。"僧曰："忽遇上客来，又作么生？"师曰："吃即从君吃，不吃任东西。"问："不问骊龙颔下珠，如何识得家中宝？"师曰："忙中争得作闲人。"①

三世诸佛无伎俩，天下老宿道不得。此事勿作等闲看，非知有者莫能知。牛头家风，一切具足，粟米野菜，从未缺失。不管上客下客，食则随意食，不吃任东西。不羡别家骊龙珠，如何识得自家珍。日日愁忙里，何时作闲人。得个休歇处，原在勿外寻。

据《景德传灯录》卷十五：

> 西川青城香山澄照大师。僧问："诸佛有难向火焰里藏身，未审衲僧有难向什么处藏身？"师曰："水精瓮里著波斯。"问：："如何是初生月？"师曰："太半人不见。"②

诸佛大神通，火焰里藏身。衲僧有难时如何隐迹？万里无寸草处，水晶瓮里琉璃瓶。如何是初生月，大半人不见，见则非初生。

据《景德传灯录》卷十五：

> 陕府天福和尚。僧问："如何是佛法大意？"师曰："黄河无滴水，华岳总平治。"③

佛法大意，不可思议，黄河滔滔无滴水，华山巍巍如平地。

据《景德传灯录》卷十五：

> 濠州思明和尚在投子众时，有僧问："如何是上座、沙弥、童行？"师

---

① 《大正藏》51 册，第 324 页下。
② 同上。
③ 同上。

曰："诺。"僧问："如何是清净法身?"师曰："屎里蛆儿，头出头没。"①

上座沙弥童行，无可不可皆是。何谓清净法身，屎里蛆儿最亲。

据《景德传灯录》卷十七:

前濠州思明和尚法嗣

襄州鹫岭善本禅师。因入浴室，有僧问："和尚是离垢底人，为什么却浴?"师曰："定水湛然满，浴此无垢人。"问："祖意教意是同是别?"师曰："鹫岭峰上青草森天，鹿野苑中狐兔交横。"②

善本禅师住持襄阳鹫岭，为丹霞天然唯一有记载的四世法嗣。湛然功德水，浴此无垢人，修证即不无，污染则不得。祖意教意，是同是别，鹫岭碧草连天，鹿苑狐兔成群。

据《景德传灯录》卷十五:

凤翔府招福和尚。僧问："东牙乌牙皆出队，和尚为什么不出队?"师曰："住持各不同，阇梨争得怪。"③

东牙寺，乌牙寺，经常出队公干。此方不比两牙，方丈罕见出差，住持规矩不同。

据《景德传灯录》卷十五:

兴元府中梁山遵古禅师。问："空劫无人能问法，即今有问法何安?"师曰："大悲菩萨瓮里坐。"问："如何是祖师西来意?"师曰："道士担漏卮。"④

---

① 《大正藏》51 册，第 324 页下。
② 同上书，第 341 页下。
③ 同上书，第 324 页下。
④ 同上书，第 325 页上。

空劫之时，无人问法，即今有问，亦不可答。大悲菩萨瓮里坐，有心答时答不得。祖师西来意，从来不可觅。道士担漏卮，一行步步溢。

据《景德传灯录》卷十五：

> 安州九嶂山和尚。僧问："如何是佛？"师曰："即汝是。"问："远闻九嶂，及至到来只见一嶂。"师曰："阇梨只见一嶂不见九嶂。"曰："如何是九嶂？"师曰："水急浪华粗。"①

如何是佛，与己不异。非是不具，是汝不见。如何即是，九嶂山顶，浪高水急。

据《景德传灯录》卷十五：

> 盘山和尚（幽州第二世住）僧问："如何出得三界？"师曰："在里头来多少时耶？"曰："如何出得？"师曰："青山不碍白云飞。"问："承教有言，如化人烦恼，如石女儿。此理如何？"师曰："阇梨直须如石女儿去。"②

此盘山和尚为第二世，继宝积之后住持。若知本性，则本来解脱，不在三界，不知则常在里头。三界无拘束，自不肯出离，青山虽高耸，不碍白云飞。化人烦恼、石女儿一句，出自《维摩经》。万法皆空，本如幻化，若能一念不生，无我无人，如石女儿，则明此理，出得三界。

据《景德传灯录》卷十五：

> 安州九嶂敬慧禅师（第二世住）僧问："解脱深坑如何过得？"师曰："不求过。"僧曰："如何过得？"师曰："求过亦非。"③

---

① 《大正藏》51 册，第 325 页上。
② 同上。
③ 同上。

解脱为深坑，求过亦是非。但有所求，皆是大过。无欲无求，始免深坑。

据《景德传灯录》卷十五：

东京观音院岩俊禅师，邢台人也，姓廉氏。初参祖席，遍历衡庐岷蜀。尝经凤林深谷，歘睹珍宝发现，同侣相顾意，将取之。师曰："古人锄园，触黄金若瓦砾，待吾菅茆覆顶，须此供四方僧。"言讫舍去。造谒投子，投子问曰："子昨宿何处？"师曰："在不动道场。"曰："既言不动，曷由至此？"师曰："至此岂是动耶？"曰："元来宿不著处。"然投子默认许之。寻抵东京，会有梁少保李鄑，即河阳节度使罕之兄也，雅信内典尤重于师。因舍宅建院曰观音明圣，请师居之。周高祖、世宗二帝潜隐时，每登方丈必施跪礼，及即位特赐紫，号净戒大师，众常数百。乾德丙寅三月示疾，垂诫门人讫，怡颜合掌而灭。寿八十五，腊六十五，其年四月八日塔于东郊丰台村。①

据《宋高僧传》卷二十八：

宋东京观音禅院岩俊传

释岩俊，姓廉氏，邢台人也。诞育之来蔚繁神异，挺身去缚誓入空门，从捧戒珠终身圆莹，乃持杯锡言遍参寻。陟彼衡庐登乎岷蜀，尝至凤林，欻逢深谷，见一区之晃耀，原七宝之纵横。时同侣相顾曰："奇哉！可俯拾乎？"俊曰："古人锄园触黄金若瓦砾耳，苟欲怀之，自速祸也。徯吾野菅覆顶，须此供四方僧。"言讫舍去。造谒舒州投子，山主问之曰："客来昨宿何处？"俊曰："在不动道场。"曰："既言不动，曷由至此？"对曰："至此岂是动耶？"曰："元来宿不著处。"然山主默认许之。追思还赵，路出陈留，抵今东京。属乎梁少保陇西公资，即河阳节度使赠中书令芝之昆也。虽居贵仕，酷信空门，接俊谈

① 《大正藏》第51册，第325页上。

玄，若刘遗民之奉贾远也。相与议舍第宅，俾建仁祠，俊弗让违以安形性。既考禅室而行祖风，慕道穷玄堂宇盈塞。周高祖、世宗二帝潜隐地，与俊布衣之交，每登方丈必施跪礼。及其即位延迟优渥，至乎朝达见必稽颡，高谈虚论若至宝山焉。以乾德丙寅三月示身有疾，弥留，弟子求医奉药，瞑目噤唇不食。垂诚门人后已，当怡颜俨肃，合掌诀众而灭。享龄八十五，坐夏六十五。初俊被朝恩赐紫袈裟也，受而不服锡，净戒师号也，有而不称，属其策杖清羸。周祖勅侍者辈勿令大师一中食，俾其日昃更进祛阇尼矣，俊诺而难遵，慈柔被物，暨乎自狭而广实三院一门也。二堂东西恒不减数百众，五十年间计供僧万百千数，京城禅林居其甲矣。以其年四月八日归葬于东郊丰台村，白塔存焉。于日神都寺院，各率幡幢吹贝鸣铙相继二三里，道俗送殡者万数，知制诰王著为碑昭懋厥德云。①

岩俊（882—966）为大同政治地位最高、影响最大的门人。他生于中和二年（882），天复元年（901）受具之后游方参禅，西至岷蜀，南到衡岳，东至匡庐，曾于襄阳风林深谷之中与同伴遇到黄金珠宝，舍之不顾。后到投子山参礼，与大同机缘相契，奉之为师。

大同问昨宿何处，岩俊答不动道场。再问何以至此，答至此亦非动，若有动步，即不得达。大同道原来宿不著住、脚不点地。这段问答，如同玄觉见六祖机缘。

岩俊后北归故乡，路出陈留，到达东京，遇到梁少保李资兄弟，相谈甚欢，舍宅为寺。周高祖、世宗潜龙之时，常到寺中礼拜，登基之后，护持佛法，供养不衰。岩俊不恋名位，虽有紫衣，受而不服，得净戒师号，有而不名。

岩俊在京传法五十余载，坚持净戒，日中一餐，过午不食，虽有王命而不替。门人众多，东西两堂，不减数百；慈悲济物，时常供僧，不下亿万。归葬之时，京城各寺，皆来送行，道俗上万，连绵数里。

---

① 《大正藏》50 册，第 886 页上。

据《宋高僧传》卷二十八：

汉东京天寿禅院师会传

释师会，俗姓巨，汉荆州刺史武之后，祖徙家北燕，遂为蓟门人也。考讳知古，母赵氏。会童孩出俗，礼蓟州温泉院道丕为师匠焉。业成年满，受具于金台宝刹寺坛。梁开平中，萍梗任飘于河朔，杯盂随步于江淮，乃抵汉南，遇观音院岩俊，班荆话道，抵掌论心。且曰："子还闻投子山有大同禅师已否？"曰："闻而未见。"曰："宜亟往焉。"及参大同，跬步之间，举扬之外，洗焉明白，其安坦然。乾化二年来梁苑，谢俊公曰："始者攸攸岐路，茫茫生死，紫实眜朱，狂斯滥哲。苟不奉师友指归，几一生空度。今以秽莸，请与薰同器而藏可乎？"俊公与会胥德，留入法席。四年秋，有宝积坊罗汉院志修，坚请会代居所住焉，苦盖五间而已。乃感檀越尚书左丞吴蔼、兵部侍郎张衮，若袁粲之谒宝亮，徐湛之礼惠通，共发奉章，赐额曰天寿焉。四海之僧，翕然而至。历三十五载，供僧二百余万。用其财宝，无少混淆，耿介可知也。天福七年，晋高祖以会行成于内，声闻于外，勅赐紫衣。开运元年，赐号曰法相。紫衣则藏以受持，师号则蔑其称谓。且曰："我本不求名，名来自求我。知其白而守其黑，和其光而同其尘。"世幻逡巡，时不我与。三年七月二十六日，累诸门人，帖然而灭。春秋六十七，夏腊四十八。阇维收舍利数百粒，起塔于东郊汴阳乡也。刑部侍郎边归谠为碑颂德云。①

师会（880—946）是大同门人中岩俊之外另外住持京城大寺的高僧，并且他去参礼大同，是受到岩俊的启发。他为北京蓟门人，广明元年（880）出生，幼年从温泉院道丕出家，光化二年（899）冠岁至金台寺戒坛受具。梁开平中南行游方，至汉南，遇岩俊，相见莫逆，岩俊告之投子为难得之大善知识，不可不见。师会闻言前往，果得开悟。乾化二年（912），

---

① 《大正藏》50 册，第 885 页上。

回到东京，再见岩俊，与之同处。四年（914），罗汉院志修坚请代为住持，乃允，茅屋五间而已。尚书左丞吴蔼、兵部侍郎张衮，上章力求，赐额天寿。住持三十五载，供僧二百余万。天福七年（942），晋高祖赐紫衣。开运元年（944），又得"法相"师号。虽有盛名，不求而至。三年（946）入灭，寿六十七，腊四十八。

投子大同还有一位海东门人璨幽（869—958），使其法流东国，化至海外。

据《高丽国慧目山高达院故国师制赠谥元宗大师慧真之塔碑铭并序》，"大师尊称璨幽，字道光，俗缘金氏，鸡林河南人也"，咸通十年龙集己丑（869）四月四日诞生，中和元年（881），年始十三，落发出家，初从学于尚州公山三郎寺融谛禅师，融谛告之慧目山审希（855—923）乃一佛出世，宜往师之，遂往师从审希。大顺元年（890），年二十二，受具于扬州三角山庄义寺。"景福元年春，适有商舶入汉者，遂寄载而西。即以望云水以从心，指烟霞而抗迹，僧之真者必诣，迹之古者必寻，遂往舒州桐城县寂住山，谒投子禅和尚，法号大同，是石头山法孙翠微无学大师之嫡胤也，见大师莲目殊姿，玉毫异相，乃曰：'其有东流之说，西学之求者，则可以与言道者，唯子矣。'大师于是悟微言于舌底，认真佛于身中，岂止于承善逝之密传、奉净名之默对而已矣！大师将辞投子，和尚因谓曰：'莫远去，莫近去。'大师答云：'虽然非远近，要且不停留。'和尚曰：'既验心传，何须目语。'尔后旁求胜友，历谒高师，或索隐于天台，或探玄于江左，入真如之性海，得摩尼之宝珠也。"其后乘舟归国，于贞明七年（921）秋七月到康州德安浦凤林，先参本师真镜大师审希，审希命其住持三郎寺。三年之后，他入京见太祖王建，请住庆州天王寺，后移住慧目山。他历受太祖、惠宗、定宗、光宗四朝崇奉，特别是光宗乾祐二年（949）即位之后，奉以证真大师之号，请其入京说法，问答称旨，制颂献之：慧日高悬曜海乡，真身寂寂现和光。贝中演法开迷路，钵里生莲入定场。一唱成音收雾净，二门离相出尘凉。玄关远隔山川外，恨不奔波谒上房。显德五年（958）八月入灭，春秋九十，僧腊六十九。

璨幽门人众多，有两街僧总、三重大师昕弘及同光、幸近、传印、金镜、训善、俊解、胜演、义光、全状、僧盦、幸希、幸海、幸位、戒定、谈弘、幸吉、孝安、幸崇、法元、幸温、幸言、庆然、宗能、庆规等五百余人。

高达院在高丽时期地位很高，乾德九年实开宝四年辛未（971）光宗下诏国内寺院，唯有高达院、曦阳院、道峰院三处只留不动，门下弟子相续住持，代代不绝。[①]

---

①　参见李智冠：《校勘译注历代高僧碑文·高丽篇二》，第18—27页。

第四章　天皇道悟及其法系

第一节　天皇道悟

天皇道悟为石头希迁最为著名的门人之一，当时后世都有很大的影响。据《宋高僧传》卷十：

> 唐荆州天皇寺道悟传（崇信）
>
> 释道悟，姓张氏，婺州东阳人也。受天粹气，为法王子，生而神俊，长而谨愿。年十四，金翅始毛，麒麟方角，启白尊老，将求出家。慈爱之旨，不见听许。辄损薄常膳，日唯一食，虽体腹羸馁，弥年益坚。父母不获已而许之。遂往明州大德剃落。年二十五，依杭州竹林寺大德具戒，以勇猛力扶牢强心，于六度门修诸梵行。常以为疗膏肓者资上妙药，开暗冥者求善知识，不假舟楫其济渡乎。遂蹶然振策投径山国一禅师。悟礼足始毕，密受宗要，于语言处识衣中珠，身心豁然真妄皆遣，断诸疑滞无畏自在，直见佛性中无缁磷。服勤五载随亦印可，俾其法雨润诸丛林。悟蓄力向晦窅入深阻，实冀一飞摩霄，乃转遁于余姚大梅山，是时大历十一年也。……是以扫尘累，遯岩薮，服形体，遗昼夜，精严不息，趣无上道，其有旨哉。如是者三四年矣。将翔云表，虑羽毛之颇铩；欲归宝所，疑道涂之乖错，故重有咨访，会其真宗。建中初，诣钟陵马大师。二年秋，谒石头上士。于戏，自径山抵衡岳，凡三遇哲匠矣。……
>
> 始卜于澧阳，次居于濠口，终栖于当阳柴紫山，即五百罗汉翱翔地也。……荆州雄藩也，都人士女，动亿万计。莫不擎跽稽首，向风作焉。崇业上首，以状于连帅而邀之。不违愿力，聿来赴请。属及于

虚落，锡及于都城。白黑为之步骤，幡幢为之鞁鞴。生难遭想，得未曾有。彼优波鞠多者，夫何足云！有天皇寺者，据郡之左，标异他刹，号为名蓝。困于人火，荡为煨烬。僧坊主灵鉴族而谋之，以为满人攸居，必能福我。夫荷担大事，蔑弃小瑕，乃中宵默往，肩舆而至。二寺夕有所失，朝有所得。诤论锋起，达于尊官。重于返复，毕安其处。江陵尹右仆射裴公……，理冥意会，投诚归命，既见仁者，我心则降，如热得濯，躁愦冰散。自是禅宗之盛，无如此者。

元和丁亥岁有背痛疾，命弟子先期告终。以夏四月晦，奄然入灭。春秋六十，僧腊三十五。以其年八月五日，葬之郡东隅。灵龛建塔，从僧礼也。

悟身长七尺，神韵孤杰，手文鱼跃，顶骨犀起。行在于《璎珞》，志在于《华严》。度人说法，雄健猛利。其一旨云：垢净共住，水波同体；触境迷着，浩然忘归。三世平等，本来清净；一念不起，即见佛心。其悟解超顿，为若此也。……比丘慧真、文贲等，禅子幽闲，皆入室得悟之者，或继坐道场，或分枝化导。时太常协律符载著文颂德焉。世号天皇门风也。①

江陵道悟（748—807）为当时最有影响的大禅师之一，也是青原、南岳两系争夺千载的重要人物。僧传取资于符载之碑，是比较客观的资料。道悟生于天宝七载（948），婺州东阳人，俗姓张氏，上元二年（761）十四岁便求出家，父母不允，乃减食以示决心，后来父母不得已听之，便到明州出家。大历七年（772）二十五岁，于杭州竹林寺受具，又投径山国一禅师习禅。从学五载，得其心要，乃于大历十一载（776）到浙江余姚大梅山庵居隐修，历三四载。建中元年（780），到钟陵开元寺，师从马祖道一大师。建中二年（781），又到南岳问道石头希迁大师。先后参访三大哲匠，皆有所得。

据《宋高僧传》卷九：

---

① 《大正藏》50 册，第 769 页上、770 页上。

　　门人慧朗、振朗、波利、道悟、道铣、智舟，相与建塔于东岭。
塔成三十载，国子博士刘轲，素明玄理，钦尚祖风，与道铣相遇，盛
述先师之道。轲追仰前烈，为碑纪德，长庆中也。①

　　这表明道悟师从石头时间较长，一直到其贞元六年（790）入灭，后来
与同门五人为其建塔，二三年后塔成，后三十载，至长庆中（821—824），
刘轲依道铣所述作碑。因此，道悟直到贞元九年（793）左右建塔完毕后才
离开南岳。

　　此后道悟开法，始于澧阳，次于漷口，后于当阳柴紫山，号称五百罗
汉栖息之地。他在当阳传法，影响很大，江陵士女，闻风稽首。江陵崇业
寺众白于地方，请其住持。而当时天皇寺遇火，僧主灵鉴也想借其盛名重
建寺院，便于夜间请其来寺，此事还一度引起争执。后来可能以天皇寺为
主，故号称天皇道悟。

　　道悟在江陵弘法，得到地方官员的大力支持。当时前后有两位裴姓官
员主政江陵，一是裴胄，贞元八年至十九年（792—803）任江陵尹、荆南
节度使，卒于任，二是裴均，荆南行军司马，后接替裴胄，于贞元十九年
至元和三年（803—808）任职，兼御史大夫。道悟得到他们的大力支持，
然僧传所言当裴公，并非如郁贤皓所述之裴胄，而是裴均，因为其中提到
右仆射裴公，裴均元和三年（808）四月任右仆射、判度支，而裴胄未闻担
任右仆射。

　　道悟重视经教，以《菩萨璎珞本业经》为行，以《华严经》为宗，前
者明大乘戒行，后者示圆顿教理。垢净同住，凡圣一体，佛与众生，如水
与波，由于触境生情，妄念纷纷，便流转生死，轮回六趣。若能返本还源，
了知三世平等，心性本净，一念不生，即转迷为悟，转凡成圣。

　　道悟天生异相，神采过人，善于说法，又得外护，是以倾城归心，影
响极大，号称天皇门风。虽然传法时间只有十余年，却是名动天下的禅门
巨匠。由于他享有盛誉，因此成为南岳、青原两家争夺的重点，两家都将
其列入本宗。其实道悟先参径山，牛头宗也有资格加入争夺。平心而论，

---

　　①　《大正藏》50 册，第 764 页上中。

道悟参过三大哲匠是事实，然而他在石头门下时间最长，前后十年，最后又为石头建塔，与石头的关系更为密切。南岳系在《道一塔铭》、《南岳让禅师碑》中均将道悟列入本宗，又有神会系的宗密在《禅门师资承袭图》中以"江陵悟"为马祖五大门人之一，不是没有依据，后世却又传出天王道悟，清代云外行泽为其作传，言其复兴老祖寺，此说待考。

道悟门人有慧真、文贲、幽闲等，都是升堂入室、得悟宗旨的佼佼者，有的继坐道场，为天皇、崇业二世，有的分化一方。可惜这三人事迹在后世没有记载。道悟唯一在后世有影响力的弟子则当是寂寂无名的崇信。

据《宋高僧传》卷十：

> 又唐澧州龙潭禅院释崇信，未详氏族。信在俗为渚宫胡饼师之子，弱龄宛异，神府宽然。昔天皇寺悟禅师，隐耀藏光，人莫我测。信家居寺巷，恒日提饼笥馈悟公斋食。食毕，且留一饼曰："吾惠汝以荫子孙。"信一日自念曰："饼是我持去，何以返遗我邪？莫别有旨乎？"遂拱手问焉。悟公曰："是汝持来，复汝何咎？"信闻，似有惊怪，因劝出家，便求摄受。曰："尔昔崇福善，今信吾言，故名之也。"由是躬于井臼，供亿服勤，乃问悟云："未蒙指示心要。"悟公云："时时相示。"信凔凛斯言，如游子之还家，若贫人之得宝。直从荆渚乃诣澧阳龙潭栖止，因李翱尚书激扬，时乃出世。后德山鉴师出其门，宗风大盛矣。[1]

崇信禅师，事迹不详，在俗为饼师之子，恒日以饼供斋于江陵道悟，后来从其出家，得名崇信。他从道悟得旨之后，乃到澧阳龙潭栖止，后因李翱劝请，方出世为人。李翱初于元和十五年至长庆元年（820—821）任朗州刺史[2]，后又两度出任湖南观察使，一在大和七八年间（833—834），一在开成二年（837）[3]，其请崇信出世，当在长庆元年（820）任职

---

① 《大正藏》50 册，第 770 页上。
② 《唐刺史考全编》第四册，第 2498 页。
③ 同上书，第 2421、2422 页。

朗州时。

崇信开法时间不短，但在当时影响不大，门人数量不多，只有洪州宝峰与德山宣鉴。

据《景德传灯录》卷十五：

> 洪州泐潭宝峰和尚。有僧新到，师谓曰："其中事即易道，不落其中事，始终难道。"僧曰："某甲在途时便知有此一问。"师曰："更与二十年行脚，也不较多。"曰："莫不契和尚意么？"师曰："苦瓜那堪待客。"师问僧："古人有一路接后进初心，汝还知否？"曰："请师指出古人一路。"师曰："怎么即阇梨知了也。"曰："头上更安头。"师曰："宝峰不合问仁者。"曰："问又何妨。"师曰："遮里不曾有人乱说道理，出去！"①

宝峰和尚住持洪州泐潭宝峰，这是马祖道场。宝峰所遇新到禅客，虽然自恃有伎俩，终是乱说道理，不能脚踏实地，故未得宝峰认可。

第二节 德山宣鉴及其门人

德山宣鉴为崇信最为重要的门人，也是天皇法派传承的关键环节。

据《宋高僧传》卷十二：

唐朗州德山院宣鉴传

释宣鉴，姓周氏，剑南人也。生恶荤膻，少多英敏，宿赍异操，恳愿出尘。大龙不屈于小庭，俊鹗必腾其层汉。既除美饰，当预僧流；从受近圆，即穷律藏。其诸性相，贯习偕通。闻重湖间禅道大兴，乃杭志云游，造龙潭信禅师，则石头宗师之二叶也。始唯独居一室，鉴强供侍之。一夕龙潭持一枝火授鉴，鉴接而行数步，且曰："久闻龙潭，到来，龙之与潭俱不见欤？"信曰："子亲到矣。"机与教符，曰亲

---

① 《大正藏》51 册，第 718 页上中。

丈室三十余年。后止澧阳，居无何，属武宗搜扬。洎大中，还复法仪。
咸通初武陵太守薛延望坚请，始居德山。其道芬馨，四海禅徒辐凑，
伏腊堂中常有半千人矣。其于训授，天险海深，难窥边际。雪峰参见，
鉴深肯重。以咸通六年乙酉岁十二月三日，忽告诸徒曰："扪空追响，
劳汝神邪；梦觉觉非，复有何事。"言讫安坐而化。春秋八十四，僧腊
六十五。身据床坐，卓然七日，如生在焉。天下言激箭之禅道者，有
德山门风焉。今襄邓汉东，法孙极盛者是。①

相关资料还有《祖堂集》、《景德传灯录》等，其中前者取资沙门元会
所撰碑文，更加可靠。

德山法名宣鉴（782—865），西川人，俗姓周，生于建中三年（782），
总角出家，二十具戒，即在贞元十七年（801）。始习戒律，精研毗尼，后
究相宗，穷诸经教。灯录称其精通《金刚般若经》，号周金刚。后闻湖南法
道大盛，乃东行求法。遇龙潭崇信禅师，日亲其道，达三十余年，是故始
于元和之中（814 年前后）。会昌中，他离开龙潭，来到澧阳，此时可能崇
信禅师已经入灭。居之不久，便遇到武宗会昌五年（845）灭法。僧传称在
龙潭门下三十余载，后居澧阳住持，不久便赶上法难。德山参学经历不详，
他还参过大沩灵祐，可能是在大中年间，沩山预言他将来会呵佛骂祖。

据《景德传灯录》卷十五：

师住澧阳三十年，属唐武宗废教，避难于独浮山之石室。大中初，
武陵太守薛廷望再崇德山精舍，号古德禅院（相国裴休题额见存），将
访求哲匠住持，聆师道行，屡请不下山。廷望乃设诡计，遣吏以茶盐
诬之，言犯禁法，取师入州瞻礼，坚请居之，大阐宗风（总印禅师开
山创院，鉴即第二世住也）。②

法难期间，他隐居在独浮山石洞中。言大中初他住持德山也不对，僧

① 《大正藏》50 册，第 778 页中下。
② 《大正藏》51 册，第 317 页下。

传与《祖堂集》都称是咸通之初。因此他正式开法时间不长，只有五六年。依灯录，则德山由马祖门人三角山总印开山，宣鉴为第二世住持。

德山精通经论，却开创了以棒打为特征的刚猛禅风。他主张无心于事、无事于心，一切如幻，不可妄求，强调我宗无语句，实无一法与人。虽然他开法时间不长，培养的优秀门人却不少，其宗风更是影响深远。

据《景德传灯录》卷十六：

> 朗州德山宣鉴禅师法嗣九人
> 鄂州岩头全豁禅师
> 福州雪峰义存禅师
> 天台瑞龙院慧恭禅师
> 泉州瓦棺和尚
> 襄州高亭简禅师
> 洪州感潭资国和尚（已上六人见录）
> 德山鹅湖绍奭大师
> 凤翔府无垢和尚
> 益州双流尉迟和尚（已上三人无机缘语句不录）①

除上述门人外，石霜法嗣南岳玄泰、关南道常门人关南道吾亦曾参德山，受其法味。洞山门人龙牙居遁、钦山文遂，临济门人三圣慧然亦来参礼。

据《景德传灯录》卷十六：

> 天台瑞龙院慧恭禅师，福州人也，姓罗氏。家世为儒，年十七举进士，随计京师，因游终南山奉日寺，睹祖师遗像，遂求出家。二十二受戒，游方谒德山鉴禅师，鉴问曰："会么？"恭曰："作么？"鉴曰："请相见。"恭曰："识么？"鉴大笑，遂入室焉。暨鉴顺世，与门人之天台瑞龙院，大开法席。唐天复三年癸亥十二月二日午时，命众声钟，

---

① 《大正藏》51 册，第 325 页中。

顾左右曰："去。"言讫跏趺而化。寿八十四，腊六十二。门人建塔。①

据《宋高僧传》卷十二：

唐天台紫凝山慧恭传

释慧恭，俗姓罗氏，福州闽人也。家传儒，素不交非类。母妊之初，梦所居涌出浮图，上参于天。迨恭诞生，嶷然聪悟。年十七举进士，名随计车，将到京阙。因游终南山奉日寺，目祖师遗像，释然世网，遂求出家。操执僧事，备历艰辛。二十有二，适值新创安国寺，受具足戒。寻乃游方，缘崄涉荒而无难色。尝遇黑蛇伤指，不求医而毒螫自销；见魑魅占山，谕罪福而妖物遄息。至武陵德山诣宣鉴禅师，领会风飞，由兹道合，因挂锡施门人礼。鉴公顺世后，游玉山，至信州，刺史营西禅院而礼之，其徒数百人。居岁余，以郭郭喧繁，复入福州长溪马冠山。自马冠抵泉州富阳山，所至之所，檀施臻集，徒侣解钵，禅坊立就，其为士庶向奉如此。景福三年与门人游天台，州牧京兆杜雄留之而止。杜因创瑞龙院于紫凝山，祈恭兴扬法席以悟沦迷。缁俗云驰，香花山积。天复三年癸亥十二月午时，命众声钟，顾瞻左右，促言云去。加跌瞑目，俨然而化。春秋八十四，僧夏六十二。阐圆顿之宗，居道德之最。殁无易名，塔无题榜，足见浮名。②

慧恭禅师（820—903），福州人，俗姓罗氏，元和十五年（820）生，开成元年（836）举进士，至京师，游终南山奉日寺，睹祖师遗像，发心出家。会昌元年（841）二十二岁，值新创安国寺，因受具戒。此后游方，备历艰辛，数有灵异。

后到武陵，参德山，言问之下，当仁不让，德山大笑而称之，遂入其

① 《大正藏》51册，第328页中。
② 《大正藏》50册，第783页中下。

室。《佛祖纲目》卷三十三载"（乙丑）慧恭参宣鉴禅师。"①，系此于会昌五年（845），可供参考。

咸通六年（865）德山入灭，东游江西玉山，至信州，刺史为其创建西禅院，徒众数百，居之岁余，因嫌其近处城市，过于喧闹，复入福州，住长溪马冠山，其时当在咸通八年（867）。后来到泉州富阳山，所到之处，檀越云集，禅寺立就。景福三年即乾宁元年（894），与门人游天台山，台州刺史杜雄于紫凝山创建瑞龙院，请其住持。天复三年（903）十二月入灭。

慧恭在德山时，雪峰、岩头也曾到参数载，当时肯定认识，后来又长期在福州、泉州开法，当与同门雪峰义存、瓦棺和尚有交往，然而史籍未有任何他们相互来往的记载，不知何故。

据《景德传灯录》卷十六：

> 泉州瓦棺和尚。德山问曰："汝还会么？"师曰："不会。"德山曰："汝成褫取个不会好。"师曰："不会，成褫个什么！"德山曰："汝似一团铁。"师遂抠衣德山。②

据《云门匡真禅师广录》卷二：

> 举：瓦官参德山。瓦官为侍者，同入山斫木。德山将一椀水与瓦官，官接得便吃却。山云："会么？"官云："不会。"山又将一椀水与瓦官，官接得又吃却。山云："会么？"官云："不会。"山云："何不成褫取那不会底？"官云："不会，又成褫个什么？"山云："子大似个铁橛。"瓦官住院后，雪峰去访。茶话次，峰云："当时在德山会里，斫木因缘作么生？"官云："先师当时肯我。"峰云："和尚离先师太早。"其时面前有一椀水，峰云："将水来。"官便过与雪峰。峰接得便

---

① 《续藏经》85 册，第 648 页下。
② 《大正藏》51 册，第 328 页中。

泼却。师代云："莫压良为贱。"①

德山赞瓦官似个铁橛机缘，《祖堂集》系之岩头②，不过当依云门文偃之说为准，当然也不能完全排除德山对岩头也说过类似的话，但这种可能性很小。

瓦官初为德山侍者，因饮水机缘，自认为受到德山认可。后来住持泉州瓦官寺，可惜法名没有传下来，雪峰乾宁二年（895）到泉州相访，与之共话当时机缘，瓦官以为已得印可，雪峰却道他离师太早，不得师旨，令其过水，当下便泼却。雪峰认为德山话里藏刀，道其似个铁橛，表面上是赞其立场坚定，实际上是说他顽固不化，不知变通。雪峰泼水，一是告其滴水难消，二是言其终是不会。无论如何，他在泉州长期开法，有助于德山系在闽南的传播。

据《景德传灯录》卷十六：

> 襄州高亭简禅师，初隔江见德山，遥合掌云："不审。"德山以手中扇子招之，师忽开悟，乃横趋而去，更不回顾。后于襄州开法，嗣德山。③

简禅师与德山隔江相见，合掌问讯，德山未言，以手中扇子招之，忽然开悟，转身便去，更不回头。后来他在襄州高亭开法，嗣法德山。这是禅宗史上著名的公案，大慧宗杲等众多禅师皆有评唱。

简禅师生卒事迹不详，他住持高亭，当是继归宗智常门人汉南谷城县高亭和尚之后。

据乾隆《襄阳府志》：

> 高亭山：县南五里。粉水潆绕于前，诸山群列于后，若屏嶂焉。

---

① 《大正藏》47 册，第 556 页上中。
② 《祖堂集校注》，第 163 页。
③ 《大正藏》51 册，第 328 页中下。

《水经注》：沔水南经高亭山东，山有灵焉，士民奉之，所请有验。按：
山上有大王庙灵验，其以是欤？

如此高亭山在襄阳谷城县南五里，山环水绕，风景秀丽。可惜不知两
代高僧于此说法具体位置及寺名。

第五章　感潭资国及其法系

第一节　感潭资国与白兆志圆

德山有许多出色的弟子，感潭资国即是其中重要的代表。

据《景德传灯录》卷十六：

> 洪州大宁感潭资国和尚。白兆问："家内停丧，请师慰问。"师曰："苦痛苍天。"兆曰："死却爷、死却娘？"师打而趁之。师凡遇僧来，亦多以拄杖打趁。①

感潭生平事迹不详，既为德山门人，其生年不会迟于会昌元年（841），卒年或在唐末至五代初，与雪峰相近。

据《潭州沩山灵祐禅师语录》卷一：

> 师因资国来参，乃指月示之。资国以手拨三下。师云："不道汝不见，祇是见处太粗。"②

如此资国先参沩山灵祐（771—853），其时肯定在大中七年（853）之前。以手拨三下始见，故不是不见，而是见处太粗，不够直捷。沩山对其见地有所肯定，故其年龄不会太小，当生于宝历元年（825）前后。

资国之后，由其法侄海一禅师、讷禅师（二人为岩头门人）相继住持。

---

① 《大正藏》51 册，第 328 页下。
② 《大正藏》47 册，第 581 页上。

资国和尚住持洪州大宁，门人白兆山志圆告之家内有丧、请师慰问，师曰苦痛可哀、苍天苍天。不料白兆话中有刀，反问资国爹死娘死，资国拿出霹雳手段，大棒打出。

资国凡遇僧来，多以挂杖打出，这是德山门下惯用的法门。起心动念，有欲有求，即是逐物迷心，不识自性，不令其稍知痛痒，则无由返本还原，回光内照。不具大悲，不会行棒；棒头无眼，自招因果。行棒行喝，须大善知识始得。

资国虽然机语不多，在后世的知名度也比不上岩头雪峰，然而他这一系却被视为德山系的正宗，《宋高僧传》道德山后世"今襄邓汉东法孙极盛者是"，这些都属于资国与门人志圆的后辈。

据《景德传灯录》卷十七：

前洪州感潭资国和尚法嗣

安州白兆山竺乾院志圆，号显教大师。僧问："诸佛心印什么人传得？"师曰："达磨大师。"曰："达磨争能传得？"师曰："汝道什么人传得？"问："如何是直截一路？"师曰："截。"问："如何是佛法大意？"师曰："苦。"问："如何是道？"师曰："普。"问："如何是学人自己？"师曰："失。"问："如何得无山河大地去？"师曰："不起见。"玄则问："如何是佛？"师曰："丙丁童子来求火。"（则师后参法眼，方明厥旨，住金陵报恩院）。问："如何是毕钵罗窟迦叶道场中人？"师曰："释迦牟尼佛。"问："如何是朱顶王菩萨？"师曰："问那个赤头汉作么！"①

志圆生平事迹不详，应当是唐末至五代时人，其生年或在咸通十一年（870）前后，卒年约在天福五年（940）左右。其号"显教大师"，表明影响力很大，故得到朝廷师号。诸佛心印，代代相传，达摩大师作为第二十八代传人，当然有资格传佛心印。志圆与云门文偃为同辈，其应机答人，颇有云门一字关之风。直截一路，急须截断，不然则非直

---

①　《大正藏》51 册，第 341 页下。

截。佛法大意，有求皆苦，执佛不放，此苦最大。如何是道，道在脚下，发心修行，动步即是。自己不必问他，问他自己则失。三界唯心，万法唯识，山河大地，皆是一心所现。一念不生，意无分别，则众相皆空，何物无遣。

玄则初参志圆，问如何是佛，志圆答丙丁童子来求火。玄则不明其意，后来又去参法眼文益，最后于文益处悟道。这一机缘，多数资料认为是玄则始从青锋，与志圆无涉。毕钵罗窟迦叶道场，是佛入灭后大迦叶招集五百罗汉结集三藏之处，当然此时释迦牟尼不可能再来参与，然而这正是发人深省之处。朱顶王菩萨有何奇特，不过一个赤头汉而已，信之则可，仰之则过。

第二节　白兆志圆门人

白兆志圆有很多出色的门人，开创了白兆山等多个道场。

据《景德传灯录》卷二十三：

> 安州白兆山志圆禅师法嗣十三人
> 朗州大龙山智洪禅师
> 襄州白马山行霭禅师
> 郢州大阳山行冲禅师
> 安州白兆山怀楚禅师
> 蕲州四祖山清皎禅师
> 蕲州三角山志操禅师
> 晋州兴教师普禅师
> 蕲州三角山真鉴禅师（已上八人见录）
> 郢州兴阳山和尚
> 郴州东禅玄偕禅师
> 新罗国慧云禅师
> 安州慧日院玄谔禅师

京兆大秦寺彦宾禅师（已上五人无机缘语句不录)①

志圆门人数量相当多，在地域上大多数属于湖北，特别是湖北北部地区，这或许与志圆本人的弘化地域有关。
据《景德传灯录》卷二十三：

> 襄州白马山行霭禅师。僧问："如何是清净法身?"师曰："井底虾蟇吞却月。"问："如何是白马正眼?"师曰："向南看北斗。"②

行霭禅师住持襄阳白马山，使此地成为感潭志圆系的另一中心。
据《禅宗颂古联珠通集》卷三十五：

> 颂曰：九重深密视听难，玉殿琼楼宿雾攒。燮理尽归臣相事，轮王不戴宝花冠。(丹霞淳)③

这是丹霞子淳对于吞月公案的颂古。清净法身，乃是那边事，这边人理论不得，纵有理论，也是蛤蟆吞月，痴心妄想。有如九重深密，外人难睹，轮王无为而治，治国皆由臣相。
白马正眼，觑著便瞎，面南望北斗，青云是丹霞。
据《景德传灯录》卷二十四：

> 前襄州白马行霭禅师法嗣
> 襄州白马智伦禅师。僧问："如何是佛?"师曰："真金也须失色。"问："如何是和尚出身处?"师曰："牛觚墙。"曰："学人不会，意旨如何?"师曰："已成八字。"④

---

① 《大正藏》51 册，第 388 页上。
② 同上书，第 394 页上。
③ 《卍续藏》65 册，第 696 页中。
④ 《大正藏》51 册，第 405 页下。

智伦禅师为白马第二世，其时当在宋初。诸佛身如真金，一问大惊失色；更问白马出身，笨牛已然触墙；再道意旨如何，二角触成八字。这个学僧，真是愚笨难调，智伦屡屡教化，怎奈毫不解会。

据《罗湖野录》卷二：

> 南雍名区，招提并列，大士间出；一音迭吼，互为主伴，更有酬对。其谷隐绍远、玉泉守珍，同嗣石门彻；白马令岳嗣先白马伦；普宁归道嗣德山密；正庆惠英、鹿门山主惠昭同嗣云居齐。凡六大士洎广教省，并存言唱，用咨提振。仍复讨历遗集，详求昔范。①

这是杨亿（974—1020）《汝阳禅会集》之序，表明白马智伦还有门人令岳，继之住持白马，并且影响很大，与石门绍远等并称六大士，和临济宗的叶县归省（948—1020）同时，宾主提唱，相互激扬。令岳之后，白马山住持或为曹洞宗大阳警玄（943—1027）门人白马归喜。

据《景德传灯录》卷二十三：

> 郢州大阳山行冲禅师（第一世住）僧问："如何是无尽藏？"师良久，僧无语。师曰："近前来。"僧才近前，师曰："去。"②

行冲禅师住持郢州大阳山，使此地成为本派一个中心，其时当在五代之末。他生卒年不详，大致的时间或为大顺元年（890）至显德七年（960）之间。既是无尽藏，良久道不尽；此僧无语，也是东施效颦。听人使唤，前退由他，也是不堪造就。

据《景德传灯录》卷二十三：

> 蕲州四祖山清皎禅师，福州人也，姓王氏。初住郢州大阳山为第二世，僧问："师唱谁家曲，宗风嗣阿谁？"师曰："楷师岩畔祥云起，

---

① 《续藏经》83 册，第 389 页上。
② 《大正藏》51 册，第 394 页上。

宝寿峰前震法雷。"师次住安州慧日院，后迁止蕲州四祖山为第一世，年七十时遗偈云：吾年八十八，满头垂白发。颙颙镇双峰，明明千江月。黄梅扬祖教，白兆承宗诀。日日告儿孙，勿令有断绝。淳化四年癸巳八月二十三日入灭，年八十八。①

清皎禅师（906—993）为志圆门人中唯一有明确时间者，值得重视。他为福州人，生于天祐三年（906），何时师从志圆不详，既然自福州远到安州，当不早于后唐天成年间（926—930）。初时继师兄行冲住持大阳山，为第二世，次住安州慧日院，或继同门玄谔（无机语），开宝八年（975）七十岁时迁居蕲州四祖山，为中兴祖庭第一世，前后住持将二十年，淳化四年（993）八十八岁时入灭。

《景德传灯录》卷二十三：

> 蕲州三角山志操禅师（第三世住）僧问："教法甚多，宗归一贯，和尚为什么说得许多周游者也？"师曰："为尔周游者也。"曰："请和尚即古即今。"师以手敲绳床。②

蕲州三角山为著名禅宗道场，沩山灵祐门人法遇为第一世，清平令遵门人令珪为第二世，志操为第三世。宗归一贯，教法多门，不是和尚周游，而是学人周游分别。即古即今，敲绳无音，响非先后，何来古今。

《景德传灯录》卷二十三：

> 蕲州三角山真鉴禅师（第四世住）僧问："师唱谁家曲，宗风嗣阿谁？"师曰："忽然行政令，便见下堂阶。"③

莫问师承宗风，乍行政令，便见下台，住持不易，时有更替。

---

① 《大正藏》51 册，第 394 页上。
② 同上书，第 394 页中。
③ 同上。

《景德传灯录》卷二十三：

> 晋州兴教师普禅师。僧问："盈龙宫、溢海藏、真诠即不问，如何是教外别传底法？"师曰："眼里耳里鼻里。"曰："只此便是否？"师曰："是什么？"僧咄，师亦咄。问僧："近离什么处？"曰："下寨。"师曰："还逢著贼么？"曰："今日捉下。"师曰："放汝三十棒。"[1]

一大藏教即不问，教外别传是何法。眼里、耳里、鼻里，何处不是。切莫诈明头，且道是什么。一咄两咄之后，毕竟如何收场。兴教贼喊捉贼，不料今日被擒，且道三十棒教谁吃。

第三节　智洪与大龙山系

志圆门人智洪及其后世多在大龙山弘法，开创了大龙山系。

据《景德传灯录》卷二十三：

> 朗州大龙山智洪弘济大师。僧问："如何是佛？"师曰："即汝是。"曰："如何领会？"师曰："更嫌钵盂无柄那！"问："如何是微妙？"师曰："风送水声来枕畔，月移山影到床边。"问："如何是极则处？"师曰："懊恼三春月，不及九秋光。"[2]

智洪住持湖南郎州大龙山，有"弘济大师"之号。他为志圆门人之首，当属早期弟子，生活区间或在大顺元年（890）至显德七年（960）间。

如何是佛，自性是佛，若有领会，画蛇添足。钵盂本无柄，混沌无七窍，承当当下是，领会生烦恼。

如何是微妙，日用得其奥。枕畔寂寞风送水，床边暗淡月移山，一曲清音溪作琴，半幅图画是天然。何为极则处，中秋月最明，三春花正香。

---

① 《大正藏》51 册，第 394 页中。

② 同上书，第 394 页上。

智洪禅师留下的机缘语句不多，然而机锋过人，出语清新，特别是风送水声、月移山影一句，最得骚人三昧，让人一唱三叹，回味无穷。

据《景德传灯录》卷二十四：

> 郎州大龙山智洪禅师法嗣三人
> 大龙山景如禅师
> 大龙山楚勋禅师
> 兴元府普通院从善禅师①

据《景德传灯录》卷二十四：

> 大龙山景如禅师（第二世住）僧问："如何是佛法大意?"师喝。僧曰："尊意如何?"师曰："会么?"曰："不会。"师又喝，问："太阳一显人皆羡，鼓声才罢意如何?"师曰："季秋凝后好晴天。"②

景如禅师为大龙山第二世，住持时期不详。佛法大意，问之则失。一喝再喝，还是不会，真是钝根阿师。太阳一出，人皆羡慕；鼓声已罢，师意如何? 秋后好晴天，浮云随意闲。

据《景德传灯录》卷二十四：

> 朗州大龙山楚勋禅师（第四世住）。上堂，良久曰："大众，只恁么各自散去，已是重宣此义了也。久立又奚为? 然久立有久立底道理，知了经一小劫如一食顷，不知道理便见茫然。还知么? 有知者出来，大家相共商量。"时有僧出，展坐具曰："展即遍周沙界，缩即丝发不存，展即是，不展即是?"师曰："尔从什么处得来?"曰："恁么即展去也。"师曰："勿交涉。"问："如何是大龙境?"师曰："诸方举似人。"曰："如何是境中人?"师曰："尔为什么谩我?"问："亡僧迁化

---

① 《大正藏》51 册，第 397 页下。
② 同上书，第 405 页下。

向什么处去也?"师曰:"阿弥陀佛。"僧问:"善法堂中师子吼,未审法嗣嗣何人?"师曰:"犹自恁么问。"①

楚勋禅师为大龙山第四世,第三世不知何人,可能也是智洪一系的禅师。大众聚集,不发一语,上来便散去,已是重宣此义,何必久立! 久立亦不空过,若知道理,经一小劫如一食功夫,千年只是一念;不知道理,则心中茫然。知者可与商量,不知多言无益。坐具在手,能放能收,放则弥纶宇宙,收则丝发不留。什么处得此三昧,此语暗设机关,若有所得,则非自在。此僧似有觉察,道是那么则展去也。师答未有交涉,只是学语之流,若知道理,则展缩由我,何必他求。

如何是大龙之境,若到诸方,分明举似;如何是境中人,若道有人,即是谩我。亡僧迁化何处去,阿弥陀佛或亲迎。既然能闻师子吼,何必明知而故问,若非大龙亲传授,如何有此海潮音。

据《景德传灯录》卷二十四:

兴元府普通院从善禅师。僧问:"法轮再转时如何?"师曰:"助上座喜。"曰:"合谭何事?"师曰:"异人掩耳。"曰:"便恁么领会时如何?"师曰:"错!"问:"佩剑叩松关时如何?"师曰:"莫乱作。"曰:"谁不知有?"师曰:"出。"②

法轮再转,随喜随喜;合谈何事,真人掩耳。如此领会,大错特错。佩剑叩关,切莫冒险;谁不知有,速出命全。

据《天圣广灯录》卷一:

鼎州大龙山洪济禅师法嗣(一人见录)
澧州钦山如静禅师③

----

① 《大正藏》51 册,第 405 页下。
② 同上。
③ 《卍续藏》78 册,第 424 页上。

此洪济禅师，即是智洪禅师之号，是故钦山如静亦为其门人。

据《天圣广灯录》卷二十六：

> 澧州钦山第二代如静禅师
>
> 上堂云："夫妙音须假妙指，若得妙指，妙音自震。诸上座，且作么生是妙音，还委悉么？若未委悉，钦山与汝按指去也。"乃拍手一下，便归方丈。
>
> 僧问："祖师未来时如何？"师云："上是天下是地。"进云："来后如何？"师云："下是地上是天。"
>
> 问："鱼未成龙时如何？"师云："擎头戴角。"进云："成龙后如何？"师云："江湖踊跃。"①

如静住持钦山，号第二代，当是继钦山文邃之后中兴此山。其事迹不载于《景德传灯录》，表明他开法较晚，其生平事迹不详，生活的大致区间或在天福五年（940）至天禧四年（1020）之间，为智洪晚期门人。

妙音发自妙指，妙指得乎妙心。如吾按指，不惟海印发光，而且妙音大振，怎奈雷音不入聋人耳，空发妙音无知音。

祖师未来，上天下地；祖师来后，下地上天，且道来与不来，有何差别？若不上下颠倒，则知来去自如。

鱼未成龙，头角峥嵘；化龙之后，江湖纵横。威风显露，不如自在游行。

第四节　怀楚与白兆山系

白兆怀楚继承白兆法席，开创了志圆嫡派白兆山系。

据《景德传灯录》卷二十三：

> 安州白兆山竺乾院怀楚禅师（第二世住）僧问："如何是句句须行

---

① 《卍续藏》78 册，第 554 页中。

玄路?"师曰:"沿路直到湖南。"问:"如何是师子儿?"师曰:"德山嗣龙潭。"问:"如何是和尚为人一句?"师曰:"与汝素无冤雠,一句元在遮里。"曰:"未审在什么方所?"师曰:"遮钝汉!"①

怀楚禅师生卒年不详,生年或在大顺元年(890)左右,卒年约在建隆元年(960)前后。其接替志圆,为白兆山第二世,当为其门人中之杰出者。步步须行玄路,沿路直下湖南。德山承嗣龙潭,师子家风宛然。为人一句不难,与人不结仇冤,明言尚且不会,果然是个钝汉。

据《天圣广灯录》卷十四:

> 师在鹿门和尚会下。一日,在僧堂后架,鹿门下来,见楚禅和便问:"终日披披搭搭作什么?"楚云:"和尚见某甲披披搭搭耶?"门便喝,楚亦喝,两家便休。
>
> 师云:"看者两个瞎汉一场败阙。"随后便喝,门便归方丈。遂令侍者下来唤师。门云:"适来楚禅和与老僧宾主相见,什么处败阙?"师云:"转见病深。"②

这是兴化存奖门人守廓侍者在鹿门处真(曹山本寂门人)会下的一则机缘,其中楚禅和应当是怀楚。这表明他在参志圆之前,还参过鹿门处真,亦与守廓侍者有交往,对于曹洞宗和临济禅法亦很熟悉。

据《景德传灯录》卷二十四:

> 安州白兆山怀楚禅师法嗣三人
> 唐州保寿匡祐禅师(一人见录)
> 蕲州自南禅师
> 果州永庆院继勋禅师(已上二人无机缘语句不录)③

---

① 《大正藏》51 册,第 394 页上。
② 《续藏经》78 册,第 488 页上。
③ 《大正藏》51 册,第 398 页上。

据《景德传灯录》卷二十四：

> 唐州保寿匡祐禅师。僧问："如何是佛法大意？"师曰："近前来近前来。"僧近前。师曰："会么？"曰："不会。"师曰："石火电光，已经尘劫。"僧问："如何是为人底一句？"师曰："开口入耳。"僧曰："如何理会？"师曰："逢人告人。"①

何为佛法大意，近前尚且不会，时机早已错过，电光飞过新罗。为人一句，发自我口，入于汝耳；如何理会，逢人便讲。虽然殷勤问，终不为君说。

据《天圣广灯录》卷一：

> 安州白兆山通慧禅院怀楚禅师法嗣（一人见录）
> 江陵府承天禅院宝昭正觉禅师②

据《天圣广灯录》卷二十六：

> 江陵府承天院宝昭正觉禅师
> 知府张相公齐贤请出世，师才陞座。云："此座高广，吾不能陞。虽然如是，彼彼丈夫我亦尔。"时有僧问："师唱谁家曲，宗风嗣阿谁？"师云："云城西畔双峰秀，渚水池边瑞气分。"
> 有襄州僧正问："昔日觉城东际，法眼分付迦叶，未审和尚法嗣何人？"师云："到襄州不得错举。"进云："恁么即大众证明。"师云："莫乱道。"
> 问："如何是清净法身？"师云："鸟飞云外寻知己。鱼跃潭中吐碧波。"
> 问："如何是佛？"师云："胸题卍字。"学云："不会，乞师再

---

① 《大正藏》51 册，第 406 页上。
② 《续藏经》78 册，第 424 页上。

指。"师云："足蹑千轮。"

问："如何是佛法大意？"师云："鱼行水浊，鸟飞落毛。"

师上堂。有僧问："一棒一喝还是佛法也无？"师云："你什么处得者消息？"其僧便喝，师便打。

问："如何是祖师西来意？"师云："圆同太虚。"学云："为什么不见？"师云："不见什么。"①

如此怀楚还有一位门人宝昭正觉禅师，住持江陵府承天禅院。至道二年（996），丞相张齐贤（943—1014）知荆南，请宝昭住持承天禅院。宝昭生卒年不详，依照惯例，他担任住持时年龄不会低于四十岁，能够得到张齐贤这样的名相的崇敬，自然非同小可，因此其生年或在周广顺元年（951）前后，以其住持三十余年来算，当在仁宗天圣年间（1023—1032）。

据《天圣广灯录》卷一：

> 江陵府承天禅院宝昭正觉禅师法嗣（十一人见录）
> 果州青居山灵泉皓升禅师
> 郢州林溪山兴教居祐禅师
> 江陵府开福宝贤禅师　袁州崇胜志圭禅师
> 鄂州黄龙山思卿禅师　澧州夹山省宗禅师
> 江陵府彰法悟显禅师　澧州药山用和禅师
> 澧州夹山仁秀禅师　澧州灵泉用淳禅师
> 鄂州嘉鱼法珍禅师②

如此宝昭门人数量很多，主要分布在荆南一带，亦有在四川、江西传法者。

据《天圣广灯录》卷二十六：

---

① 《续藏经》78 册，第 554 页中。
② 同上书，第 424 页中。

　　　　果州青居山灵泉寺皓升禅师

　　　　上堂。僧问："如何是青居山里佛?"师云："举目无差。"学云："为什么不见?"师云："不见什么?"

　　　　问："如何是一大事因缘?"师云："厨屋五条椽。"①

　　果州青居山在今四川省南充市高平区青居镇北,又名黛玉山,其寺院开创于唐开元八年(720),山上有众多佛教造像,为著名的药师道场,宋代名为灵泉寺,后来改名慈云寺。

　　据《舆地纪胜》,慈云寺,在州南四十里青居山,皓升禅师开山,号牧牛道场。

　　然而后来的地方志如《嘉庆南充县志》却道"青居寺,在青居山上,宋时建,后毁,明皓升和尚重建",这显然是错误的。皓升事迹始见于北宋《天圣广灯录》,复见于南宋《舆地纪胜》,怎么可能为明朝时人呢?②

　　皓升所住之灵泉寺,号称牧牛道场,这是有根据的。

　　据《万松老人评唱天童觉和尚拈古请益录》卷二:

　　　　清居皓升禅师颂《牧牛图》一十二章,太白山普明禅师颂《牧牛图》十章,佛国惟白禅师颂《牧牛图》八章。升、明二师等,皆变黑为白,惟佛印四章,全白复黑。颂曰:已白仍回黑,还君自在牛。乱山闲放去,千古更无忧。赫赫当中日,腾腾不系舟。超然凡圣外,谁敢向前收。此正是南泉随分纳些些处。③

　　《牧牛图》有多个版本,然而始创者为青居皓升,并且最初为十二章,后来又有太白山普明的十章、则公的十章、廓庵师远的十章、佛国惟白的八章、自得慧晖的六章、佛印了元的四章等。

　　据《万松老人评唱天童觉和尚颂古从容庵录》卷二:

---

　　① 《续藏经》78 册,第 554 页下。

　　② 参见符永利、罗洪彬:《南充青居山佛教文化遗存初探》,《乐山师范学院学报》,2015 年第 1 期。

　　③ 《续藏经》67 册,第 488 页下。

清居皓升禅师。牧牛图至第六章云：信位渐熟，邪境觉疎。虽辨净秽，如剑利泥。犹存鼻索，未可凭信，故白黑相半。颂曰：野牧虽云久，牵绳手渐离。行持非暗昧，进习不依随。净地于于乐，长鞭每每持。青山香草细，一味日充饥。至十二章，人位本空，身心无著。得失净尽，玄玄道路，邈无分别。向上一句，拟议即堕。颂曰：妄起劳看牧，牛非人亦非。正中妄想像，向上有玄微。大海纤尘起，洪炉片雪飞。相逢求解会，不堕汝心机。万松道：仰山信亦不立。清居人位本空，若向二师话中拣得出，信位人位，昭然可见，所谓退步就己、万不失一也。①

看来在元朝时，皓升的十二章还有完整的传承，可惜万松未能具引，后世也只见第六章与第十二章。

据《十牛图颂》卷一《住鼎州梁山廓庵和尚十牛图颂（并）序》：

间有清居禅师，观众生之根器，应病施方；作牧牛以为图，随机设教。初从渐白，显力量之未充；次至纯真，表根机之渐照。乃至人牛不见故，标心法双亡。其理也已尽根源，其法也尚存莎笠。遂使浅根疑悍，中下纷纭，或疑之落空亡也，或唤作堕常见。今观则公禅师，拟前贤之模范，出自己之胸襟，十颂佳篇，交光相映。初从失处，终至还源，善应群机，如救饥渴。慈远是以探寻妙义，采拾玄微，如水母以寻浪，依海虾而为目。初自寻牛，终至入廓，强起波澜，横生头角。尚无心而可觅，何有牛而可寻！洎至入廛，是何魔魅！况是祖祢不了，殃及儿孙。不揆荒唐，试为提唱。②

这是南宋大随元静门人廓庵师远（自称慈远）所作，他提到清居的始创之功，又提到则公禅师改为十颂，没提到后世最有影响的普明禅师十章，不知何故。

① 《大正藏》48 册，第 248 页下。
② 《大正藏》64 册，第 773 页中。

据《五灯会元》卷十四:

> 果州青居山升禅师
> 僧问:"师唱谁家曲,宗风嗣阿谁?"师曰:"金鸡啼石户,得意逐波清。"曰:"未审是谁之子?"师曰:"谢汝就门骂詈。"①

不知何故,这里将升禅师作为曹洞宗石门绍远的法嗣,机语也与前引全不相同。从时代上来看,石门绍远与白兆怀楚时代相近,距离非远,难道皓升除参怀楚外还参过绍远吗?然而此为后世之说,不足为据,还是依《天圣广灯录》,以其为怀楚门人。

据《天圣广灯录》卷二十六:

> 郢州林溪山兴教院居祐禅师
> 上堂。僧:"如何是透法身句?"师云:"南岳石桥侧。"学云:"为作么却恁去?"师云:"非汝境界。"
> 问:"如何是禅?"师云:"秋后上床眠。"进云:"如何是祖?"师云:"觌面不相睹。"②

郢州林溪山兴教院,先是云门文偃门人竞脱于此住持,二世当为沩仰宗芭蕉惠清门人彻禅师,居祐应为第三世。

天台南岳,皆有石桥,过得石桥,转凡成圣。色身尚未透脱,如何透过法身?却恁么去,非汝境界。

秋后永久眠,哪个不是蝉;莫问何为祖,面前亦未睹。

据《天圣广灯录》卷二十六:

> 江陵府开福院德贤禅师
> 上堂。僧问:"如何是摩尼珠?"师云:"青黄赤白。"学云:"作

---

① 《续藏经》80 册,第 289 页中。
② 《续藏经》78 册,第 554 页下。

何颜色?"师云："待有颜色向你道。"学云："为什么不道?"师云：
"非汝境界。"

　　问："如何是学人自己?"师竖起一指。僧云："莫便是也无?"师
云："错。"①

随色摩尼珠，能作青黄赤白；毕竟是何颜色，待有颜色即道；为何如
今不道，为汝对面不晓。如何是学人自己，还识指头么；只此便是，也是
以指为月，大错特错。

德贤禅师，目录误作宝贤，住持江陵开福院，与其师同在一地。

然据《建中靖国续灯录目录》卷一：

　　襄州洞山守初宗慧禅师法嗣三人见录
　　潭州报慈嵩禅师　荆南府福昌贤禅师
　　蕲州黄梅龙华祥禅师②

这是续补的洞山守初门人，其中有福昌德贤，又作开福昌贤，其实是
将江陵开福院与福昌院混为一谈。将德贤作为洞山守初的门人，其实是使
他升了一辈，并且改换门庭，将其变成了云门宗传人。那么如此改换究竟
是否合乎历史史实呢？

首先德贤作为宝昭的门人之记载出自与之同时的《天圣广灯录》，当然
更加可靠。德贤与宝昭同在江陵，参礼更加容易。那么德贤有没有可能参
谒洞山守初呢？从地方上讲，襄州与江陵相去不远。然而作为云门文偃的
门人，洞山守初虽然长寿，也活不到真宗时期，德贤生年不详，不过大约
在太平兴国五年（980）左右，没有办法成为洞山门人。佛国惟白非要将德
贤纳入到洞山门下，不过是为了张大宗门。

据《建中靖国续灯录》卷二：

---

① 《续藏经》78 册，第 554 页下。
② 同上书，第 622 页下。

荆南福昌德贤禅师

问："去离不得时如何？"

师云："子承父业。"

僧曰："如何是衲僧活计？"

师云："甘（耳）里种田。"

问："如何是古佛心？"

师云："蔟花簇锦。"

问："承师有言，隔河招手，意旨如何？"

师云："被里张帆。"

僧曰："恁么则南山起云，北山下雨也。"

师云："蹋不著。"①

又据《联灯会要》卷二十七：

荆南府开福德贤禅师（凡一）

示众云："不用思而知，不用虑而解。知解俱泯，合谈何事？"良
久云："一叶落天下秋。"

僧问："如何是衲僧活计？"师云："耳里种田。"②

福昌德贤，又作开福德贤，然而《天圣广灯录》又将"江陵府开福院
德贤禅师"作为"宝昭正觉禅师"法嗣，其目录中又作"宝贤"机缘语句
也与《建中靖国续灯录》之德贤不同。那么究竟是开福德贤还是福昌德贤
呢？《祖庭事苑》、《联灯会要》、《五灯会元》均作"开福德贤"，看来还是
作开福较妥。那么他与属于德山另一系的同名同寺同时代的德贤实为一人。

父子相承，血脉相连，故去离不得。衲僧活计，非同儿戏，耳里种田，
眼中收米。古佛之心，如花团锦簇，功德具足。隔河招手，是高亭参德山
机缘。隔河招手，被里扬帆，南山起云，北山雨遍，张公吃酒李公醉，总

---

① 《续藏经》78 册，第 651 页中。
② 《续藏经》79 册，第 235 页中。

是蹋不著，十万又八千。思而知，虑而解，总是鬼窟里活计，知解俱泯如何，叶落便知秋，花开自是春。

据《建中靖国续灯录》卷三：

> 江陵府开福德贤禅师法嗣
>
> 郢州大阳山文昱禅师
>
> 问："如何是佛?"
>
> 师云："额广平正。"
>
> 僧曰："恁么则瞻礼有分?"
>
> 师云："鼻耸圆长。"①

文昱禅师住持郢州大阳山，当在大阳警玄（943—1027）之后。佛实无他，只是额广平正、鼻耸圆长而已。此说与报慈嵩、兴阳逊无异。

据《建中靖国续灯录》卷三：

> 日芳上座
>
> 问："如何是函盖乾坤句?"师举拄杖。
>
> 僧曰："如何是截断众流句?"师横按拄杖。
>
> 僧曰："如何是随波逐浪句?"师掷下拄杖。
>
> 僧曰："三句外，请师道。"师便起。
>
> 赞贤禅师真：清仪瘦兮可瞻可仰，仰之非亲；妙笔图兮可拟可像，像之非真。非亲非真，秋月盈轮。有言无味兮的中的，既往如在兮觅焉觅。当机隐显兮丝发殽讹，金乌卓牛（午）兮迅风霹雳。②

日芳上座未曾正式开法，但他以拄杖解释三句的方式十分独特，举则上下全收，横则横断众流，掷下则独行无依，顺水推舟，随波逐流。起身而去，不落三句。他的《德贤禅师真赞》很有文采和禅韵，值得回味。师

---

① 《续藏经》78 册，第 659 页上。

② 同上书，第 659 页上中。

所说法，无味之言，却是中的；师虽已灭，法身常在，不劳寻觅。

德贤还有门人洪州双溪生禅师，无机缘语句存世。

据《天圣广灯录》卷二十六：

> 袁州崇圣院志圭禅师
>
> 上堂。僧问："如何是道？"师云："遍山遍岭。"学云："为什么不睹？"师云："不睹什么？"学云："如何是道中人？"师云："来千去万。"
>
> 问："如何是还乡曲？"师云："胡僧唱不得。"学云："为什么唱不得？"师云："为你太剑利。"①

如何是道，无处不是；为何不见，有何可见；道中之人，来去万千。一首还乡曲，胡僧唱不得；为何唱不得，为你太伶俐，一闻便还乡。

据《天圣广灯录》卷二十六：

> 鄂州黄龙山延禧院思卿禅师
>
> 上堂。僧问："既是黄龙，到来为什么不见？"师云："眼不开。"学云："见后如何？"师云："你试道看。"
>
> 问："如何是道？"师云："五里单牌，十里双堠。"②

不是黄龙不现身，而是眼目未开；莫问见后如何，也是有眼方知。道在脚下，五里有单牌，十里是双堠。

据《天圣广灯录》卷二十六：

> 澧州夹山灵泉院省宗禅师
>
> 上堂。僧问："如何是夹山正主？"师云："无遮障。"进云："学人到来，为什么不见。"师云："汝见则休。"

---

① 《续藏经》78 册，第 554 页下。

② 同上书，第 554 页下、555 页上。

问:"如何是佛?"师云:"螺髻竖千峰。"①

宝昭有三个门人住持夹山,省宗为先。夹山正主,入门便见;为何不见,汝若见取,则得休歇。如何是佛,顶有肉髻。

据《天圣广灯录》卷二十六:

> 澧州夹山灵泉院仁秀禅师
> 有僧问:"如何是诸佛机?"师云:"天台南岳。"
> 问:"如何是衲衣下事?"师云:"鸟飞千里毛球落,鱼跃潭中水自浑。"②

仁秀继省宗住持夹山。诸佛之机,不到天台南岳,无从得知。衲衣下事,衲僧自知,鸟飞千里羽毛落,鱼跃深潭水变浑。

据《天圣广灯录》卷二十六:

> 澧州灵泉院用淳禅师
> 上堂。僧问:"师唱谁家曲,宗风嗣阿谁?"师云:"不许夜行,投明须到。"
> 问:"如何是灵泉境?"师云:"千江流不住,万派竞喧争。"进云:"如何是境中人?"师云:"走杀衲僧。"③

用淳当在继两位同门之后住持夹山。若能死中得活,便识山僧宗承。灵泉之境,千江竞流,万派怒声;境中之人,来往万千,走杀衲僧。

据《天圣广灯录》卷二十六:

> 江陵府彰法院悟显禅师

---

① 《续藏经》78 册,第 555 页上。
② 同上。
③ 同上。

上堂。僧问:"既是彰法,彰个什么法?"师云:"物物俱彰。"进云:"学人为什么不见?"师云;"有眼如无。"

问:"如何是初生月?"师云:"欧头析脚。"

问:"如何是菩提路?"师云:"南山青草秀,北岭万株松。"①

物物俱彰,法法皆见,故称彰法;于此不见,也是有眼无珠。初生之月,婴儿幼小,故头脚蜷曲。菩提之路,南山草青,北岭松茂,随意可行。

据《天圣广灯录》卷二十六:

澧州药山慈云院用和禅师

上堂。僧问:"如何是药山境?"师云:"一任观看。"学云:"如何是境中人?"师云:"沙弥童行。"

问:"师唱谁家曲,宗风嗣阿谁?"师云:"天知地闻。"②

德山缘密有门人可琼禅师为药山第九世,后住江陵延寿;梁山缘观门人利昱为第十二世,用和当继其住持,或为第十三世,其后当为智门光祚门人药山宣禅师。

药山之境,随意观看;境中之人,沙弥童行,无不年轻。若问宗承,天知地知,你知我知。

据《天圣广灯录》卷二十六:

鄂州嘉鱼法华院法珍禅师

上堂。僧问:"如何是衣中宝?"师云:"一任赏玩。"

问:"如何是祖师西来意?"师云:"风吹蚰竹连宵响,月照湖湘万里途。"

问:"不落有无,请师答话。"师云:"得。"学云:"未审得个什

---

① 《续藏经》78 册,第 555 页上。
② 同上。

么?"师云:"明月照临无影树,曲直长短不相同。"①

衣中之宝,任意赏玩。西来之意,风吹竹鸣,月照路明,何处不是。不落有无,问答便得;得个什么,月照无影树,长短各不同,说法如天雨,多少随自性。

① 《续藏经》78 册,第 555 页上中。

第六章　岩头全豁及其法系

第一节　岩头全豁

岩头全豁是德山门人中境界最高、智慧最大的一位，当时后世都有很大的影响。有关岩头的生平资料较多，主要有《祖堂集》、《宋高僧传》、《景德传灯录》等。

据《宋高僧传》卷二十三：

> 唐鄂州岩头院全豁传
>
> 释全豁，俗姓柯氏，泉州人也。少而挺秀，器度宏远而疏略，礼清源谊公为师。往长安造西明寺照公，与受满足法。即于左街保寿寺听寻经律，决择纲宗。垂成讲导，振锡南指，诣武陵德山，药病相应更无疑滞。后居所隣洞庭，地曰卧龙，乃筑室而投憩焉，徒侣影随。又居唐年山，山有石岩巉崒，立院号岩头欤。凡所施用皆削繁，总兀然而坐，任众围绕，曰："汝何不思惟家中有多少事？"实于逆顺之境证得超越之相者。豁值光启已来，中原多事诸侯角立，狂贼来剽掠，众皆回避，豁惟晏如。贼责弗供馈，忿怒俾挥刃之，曾无惧色。当光启丁未岁夏四月八日，门人权葬。葬后收焚之，获舍利七七粒。僖宗赐谥曰清严，塔号出尘，葬事檀越田咏兄弟率财营构。南岳释玄泰撰碑颂德，提唱斗峻，时号岩头法道，难其领会焉。
>
> 系曰：休豁二师何临难无苟免乎！通曰：凡夫之难是菩萨之易，经生累舍此乌怖哉！昔安世高累累偿债，去若拂尘，业累才轻，苦依身尽换坚固之体耳，神仙或从刃殒者，谓之剑解，况其正修证果之人！

观待道理，不以不令终为耻也。①

首先是岩头的生卒年，诸说不同。依僧传，其灭于光启三年丁未（887），未言寿数。

据《祖堂集》：

师平生预有一言："者老汉去时，大吼一声了去。"以中和五年乙巳岁，天下罹乱，凶徒炽盛。师于四月四日偿债而终，临刃之时，大叫一声，四山回避之人悉闻其声。春秋六十，僧夏四十四。②

中和五年四月实为光启元年（885），元年与三年形近易误，那么究竟哪个说法准确呢？二说共同的资料来源是南岳玄泰（约840—约904）所作碑，可能所看到的版本不同，或是关键字模糊，故一作元年，一称三年。

岩头死于贼乱，而在中和之末至光启年间鄂州确实出现过两次变故。乾符末年（879）到中和四年（884），鄂州刺史为崔绍，在他治理之下，鄂州是相对稳定的，而在中和四年（884）他去世之后，一时群龙无首，时客居黄州的前杭州刺史路审中便趁机募兵三千，入主鄂州。这次变故并未造成大的动荡，因为路审中毕竟担任过杭州刺史，因董昌拒命不得上任，只好退居黄州，他是忠于朝廷的，并且很快被任命为鄂岳观察使，得到朝廷承认。因此，这次变故未引发混乱。第二次是安陆贼人周通于光启二年（886）十二月起兵攻打鄂州，路审中不能敌，亡去，而岳州刺史杜洪趁机入据鄂州。③

这次变故造成很大的动荡，与狂贼摽掠的记载相符，岩头应当死于贼人周通部下之手。因此僧传的记载更加可靠，《景德传灯录》等后世资料亦依之。

如此岩头灭于光启三年（887）四月，僧传未明寿命，《祖堂集》、《景

---

① 《大正藏》50 册，第 856 页下。
② 《祖堂集校注》，第 202 页。
③ 参见《唐刺史考全编》，第 2390、2391 页。

德传灯录》等皆言六十，则应生于大和三年（828），然而此说亦有疑问，一则《祖堂集》言其腊四十四，则应于会昌三年（843）十六岁时受具，不合制度，二则雪峰尊其为师兄，而年龄反长其六岁，雪峰出家时间也很早，为什么称他为师兄呢？

岩头为泉州人，早岁出家，得法于清源灵泉寺义（谊）禅师，后到京城，在西明寺受具，僧传称从西明寺照律师，然此照律师并非西明圆照（728—809），后在保寿寺习教，习《涅槃经》七八年，精通经教。与雪峰义存、钦山文邃为友，结伴参方。约大中七年（853），至杭州，参大慈寰中（780—862），后到江西，始于大中之末参洞山，复参仰山，又于咸通之初到湖南参德山，在此数载，又北上去参临济，途中知其去世，便罢参。

咸通七年（866）岩头与雪峰、钦山分别后，到湖南洞庭，始住卧龙山，大约于乾符末年到鄂州，住持唐宁（年）山，又称岩头，当时黄巢乱军肆虐，洞庭不可安居，而鄂州刺史崔绍招募强雄之民为土围军，贼不敢侵，保全一方，是故岩头北上鄂州。

岩头境界极高，当时似无可与抗。虽然他先后师从大慈、洞山、仰山、德山等大师，却多对之不肯，甚至连其师德山也是由于受到他的启发而会末后句，至于同辈的雪峰，是通过他的点拨而于鳌山成道，据说钦山文邃闻其说"细大法门"，方得安乐。夹山善会这样的大师也赞其既有杀人刀，又有活人剑，称其超过石霜。

岩头智慧极高，可惜锋芒太露，未尽天年，遇害而终。

第二节　岩头门人

岩头开法时间不过二十余年，却善于提诱，门下俊才很多。《祖堂集》收录其门人四人，即玄泉彦、乌岩师彦、灵岩慧宗、罗山道闲。

据《景德传灯录》卷十七：

> 鄂州岩头全豁禅师法嗣九人
> 台州瑞岩师彦禅师
> 怀州玄泉彦禅师

吉州灵岩慧宗禅师

福州罗山道闲禅师

福州香溪从范禅师

福州罗源圣寿严禅师（六人见录）

洪州大宁海一禅师

信州鹅湖山韶和尚

洪州大宁讷和尚（已上三人无机缘语句不录）①

据《景德传灯录》卷十七：

吉州灵岩慧宗禅师。福州长溪人也，姓陈氏，受业于龟山。僧问："如何是灵岩境？"师曰："松桧森森密密遮。"曰："如何是境中人？"师曰："夜夜有猿啼。"问："如何是学人自己本分事？"师曰："抛却真金，拾瓦砾作么？"师后住禾山而终。②

又据《祖堂集》：

灵岩和尚，嗣岩头，在吉州。师讳慧宗，姓陈，福州长溪县人也。受业于龟山，依年具戒，便慕宗师，一见岩头，密传旨要矣。

僧问："如何是学人自己本分事？"师云："抛却真金，拾得瓦砾作什摩？"③

慧宗禅师为福州人，冠岁受具于龟山，后参岩头，一闻便解，得旨传心。始居吉州灵岩，后住禾山。

灵岩之境，松柏森森；境中之人，夜夜猿声。一问本分事，便是向外觅，抛却自家珍，却去寻瓦砾。

① 《大正藏》51 册，第 334 页上。

② 同上书，第 341 页上。

③ 《祖堂集校注》，第 261、262 页。

据《雪关禅师语录》卷六：

> 拈云："灵岩答处，几多人作人境话会。"
>
> 颂曰：如何却是灵岩境，描写将来未是真。拟向丹青寻落处，头头错过境中人。①

这是后世雪关智暗的拈提颂古，他指出，若作人境话领会，则是大错，当面错过其中人。

据《景德传灯录》卷十七：

> 福州香溪从范禅师。僧到参，师曰："汝岂不是鼓山僧！"对曰："是。"师曰："额上珠为何不见?"无对。僧辞，师门送，召曰："上座。"僧回首。师曰："满肚是禅。"曰："和尚是什么心行?"师大笑而已。师因僧披衲衣，示偈曰：
>
> 迦叶上名衣，披来须捷机。
>
> 才分招的箭，密露不藏龟。②

从范禅师住持福州香溪。既然是鼓山涌泉僧，额上之珠为何隐而不显。满腹是禅，可惜有体无用。这一学僧来自鼓山，当为神晏门人，只是不得其旨，有珠自隐，有禅不发，可惜明珠暗投。迦叶之衣，法王所传，非同小可，机锋不捷，德行不足，若披则招祸端。

据《雪关禅师语录》卷六：

> 拈云："者僧前面失节，后面拔本。香溪为什么到者里却放过?"良久云："须知笑里有刀。"
>
> 颂曰：满肚是禅珠不现，翻成滞货烂如瓜。旋身不落香溪阱，也

---

① 《嘉兴藏》27 册，第 479 页下。
② 《大正藏》51 册，第 341 页中下。

解迎风倒撒沙。①

这是雪关智暗的拈提颂古，他强调鼓山学僧机缘不契，失节拔本，在香溪面前一败涂地。

据《景德传灯录》卷十七：

> 福州罗源圣寿严和尚。有僧自泉州回来参。师补衲次，提起示之曰："山僧一衲衣，展似众人见。云水请两条，莫教露针线。快道！"僧无对。师曰："如许多时在彼作什么？"②

严禅师住持福州圣寿。天衣尚无缝，何况衲僧衣，于此不见，也是空自远行，浪费草鞋。

据《宗教律诸宗演派》卷一：

> 天皇下宗派
> 自六祖四传至天皇悟，天皇五传至圣寿净严禅师，演派六十四字，后人遂立为圣寿宗，不列五家宗内。
> 净觉明显，菩提果成。
> 大千普度，永远利生。
> 开示悟入，佛图续灯。
> 善庆遐衍，本来性能。
> 宗教周遍，慈悯深洪。
> 平等均济，惟方修崇。
> 学充圣具，贤达克功。
> 权衡在己，万世兴隆。③

---

① 《嘉兴藏》27 册，第 479 页下。
② 《大正藏》51 册，第 341 页下。
③ 《续藏经》88 册，第 565 页中。

如此严禅师法名净严，不过在他的时代，还没有演派一说，后人以其名义，创立字派，成立圣寿宗，至少表明其法派在后世一直存在。可惜不明了圣寿宗具体流传情况，如果圣寿宗在清代仍然存世，这一派就成为天皇系流传最久的宗派。

据《罗源县志·佛教》：

> 圣寿寺在洪洋乡坑头村。五代后唐天成二年（927 年）僧道严建。明弘治五年（1492 年）僧员（圆）中募缘重建；嘉靖间（1522～1566 年）僧明发、明恩、明量共建山门、钟楼及斋堂。清雍正十年（1732 年）僧心田指（捐）衣钵建；乾隆九年（1744 年）僧异玉复建，为土木结构，单檐悬山顶，面宽 7 间，31.5 米，进深 6 间 15.5 米。

如此圣寿寺在罗源县洪洋乡的坑头村，至今仍在，始创于五代后唐天成二年（927），道严创建，此道严当即净严，可以证明他法名原本不是净严，后世出于演派的需要将其改为净严。从后来此寺僧人法名来看，也没有用圣寿字派，圆中、明发等似乎用的是临济宗突空智板法派。无论如何，圣寿宗确实存在，并且是天皇系流传最为久远的一派，值得重视。

第三节　瑞岩师彦及其门人

据《宋高僧传》卷十三：

> 梁台州瑞岩院师彦传
> 释师彦，姓许氏，闽越人也。早悟羁縻，忽求拔俗，循乎戒检。俄欲观方，见岩头禅师，领会无疑。初乐杜默似不能言者，后为所知敦喻，允请住台州瑞岩山院。时道怤往参问，答对响捷，怤公神伏。后二众同居，彦之威德凛若严霜，斜正僧尼无容舛悟，故江表言御众翦齐者，瑞岩为最。尝有三僧，胡形清峭，目睛转若流电焉，差肩并足致体。彦问曰："子从何来？"曰："天竺来。""何时发？"曰："朝行适至。"彦曰："得无劳乎？"曰："为法忘劳。"乃谛视之，足皆不

蹈地。彦令入堂上位安置，明旦忽焉不见，云是辟支迦果人，然莫知
阶级。时有不测人入法会，非止一过。彦参学时号为小彦长老，两浙
武肃王钱氏累召，方肯来仪，终苦辞去，寺仓常满。尝有村媪来参礼，
彦曰："汝休拜跪，不如疾归家救取数十百物命，大有利益。"媪怱忙
到舍，儿妇提竹器拾田螺正归，媪接取放诸水渍。又数家召斋，一一
同日见彦来食。至终阇维，有巨蛇缘树杪，投身火聚，当乎薪尽，舍
利散飞，或风动草木上纷纷而坠。神异绝繁，具如别录。①

又据《景德传灯录》卷十七：

台州瑞岩师彦禅师，闽越人也。姓许氏，自幼披缁，秉戒无缺。
初礼岩头，致问曰："如何是本常理？"岩头曰："动也。"曰："动时
如何？"岩头曰："不是本常理。"师沈思良久。岩头曰："肯即未脱根
尘，不肯即永沈生死。"师遂领悟，身心皎如。岩头频召与语，征酬无
忒。师复谒夹山会和尚。会问："什么处来？"曰："卧龙来。"会曰：
"来时龙还起未？"师乃顾视之。会曰："灸疮上更著艾燋。"曰："和
尚又苦如此作什么？"会便休。师寻抵丹丘，终日如愚。四众钦慕，请
住瑞岩，统众严整，江表称之。僧问："头上宝盖现，足下云生时如
何？"师曰："披枷带锁汉。"曰："头上无宝盖，足下无云生时如何？"
师曰："犹有扭在。"曰："毕竟如何？"师曰："斋后困。"镜清问：
"天不能覆、地不能载，岂不是？"师曰："若是，即被覆载。"清曰：
"若不是瑞岩，几遭也。"师自称曰："师彦。"问："如何是佛？"师
曰："石牛。"曰："如何是法？"师曰："石牛儿。"曰："怎么即不同
也。"师曰："合不得。"曰："为什么合不得？"师曰："无同可同，合
什么？"问："作么生商量，即得不落阶级？"师曰："排不出。"曰：
"为什么排不出？"师曰："他从前无阶级。"曰："未审居何位次？"师
曰："不坐普光殿。"曰："还理化也无？"师曰："名闻三界重，何处
不归朝。"一日，有村媪来作礼。师曰："汝疾归去，救取数千物命。"

媪匆忙至舍，乃见儿妇提竹器，拾田螺归。媪接取，放诸水滨。师之异迹颇多，存诸别录。①

师彦，闽越人，相关资料不少，然而多未明示其生卒年。
据《释氏通鉴》卷十一：

> 甲子（天祐元）（八月帝崩哀帝立）（钱镠封吴王　朱温封梁王）……
> 台州瑞岩师彦禅师。初于岩头得旨，寻抵丹丘，终日如愚。四众钦慕，请住瑞岩，统众严整，江表称之。师每自唤主人公，复自应喏，乃云："惺惺著！他后莫受人瞒。"一日有村媪来作礼。师曰："汝疾归去，救取数千物命。"媪念忙至舍，乃见儿妇提竹器，拾田螺归。媪接取，放诸水滨。师之异迹颇多。（《语录》）。②

这一记载出自其《语录》，应当可靠，然而未明天祐元年（904）是什么时间，其实当为其卒年。
据《联灯会要》卷二十三：

> 师寻常自唤主人公，复自应云："诺！"复云："惺惺著！他后莫受人谩。"
> 后有僧举似玄沙，沙云："一等是弄精魂，甚奇怪。"复云："何不且住彼中？"云："已迁化了。"沙云："如今还唤得应么？"僧无对。③

这表明师彦迁化是在玄沙师备（835—908）之前，是故《释氏通鉴》实载其卒年。
师彦生年不明，然而可从其参学岩头的经历推测。

---

① 《大正藏》51 册，第 340 页下。
② 《续藏经》76 册，第 126 页下。
③ 《续藏经》79 册，第 202 页中。

据《景德传灯录》卷十六：

> 瑞岩问："如何是毗卢师？"师曰："道什么？"瑞岩再问之。师曰："汝年十七八未。"①

这表明他在参岩头时年龄较小，只有十七八岁，故称为"小彦"，当时岩头尚未离开洞庭湖卧龙山，当在乾符六年（879）之前，离开卧龙之后，他后去参夹山善会（805—881），因此可以判断其生年在大中四年（850）前后，寿命五十余岁。

《景德传灯录》首列师彦，表明他是最早参礼岩头者。佛果克勤在评论其唤主人公公案时称"且道古人三十四年唤作什么？无人识得他，却唤作弄精魂"②，这表明他在瑞岩住持三十四年，即始于咸通十二年（871），如此其始参岩头在咸通十年（869）左右，当然属于岩头最早的门人。

师彦以统众严整著称，虽然二众同居，却是秋毫无犯，秩序井然。此外，他还有神通，能够分身受请，点化优婆夷救护田螺，并感得梵僧罗汉前来。其主人公公案驰名后世，影响很大。《五灯会元》卷七称其"逝后塔于本山，谥空照禅师。"③

师彦门人知名者不多，灯录只收二人。

据《景德传灯录》卷二十三：

> 前台州瑞岩师彦禅师法嗣
> 南岳横龙和尚。楚王马氏请住金轮，僧问："如何是金轮第一句？"师曰："钝汉。"问："如何是金轮一只箭？"师曰："过也。"问："如何是祖灯？"师曰："八风吹不灭"。曰："怎么即暗冥不生也。"师曰："白日没闲人。"④

---

① 《大正藏》51 册，第 326 页下。
② 《续藏经》67 册，第 245 页上。
③ 《续藏经》80 册，第 148 页上。
④ 《大正藏》51 册，第 391 页中。

横龙和尚住持南岳金轮寺，受楚王马殷供养。问第一句，早是二三，故为钝汉。金轮一只箭，早已过新罗。若是祖灯，八风吹不动，岂只暗冥不生，白日也没闲人。

据《景德传灯录》卷二十三：

> 温州温岭瑞峰院神禄禅师。福州福清人也，本邑天竺寺出家，得法于瑞岩，久为侍者。后开山创院，学侣依附。师有偈曰：
> 萧然独处意沉吟，谁信无弦发妙音。
> 终日法堂唯静坐，更无人问本来心。
> 时有朋彦上坐，蹑前偈而问曰："如何是本来心？"师召曰："朋彦。"彦应诺。师曰："与老僧点茶来。"彦于是信入。（朋彦即广法大师，后嗣天台国师，住苏州长寿。）师太平兴国元年示灭，寿百有五岁。①

神禄（872—976），福州人，本乡天竺寺出家，后得法于瑞岩，久为侍者，后于温州创瑞峰院。他主张萧然独处，终日静坐，与其师一致。他寿命过百，是本门最为高寿的禅僧，可惜门人不详，唯一的一位广法大师朋彦还成为天台德韶的嗣法弟子。

据《祖堂集》：

> 问："如何是诸佛出身处？"师云："芦花沉海底，刬［劫］石过阳春，火焰长流水，佛从此出身。"师垂问："尽十方世界唯属一人，或有急疾事，如何相告报？"广利和尚对云："任汝世界烂坏，那人亦不彩汝。"报恩对曰："若道和尚是龙头虵尾，也只是个瞎汉。"②

这表明师彦门人还有广利和尚与报恩和尚，其他事迹不详。曹山有门人处州广利容禅师，初住缙云贞溪，后住广利，与台州瑞岩相去非远，虽

---

① 《大正藏》51 册，第 391 页中。
② 《祖堂集校注》，第 261 页。

未闻参过瑞岩，也不排除这种可能。

据《宋高僧传》卷三十：

> 后唐明州国宁寺辩光传
>
> 释辩光，字登封。姓吴氏，永嘉人也，唐史官左庶子兢之裔孙也。幼舍家，于陶山寺剃度。居必介然，不与常人交杂。好自标遇，慢易缁流。多作古调诗，苦僻寡味，得句时有得色。长于草隶，闻陆希声谪宦于豫章，光往谒之。陆恬静而傲气，居于舟中，凡多回投刺，且不之许接。一日，设方计干谒，与语数四，苦祈其草法，而授其五指拨镫诀。光书体当见遒健，转腕回笔，非常所知。乃西上，昭宗诏对御榻前书，赐紫方袍。后谒华帅韩建，荐号曰广利。自华下归故乡，谒武肃王钱氏，以客礼延之，而性畔岸，弗惬王情，乃归甬东终焉。有文集，知音者所贵。出笔法，弟子从瓌、温州僧正智琮，皆得墨诀。有朝贤赠歌诗，吴内翰融、罗江东隐等五十家，仅成一集。时四明太守仰诠，素重光高蹈，躬为丧主，理命令葬，后三年，准西域焚之，发棺俨若生相，髭发爪皆长，荼毗收舍利，起小塔焉，则后唐长兴中也。[1]

这位辩光，字登封，永嘉人，俗姓吴，为唐著名史家吴兢（670—749）之裔孙，自幼出家于陶山寺，不喜交际，精通书法、长于草隶，擅长作古调诗，恃才傲物，也瞧不上普通的无学问的缁流。其书法得到陆希声的真传，陆希声咸通三年（862）自岭南去职，居豫章，辩光前往求教，希声初不允，终授其五指拨镫诀，使其书法大进。他后来入京见昭宗，授紫衣，乾宁三年（896），华州帅韩建奏号广利和尚。唐末时局动荡，他便借机东下，回到故乡。曾见吴越王钱镠，因生性不喜逢迎，不合其意，便归明州甬东（舟山）国宁寺养老。他与当时众多文士有交往，如吴融、罗隐等，达五十人。其书法传人为门人从瓌、温州僧正智琮，他们后来又传给南唐李煜。长庆慧稜有门人杭州报慈从瓌（？—973），初住越州称心，后住持

---

① 《大正藏》50 册，第 898 页上。

报慈,亦于吴越传法,可能与辩光门人为同一人,因为辩光亦曾在越州练习书法,也到过杭州。他约在长兴四年(933)入灭,时四明太守仰诠对其非常崇敬,为其办理葬事,而据《延祐四明志》卷二,仰诠任职在钱元珦之后,最早是在长兴四年,而长兴共四年,故他应于此年入灭。

从时代与地区来看,他亦有可能是师彦门人广利,因为他为浙人,生于永嘉,曾在越州、杭州游历,于明州传法,这些地区都与台州邻近,因此他到台州师从师彦是完全可能的,并且师彦亦曾应钱镠之请到杭州,二人相见有很多机会。

第四节　玄泉彦及其法系

玄泉彦为岩头重要门人,影响很大。

据《景德传灯录》卷十七:

> 怀州玄泉彦禅师。僧问:"如何是道中人?"师曰:"日落投孤店。"问:"如何是佛?"师曰:"张家三个儿。"曰:"学人不会。"师曰:"孟仲季便不会。"问:"如何是声前一句?"师曰:"吽!"曰:"转后如何?"师曰:"是什么?"①

又据《祖堂集》:

> 玄泉彦和尚,嗣岩头。
>
> 问:"如何是声前一句?"师:"吽!吽!"进曰:"转后如何?"师曰:"什摩是太不塞道?"
>
> 问:"青山不露顶时如何?"师曰:"玉兔不知春,不是无分晓。"进曰:"直得与摩时如何?"师曰:"姮仙生月宫,不处仙家调。"②

---

① 《大正藏》51 册,第 341 页上。
② 《祖堂集校注》,第 260、261 页。

道中之人，夜则投宿；如何是佛，张家三儿，哪个不是？声前一句，一吽便是；转后如何，什么在转？

白云覆青山，青山不露顶，这是后世大阳警玄三句中的平常无生句，显然是受到玄泉彦的启发。虽然不露顶，巍巍依然在，有如玉兔不知春，只因春长存，不是愚蠢者，冷暖不自知。直得如此时如何，嫦娥生月宫，超然在仙界。

玄泉彦住怀州玄泉，生缘族姓未知，他与师彦同名，年长于彼，号称大彦。

据《祖堂集》：

> 大彦上座初参见师，师在门前芸草次，彦上座戴笠子堂堂来，直到师面前，以手拍笠子，提起手，云："还相记在摩？"师拈得把草，拦面与一掷，云："勿处！勿处！"他无语，便被师与三掴。后具威仪，始欲上法堂，师云："已相见了，不要上来！"彦便转。到来朝，吃粥了，又上，始跨方丈门，师便透下床，拦胸一擒，云："速道！速道！"无对。被师推出。大彦叹曰："我将谓天下无人，元来有老大虫在。"①

这是大彦初参见岩头时的机缘。灵山一会，还相记么；虽然如是，不可执著。当时情景，速道速道；茫然无对，果诈明头。如此可见，大彦初参岩头时，已是久参丛林，一见心折，甘居门下。

大彦生卒年不详，或许比小彦约长十年，故应生于会昌之初（841），入灭于后梁。

据《景德传灯录》卷二十三：

> 怀州玄泉彦禅师法嗣五人
> 鄂州黄龙诲机大师
> 洛京柏谷和尚
> 池州和龙和尚

---

① 《祖堂集校注》，第200页。

怀州玄泉第二世和尚

潞府妙胜玄密禅师（已上五人见录）①

据《景德传灯录》卷二十三：

鄂州黄龙山晦机禅师。清河人也，姓张氏。唐天祐中游化至此山。节帅施俸钱，建法宇。奏赐紫衣，号超慧大师，大张法席。僧问："不问祖佛边事，如何是平常之事？"师曰："我住山得十五年。"问："如何是和尚家风？"师曰："瑠璃钵盂无底。"问："如何是君王剑？"师曰："不伤万类。"曰："佩者如何？"师曰："血溅梵天。"曰："大好不伤万类。"师便打。问："佛在日为众生说法，佛灭后有人说法也无？"师曰："惭愧佛。"问："毛吞巨海、芥纳须弥，不是学人本分事。如何是学人本分事？"师曰："封了合盘市里揭。"问："切急相投，请师通信。"师曰："火烧裙带香。"问："如何是大疑底人？"师曰："对坐盘中弓落盏。"曰："如何是不疑底人？"师曰："再坐盘中弓落盏。"问："风恬浪静时如何？"师曰："百丈竿头五两垂。"师将顺世，有僧问："百年后，钵囊子什么人将去？"师曰："一任将去。"曰："里面事如何？"师曰："线绽方知。"曰："什么人得？"师曰："待海燕雷声，即向汝道。"言讫告寂。②

又据《祖堂集》：

黄龙和尚，嗣玄泉，在鄂州。师讳晦机，姓张，清河人也。师便栖江夏匡徒，吴朝钦敬，赐超慧大师矣。

师有时谓众云："有一句子如山如岳，有一句子如透网鱼，有一句子如百川水，为当是一句？为当是三句？"有人拈问福先："古人有言：'有一句如山如岳，有一句子如透网鱼，有一句子如百川水。'如何是

---

① 《大正藏》51册，第387页下。
② 同上书，第391页中。

如山如岳底句?"福先云:"凡圣近不得。""如何是透网鱼底句?"先云:"汝不肯,又争得?""如何是如百川水底句?"先云:"互用千差。""如何是和尚一句?"先云:"莫错举似。"

师问香严:"如何是无表戒?"严云:"待阇梨还俗,则为汝说。"

师又时云:"诸和尚子!君王之钗,烈士之刀,若是君王之钗,不伤万类;烈士之刀,斩钉截铁。用则不无,不得佩著。为什摩故?忠言不避截舌,利刀则血溅梵天。久立,珍重!"

时有人问:"如何是君王钗?"师云:"不伤万类。"学云:"佩者如何?"师云:"血溅梵天。"学云:"大好不伤万类。"师打二十棒。

问:"明镜当台,还鉴物也无?"师云:"不鉴物。"僧云:"忽然胡汉来时作摩生?"师云:"胡汉俱现。""大好不鉴物。"师便打之。

问:"如何是宝鈒?"师云:"无一物。""如何是鈒中宝?"师云:"写不出。"学云:"大好无一物。"师便打之。

问:"如何是大疑底人?"师云:"对坐盘中弓落盏。""如何是大不疑底人?"师云:"再坐盘中弓落盏。"

问:"如何是西来意?"师曰:"波斯人失手巾。"①

晦机禅师,清河张氏,生卒不详。他为大彦首徒,又曾参过前辈香严智闲,其生年或不晚于咸通之初(860),参礼玄泉当在昭宗末期。约天祐三年(906),他来到杨吴治下的鄂州,并且在此住持了十五年以上,颇受尊崇,杨吴奉以"匡慧大师"之号。据其门人令逢事迹,他在顺义三年(923)时仍然在世,他可能活到天祚三年(937)杨吴结束之时。福先省僜称其为古人,可见他在保大十年(952)《祖堂集》成书之前就去世了。

晦机三句,一句如山如岳,巍然屹立,凡圣不可凑泊;一句如透网锦鳞,腾云驾雾,自由自在;一句如百川之水,随波逐流,各有妙用。晦机如其祖师岩头,既有君王活人剑,又有烈士杀人刀,能杀能活,有仁有勇。

据《石门文字禅》卷二十九:

---

① 《祖堂集校注》,第332、333页。

　　蕲州资福院逢禅师碑铭（并序）

　　自达磨入中国，授二祖心要，而以衣为信，故六世为之单传；至曹溪藏其衣，故诸方得者辈出。其魁垒绝类、硕大光明，有若衡山观音、庐陵清原者，特为学者之所宗仰，天下号二甘露门。令逢禅师者，清原九世之嫡孙、黄龙机公之高弟也。此先盖福州闽县人，生于陈氏。自其少时，英特开爽，不爱处俗，耆年敬爱之。唐乾元（宁）初落发于隐真寺，明年受具足戒，即策杖游方。闻黄龙参出岩头，门风孤峻，自荆楚舟汉江，抵鄂渚，而机公杜门却扫，栈绝世路，学者皆望崖而退。师独扣其户，俄闻疾呼曰："击门者为谁？"荅曰："令逢。"曰："未来此间亦不失。"荅曰："若失争辞与么来。"曰："来底事作么生？"荅曰："昨日亲自渡江。"黄龙于是开扉，笑而器许之。师从容游咏，日闻智证，虽不事接纳，而户外之屦常满；痛自韬晦，而人间之誉益著。以顺义癸未之秋辞黄龙北游，戾止祁（蕲）阳月峰之下，枞为茅茨，一饭奉身，踟跦终日。学者追随而至，川输云委。前刺史奇章公拜谒，受法要，而请升座。道俗懽呼，谓一佛出世，遂成丛林，号南禅。男子张宏甫施宅为寺，庄严之妙，疑绛阙清都、从空而堕也。岁在戊子夏，净发更衣而坐，谓门弟子曰："吾委息后，衣麻馈客，号踊哭泣，皆不可为。苟违吾言，则非吾法侣。"于是以书遍辞檀信，六月八日示微疾，泊然而化，阅世五十有一，坐三十四夏。塔于郡城之北。太和中，忽见梦于父老曰："吾欲出塔，大作佛事。"于是启塔，而颜貌如生。万众作礼，龛而供事之。自是则能指挥造化，纵夺祸福，使雨暘时若，百谷茂遂。民建寺其旁，世以父子传器，夜灯午梵，自唐迄今不替。

　　政和之间，禅林易之。更两代，荒残如逃亡人家。宣和太守林公以嘉祐寺弥勒院僧择文主之，从檀之请也。文疏通解事，材智有余，道行信于邦人。初至之夕，适大雨，九徙其床，一年而施者填门，冠盖无虚日；二年而修庑密室，绿疏青锁；三年而崇殿杰阁，间见层出。游僧过客，摩肩仍袂，已至者忘去，方来者如归。

　　余尝与林敏功子仁过焉，仁曰："寺以律名，而禅规不减诸方；廪无余粟，食堂日集千指。非有以大过人，何以臻此！"余曰："昔临济北归，仰山叹曰：'此人它日道行吴越，但遇风则止。'沩山问：'有续之者乎？'对曰：'将此深心奉尘刹，是则名为报佛恩。'故世称念法华为仰山后身，庸讵知文非逢公邪！"子仁曰："彼以荷担大法，此方从事，有为仰山。逢公若是班乎？"余曰："昔普净禅师不务说法，庵于王城之东，日浴万众，曰时机浅昧，难提正令，姑使善法流行足矣。又安知逢公之意不出于此乎？"明年冬，遣其徒来乞文，又系之以辞曰：

> 我怀岩头，僧中之龙；本无寔法，但识纲宗。
> 乾笑德山，怒呵雪峰；如师子吼，香象失踪。
> 又如麒麟，不可系霸；罗山控勒，明招追随。
> 逢则晚出，天骨权奇；振鬣长鸣，万马不嘶。
> 清侯之上，驻我巾瓶；笑示死生，洞开户庭。
> 意行出入，不施锁扃；至今城北，白塔亭亭。
> 宝铃和鸣，上千层霄；下有全身，百神来朝。
> 劫火洞然，大千焚烧；而此坚固，无有动摇。
> 咨尔邦民，当加敬虔；盖此大士，是汝福田。
> 如黄琳公，如和褒禅；刻此铭诗，以寿山川。①

令逢（878—928），福州闽县人，俗姓陈氏，是不载于灯录的黄龙门人。他于乾符五年（878）出生，乾宁元年（894）出家，二年（895）受具，其后策杖游方，备历丛林。从时间上看，他应当参过雪峰与玄沙，或许机缘不契。天祐中，他来到鄂州，参礼黄龙。时黄龙闭门不出，他扣门请益，告之此性本有、未到此间亦不失，他道若失则不来，黄龙问来时事如何，他道昨夜亲自渡江、不劳迎送，黄龙笑而启扉，自此入室。

令逢在黄龙门下多年，日闻密要，深入法海，扣学者多。顺义三年（923），辞别黄龙，来到蕲州，结庵月峰，为前刺史所崇，信士张宏甫舍宅为寺，号为南禅。乾贞二年（928），告众入灭，寿五十一，腊三十四。令逢开法时间只有五年，然而真身不坏，时显灵异，祷之则风雨以时，五谷

---

① 《嘉兴藏》23 册，第 135 页上。

丰登。乡民为其建塔于郡城之北，号为资福，父子相传，代授其法，直到宋朝政和年间（1111—1118）。如此，虽然不得其详，然而其法系延续到北宋之末，也算是岩头一派中法脉流传最为久远者。

据《景德传灯录》卷二十四：

> 鄂州黄龙晦机禅师法嗣九人
> 洛京紫盖善沼禅师
> 眉州黄龙继达禅师
> 枣树第二世和尚
> 兴元府玄都山澄和尚
> 嘉州黑水和尚
> 鄂州黄龙智颙禅师
> 眉州福昌达和尚（已上七人见录）
> 常州慧山然和尚
> 洪州双岭悟海禅师（已上二人无机缘语句不录）①

据《景德传灯录》卷二十四：

> 洛京长水紫盖善沼禅师。僧问："死中得活时如何？"师曰："抱镰刮骨熏天地，炮裂棺中求托生。"问："才生便死时如何？"师曰："赖得觉疾。"②

善沼禅师住持洛京长水，其他事迹不详，应为五代至宋初时人。死中得活，实非容易，若非刮骨疗毒，则是借尸还魂，不经一番风霜苦，哪得梅花扑鼻香。才生便死，赖得觉知人生之苦，也是痛快汉。

据《景德传灯录》卷二十四：

---

① 《大正藏》51 册，第 397 页下。
② 同上书，第 404 页下。

眉州黄龙继达禅师。僧问："如何是纳?"师曰："针去线不回。"
曰："如何是帔?"师曰："横铺四世界,竖盖一乾坤。"曰："道满到
来时如何?"师曰："要羹与羹,要饭与饭。"问："黄龙出世,金翅鸟
满空飞时如何?"师曰："问汝金翅鸟还得饱也无?"①

针线配合,线随针去,一去不回,便是纳衣。如何是帔,横铺世界,
竖盖乾坤。既然学僧道满到来,有羹有饭,一任饱餐。黄龙出世,金翅鸟
到来,一任吞食,还得饱么。

据《景德传灯录》卷二十四:

眉州昌福达和尚。僧问："学人来问师则对,不问时师意如何?"
师曰："谢师兄指示。"问："本来则不问,如何是今日事?"师曰:
"师兄遮问大好。"曰："学人不会时如何?"师曰："谩得即得。"问:
"国有宝刀,谁人得见?"师曰："师兄远来不易。"曰："此刀作何形
状?"师曰："要也道,不要也道。"曰："请师道。"师曰："难逢难
遇。"问："石牛水上卧时如何?"师曰："异中异,妄计不浮沈。"曰:
"便怎么去时如何?"师曰："翅天日落,把土成金。"②

有问则答则置,不问不答时如何,多谢指示。不问本来事,今日事如
何,此问大好。奈何学人不会,何妨能瞒则瞒。国有宝刀谁人见,远来不
易,且坐休息。毕竟作何形状,要也相告,不要也告。今请速道,要道也
不难,也是闻者难逢难遇。

石牛水上卧,远离两边,则不浮沉;便如此去,则射天落日,黄土成
金。

达禅师机锋过人,出语无滞,如珠行玉盘,回转自如,实是大善知识。
又据《景德传灯录》卷二十六:

---

① 《大正藏》51 册,第 404 页下。
② 同上书,第 405 页上。

前眉州黄龙继达禅师法嗣

　　眉州黄龙第二世和尚。僧问："如何是密室?"师曰："斫不开。"曰："如何是密室中人?"师曰："非男女相。"问："国内按剑者是谁?"师曰："昌福。"曰："忽遇尊贵时如何?"师曰："不遗。"①

　　如此可知，眉州黄龙继达与昌福达实为一人，昌福与黄龙本为一寺，或许本名昌福，为纪念其师，故称黄龙，故黄龙二世亦自称"昌福"。黄龙二世，有可能就是道满禅师。

　　密室斫不开，有缝非密室。密室中人，离男女相，若有二相，难入密室。昌福按剑，有犯必斩，虽遇尊贵，一挥两断。

　　《景德传灯录》卷二十四：

　　　　枣树和尚（第二世住）。问僧："发足什么处?"曰："闽中。"师曰："俊哉。"曰："谢师指示。"师曰："屈哉。"僧锄地次，见师，乃不审。师曰："见阿谁了便不审?"曰："见师不问讯，礼式不全。"师曰："却是孤负老僧。"其僧归堂，举似第一座。第一座曰："和尚近日可畏为人切。"师闻之，乃打第一座七棒。第一座曰："某甲怎么道未有过，打怎么?"师曰："枉吃如许多年盐醋!"又打七棒。②

　　枣树在湖南，具体地点不详，此为第二世住持，时间在五代后期。

　　发足闽中，远来不易，俊哉行脚；谢师指示，不明师意，屈哉负师。锄地见师，赶紧问讯，于俗礼则不失，于佛法则有亏。若道师有迹可寻，则是谤师；不努力做本分事，亦是辜负。第一座只道和尚老婆心切，急于为人，也是白吃常住盐醋，不明和尚用心。

　　据《景德传灯录》卷二十四：

　　　　兴元府玄都山澄和尚。僧问："喜得趋方丈，家风事若何?"师曰：

---

① 《大正藏》51 册，第 421 页中。
② 同上书，第 404 页下。

"熏风开晓露，明月正当天。"曰："如何拯济？"师曰："金鸡楼上一下鼓。"问："如何是沙门行？"师曰："一切不如。"①

若问玄都家风，暖风吹玉露，明月正当空。如何拯救群生，金鸡时报晓，雷音振聩聋。沙门之行，迥出物类，一切不如。

据《景德传灯录》卷二十四：

　　鄂州黄龙智颙禅师（第三世住）。僧问："如何是黄龙家风？"师曰："待宾钉仙果。"僧问："如何是诸佛之本源？"师曰："即此一问是何源？"曰："恁么即诸佛无异路去也。"师曰："延平剑已成龙去，犹有刻舟求剑人。"②

智颙禅师继任住持，为黄龙三世，第二世不知何人，应当是归宗澹权门人黄龙蕴禅师。黄龙家风，待客有礼。莫问诸佛本源，即此问者何源；莫道与佛无异，时机早已错失。

后世传说晦机还度仙人吕洞宾，使之成为法嗣，十分有趣。

据《人天宝鉴》卷一：

　　真人吕洞宾，河阳满故人。生于唐天宝间，世为显官，累举进士不第。因游华山，遇钟离权，乃晋之郎将，避乱学养命法。将度吕公，首以财施之。一日吕侍行，钟拾一块石，以药涂之，即成黄金。钟遗之曰："前涂将嚮之。"吕问曰："此仍坏乎？"钟曰："五百年坏。"吕掷之曰："他日误人去。"钟复试之以色。命吕入山采药，化一小庐，有美妇懽迎之曰："夫故久矣，今遇君子，愿不我弃。"妇欲执手而近。吕以手托开云："毋以革囊秽于我矣！"言讫其妇不见，即钟离也。于是授以金丹之术，及天仙剑法，遂得游行自在。诗曰："朝游南越暮苍梧，袖里青蚍胆气粗。三日岳阳人不识，朗吟飞过洞庭湖。"

---

① 《大正藏》51 册，第 405 页上。
② 同上。

谒龙牙和尚，问佛法大意。牙与偈曰："何事朝愁与暮愁，少年不学老还羞。明珠不是骊龙惜，自是时人不解求。"因过鄂州黄龙山，见紫气盘旋，疑有异人所止，遂入，值机禅师上堂。师知有异人潜迹坐下，即厉声曰："众有窃法者！"吕毅然问曰："一粒粟中藏世界，半升铛内煮山州（川），且道此旨如何？"师曰："守尸鬼。"吕曰："争奈囊中有长生不死药何？"师曰："饶经八万劫，终是落空亡。"吕不愤而去。至夜，飞剑胁之。师已前知，以法衣蒙头，坐于方丈。剑遶数币，师以手指之，剑即堕地。吕谢罪。师因诘曰："半升铛内即不问，如何是一粒粟中藏世界？"吕于言下有省，乃述偈曰："拗却瓢儿碎却琴，如今不恋水中金。自从一见黄龙后，始觉从前错用心。"（仙苑遗事）①

这一故事不见于早期的史料，出现较晚，体现了佛道之间相互斗法及禅宗对道教的渗透。

《景德传灯录》卷二十三：

> 怀州玄泉第二世和尚。僧问："辞穷理尽时如何？"师曰："不入理，岂同尽？"问："妙有玄珠，如何取得？"师曰："不似摩尼绝影艳，碧眼胡人岂能见！"曰："有口道不得时如何？"师曰："三寸不能齐鼓韵，哑人解唱木人歌。"②

玄泉二世，继师住持。莫道辞穷理尽，本来未曾入理。妙有玄珠，得之不易，无影无踪，老胡难觅。有口道不得，三寸只结舌，哑人却解唱，木人拍手歌。

据《景德传灯录》卷二十三：

> 洛京柏谷和尚。僧问："普滋法雨时如何？"师曰："有道传天位，

---

① 《续藏经》87 册，第 12 页上。
② 《大正藏》51 册，第 391 页下。

不汲凤凰池。"问："九旬禁足三月事如何？"师曰："不坠蜡人机。"①

柏谷和尚传法洛京，可能遇上朝代更替，故言有道传天位。九旬禁足，三月坐夏，必须严守禁戒，蜡人如冰。

《景德传灯录》卷二十三：

> 池州和龙和尚。僧问："如何是祖祖相传底心？"师曰："再三嘱尔。"问："如何是从上宗旨？"师曰："向阇梨口里，著到得么？"问："省要处乞师一接。"师曰："甚是省要。"②

和龙和尚在池州传禅，事迹不详。祖祖传心，再三叮嘱，更问什么？从上以来宗旨，不是不道，恐汝难著。省要处一接，确实省要，惜汝不得。

据《景德传灯录》卷二十三：

> 潞府妙胜玄密禅师。僧问："四山相向时如何？"师曰："红日不垂影，暗地莫知音。"曰："学人不会。"师曰："鹤透群峰，何伸向背。"问："二龙争珠时如何？"师曰："力士无心献，奋迅却沈光。"问："雪峰一曲千人唱，月里挑灯谁最明？"师曰："无音和不齐，明暗岂能收！"③

玄密禅师住持潞府妙胜，其继任者当为云门文偃门人臻禅师。玄密也有可能参过雪峰，故学人问雪峰一曲。

四山相逼，大限将至，心光不发露，暗地怎知音。于此不会，何不一飞冲天，翱翔太空，无向无背，透出群峰。二龙争珠，谁是得者，有求不见，无心便得。一首雪曲千人唱，月中挑灯谁最明，大音无声谁能和，慧绝明暗何以收。

---

① 《大正藏》51 册，第 391 页下。
② 同上。
③ 同上。

第五节　罗山道闲及其法系

罗山道闲为岩头最为出色的门人，当时后世都有很大的影响。有关道闲的资料较多，除灯录外，还有《祖堂集》等。

据《景德传灯录》卷十七：

> 福州罗山道闲禅师。郡之长溪人也，姓陈氏。出家于龟山，年满受具，遍历诸方。尝谒石霜，问："去住不宁时如何？"石霜曰："直须尽却。"师不惬意，乃参岩头，问同前语。岩头曰："从他去住，管他作么？"师于是服膺。寻游清凉山，闽帅饮其法味，请居罗山，号法宝大师。
>
> 初上堂日，方升座，敛衣乃曰："珍重！"少顷又曰："未识底近前来。"时有僧出礼拜。师抗声曰："也大苦。"僧起拟伸问，师乃喝出。
>
> 问："如何是奇特一句？"师曰："道什么？"问："佛放眉间白毫光，照万八千世界。如何是光？"师曰："高声道。"僧曰："照何世界？"师乃喝出。
>
> 问："急急相投，请师一接。"师曰："会么？"曰："不会。"师曰："箭过也。"
>
> 问："九女不携，谁是哀提者？"师曰："高声问。"僧拟再问。师曰："什么处去也？"
>
> 问："如何是宗门流布？"师展足示之。
>
> 问："当锋事如何辨明？"师举如意。僧曰："乞和尚垂慈。"师曰："大远也。"
>
> 问："如何是最妙一句？"师曰："披露识么？"僧拟进语，师曰："话堕也。"
>
> 定慧上座参。师问："什么处来？"曰："远离西蜀，近发开元。"又进前问："即今作么生？"师曰："吃茶去。"慧犹未退。师曰："秋气稍暖去。"慧出法堂外，叹曰："今日拟打罗山寨，弓折箭尽也。休休！"乃下参众。明日师上堂。慧出问："豁开户牖，当轩者谁？"师乃

喝，慧无语。师又曰："毛羽未备，且去。"

　　僧举寒山诗问师曰："百鸟衔苦华时如何？"师曰："贞女室中吟。"曰："千里作一息时如何？"师曰："送客游庭外。"曰："欲往蓬莱山时如何？"师曰："攲枕觑猕猴。"曰："将此充粮食时如何？"师曰："古剑髑髅前。"

　　问："如何是'百草头上尽是祖师意'？"师曰："刺破汝眼。"问："声前古毳烂，意作么生？"师曰："倚著壁。"

　　问："前是万丈洪崖，后是虎狼师子。正当恁么时如何？"师曰："自在。"

　　问："三界谁为主？"师曰："还解吃饭么？"

　　师临迁化，上堂集众。良久，展左手，主事罔测。乃令东边师僧退后。又展右手，又令西边师僧退后。师谓众曰："欲报佛恩，无过流通大教。归去也，归去也，珍重！"言讫莞尔而寂。①

道闲生卒年不详，他为福州人，俗姓陈氏，于龟山受戒之后，先参石霜，后参岩头。其生年或在大中四年（850）前后。
据《景德传灯录》卷十六：

　　师与罗山卜塔基。罗山中路忽曰："和尚。"师回顾曰："作么？"罗山举手曰："遮里好片地。"师咄曰："瓜州卖瓜汉。"又行数里，徘徊间，罗山礼拜问曰："和尚岂不是三十年在洞山，而不肯洞山？"师曰："是。"又曰："和尚岂不是法嗣德山，又不肯德山？"师曰："是。"曰："不肯德山即不问，只如洞山有何所阙？"师良久曰："洞山好个佛，只是无光。"②

这一记载又见于《祖堂集》，后者亦作"三十年在洞山"，然《联灯会要》作"三十年前"字，岩头在洞山不可能三十年，故后世记载更为准确。

---

① 《大正藏》51册，第341页上。
② 同上书，第326页下。

岩头与雪峰、钦山在洞山，当在大中之末，故罗山参岩头，当在光启年间（885—887）。

他自岩头得旨后，寻游清凉山，其时当在昭宗之初。此清凉山并非五台山，而是吉州青原山。

据《正法眼藏》卷一：

> 罗山在禾山，送同行矩长老出门次，师把柱杖向前一撺，矩无对。师云："石牛拦古路，一马勿双驹。"后有僧举似疎山，山云："石牛拦古路，一马生三寅。"①

这表明道闲在吉州住持很久，先到青原山，后到禾山住持。疎山匡仁于广明元年庚子（880）始住庐陵严田山，中和三年（883）住持巴山白云禅院，大顺元年（890）住持疏山。二人住持之处相去不远，故疏山对罗山机缘有所发挥。从二人机语来看，此事可能发生在景福二年癸丑（893）至乾宁元年甲寅（894）间。

矩长老，应当是大安门人文矩禅师。

据《景德传灯录》卷十一：

> 泉州莆田县国欢崇福院慧日大师。福州侯官人也，姓黄氏，生而有异，及长，名文矩。为县狱卒，往往弃役，往神光灵观和尚及西院大安禅师所，吏不能禁。后谒万岁塔谭空禅师落发，不披袈裟，不受具戒，唯以杂彩为挂子。复至观和尚所，观曰："我非汝师，汝去礼西院去。"师携一小青竹杖，入西院法堂。安遥见而笑曰："入涅槃堂去。"师应诺，轮竹杖而入。时有五百许僧染时疾，师以杖次第点之，各随点而起。闽王礼重，创国欢禅苑以居之。厥后颇多灵迹。唐乾宁中示灭。②

---

① 《续藏经》67 册，第 582 页上。
② 《大正藏》51 册，第 286 页下。

《释氏通鉴》卷十一系此于景福元年（892），可能太晚，因为他在乾宁中（894—898）示灭，闽王还为其创建国欢禅苑，并授慧日大师之号，还多次显示灵异，可见其住持时间不宜太短。文矩号称黄涅槃，曾经于乾宁二年（895）接待雪峰，预知其来。

又据《联灯会要》卷二十三：

> 师任禾山，与清贵上座说话次，贵云："天下无第一人，大小沩山，输他道吾。"师云："有甚么语输他？"贵云："石霜辞沩山，作礼起，沩山云：'有句无句，如藤倚树，子意如何？'霜无对。却到道吾，吾问：'甚处来？'霜云：'沩山来。'吾云：'有何言句？'霜举前话。吾云：'汝为我看庵，待我与汝报雠去。'吾往沩山，值山泥壁次，忽回首，见道吾在背后。山云：'智头陀，因何到此？'吾云：'某甲不为别事来，闻和尚问诸道者，有句无句，如藤倚树，还是也无？'沩云：'是。'吾云：'且如树倒藤枯时如何？'沩山掷下泥盘，呵呵大笑。被吾捺向泥中，山总不管。"
>
> 贵举了云："这个岂不是沩山输他道吾！"师云："三十年后，有把茆盖头，切忌举著此话。"贵不肯，却与道吾作主，被师擒下地，云："白大众，各请停喧。某甲今日与贵上座，直为大沩雪屈话，且须侧聆。"贵云："知也，知也。"便作礼。师云："何不早恁么道，你还识道吾么，只是馆驿里本色撮马粪汉。"[1]

道闲后来又从禾山移居大岭。

据《祖堂集》：

> 有僧与疎山和尚造延寿塔毕手，白和尚，和尚便问："汝将多少钱与匠人？"僧云："一切在和尚。"疎山云："汝为复将三钱与匠人？为复将两钱与匠人？为复将一钱与匠人？若道得，与吾亲造塔。"僧无对。师在大岭住庵时，其僧到，师问："什摩处来？"对云："疎山来。"

---

① 《续藏经》79 册，第 201 页下。

师云："踈山和尚近日有什摩言句?"其僧具陈前事。师云："还有人道得摩?"对云："未有人道得。"师云："汝却回踈山,道:'大岭和尚闻举有语:若将三钱与匠人,和尚此生决定不得塔;若将两钱与匠人,和尚与匠人同出一手造塔;若将一钱与匠人,带累匠人眉须一时堕落。'"其僧便回,举似踈山,踈山便具威仪,望大岭叹曰:"将谓无人,大岭有古佛光明射到此间。"却云:"汝去向大岭道:'犹如十二月莲花开也。'"其僧却回,举似师,师云:"早已龟毛长数丈也。"①

这是禅宗史上的著名公案,后世评唱者很多。首先,这一事件应当发生在疏山晚年,因为不可能在年轻时造延寿塔,应当是在六十以后,即天复二年(902)后,也有可能是在六十岁时,门人建塔为其延寿。其次,大岭应当是在江西,但具体位置难明,如今宜春新余有大岭山,与吉州很近,可能就是道闲住持过的大岭。

据《联灯会要》卷二十三:

师住大岭,有僧辞往踈山。师云:"我有一信寄与踈山,将么?"云:"便请。"师以手挃头上,却展云:"还柰何么?"僧无对。僧后到踈山,堂内举次,一僧云:"还会么?"众无对。僧云:"天下人不柰大岭何。"②

如此道闲居大岭时,与疏山来往较多。疏山及其门下对道闲非常尊敬,肯定其法道天下难比。

天祐四年(907),由于占据江西的钟传去世,杨吴乘机吞并江西。江西不再稳定,道闲可能于此时离开大岭,到达闽国,为王审知所崇,住持福州罗山,并署"法宝大师"之号。

据《联灯会要》卷二十三:

---

① 《祖堂集校注》,第 262 页。
② 《续藏经》79 册,第 202 页上。

　　保福会中，有一僧来，作礼云："保福传语和尚：'秋间入府朝觐大王，致四十个问头问大师，忽若一句不相当，莫言不道。'"师呵呵大笑云："陈老师入福建道洪唐桥头下一硬寨，未见一个毛头星现。汝向从展道：'陈老师无许多问头，只有一口剑，剑下有分身之意，亦有出身之路，稍若不明，直须成末。'但与么传语。"

　　僧回，举似保福，福云："我当时也只是谑伊。"

　　至秋朝觐，师特为辨茶筵相请。福不赴，却向僧云："我当时曾有谑语，恐大师问著。"

　　僧回举似师，师云："汝更去向他道：'猛虎终不食伏肉。'"僧再去请，福遂来，师不言其事。①

　　保福从展于贞明三年（917）至天成三年（928）间住持保福，此事必然发生于此间，这表明道闲至少贞明三年（917）时仍然在世。

　　道闲曾发化主至泉州，临行问王太傅若问将何示徒之机语，表明他在王延彬（886—930）主政泉州时曾派人前去化缘。

　　道闲开创的罗山法海寺至今还在，不过有碑文称其始创于后晋。

　　据明谢肇撰《重建罗山法海禅寺碑铭》：

　　　　福州东南罗山法海寺，建于晋开运之二年，时道闲禅师开山阐教，法嗣代兴，历宋元至今七百祀，屡废屡复，香灯无改。

　　然而据清谢章铤《重修罗山法海寺碑记》：

　　　　吾闽罗山之法海寺，其建始也，则亦在五代晋天福之二年。

　　后世多据前碑将罗山法海寺之始建置于晋开运二年（945），而忽视了后说，其实二说本无矛盾，都是讲天福二年（937），因为"开运之二年"并非"开运二年"，而是奉天承运开国之第二年，因为恰好后晋有开运年

---

①　《续藏经》79 册，第 201 页中。

号，故使人有所误会。

即使是天福二年（937）道闲开创罗山，也不符合史实，只能理解为此年寺院有较大的扩展，当然更在有可能是移建。据道闲自述，他原来的寺院是在闽侯县的洪唐桥，而后来的罗山兴福院是在福州鼓楼区，显然并非一处。高福康撰《重建罗山法海禅寺碑记》称"闽城东南隅，有古禅林曰法海。考载籍，创自五代，孟氏舍建，石晋名兴福院"，表明这一道场由孟氏舍宅创建。

道闲此时已到晚年，可能不久就去世了。

道闲门人很多，影响很大。

《祖堂集》载其门人三位，即龙光和尚隐微、龙回和尚从盛、清平和尚惟旷。

据《景德传灯录》卷二十三：

> 福州罗山道闲禅师法嗣十九人
> 洪州大宁隐微禅师
> 婺州明招德谦禅师
> 衡州华光范禅师
> 福州罗山绍孜禅师
> 西川慧禅师
> 建州白云令弇禅师
> 虔州天竺义证禅师
> 吉州清平惟旷禅师
> 婺州金柱义昭和尚
> 潭州谷山和尚
> 湖南道吾山从盛禅师
> 福州罗山义因禅师
> 灌州灵岩和尚
> 吉州匡山和尚
> 福州兴圣重满禅师
> 潭州宝应清进禅师（已上十六人见录）

汉州绵竹县定慧禅师

潭州龙会山鉴禅师

安州穆禅师（已上三人无机缘语句不录）①

此十九人中，西川慧与汉州绵竹县定慧实为一人，绵竹即属西川，慧即定慧之简称，见前罗山机缘。

据《景德传灯录》卷二十三：

衡州华光范禅师。僧问："灵台不立，还有出身处也无？"师曰："有。"曰："如何是出身处？"师曰："出。"问："如何是西来意？"师曰："道。"问："如何是佛法大意？"师曰："验。"问："牛头未见四祖时如何？"师曰："自由自在。"曰："见后如何？"师曰："自由自在。"问："如何是佛法中事？"师曰："了。"②

灯录记载了两个衡州华光范，一为曹山本寂门人，一为罗山门人。二人时代相近，同住一寺，法名相同，虽然机缘语句有异，亦不排除有为同一人的可能。

范禅师颇有云门一字之风，答语简捷，一发便中，值得重视。

据《景德传灯录》卷二十三：

福州罗山绍孜禅师。上堂，有数僧争出问话。师曰："但一时出来问，待老僧一时答却。"僧便问："学人一齐问，请师一齐答。"师曰："得。"问："学人乍入丛林，祖师的的意，请师直指。"师曰："好。"③

绍孜禅师继主罗山，为兴福院二世，或在闽国永隆年间（939—942）。看来一字关非云门所独有，一齐问一齐答得，要直指则直指好。

---

① 《大正藏》51 册，第 387 页下。

② 同上书，第 393 页上。

③ 同上。

绍孜后来应神晏门人了宗大师智岳之请，于乾德三年（965）作《鼓山兴圣晏国师玄要集序》，看来他在宋初还很有影响，与神晏一系关系密切。

《景德传灯录》卷二十三：

> 福州罗山义因禅师。师上堂，示众曰："若是宗师门下客，必不怪于罗山。珍重！"僧问："承古人有言：'自从认得曹溪路，了知生死不相关。'曹溪即不问，如何是罗山路？"师展两手。僧曰："怎么即一路得通，诸路亦然。"曰："什么诸路？"僧近前立，师曰："灵鹤烟霄外，钝鸟不离窠。"问："承教中有言：'须（顺）法身万象俱寂，随智用万象齐生。'如何是万象俱寂？"师曰："有什么？"曰："如何是万象齐生？"师曰："绳床椅子。"①

义因为罗山三世，时在宋朝。宗师门下客，必然知罗山。曹溪路与罗山路何异，归元唯一路，方便示多门。若是灵鹤，一飞冲霄；钝鸟无能，不离旧巢。李通玄《华严经合论》（通玄造论，志宁合论）有此一句，一物亦无，便是万象俱寂；绳床俱在，岂非万象齐生。此即体无用有、体寂用显之意。

据屠隆撰《晋安中兴罗山法海寺碑》：

> 晋安法海寺，亦名罗山堂，五代时丛林号最盛。高衲嗣法、列名传灯者如云。初，道闲禅师参岩头，言下顿悟，领众千数，实开兹山。后绍孜、义因、义聪，并以名德，衣钵相承。闽南称选佛场必推法海。由宋历元，香火不绝。

如此义因之后，还有高僧义聪为罗山四世，他是安国弘瑫门人。

据《景德传灯录》卷二十三：

> 西川慧禅师。初参罗山（见十七卷罗山章），罗山问："什么处

---

① 《大正藏》51 册，第 393 页上。

来?"师曰:"远离西蜀,近发开元,即今事作么生?"罗山揖曰:"吃茶去。"师良久无言。罗山曰:"秋气稍暖,去。"罗山来日上堂,师出问:"豁开户牖,当轩者谁?"罗山乃喝。师良久,罗山曰:"毛羽未备,且去。"师因而抠衣,久承印记。后谒台州胜光,光在绳床上坐。师直入,到身边,叉手立。光问:"什么处来?"师曰:"犹待答话在。"师便下去,光拈得挂杖拂子,下僧堂前见师,提起拂子问曰:"阇梨唤遮个作什么?"师曰:"敢死喘气。"光低头归方丈。①

定慧禅师发自西蜀绵竹,故号西川慧。他自认为有所得,来到罗山挑战,结果铩羽而归,自此服膺,后承印记。复参子湖利踪(800—880)门人台州胜光和尚,得胜而归。

《景德传灯录》卷二十三:

建州白云令弇和尚。师上堂谓众曰:"遣往先生门,谁云对丧主?珍重。"僧问:"己事未明,以何为验?"师曰:"木镜照素容。"曰:"验后如何?"师曰:"不争多。"问:"三台有请,四众临筵,既处当仁,请师一唱。"师曰:"要唱即不难。"曰:"便请师唱。"师曰:"夜静水清鱼不食,满船空载月明归。"②

令弇住持建州白云,是在翠微无学门人约禅师之后,鼓山神晏门人智作禅师之前。智作乾祐二年(949)由白云移居金陵奉先,故其住持白云在此之前。因此令弇住持白云,当在闽国末期,即王延政(?—951)任建州刺史之时(931—945),其时王氏位居三公,故言"三台有请"。木镜照影,故知己事未明。白云一曲谁能和,满船空载月明归。

《景德传灯录》卷二十三:

虔州天竺义澄常真禅师。初参罗山,栖泊数载。后因罗山在疾,

---

① 《大正藏》51 册,第 393 页上。

② 同上书,第 393 页中。

师问："百年后忽有人问，和尚以何指示？"罗山乃放身便倒，师从此契悟。僧问："如何是佛法大意？"师曰："寒暑相催。"问："圣皇请命，大众临筵，请师举。"师曰："领，领。"曰："恁么即人天有赖也。"师曰："汝作么生？"①

义澄于罗山晚年来参，栖止数载，因罗山疾，问百年后事，罗山放身便倒，从此得悟。佛法大意，寒暑更替，不急修行，无常即至。他可能于南唐保大八年（950）被招入洪都，得常真禅师之号。既然圣皇请命，自然领旨。人天有赖，汝可有得？

据《景德传灯录》卷二十三：

> 吉州清平惟旷真寂禅师。师上堂云："不动神情，便有输赢之意，还有么？出来。"时有僧出礼拜，师云："不是作家，出去！"僧问："如何是第一句？"师曰："要头将取去。"问："如何是活人剑？"师曰："会么？"曰："如何是杀人刀？"师叱之。问："如何是师子儿？"师曰："毛头排宇宙。"②

又据《祖堂集》：

> 清平和尚，嗣罗山，在吉州。师讳惟旷，福州闽清县人也，姓黄。于禅林院出家，依年具戒，而便参见罗山，密契玄開，更无他往。寻离闽岭而住清平，于庚戌岁征诏赴京，赐龙光住止，赐号寂照禅师矣。
> 问："如何是第一句？"师云："要头则斫将去。"
> 问："不历古今事如何？"师云："落在什摩处？""古今事如何？"师云："莫乱道。"③

---

① 《大正藏》51 册，第 393 页中。
② 同上。
③ 《祖堂集校注》，第 335 页。

惟旷禅师，福州人，早年于禅林院出家，二十依年受具，参见罗山，得旨嗣法，后到江西，住持吉州清平。他于南唐保大八年（950）受到李璟召见，入京说法，赐住金陵龙光，得寂照禅师之号，真寂可能是他后来的谥号。

惟旷生卒年不详，然他于保大八年（950）入住龙光，未闻归山，而次年同门隐微亦入居龙光，这表明他在保大九年（951）就去世了，故由隐微代之住持。其冠岁具戒，便参罗山，生年或在文德元年（888）前后，寿过耳顺。

清平山在今吉安市泰和县上圯乡，仍有清平古庙。后世真净克文游清平跨牛庵，楚金禅师于此住持。

要头便砍去，不答第一句，失命事小，误人事大。不历古今事，毕竟落何处。既然不历，又问何事，乱道无益。

不动神情，便分输赢；出则不是，作家不出。活人剑，循循善诱；杀人刀，一挥无头；师子儿，纵横宇宙。

据《景德传灯录》卷二十三：

> 婺州金柱义昭和尚。僧问："如何是和尚家风？"师曰："开门作活。"僧云："忽遇贼来又怎么生？"师曰："然。"有新到僧参，师揭帘以手作除帽子势。僧拟欲近前，师云："赚杀人。"师因事而有颂曰：
> 虎头生角人难措，石火电光须密布。
> 假饶烈士也应难，懞底那能解差互。①

义昭住持婺州金柱，事迹不详。金柱家风，开门干活；贼来如何，果然招祸。虎头带角，常人难措；电光石火，机关密布。烈士英雄，难醮妙机；懞懂之人，怎解差互。

《景德传灯录》卷二十三：

> 潭州谷山和尚。僧问："省要处乞师一言。"师乃起去。问："羚羊挂角时

---

① 《大正藏》51册，第393页中。

如何？"师曰："尔向什么处觅？"曰："挂角后如何？"师曰："走。"①

潭州谷山，石霜门人藏禅师始居之，为第一世，大光居诲（837—903）门人有缘继之，当为第二世，罗山门人或为第三世，又有保福从展门人行崇、云门文偃门人丰禅师相继住持。

一问便起去，岂不省要！羚羊挂角，无迹可寻；挂后如何，速速走却。羚羊挂角公案，云居道膺始言之，赵州、雪峰等皆有论列。

据《景德传灯录》卷二十三：

> 湖南浏阳道吾山从盛禅师。师初住高安龙回，有僧问："如何是觌面事？"师曰："新罗国去也。"问："如何是龙回家风？"师曰："纵横射直。"问："如何是灵源？"师曰："嫌什么？"曰："近者如何？"师曰："如人饮水。"问："穷子投师，乞师拯济。"师曰："莫是屈著汝么？"曰："争奈穷何。"师曰："大有人见。"②

又据《祖堂集》：

> 龙回和尚，嗣罗山，在高安。师号从盛，福州闽县人也。于长生山出家，才具尸罗，便寻祖道。参见罗山，顿契玄机，出闽而住龙回。
>
> 僧问："梵王请佛度尽一切众生，尚书今日殷勤接足，请师举唱。"师云："处处大〔太〕阳辉。"学云："与摩则全因今日。"师云："不礼更待何时？"
>
> 师到招庆，度上座问："罗山寻常道：'诸方尽是吃粖饭，唯有罗山是一味白饭。'兄从罗山来，却展手云：'白饭请些子'。"师抬起手打两掴。度上坐云："将谓是白饭，元来也只是粖饭师。"师云："痴人棒打不死。"度上座夜间举似诸禅客次，师近前来云："不审。"度上座云："今日便是这个上座下掴。"瑶上座云："不用下掴，但就里许下取

---

① 《大正藏》51 册，第 393 页下。
② 同上。

一转语。"师云："就里许也，道！"度上座无对。师云："是汝诸人一时缚作一束，倒竖不净处，来晨相见，珍重！"

师因天台山游时，初到紫凝，众僧一时出接，师以两手握杖子，云："国师本位在什摩处？"僧对云："上面庵处便是。"师云："与摩语话，虚吃却紫凝饭。"

问："古人道：'前三三，后三三。'意作摩生？"师云："西山日出，东山月没。"问："古人因星得悟，意作摩生？"师以手拨开眉。

问："丹霞烧木佛，意作摩生？"师向火。"翠微迎罗汉，意作摩生？"师散花。师问罗山少师："先师有声前一句，汝还解举得全也无？"僧拈起纳衣角。师云："汝也未梦见，礼真在。"

师临迁化时，上堂，良久，云："是什摩时也？诸上座！一百年中只看今日，今日事作摩生？吾四十年来，独镇此山，常持一钗活人天。"师却拈起手巾，云："如今更有纯陁供，提向他方任展看。"便掷却。有僧问："师百年后向什摩处去？"师提起一足云："足下看。"

师问侍者："昔日灵山会上，释迦牟尼佛展开双足放百宝光。"师却展足云："吾今放多少？"对云："昔日灵山，今日和尚。"师以手拔眉云："莫不辜负摩？"[①]

从盛生卒年不详，此处载其迁化，可见入灭于保大十年（952）之前，他自言住山四十年，可见始于开平四年（910）左右，属于较早开法者，其生年也不会晚于广明元年（880）。

从盛住持高安，应当是受到镇南军节度使刘威（？—914）的祈请，其时当在天祐七年（910）左右。他到罗山参礼，当在道闲住持之初。离开闽越之前，他曾到泉州招庆慧稜处参礼，与其门下度上座有交锋，以罗山一味白饭示人，大获全胜，雪峰门人安国弘瑫亦在场，无言以对。

他还曾到天台紫凝山瑞龙院，问智者国师本位，僧答在上面庵处，师言其只是白吃饭。罗山入灭之后，他曾归山送葬，问罗山少师绍孜声前一句之旨，孜提起衲衣，为其所呵。

[①]　《祖堂集校注》，第334、335页。

从盛入灭前示偈：四十年来镇此山，常持一剑活人天。如今更有纯陀供，提向他方任展看。可见杀人刀、活人剑，是本门相传法宝。临终又垂一足示人，也是青原一系的老伎俩。

灯录所载机缘事迹与《祖堂集》有异，依照后说，他在龙回四十年，并于此入灭，没到过湖南道吾山。

据《景德传灯录》卷二十三：

> 灌州灵岩和尚。僧问："如何是道中宝？"师曰："地倾东南天高西北。"曰："学人不会。"师曰："落照机前异。"师颂石巩接三平曰：
> 解擘当胸箭，因何只半人？
> 为从途路晓，所以不全身。①

灌州灵岩和尚，《禅宗颂古联珠通集》卷 12 称为"灌州灵岩安"②，可见他法名为安禅师。道中之宝，无所不至；地倾东南，天高西北。于此不会，则落照失机，驴年难悟。他对于石巩接三平的公案也有评唱，道是三平虽有所得，却是得之路途，未能到家，所以只是半个圣人。

据《景德传灯录》卷二十三：

> 吉州匡山和尚。师有示徒颂曰：
> 匡山路，匡山路，岩崖险峻人难措。
> 游人拟议隔千山，一句分明超佛祖。
> 又有白牛颂曰：
> 我有古坛真白牛，父子藏来经几秋。
> 出门直透孤峰顶，回来暂跨虎溪头。③

匡山一般指庐山，其颂中又言虎溪，肯定是指庐山，在江州，不在吉

---

① 《大正藏》51 册，第 393 页下。
② 《续藏经》65 册，第 547 页上中。
③ 《大正藏》51 册，第 393 页上。

州，或许吉州为其生缘，亦或先在吉州住持。匡山门庭高峻，常人难措；拟议则隔，一句顿悟。此牛乃大白牛，父子相传，直上孤峰，暂跨虎溪，逍遥自在。

据《景德传灯录》卷二十三：

> 福州兴圣重满禅师。上堂示众曰："觌面分付，不待文宣，对眼投机，唤作参玄上士。若能如此，所以宗风不坠。"僧问："如何是宗风不坠底句？"师曰："老僧不忍。"问："昔日灵山会里，今朝兴圣筵中。和尚亲传，如何举唱？"师曰："欠汝一问。"[1]

重满禅师住持鼓山兴圣，其人其事、机缘语句与安国弘瑫门人福州兴圣满禅师完全一致，可见为同一人。可能重满先参弘瑫，后参罗山，两家皆列入己宗，而传灯不辨，误作二人，《传法正宗记》亦未纠正。

觌面分付，不靠文言，一见投机，方称参玄上士，如此才能宗风不坠。若有问有答，宗风早坠，不忍宗风坠落，所以不言。剃代相传之旨，若非汝问，老僧不知，何以举扬。

《景德传灯录》卷二十三：

> 潭州宝应清进禅师，僧问："如何是实相？"师曰："没却汝。"问："至理无言，如何通信？"师曰："千差万别。"曰："得力处乞师指示。"师曰："瞌睡汉。"[2]

若是实相，早没却汝。若能通信，则千差万别，早非至理。指示多方，赖汝不闻，真是瞌睡汉。

第六节　大宁隐微

大宁隐微禅师（886—961）为罗山嫡子，岩头法孙，于五代离乱之季，

---

[1] 《大正藏》51 册，第 394 页上。
[2] 同上。

播扬大教，宣明心法，实有功于禅门。

《全唐文》有韩熙载《玄寂禅师碑》，惟缺漏甚多，今依《景德传灯录》等重加校录如下：

昔婆迦（原缺三字，今依义补之）婆以清净妙心伏（或当作"付"）迦叶波，迦叶而下，以心传心（原文缺二字，今依义补之），二十八传，珠连印度；一花五叶，香散支那。降及曹溪，得法者众。然则以一念摄于多法，以一尘统于沙界，此念此尘，彼界彼法，二俱不有，空亦非断，明是法者，于大悲海，运普济舟，开无相门，演不二法，化有情于一旨，获当果于上乘，是之谓大善知识者，玄寂禅师其人也。

师名隐微，豫章新淦人也。夫其珠生媚泽，玉蕴良山，雷润入缠，必归族姓，故有杨氏之托焉。异人之生，□□奇应，既□□□，亦表厥灵，故有光明鉴室之祥焉。轩冕为累身之资，鼎钟乃爽口之具。孔翠彬蔚，网罟随之；鸿鹤清素，霄汉自得，故有弃俗之誓焉。开无师智，归不二门，夫为在家，则有师□。七岁诣本邑石头（原缺四字，依《传灯录》补之）院道坚（原缺一字，依《传灯录》补之）禅师，□（或当作"为"）弟子，二十依洪州开（原缺一字，依《传灯录》补之）元寺智称律师受具戒。既归而叹曰："沙门者，达本识心之谓也。且戒慧之学，未足明心；□（或当作"寂"）灭之宗，方为了义。清山有路，白云无心，我之□行，岂复他日！"遂遍寻名岳，历抵禅林。

顺义中，卷衣南行，迤趋五岭。罗山法宝大师，岩头真子，德岭桂孙，智镜当台，共仰不疲之鉴；鸿钟在簴，咸聆应扣之音。师既解橐云堂，端襟下榻，玉处石而光华尚隐，虎在山而清啸难藏，扣我机缘，自知时节。先是罗山有师子在窟出窟之句，海内风传。一日法座高登，海徒云萃，师遽前而礼，峻发问端。罗山道眼素明，伟师嶙峥，抗声酬诘，众莫之知。俄于欲诺之间，豁然大悟。自是朝昏随众，语默全真，放旷四仪，盘桓数稔，异日罗山以师大缘将至，苦讽还乡。

太和中杖策离群，担簦度岭，渐回江介，涂次龙泉。邑宰李孟俊，一睹道姿，深加凝注。邑有十善兰若，经废时多，愿言茸兴，强师住锡，冀扬大法，用福蒸民。师具随顺之心，尽檀那之请，玄徒辐凑，净供山储，应接随宜，了无滞碍。有问："如何是十善桥？"曰："险。""过者如何？"云："丧。"参乎祖道，一以贯之，问而数穷，答有余力，达深德妙，斯之谓欤！

时先朝端拱万机，穆清大宝，远怀道德，思结深因，保大九年，始自龙泉，诏归凤阙，命住龙光梵刹，赐号"觉寂禅师"。高阐一音，将逾数岁，改赐奉先禅院，用迩皇居。辛酉岁，将有事于省方，利建邦于洪井，千乘万骑，咸从于和銮；奇士高人，必先于行在。师首预清列，简自宸衷。既抵新都，复住大宁禅院，诲人无斁，学者有归。

迫于鼎成之期，难豫因山之会，言念三世诸佛，皆入涅槃，吾独何人，自甘迟莫！其岁十月，见病者相，卧方丈中，是月二十七日，剃发浴身，升堂别众，勤宣祖意，勉勗后流，语讫安然，形留气尽，俗寿七十六，僧腊五十六，谥"玄寂禅师"，塔名"常寂"。岁在壬戌，二月六日，归葬于吉州吉水县仁寿乡里太平里之原，遵遗诫也。

今元帅郑王，备尝道味，时任保厘，巨舍信财，俾营塔庙。惟师凤弘道愿，应生像年，道峻德充，名符实备，貌孤神王，语淡气幽，情高而月冷□空，格峭而云生碧峤，以慈音而演法，用实智以化人，故得分契王臣，心归缁素。俄昏慧炬，永绝微言，赡道貌而长乖，览清微而徒在。龙泉广福、十善禅院，嗣法弟子契任、行常，相续住持，小师自明、自满七十三人，惧岁时之浸远，恐陵谷之贸迁，愿纪金碑，以旌玄壤。其辞曰：

三界茫然兮四生蠢尔，背觉合尘兮死此生彼。有铄开士兮乘悲应世，端坐宝床兮片言析理。道价既高兮回心天子，慈风又扇兮服膺多士。远近瞻渴兮慕羶以至，白黑合礼兮得抵皆止。大缘告终兮魔云忽起，觉日云沉兮法幢遂靡。传心罗山兮训徒帝里，韬真豫章兮归欤吉水。金骨藏山兮德音无已，宝塔镇地兮来者斯企。①

---

① 《全唐文》第4册，卷878，上海古籍出版社1991年版，第4069页。

又据《祖堂集》卷十二：

> 龙光和尚，嗣罗山，在金陵。师号隐微，吉州新淦县人也，姓杨。年八岁，于石头院出家，十六于洪州大安寺具戒。十七便慕祖筵，入闽，初参见罗山。罗山才见师器异，乃问："汝是什么处人？"对云："江外人。"罗山云："争得到这里？"师云："吒！吒！"罗山叱之。师便挂瓶囊，盘泊数载。后因一日辞次，罗山于师身上脱下纳衣，披向绳床坐，云："若要去，取得纳衣，放汝去。"师从东边而向堂中礼三拜，从西边进前，云："就和尚请纳衣。"罗山忻然而脱还师，师接得，礼谢而出。罗山遂把驻于师，云："却来一转！"师云："不远，辞违和尚则来。"从此契会，豁尔无疑。次第离闽，遍历诸方。初住龙泉，于辛亥岁，勅旨征诏赴京，赐龙光演法，仍锡"觉寂禅师"矣。

> 大师上堂，云："旷劫来事，只在如今。如今事作摩生？试通个消息，看有什么来由。有么，有么？诸和尚子，这个事古今排不到，老胡吐不出。祖师道什么？还有人与祖师作得主摩？"时有人才礼拜，师便云："珍重！"问："如何是黄梅一句？"师曰："即今作摩生？"曰："如何通信？"师云："九江路绝。"僧问："国界安宁，为什摩明珠不现？"师云："落在什摩处？"问："如何是龙泉剑？"师云："不出匣。"进曰："便请。"师云："辰星失度。"①

《祖堂集》成于南唐保大十年（952），其记隐微事亦终于是年，比碑文还早，算是当时的记录。不过其述隐微早年事与碑文略有不同，如谓隐微八岁出家，碑文则称七岁，《传灯录》亦谓七岁，当以碑文为准。又谓隐微十六岁于洪州大安寺出家受具，十七岁便慕祖筵，入闽学禅，碑文则明言其二十于洪州开元寺智称律师处受具，《传灯录》亦然。七岁还是八岁出家似无关宏旨，何时受具则须辨明，碑文称其寿七十六，腊五十六，如此只能是在二十岁受具，而且二十受具合乎常规，十六受具则显得过早。碑文应其弟子之请而作，于其年寿戒腊不应出错，因而当从碑文。《祖堂集》虽

---

① 《祖堂集校注》，第333、334页。

作于当时，然有些说法得自传闻，未必比碑文可靠。

《景德传灯录》所载禅师史料多为杨亿删去，《祖堂集》所载也不太详细，此碑正可补《祖堂集》与灯录之不足。隐微俗姓杨，吉州新淦人，光启二年（886）出生，生时有光明满室之详。景福元年（892）七岁从吉州石头院道坚禅师出家，天祐二年（905）二十岁依洪州开元寺智称律师受具。吴杨溥顺义中（921—926）南下五岭，从德山嫡传弟子罗山道闲禅师参学。《祖堂集》称其受具后十七开始游方参禅，实应是三十七岁，或者漏了"三"，故应在顺义二年（922）三十七岁参罗山，恰好在顺义中。在罗山数载，大悟玄旨，罗山见其纯熟，命其行道化众，不得留滞，隐微便依言于大和中（929—935）北归，路遇龙泉，邑宰李孟俊一见归心，为之重建十善兰若，留之住锡。

龙泉今属于遂川，旧属泰和。据乾隆《龙泉县志》卷十五《名宦志》引景泰《龙泉县志》，李孟俊，隆兴人，保大元年以泰和十善镇为龙泉场，命孟俊以银青光禄大夫、上柱国充龙泉都镇遏使知场事。南唐受吴禅，保大初，采斫竹木修金陵宫室，又加采斫使。时诸镇争雄，龙泉西境与楚马氏接壤，大和四年（932），县西边境邑扶氏据险不输贡赋，春三月，李孟俊讨之不克，冬十月，楚以彭珏守郴，招抚"扶贼"，号扶端公，自此，县西自索头岭之东、春堂岭之西尽入于楚。据周运中考证，龙泉场设置实在武义元年（919）。[①] 如此自杨吴武义元年（919）至南唐保大年间，李孟俊长期据守龙泉。隐微受请住持龙泉十善，或在大和四年（932）左右。隐微住锡十善近二十余年，道声远播，南唐保大九年（951），李璟召其入京，初住龙光，赐号觉寂禅师，数年后改住靠近皇宫的奉先禅院（《传灯录》谓所居龙光禅苑"后改名奉先"，是对碑文的误读）。宋建隆二年（961），李璟迁都豫章，隐微随行，住新都大宁禅院，同年十月二十七日入灭，谥玄寂禅师，塔名常寂，次年（962）二月葬吉州吉水。

隐微传道受到南唐的倾心支持，中主李璟亦不待言，为之营塔庙的元帅郑王则需要考究。后主李煜曾封郑王，但隐微去世时李煜已经即位，此郑王当然不可能是李煜。南唐诸王，中主第七子李从善曾封郑王，《南唐

---

① 此节参见周运中：《杨吴、南唐政区地理考》，载《唐史论丛》，2011 年 1 月版。

书》作邓王，《宋史》则作郑王，二者形近，此碑作郑王，当以此为准，然而后主即位，从善封为韩王，留守南都。第八子李从镒于后主嗣位时封郑王，《南唐书》作邓王，疑误。据《十国春秋》南唐后主本纪，建隆二年（961）冬十月，以韩王从善为司徒兼侍中，诸道兵马副元帅，邓（郑）王从镒为司空，南都留守。① 从善为诸道兵马副元帅，与元帅一职相应，然此时他已经转封韩王，不再是郑王了，而且可能已经从南都离任。因而这位郑王应当是时任南都留守的从镒，或许建隆三年（962）时亦加封为元帅。总之，隐微受到南唐国主及诸王的崇敬，为其顺利传法创造了条件。

碑文谓隐微由罗山"师子在窟出窟之句"而悟道。虽然此乃罗山惯用的机锋，当时海内风传，天下闻名，后世却难得其详。无论是《祖堂集》、还是《景德传灯录》、《五灯会元》等，都未言罗山此句。

师子在窟出窟之说始自马祖，据《祖堂集》卷十四：

> 有座主问师："禅宗传持何法？"师却问："座主传持何法？"对曰："讲得四十本经论。"师云："莫是师子儿不？"座主云："不敢。"师作嘘嘘声，座主云："此亦是法。"师云："是什么法？"对云："师子出窟法。"师乃默然，座主云："此亦是法。"师云："是什么法？"对云："师子在窟法。"师云："不出不入是什么法？"座主无对。遂辞出门，师召云："座主！"座主应喏，师云："是什么？"座主无对，师呵云："这钝根阿师！"后百丈代云："见么？"②

此座主不知何人，乍看颇伶俐，欲以言语教法摄禅门心法，马祖作声，便道是师子出窟，马祖默然，则谓是师子在窟，不知马祖意在欲擒故纵，以退为进，突然一句"不出不入是什么法"，便令其原形毕露。不过马祖之问，不光是为了打压对方，而是当头棒喝，令其醒悟，如果真是伶俐衲子，自然顿消知见，直入佛地，不过此一座主或许经论学得太多，意存我见，

① 相关材料，见吴任臣：《十国春秋》卷十七，《南唐后主本纪》，卷十九《南楚国公从善传》、《江国公从镒传》，徐敏霞、吴莹点校本，中华书局1983年版，第239至241页，278页，280页。

② 《祖堂集校注》，第361页。

不甘认输，而是当即辞行，马祖老婆心切，不肯就此放过，而是使出最后一招，意其回头，不料他还是懵然无措。看来这位座主实在不是什么师子儿，可惜了马祖一番教诲。

罗山本人之说不传，然其弟子明招德谦一系却惯用此机，当与罗山不异。

据《景德传灯录》卷二十三明招德谦禅师机缘：

僧问："师子未出窟时如何？"师（德谦）曰："俊鹞趁不及。"曰："出窟后如何？"师曰："万里正纷纷。"曰："欲出不出时如何？"师曰："崄。"曰："向上（《五灯会元》卷八作去）事如何？"师曰："眨（《五灯会元》作剖）。"①

据同书德谦弟子报恩契从机缘：

问："师子未出窟时如何？"师曰："锋铓难击。"曰："出窟后如何？"师曰："藏身无路。"曰："欲出不出时如何？"师曰："命似悬丝。"曰："向去事如何？"师曰："拶。"②

又据普照院瑜禅师机缘：

时有僧问："师子未出窟时如何？"师曰："众兽徒然。"曰："出窟后如何？"师曰："孤（《五灯会元》卷八作狐）绝万里。"曰："欲出不出时如何？"师曰："当衙（《五灯会元》作冲）者丧。"问："向去事如何？"师曰："决在临锋。"师乃颂曰："决在临锋处，天然师子机。嚬呻出三界，非祖莫能知。"③

---

① 《大正藏》51 册，第 392 页下。
② 同上书，第 405 页上中。
③ 同上书，第 405 页中。

再据涌泉院究禅师机缘:

> 问:"师子未出窟时如何?"师曰:"抖㩐地。"曰:"师子出窟后如何?"师曰:"盖天盖地。"曰:"欲出不出时如何?"师曰:"一切人辨不得。"问:"向去事如何?"师曰:"俊鹞亦迷踪。"①

由上可知,师子在窟出窟句在罗山门下已经有了比较固定的模式。师子在窟,踪迹不露,故俊鹞难击,剑锋莫伤;师子出窟,野干敛迹,百兽遁形;欲出不出,不属出入,最是危险;向去之事,千圣不明,无人辨得。

师子之句非但罗山一门共传,似乎雪峰门下也有此机。

据《景德传灯录》卷十八漳州报恩院怀岳禅师机缘:

> 问:"师子在窟时如何?"师曰:"师子是什么家具?"又问:"师子出窟时如何?"师曰:"师子在什么处?"②

怀岳为雪峰门人,与罗山算是同辈。大概是参学僧人以罗山师子句来问怀岳,怀岳对此并不认可,故连根拔出。怀岳不管僧问之意,却反问师子是什么家具,对罗山一门惯要师子不以为然。此僧不解,又按程序往下问,怀岳再次反问师子在什么处,意为如此追逐外境文字,肯定不是师子儿。

隐微参问罗山之问答,大概与上述德谦一系所示类似。隐微由此入道,成为一只哮吼万里的金刚师子,无人能当其锋。

据《景德传灯录》卷二十三隐微禅师机缘:

> 师上堂,谓众曰:"还有腾空底么?出来!"众无出者。师说偈曰:"腾空正是时,应须眨上眉。从兹出伦去,莫待白头儿。"③

---

① 《大正藏》51 册,第 405 页中。
② 同上书,第 350 页下。
③ 同上书,第 392 页上。

脱离世网，迥出人伦，须抓住时机，眨眼之间，就是千劫万劫，不可空过此生，虚待白头。

僧问："如何是十善桥？"师曰："险。"曰："过者如何？"师曰："丧。"①

这段对话亦见于碑文，看来是隐微得意机锋。十善之桥，渡生死流，趋涅槃岸，壁立千仞，万丈孤悬，险绝天下，行者却步，故非寻常可度。过此桥者，丧身失命，皮肤尽脱，唯露真常；凡尘全销，本际开显，若非百尺竿头，更进一步者，不能过此。

问："资福和尚迁化向什么处去也？"师曰："草鞋破。"②

资福和尚可能指仰山弟子吉州资福贞遂。隐微参罗山之前也有可能参过资福贞遂，故有僧问资福迁化向什么处去。隐微遗命葬于吉州吉水县，可能即是葬于先师塔左，从世礼也。问亡师迁化向何处去，是禅门惯用的机锋。隐微未作正面回答，资福何曾迁化，不过行脚辛苦，带累草鞋。

问："如何是黄梅一句？"师曰："即今怎么生？"曰："如何通信？"师曰："九江路绝。"③

黄梅一句，与今何别，即今亦不识，何知祖师意？从古到今，心心相印，知今则识古，何必到黄梅？但有所求，则千里万里；欲通消息，则九江路绝。九江路绝，众流斩断，绝其所欲，始有所得。灵珠不求而自得，消息潜通于路绝。

---

① 《大正藏》51 册，第 392 页上。
② 同上。
③ 同上。

问："初心后学，如何是学？"师曰："头戴天。"曰："毕竟如何？"师曰："脚蹈地。"①

初心后学，但知抬头望天，慕道求佛。毕竟自了，则脚踏实地，自然合道，但观本地风光，不贪人家苗稼。

问："如何是法王剑？"师曰："露。"曰："还杀人也无？"师曰："作么？"问："如何是龙泉剑？"师曰："不出匣。"曰："便请出匣。"师曰："星辰失位。"②

法王之剑，无坚不摧，观者头落，求者命丧。此僧不知好歹，竟然以身试锋，隐微示以利害，告曰剑身已露，若欲活命，赶紧遁逃，他却懵然无知，还问此剑是否杀人，隐微见其笨得可以，头落多时，仍问剑锋利钝，便大喝一声：想乾什么！此僧略感痛痒，却仍不知趣，又问如何是龙泉之剑。法王之剑，何异龙泉？法王剑堪杀人，龙泉剑有何不可？隐微告以吾之剑不出匣，龙泉之剑，绝不轻出，更不斩死尸。此僧仍然不识利害，又道请和尚出剑，隐微则曰此剑一出，则乾坤颠倒，星辰失序，莫不识痛痒。

此一公案十分有趣，此僧以身犯刃，屡屡撄锋，隐微则不忍举剑，步步退让。这僧枉在剑下作了数回冤死鬼，却毫不知情，不屈此僧，却是屈了一把好剑。

问："国界安宁，为什么珠不现？"师曰："落在什么处？"③

云开而日出，水清则珠现。烦恼尽除，繁嚣不起，心地无尘，国界安宁，如意珠何以不现？问者自恃已获清净，却问何以不见髻中珠，隐微告以珠不在外，未曾亡失，自己不见，不是无珠，而是无眼，不是珠不现，

---

① 《大正藏》51 册，第 392 页上。
② 同上。
③ 同上。

而是国界未安，尘劳覆障。

隐微前后住锡龙泉十善、金陵龙光、奉先、洪州大宁等，据碑文，在龙泉除十善外，还有广福禅院。嗣法弟子契任、行常，分别继之住持广福、十善，还有小师自明、自满等七十三人，为其立碑。看来他的弟子还是很多的，只是后世不得其传。

第七节　明招德谦

明招德谦为罗山在后世最有影响的门人，其机缘语句广为禅林传唱。

据《景德传灯录》卷二十三：

> 婺州明招德谦禅师，受罗山印记，靡滞于一隅，激扬玄旨。诸耆宿皆畏其敏捷，后学鲜敢当其锋者。师在泉州招庆大殿上，以手指壁画问僧曰："那个是甚么神？"曰："护法善神。"师曰："沙汰时向什么处去来？"僧无对。师却令僧去问演侍者，演曰："汝什么劫中遭此难来？"其僧回举似师，师曰："直饶演上座他后聚一千众，有什么用处？"僧乃礼拜请别语。师曰："什么处去也。"清八路举仰山插锹话问师："古人意在叉手处，意在插锹处？"师曰："清上座。"清应诺。师曰："还曾梦见仰山么？"清曰："不要下语，只要上座商量。"师曰："若要商量，堂头自有一千五百人老师在。"师到双岩，双岩长老睹师风彩，乃曰："某甲致一问问阇梨。若道得，便舍院；道不得，即不舍。《金刚经》云：一切诸佛及诸佛法皆从此经出。且道此经是何人说？"师曰："说与不说一时拈向那边著，只如和尚决定唤什么作此经？"双岩无对。师举经云："一切贤圣皆以无为法而有差别，斯则以无为法为极则，凭何而有差别？且如差别是过不是过？若是过，一切贤圣尽有过；若不是过，决定唤什么作差别？"双岩亦无语。师曰："雪峰道底。"
>
> 师在婺州智者寺，居第一座。寻常不受净水。主事僧问曰："因什么不识触，净水不肯受？"师下床拈起净瓶曰："遮个是净？"主事无语。师乃扑破净瓶。师自尔道声遐播，众请居明招山开法。四来禅者

盈于堂室，师谓众曰："希逢一个下坡不走，快便难逢。若有同生同死，何妨一展。"僧问："师子本（未）出窟时如何？"师曰："俊鹞趁不及。"曰："出窟后如何？"师曰："万里正纷纷。"曰："欲出不出时如何？"师曰："险。"曰："向上事如何？"师曰："眨。"问："如何是透法身外一句子？"师曰："北斗后翻身。"问："十二时中如何趣向？"师曰："抛向金刚地上著。"问："文殊与维摩对谭何事？"师曰："葛巾纱帽已拈向那边著也。"问："如何是和尚家风？"师曰："戳得著是好手。"问："无烟之火是什么人向得？"师曰："不惜眉毛底。"曰："和尚还向得么？"师曰："汝道我有多少茎眉毛在？"师见新到僧才上法堂，乃举拂子却掷下。其僧珍重，便下去。师曰："作家，作家。"问："全身佩剑时如何？"师曰："忽遇正恁么时又作么生？"僧无对。师问国泰瑫和尚："古人道，俱胝只念三行呪，便得名超一切人。作么生与他拈却三行呪，便得名超一切人？"国泰竖起一指。师曰："不因今日，争识得瓜洲客。"师有师叔在癣院患甚，附书来问曰："某甲有此大病，如今正受疼痛，一切处安置伊不得。还有人救得么？"师乃回信曰："顶门上中此金刚箭透过那边去也。"有一僧曾在师法席，辞去住庵一年，后来礼拜曰："古人道，三日不相见，莫作旧时看。"师乃露胸问曰："汝道我有多少茎盖胆毛？"僧无对。师却问："汝什么时离庵？"曰："今朝。"师曰："来时折脚铛子分付与阿谁？"僧又无语，师乃喝出。问："承师有言，我住明招顶，兴传古佛心。如何是明招顶？"师曰："换却眼。"曰："如何是古佛心？"师曰："汝还气急么？"问："学人擎云攫浪上来，请师展钵。"师曰："拶破汝顶。"曰："也须仙陀去。"师乃棒趁出。师别，有颂示众曰：

明招一拍和人希，此是真宗上妙机。

石火瞥然何处去，朝生凤子合应知。

师住明招山四十载，语句流布诸方。将欲迁化，上堂告众嘱付。其夜展足，问侍者曰："昔释迦如来展开双足，放百宝光明。汝道吾今放多少？"侍者曰："昔日鹤林，今日和尚。"师以手拂眉曰："莫孤负么。"又说偈曰：

蓦刀丛里逞全威，汝等应当善护持。

火里铁牛生犊子，临岐谁解凑吾机。

偈毕安坐，寂然长往。今塔院存焉。①

明招德谦如此重要，《祖堂集》却未有传记，甚至连名字都没提及，这究竟是为什么。《祖堂集》有罗山门人三人传记，分量已是不少，并非有意排斥罗山系。或许作书之时，明招尚且在世，依照惯例，不为生者立传。或者明招当时影响还不够大，后来才显露头角。还有一种可能，即明招锋芒太盛，经常折辱雪峰一系，故为人所憎，故意不为他立传。

值得注意的是，自《景德传灯录》以下，后世多有将《祖堂集》龙回从盛的事迹移到德谦名下之误，主要是两个方面，一是将从盛临终之言改为德谦，如灯录；二是将从盛在泉州招庆以罗山一味白饭折服度上座的故事移到德谦名下，如密庵咸杰语录、痴绝道冲语录等。

据《禅宗颂古联珠通集》卷三十：

抚州疎山匡仁禅师（嗣洞山）。闻福州大沩安和尚示众曰："有句无句，如藤倚树。"师特入岭到彼，值沩泥壁，便闻（问）："承闻和尚道：'有句无句，如藤倚树。'是否?"曰："是。"师曰："忽然树倒藤枯，句归何处?"沩放下泥盘，呵呵大笑归方丈。师曰："某甲三千里卖却布单，特为此事而来，何得相弄?"沩唤侍者，取二百钱与这上座去，遂嘱曰："向后有独眼龙为子点破在。"后闻婺州明招谦和尚出世，径往礼拜。招问："甚处来?"师曰："闽中来。"招曰："曾到大沩否?"师曰："到。"曰："有何言句?"师举前话。招曰："沩山可谓头正尾正，祗是不遇知音。"师亦不省。复问："树倒藤枯句归何处?"招曰："却使沩山笑转新。"师于言下大悟，乃曰："沩山元来笑里有刀。"遥礼悔过。②

对于这一公案，后世颂者很多，其著者有浮山法远、佛慧法泉、真净

---

① 《大正藏》51 册，第 392 页中。
② 《续藏经》65 册，第 660 页上。

克文、大慧宗杲等，表明至少北宋中期已经流传。然而这一故事的可信度肯定有问题，疏山曾参大安无疑，大安告之后日有独眼龙为其点破，是故疏山去参明招肯定有问题。一则从辈分上讲，明招只是疏山法孙，虽然禅宗不强调辈分，去参法孙还是非常罕见；二则从时间上看，疏山于武义二年（920）入灭，此时明招是否开法还是问题，即使已经开法，疏山晚年也不可能从江西跑到浙江向一个后辈问道。后世史料中有贬低疏山、抬高罗山一系的嫌疑，让疏山赞扬法侄罗山算是提携后学，再让他去参法孙就太不合情理了。不过大慧普说中未言此僧为疏山，只是说为大安座下某僧，这种可能性是存在的，因为大安入灭时为景福二年（793），如果当时此僧只有二十余岁，数十年后再参明招也有可能。

明招生平事迹迷惑不少，难以厘清。他为浙江人，故神晏称其为浙子，具体地方不详。他的参学经历也比较复杂，似是先到泉州参招庆慧稜。慧稜住持招庆，在天祐三年（906）至开平三年（909）之间，明招前来，当在此间。假如他是先参罗山，则应于开平二年（908）始至。在泉州时，他与王延彬有交流，太傅宅迎木佛，问之忽遇丹霞如何，他道也要分付着人始得。在招庆时，他与演上座、清八路（镜清）有交锋。

在泉州时，他还见过雪峰门人全坦。

据《正法眼藏》卷二：

> 明招和尚因到泉州坦长老处。坦云："夫参学，一人所在亦须到，半人所在亦须到。"招便问："一人所在即不问，作么生是半人所在？"坦无语。后却令小师问招曰："你欲识半人所在么？也只是个弄泥团汉。"①

全坦自谓参学须仔细，即使半人所在，也要去参，却又说不出什么是半人，反令小师去问明招，明招告之半人只是一个弄泥团汉。

据《景德传灯录》卷十六：

---

① 《续藏经》67 册，第 602 页下。

　　全坦问："平田浅草，麋鹿成群，如何射得麋中主？"师唤全坦，坦应诺。师曰："吃茶去。"①

据《玄沙师备禅师广录》卷一：

　　全坦问："只如法身还解说法也无？"
　　师云："寐语汉。"②

如此全坦为雪峰门人，也参过玄沙。
开平三年（909）跟随慧稜到福州后，他还到过鼓山，参神晏。
据《联灯会要》卷二十五：

　　师到鼓山，廨院吃馎。山见便问："这浙子，总不来鼓山。"师云："某甲自从入岭便患风，不得礼觐大师。"山行数步，回顾师云："还有风也无？"师略展两足。山云："元来是会禅。"师云："和尚幸是大人，不得造次。"山云："你不肯鼓山，待上来与你三十棒。"师云："吃棒自有人。"③

　　神晏责其为何入闽之后不来鼓山参礼，他以患风为辞，鼓山行数步，回头视之，道是汝看我患风么，明招展足相示，鼓山认可其会禅，有收归门下之意，他道吃棒自有人，自己没有这个福分，等于还是不肯鼓山。
据《古尊宿语录》卷十二：

　　后章州罗汉展和尚闻举，云："者个是吃屎狗。"僧便问："如何是子湖狗？"展云："攃喋却。"僧拟议，展云："早被我咬杀了也。"明招和尚在罗山闻举，遂云："洎赚数緉草鞋，我本欲游章南，如今不用

____

① 《大正藏》51 册，第 327 页下。
② 《续藏经》73 册，第 4 页下。
③ 《大正藏》79 册，第 222 页中。

去也。休，休！”僧便问：“如何是子湖狗？”招以手按膝，放身近前云：“嘘，嘘！”①

明招在罗山时，听闻漳州保福从展评论子湖之犬的言论，对此不敢苟同。这表明保福从展住持时（917—928）他还在福建依止罗山。

在闽越游学得法之后，他又回到浙江，具体时间不详。他先到台州，参胜光和尚，才跨门，光方垂足，他便道伎俩已尽，拂袖而出。他又从台州东行，在金华、武义一带游化。

他到武义双岩，双岩长老见其风采，准备让院给他，先行勘问，他反问双岩，双岩无言以对。此双岩长老可能是雪峰门人，故明招称雪峰道底。

他又到金华智者寺，担任首座，不用净水，人或责之，他拈起净瓶勘问，无能答对，便扑破净瓶，自此名闻遐迩，众请住持武义明招山。

在明招时，他与同门金柱义昭禅师相互扶持。他还到过福田、法云、保宁，这些寺院具体位置不详，但都应是附近的寺院，其中在保宁住持者可能为其同门师兄，故称其为道伴。还有一种可能，即保宁寺就是金柱山寺，一为山名，一为寺名。因为离他最近的同门只有义昭禅师。

明招还与玄沙门人、住持金华山国泰院的彦瑫禅师关系密切，尊其为瑫师叔。二人讨论俱胝一指公案，在其卧病时，国泰前来相看，病愈后又去相谢。

据《联灯会要》卷二十五：

师卧疾，国泰深和尚来相访。才入方丈，师便云：“阿耶耶！阿耶耶！深师叔，救取老僧。”深云：“和尚有甚救处？”师举头一觑，云：“咦！眼子乌啅啅地，依前只是旧时深上座。”乃转身面壁，更不相见。

师疾愈，访国泰，泰领众门接，师指金刚云：“这两个汉在这里作甚么？”泰作金刚势。师云：“殿里黄面老子笑你在。”②

① 《续藏经》68册，第75页中。
② 《续藏经》79册，第223页中。

国泰深，应是国泰瑶之误，二字形近，当时国泰院住持未闻有深禅师，只有国泰瑶。国泰还代保宁答话，可见三人住处很近，关系密切，往来很多。

据《智证传》卷一：

> 明招谦禅师偈曰："师子教儿迷子法，进前跳踯忽翻身。罗文结角交加处，鹞眼龙睛失却真。"①

又据《祖庭事苑》卷四：

> 明招谦尝作无题十颂，有云："百岁看看二分过，灵台一点意如何？贪生逐日迷归路，撒手临岐识得么。"雪窦颇类此颂。②

如此明招擅长偈颂，文理俱佳，颇有为后世所重，雪窦重显也经常暗用其句。

据《景德传灯录》卷二十四：

> 婺州明招德谦禅师法嗣六人
> 处州报恩契从禅师
> 婺州普照瑜和尚
> 婺州双溪保初禅师
> 处州涌泉究和尚
> 衢州罗汉义和尚（已上五人见录）
> 福州兴圣调和尚（一人无机缘语句不录）③

据《景德传灯录》卷二十四：

---

① 《续藏经》63 册，第 189 页上。
② 《续藏经》64 册，第 368 页下。
③ 《大正藏》51 册，第 397 页下。

处州报恩契从禅师。初开堂，升座欲坐，乃曰："烈士锋前还有俊鹰俊鹞儿么? 放一个出来看。所以道：'烈士锋前少人陪，云雷击鼓剑轮开。谁是大雄师子种，满身锋刃但出来。'"时有僧始出，师曰："看好精彩。"僧拟申问，师曰："什么处去也?"问："师子未出窟时如何?"师曰："锋铗难击。"曰："出窟后如何?"师曰："藏身无路。"曰："欲出不出时如何?"师曰："命似悬丝。"曰："向去事如何?"师曰："拶。"师后住南明。有僧问："如何是和尚家风?"师曰："还奈何么?"问："十二时中如何即是?"师曰："金刚顶上看。"曰："怎么即人天有赖。"师曰："汝又谁諕人天作么?"①

契从禅师初住处州报恩，后住南明山仁寿寺。
据《走遍丽水》：

> 法海寺：位于莲都囿山南麓，今囿山小学内，唐光化二年（899）建，初名报恩，宋大中祥符元年（1008），改名法海，政和七年（1117）改名神霄玉清万寿官，旋改真身寺，建炎元化（1127）复名法海寺。清康熙三十三年（1694），住僧法鉴徙古老君庙铜钟于寺，后建明远楼以覆之。

丽水旧属处州，此报恩寺应当就是契从住持过的寺院，后名法海寺。契从住持时间不详，应当是在五代末至宋初。在他之后，是翠峰从欣门人守真禅师（慧稜法孙）住持。

南明山仁寿寺，前身为唐朝三平和尚的大安寺，寺中有真身，宋乾德三年（965）移建于原址之西，称仁寿院。②契从当为仁寿寺开山祖师，其后为云居道齐（929—997）门人惟宿禅师、雪窦重显门人日慎等相继住持。

契从生卒年不详，应当与云居道齐相近或稍早。他为明招首徒，两处开法，有一定的影响力。

---

① 《大正藏》51 册，第 405 页上。
② 参见《走遍丽水》。

　　杀人刀、活人剑与弄师子是罗山一系惯用的法宝，契从也用得精熟。若是师子儿、真烈士，不怕锋刃，何惧剑轮。始出则著精彩，再问则箭过新罗。南明家风，奈何不得。如何修行，视金刚顶。莫道人天有赖，修行须自得力。《正法眼藏》曾引契从师子话，表明他在后世有较高的影响。

　　据《景德传灯录》卷二十四：

　　　　婺州普照瑜和尚。上堂，未坐，谓众曰："三十年后大有人向遮里亡锋结舌去在，还会么？灼然，若不是真师子儿，争识得上来机？"僧问："师子未出窟时如何？"师曰："众兽徒然。"曰："出窟后如何？"师曰："孤绝万里。"曰："欲出不出时如何？"曰："当冲者丧。"问："向去事如何？"师曰："决在临锋。"师乃颂曰：
　　　　决在临锋处，天然师子机。
　　　　嚬呻出三界，非祖莫能知。①

　　普照寺在今武义县柳城畲族镇鳌龙山，始建于唐朝，兴盛至今。瑜禅师与师兄契从一样，善弄师子。

　　据《景德传灯录》卷二十四：

　　　　婺州双溪保初禅师。示众曰："未透彻，不须呈，十方世界廓然明，孤峰顶上通机照，不用看他北斗星。"僧问："九夏灵峰剑，请师不露锋。"师曰："未拍金锁前何不问？"僧曰："千般徒设用，难出髑髅前。"师曰："背后碍杀人。"②

　　双溪在今武义县，后世李清照有词《武陵春》述之。若是透彻者，直上孤峰顶，自开慧眼，能通机照，十方世界，廓然洞明；不看北斗，自知途径。说法九夏，谁当灵锋；不露锋芒，寰宇已清。尸横久矣，何必露锋；自认骷髅，不是好手；当面伶俐，背后迟钝。

---

　　①　《大正藏》51 册，第 405 页中。
　　②　同上。

据《景德传灯录》卷二十四：

> 处州涌泉究和尚。师上堂，良久曰："还有虎狼禅客么？有则放出一个来。"时有僧才出，师曰："还知丧命处么？"曰："学人咨和尚。"师曰："什么处去也？"问："师子未出窟时如何？"师曰："抖擞地。"曰："师子出窟后如何？"师曰："盖天盖地。"曰："欲出不出时如何？"师曰："一切人辨不得。"问："向去事如何？"师曰："俊鹞亦迷踪。"①

虎狼禅客，出则命丧。不肯承当，则非虎狼。究和尚也精通家传法宝，善于摆弄师子。

《景德传灯录》卷二十四：

> 衢州罗汉义和尚。上堂，众集，有僧才出礼拜。师曰："不是好底。"僧曰："龙泉宝剑请师挥。"师曰："什么处去也？"曰："恁么即龙溪南面尽锋铓。"师曰："收取。"问："不落古今请师道。"师曰："还怪得么？"曰："犹落古今。"师曰："莫错。"②

义和尚住持衢州罗汉寺，其他事迹不详。才出礼拜，便道不好，片刻迟疑，堪作什么。龙泉宝剑，还知落处么；莫道龙溪南面尽是，知则收取，不可轻出。不落古今，莫怪莫怪；犹落古今，莫错莫错。此僧自落古今，反责于师，真是咄咄怪事。

明招门人还有调和尚，继师叔重满住持福州兴圣，无机语存世。

据《宋高僧传》卷二十三：

> 宋天台山文辇传
> 释文辇，永嘉郡平阳人也。邂逅求师，受业于金华。纳具足律仪

---

① 《大正藏》51 册，第 405 页中。
② 同上。

毕，翘勤笃励，三乘之学，一皆染渐。因往缙云明昭禅师法会，不事
繁云，扬眴之间，决了无滞。末遇天台山德韶禅翁唱宗一大师之道，
辇复谛受无疑，不为异缘牵转，故三十载随韶师，听其进否。尝谓人
曰："悟入之缘，犹蠖屈之于叶也，食黄则身黄，食苍则身苍，其屈伸
之状无变。吾初见明昭乃若是，今学玄沙又如是，此所谓殊涂而同归。
今更取佛言为定量之。"乃览大藏经三周遍。自是已来，逍遥无滞。以
太平兴国三年，忽自操其斧，言伐其檀。巧结玲珑，重攒若题凑焉。
号曰浮图，中开户。入内趺坐，自持火炬，誓之曰："以此残喘，焚之
供养十方佛诸圣贤。"言讫发焰亘空。其烟五色旋转氤氲，犹闻诵经之
声，须臾始绝。观者号哭。灰寒，收舍利不知颗数。春秋八十四。①

文辇（895—978）受业于金华，具戒之后，精勤好学，博通三乘。后
于明招禅师法会顿悟，其时当在长兴元年（930）前后。后来他又师从天台
德韶（891—872），跟随三十载，始终如一。缙云明昭禅师肯定是婺州明招
德谦，缙云五代时属于处州，其实与婺州武义地界相接，所谓缙云明昭其
实就是婺州明招。

据《古尊宿语录》卷二十六：

> 到杭州西庵。庵主曾见明招，举一颂云："绝顶西峰上，峻机谁敢
> 当。超然凡圣外，瞥起两重光。"师问："如何是两重光？"主云："月
> 从东出，日向西没。"师云："庵主未见明招时如何？"主云："满倾油
> 难尽。""见后如何？""多心易得干。"②

法华全举为汾阳善昭门人，其游方时，曾到杭州西庵，庵主为明招门
人。其时在天圣之初（1023），西庵主应当是明招最后在世的门人，其生年
在天福五年（940）左右，此时已经八十多岁了。

---

① 《大正藏》50 册，第 860 页下。
② 《续藏经》68 册，第 172 页下。

第七章　雪峰义存及其法系

第一节　雪峰生平

雪峰义存（822—908）为唐代著名禅师，也是中国佛教史上有影响的大师之一。关于其生平事迹，有托名黄滔之《福州雪峰山故真觉大师碑铭》、《宋高僧传》卷十二本传、《祖堂集》卷七、《景德传灯录》卷十五机缘等史料。明徐𤊹纂集《雪峰志》，卷三有《真觉大师年谱》，明林弘衍编有《雪峰真觉禅师语录》，其后附有《雪峰真觉大师年谱》，与《雪峰志》基本一致，搜集颇多，但其间亦有错误，不可尽从。

雪峰俗姓曾，泉州南安人，长庆二年（822）壬寅岁生。九岁便欲出家，父母不听，大和七年（833）十二岁从父游莆田玉涧寺，见寺僧庆玄律师，持行高洁，遽拜之曰：真吾师也。便留为童子。开成三年（838）十七岁祝发，法名义存。会昌五年（845）武宗灭法，"乾有玉涧寺，民庙而田之"①，玉涧寺受到很大的破坏，雪峰也被迫离去。雪峰在玉涧寺前后十三年，淳朴贞古，在律学上颇有成就。这段记载年谱和碑铭一致。

会昌五年（845），雪峰外示儒服，到芙蓉山从弘照大师灵训。大中元年（847），佛法再兴，雪峰复拜灵训为师。王荣国对大中元年"再礼芙蓉弘照为师"之说有异议，以为雪峰既然自从灭法之后，就一直待在芙蓉灵训身边，早已以之为师，何来再礼为师之说？②

这本来是一个小问题，但也有说明的必要。据《雪峰志》卷八蓝文卿《舍田宅为梵宇遗嘱》：

---

① 黄滔：《莆山灵岩寺碑铭》，《全唐文》卷825，上海古籍出版社1990年版，第3856页。
② 王荣国：《雪峰义存的生平考述》，《纪念雪峰义存圆寂1100周年学术研讨会论文集》。

　　唐懿宗咸通十一年庚寅三月十一日，真觉具状报相见，文卿相见毕，问：“何处僧？”真觉启覆云：“某系泉州人氏，俗姓曾，薙发于莆田玉磵寺，出家得度。遇会昌沙汰，复到本州芙蓉山，礼宏照训禅师祝发。遂往幽州，受戒参学，授法于德山鉴禅师。但某特来，求一菴基。”

　　此遗嘱当立于乾符三年（876）十一月蓝文卿去世之前，其真假有争论，但最后一段原为小注，今编者混入正文之中，，前面可能亦有文字增减，故有致疑之处，即使《遗嘱》为伪作，但所引一则可能为当时实录。如此雪峰在会昌沙汰时，被迫蓄发还俗，外示白衣，而在大中重兴佛法时便就芙蓉灵训大师重新剃度，故有“再礼为师”之说。

　　《年谱》称大中三年（849）己巳雪峰至幽州宝刹寺受具足戒，值得探讨。据《祖堂集》卷七，“至大中即位，佛宇重兴，即四年庚午年诣幽州宝刹寺具戒。”据《碑铭》，雪峰以梁开平二年（908）戊辰五月二日入灭，俗年八十七，僧腊五十九，自四年受具，恰为五十九夏。

　　然据《魏州故禅大德奖公塔碑》，兴化存奖（830—888）“大中五年，伏遇卢龙节度使张公奏置坛场，和尚是时，戒相方具，而后大中九年，再遇侍中张公重起戒坛于涿郡，众请和尚”，如此卢龙节度使张允申两度于管内设置戒坛，初次存奖受具，第二次已经成为授戒和尚。

　　与存奖相比，雪峰幽州受戒似乎并不顺利，据《语录》，雪峰有《幽州未得授戒》诗：

　　　　一十出家未是时，二十出家正是时。今遇官坛缘未合，龙钟且作老沙弥。①

　　看来刚开始他被官坛拒绝，经过一番磨难才最后得以受具，像他这样年近三十始受具戒，表明当时成为正式的比丘并非易事。

　　由于大中五年（851）始奏置戒坛，因此雪峰不可能于四年（850）受

　　① 《续藏经》69 册，第 85 页中。

具,《祖堂集》之说也不算错,只是说他于四年出发前往幽州,次年受具,两地南北悬隔,非短时可到。在这次授戒时,雪峰与兴化存奖、云居道膺(827—902)同坛,当时应当已然结识,后来皆成本门宗师,看来这次戒坛功德无量。

如此雪峰三十岁始于幽州金台宝刹寺受具,僧腊五十八。《祖堂集》不太明确,《碑铭》为后人伪作,其说不可靠。

幽州受具之后,他在还乡途中,顺路参见投子大同。

据前引《景德传灯录》卷十五投子机缘,可知此时的雪峰尚未觉悟,故饱受钳锤。此外,在这一机缘中,看不到岩头与钦山,史料中也未见二人参见投子之记载,表明这是雪峰初时单独参访,并非后来他们三人同行经历。

《年谱》又称"五年辛未,师年三十。是岁五月九日,弘照和尚示寂。"如此灵训大中五年(851)便入灭了。此说恐系误记。

据《玄沙师备禅师广录》卷三附林澄《唐福州安国禅院先开山宗一大师碑铭并序》:

> 咸通初,爰有芙蓉山义通上人扣于俗扃。先德谢公,性方隐豹,心嗜大雄。乃揖通公,宵憩于第,谭移星斗,坐列云容。于是师数告严慈,坚求染鬓。诘旦随通公入彼山门,抠衣弘照大师。奇材爰遇于良工,贞金讵烦于大火。星灰三换,髭发一除。五年春正月,辞师诣钟陵开元寺道玄律师受具足戒。其年秋,骤别龙沙,却回瓯越。肩横栭栗,躔众壑以无辞;心注芙蓉,涉重江而罔滞。自此服膺晨夕,晦迹岩峦,忘形匪惮于风霜,务事每凌于星月。或惸游古洞,或燕坐巅峰。孤高之灵鹤乘轩,澹泞之闲云出洞。
>
> 弘照大师密加训勖,别借品题。至七年,有学兄自外回锡,即雪峰真觉大师。才窥冰碧,浮契云龙,举唱宗乘,超越彝等。德岸而三峰让峻,禅河而四海惭深。雪峰自此号师作"备头陀"。①

---

① 《续藏经》73册,第25页中下。

如此咸通初年玄沙师备（835—908）始从弘照习禅，咸通五年（864）弘照尚且在世，不可能于大中五年（851）灭度。

《年谱》又称：

> 七年癸酉
> 师年三十二。辞曾氏游方，有偈曰：昔年曾许郁多罗，直至而今未动梭。此日且随云水去，谁能待得鸭成鹅！①

言雪峰三十二岁时外出游方，是有根据的。据《语录》，雪峰有诗，曰：

> 光阴倏忽暂须臾，浮世那能得久居。
> 出岭年登三十二，入闽蚤是四旬余。
> 他非不用频频检，已过还须旋旋除。
> 为报朝廷朱紫道，阎罗不怕佩金鱼。②

这表明雪峰在幽州受戒之后，又曾回到家乡，后来再次出游。他所辞别的曾氏究竟是何人，有待探讨。可以肯定的是，这位曾氏是一个女性，因为只有女性，才会穿梭织布。

雪峰还有一诗：

> 多生不出家，万劫受辛苦。今日舍恩爱，誓愿莫回顾。③

这首诗也有可能是写给曾氏的。

雪峰自幼出家，虽然在会昌五年曾经一度被迫还俗，但《碑铭》称"至宣宗皇帝之复其道也，涅而不缁其身也"，表明他在尘不染，清贞自守。

---

① 《续藏经》69册，第87页上。
② 同上书，第84页中。
③ 同上书，第85页上。

这两首诗都强调了他对世俗生活的厌弃，表明对所谓的人间恩爱不感兴趣，以出家修道为己志。

《年谱》还称其年雪峰到杭州大慈寰中（780—862）门下参访，并结识大慈上足钦山文邃，又遇平生知己岩头全豁，此后三人相伴，备参知识，这是有根据的。

据《景德传灯录》卷九大慈寰中机缘：

> 后属唐武宗废教，师短褐隐居。大中壬申岁重剃染，大扬宗旨。咸通三年二月十五日不疾而逝。寿八十三，腊五十四。僖宗谥性空大师、定慧之塔。①

大慈寰中于大中六年（852）壬申岁重新剃度，开法显宗，雪峰于次年前往依教，是完全可能的。三人在大慈门下的时间不长，不久又去参礼洞山良价。

雪峰三登投子，九上洞山，可见他往来于诸师之间，在洞山时间较长。洞山在大中五年（851）开始弘法，雪峰九上洞山当在大中末期。

《年谱》称雪峰三十二岁时便参洞山，或许过早，然而有谓雪峰"与其同乡文邃三人为友，曾结伴北参临济。义玄死后，三人又同参洞山"②，将参洞山的时间置于参德山之后，这也是不对的。

除欲参临济而不遇外，德山理当是三人同参的最后一站。据《祖堂集》卷七《雪峰和尚》，雪峰幽州受具之后，"自是不寻讲律，唯访宗师，遍历法筵，方造武陵。"因此武陵德山是其遍参知识之后而至的事实上的终点站。

在从洞山到德山的途中，三人还参过仰山慧寂。

据《祖堂集》：

> 师入佛殿，见经案子，问玄砂："是什摩经？"对云："《花严

---

①　《大正藏》51 册，第 267 页上。

②　杜继文、魏道儒：《中国禅宗通史》，江苏古籍出版社 1993 年版，第 345 页。

经》。"师云："老僧在仰山时，仰山拈经中语问大众：'刹说、众生说、三世一切说，为什摩人说？'无人对。云：'养子代老。'借此问阇梨，阇梨作摩生道？"玄砂迟疑。师却云："你问我，我与你道。"玄砂便问，师便向面拶身云："捆！捆！"①

这表明三人确实到过江西袁州仰山，并闻慧寂举问《华严经》中语。其时在大中十三年（859）前，因为是年慧寂移居洪州石亭观音院。

雪峰始至德山及在其地停留的时间唯见于《年谱》，道其于咸通二年（861）始至，六年辞别。此说似乎与《碑铭》不符，其谓"爰及武陵，一面德山，止于珍重而出，其徒数百，咸莫之测，德山曰：斯无偕也，吾得之矣"，似是一见德山，便告别而出。然这好象是对雪峰的过誉，因为《祖堂集》亦称雪峰在德山"盘泊数载"，始返瓯闽。

《洞山语录》有"据子因缘，合在德山"②之说，可见是先参洞山，后至德山。

据《年谱》：

> 七年丙戌
> 师年四十五。同岩头、钦山欲参临济。至中路，逢定上座，云临济和尚已于四月初十日示寂。师云："某甲薄福，不见和尚。未审有何言句？"定举无位真人话。自是三人分袂，岩头往龙山，钦山止于澧阳，师还闽。③

三人确有意北参临济义玄（？—866），但未到临济就去世了，这是三人最后一次同行，此后就各奔东西，不可能再一起去参洞山。咸通七年（866）发生了许多大事，这是雪峰回闽之年，也是他回到芙蓉之年。

《年谱》又称：

---

① 《祖堂集校注》，第 209 页。
② 《大正藏》47 册，第 521 页下。
③ 《续藏经》69 册，第 87 页下。

九年戊子

师年四十七。追念芙蓉肄业之地，遂还止于石室，即灵洞岩是也。是岁沩山懒安领徒至，上廉帅李景以书请师开创城西怡山王真人上升之所，今西禅寺是也。①

此说颇多错误，雪峰回到芙蓉山是在七年，非是九年。据前引《宗一大师碑文》，"至七年，有学兄自外回锡，即雪峰真觉大师"，表明七年之时雪峰就回到了芙蓉山，不待九年。就在同一年，大安（793—883）亦从沩山回闽，"懿宗丙戌岁，春离沩水，秋到福州，居府西八里怡山。"②

《年谱》这里交待得不太清楚，受观察史李氏之请住持城西怡山的为大安，不是雪峰，后世学者亦受其惑。③ 另外咸通七年任福建观察史、福州刺史者为李瓒，不是李景温，李景温于咸通八年至十年任福建观察史。④ 可能由于李瓒在大安到山以后不久便离任，对其建西禅寺真正有功者为李景温，是以后世寺记等唯言李景温，由于李景温八年才到任，也造成了大安八年才回到福建的假象。

《碑铭》另有一说，言"咸通六年，师归于芙蓉之故山，其年圆寂大师亦自沩山拥徒至，坐于怡山王真君上升之地。"六年之说过早，不能成立，由于各种史料都说大安与雪峰同年回闽，玄沙《碑文》与大安《真身记》都说是在七年，另外若是六年归闽，就不可能有先参临济、恰逢其已灭化的故事。

《碑铭》又言，"其徒熙熙，（师已嗣德山）纍纍而款关，师拒而久之，则有行实者，始以师同而议曰：师之道巍巍乎！法门围绕之所，不可造次，其地宜若鹫岭猴江之为。"于是乃迁府之西二百里之象骨峰，后更名雪峰。

大安的门人纷纷前来挑战，或许他们对雪峰认嗣德山有所不满。无论如何，雪峰当时在芙蓉确有压力，一方面是同窗故旧对他不嗣灵训不满，

① 《续藏经》69 册，第 87 页下。
② 《唐福州延寿禅院故延圣大师塔内真身记》，引自王荣国：《唐大安禅师生平考》，《中国佛教史论》，宗教文化出版社 2008 年版，第 146 页。
③ 杨曾文：《唐五代禅宗史》，中国社会科学出版社 1999 年版，第 393 页。
④ 参见郁贤浩：《唐刺史考全编》第 4 册，安徽大学出版社 2000 年版，第 2168 页。

另一方面是大安一派，大安当时在福州势力很大，又是前辈高僧，雪峰不能公然与之对抗。在这种情况下，选择离开是最为明智的。

据《年谱》：

> 昭宗皇帝龙纪元年己酉
>
> 师年六十八，开基造塔于陈洋，即前所谓第三境界。当年七月七日塔成，师自作塔铭。时行实师伯示寂，师哭之恸，举而葬于东山西原。师为塔记云：身谢有为，塔归无缝。松山一镇，鹤岭千秋。师伯法讳行实，俗姓高，永嘉人也，受业芙蓉山。自己丑年，启朔兹山。时行实明地理，破天荒，立山门，放水路，原始要终，其功不浅。是年八月十四日，终于旧院。寿六十七，腊二十六。①

如此行实（823—889）年腊俱不及雪峰，以师伯称之，只能是由于行实更早从学于芙蓉大师。从劝雪峰另觅名山到选址开建，行实都立有大功，因此雪峰对之十分倚重。

据《语录》卷下：

> 赠实师伯
>
> 善哉道者，顿息大机。堂堂密密，将何显伊。
> 千山绝顶，万重绿衣。风云抱合，我终不知。
> 以此浮幻，随处佯痴。严霜欲至，放发齐眉。
> 僧俗不辩，怀量任疑。晓我微功，雨势云飞。②

雪峰此诗，对行实的境界修为大加赞叹，表明他不忘行实开创雪峰之功。据《年谱》，行实于咸通十年（869）劝雪峰移址，十一年（870）庚寅至乾符二年（875）乙未六年毕功，此与《碑铭》一致。

如此芙蓉灵训可能于咸通十年（869）时入灭，大师卒后，其弟子对于

---

① 《续藏经》69册，第88页下。
② 同上书，第85页中。

后继者有所争议，雪峰据芙蓉地，说德山法，同辈必然有所不满，于是行实劝其不与人争，另外择地，这应当是最佳的选择。

移居雪峰山是义存宏图大展的一个关键转折点，由于雪峰僻处群山之中，层峦叠嶂，山势幽绝，宜于禅修，同时山中盆地相连，林木茂密，适合耕作，是故有聚众共修的条件。这里法食俱足，众缘无缺，因此门庭隆盛，无远不至，成为东南一带最为兴盛的禅宗中心。

第二节　雪峰义存参学与悟道机缘略论

雪峰历参多师，十二岁从莆田玉涧寺庆玄律师，二十四岁参芙蓉山弘照灵训大师。庆玄律师是雪峰的剃度师，雪峰从之一纪，受教必多，然其机缘事迹不存于世。芙蓉大师也是对雪峰一生有重大影响的人物。

据《祖堂集》卷十七：

　　芙蓉和尚，嗣归宗，在福州。师讳灵训，福州侯官县人也，姓危。初参见归宗，问："如何是佛？"宗云："向你道，你还信不？"对曰："和尚若道，那敢不信！"宗曰："信即是佛，即汝便是。"师云："如何保任？"宗云："一翳在目，空花乱堕。"师领受玄旨，便创芙蓉，住持严整，海内闻名。入灭之后，敕谥弘照大师，圆相之塔。[1]

《景德传灯录》卷十与此大同，然略有补充：

　　福州芙蓉山灵训禅师。初参归宗，问："如何是佛？"宗曰："我向汝道汝还信否？"师曰："和尚发言，何敢不信！"宗曰："即汝便是。"师曰："如何保任？"宗曰："一翳在眼，空华乱坠。"（法眼云："归宗若无后语，有什么归宗也！"）师辞归宗，宗问："子什么处去？"师曰："归岭中去。"宗曰："子在此多年，装束了却来，为子说一上佛法。"师结束了上堂，宗曰："近前来。"师乃近前，宗曰："时寒，途中善

---

① 《祖堂集校注》，第437页。

为！"师聆此一言，顿忘前解。后归寂，谥弘照大师，塔曰圆相。①

芙蓉灵训为福州候官县人，俗姓危，为庐山归宗弟子。雪峰于会昌五年（845）法难之时前来依附灵训，得到庇护，后大中再兴，重依灵训剃度。大中四年（850）雪峰往幽州宝刹寺受具足戒，次年得戒后回到福州。大中七年（853），雪峰再次出岭，始访大慈寰中（780—862）。

《年谱》称大中七年（853）雪峰到杭州大慈寰中门下参访，并结识大慈上足钦山文邃，又遇平生知己岩头全豁，此后三人相伴，备参知识。

据《景德传灯录》卷十七：

> 澧州钦山文邃禅师，福州人也。少依杭州大慈山寰中禅师受业，时岩头、雪峰在众，睹师吐论，知是法器，相率游方。二士缘契德山，各承印记。师虽屡激扬，而终然凝滞。……师后于洞山言下发解。乃为洞山之嗣。年二十七，止于钦山。②

如此三人确实是在大慈门下相识的，但在这里待的时间不长，不久三人又上洞山。雪峰在洞山参学颇久，但留下的依然大多是失败的记录。

据《德山与洞山二支关系初探》：

> 雪峰是德山法嗣中对后世影响最大的一个，他先在洞山门下不契，然后才转归德山，是故他在洞山留下的几乎全是失败的故事。《瑞州洞山良价禅师语录》集录了与雪峰有关的七则机缘，雪峰初至洞山，洞山问其何处来，答曰天台来，再问其见智者否，答曰义存吃铁棒有分，这一机缘表现了雪峰的机智，始问是平常语，故雪峰作实答话，次问则语带机锋，天台为智者道场，若谓不见智者，到天台何益，若谓见智者，亦是有过，阴界见还是天界见，何生见相，因此不能正面回答。雪峰答语，意为若有见与不见，则某甲定吃铁棒。

---

① 《大正藏》51 册，第 280 页下，281 页上。
② 同上书，第 340 页上。

雪峰初露锋芒，意气大展，然此后就不那么顺利了。据《语录》：雪峰上问讯。师云：入门来须有语，不得道早个入了也。雪峰云：某甲无口。师云：无口且置，还我眼来。雪峰无语。

佛家不立两边，有句则滞，无句则乖，故雪峰答无口，既非无语，又非有语，欲免二过。洞山却不放过，一句"还我眼来"，是说你是有眼不见，不是有口不答，自性不明，弄什么乖巧，自是无眼，在三寸上作文章，怕是弄巧成拙，明眼人笑尔。雪峰失对。

《语录》又载：雪峰搬柴次，乃于师前抛下一束，师云：重多少？雪峰云：尽大地人提不起。师云：争得到这里？雪峰无语。

雪峰故意在洞山面前抛下一束，是想显示力量，弄个手段，洞山将计就计，问其重多少，雪峰答道尽大地人都提不起，谁能知其轻重，这一答语显然是他在抛柴前设计好的，其中暗用了大庾岭头提不起的故事，自以为得计，然洞山一语中的，既是提不起的，如何到老僧这里，雪峰顿时失措，再次败下阵来。

再据《语录》：师于扇上书"佛"字，云岩见，却书"不"字，师又改作"非"字。雪峰见，乃一时除却。

洞山书"佛"，或是"即心即佛"之意，云岩恐其执著，故云"不是心，不是佛，不是物"，洞山改作"非"字，是说"非心非佛"，雪峰一时除却，表明他喜欢的是一法不立的精神，与洞山一门难有交涉，故后世白杨顺云：我若作洞山，只向雪峰道：尔非吾眷属。江山易改，秉性难移，雪峰与洞山门风不合，其离开洞山只是早晚的事。

《语录》又云：雪峰作饭头，淘米次，师曰：淘沙去米，淘米去沙？雪峰云：沙米一时去。师云：大众吃个什么？雪峰遂覆却米盆。师云：据子因缘，合在德山。

洞山一宗有宾有主，有偏有正，故学人有阶可升，有路可行，并非一味地强调无有分别。沙与米不可不择，不能主奴不辨，清浊不分。雪峰虽多受熏陶，却不改其性，依然是不拣不择，二俱不立，甚至以覆却米盆来示己志，这种境界高则高矣，却不实际，日日如此，大众真要饿死了。洞山虽知雪峰是法器，不愿轻舍，至此也知强留无益，为他指出一条明路，令其往参德山，因为雪峰秉性，与德山门风相类，而与洞山难合。

雪峰虽久不能悟，却非一无所得，故虽经洞山点拨，亦未立即辞去。据《语录》：师一日问雪峰：作什么来？雪峰云：斫槽来。师云：几斧斫成？雪峰云：一斧斫成。师云：犹是这边事，那边事作么生？雪峰云：直得无下手处。师云：犹是这边事，那边事作么生？雪峰休去。

一斧斫成，犹是有为，与无为出世之彼岸无涉。直言无下手处，亦未到那边，这边事汝又如何下手？不事雕琢，方知曹山好手，无刃之剑，岂是萃炼而成！雪峰问这边则涉有为，问那边又落空寂，心中未明，故所言皆滞。任是洞山老婆心切，为个后生不惜断舌，却也无济于事。

《语录》又载最后机缘：雪峰辞师，师云：子什处去？雪峰云：归岭中去。师云：当时从什么路出？雪峰云：从飞猿岭出。师云：今时向什么路去？雪峰云：从飞猿岭去。师云：有一人不从飞猿岭去，子还识么？雪峰云：不识。师云：为什么不识？雪峰云：他无面目。师云：子既不识，怎知无面目？雪峰无对。

雪峰久不能契，不得不辞，洞山再投一杖，欲救盲龟。从飞猿岭出入者，是这边人，不从飞猿岭出入者，是那边人。雪峰答言不识，亦是预设机关，拟思而得，欲以无面目塞洞山口。不料洞山一句既然不识，怎知无面目，立即让雪峰张口结舌，无言以对。灵智一开，则能出入因果，逆顺自在，雪峰只知因为无面目，所以不识，不知因为不识，所以无面目。无面目，所以不识，是心随境转，境与心为因；只为不识，所以无面目，是境随心转，心与境为主。不识无过，只是雪峰不识不识。只为不识，故无面目，佛眼也瞧不见，不为凡圣所拘，毫厘系念，则头角生也。只为不识，故无向背，无取舍，无去来，无出入，不变易处去，去亦不变易，任性逍遥，随缘放旷。雪峰终究未识那边事，只是带著遗憾与洞山分手。不是雪峰根器不利，求道不力，不是洞山悟道未彻，教徒无方，只能说是性自有异，故总不投机。①

---

① 徐文明：《德山与洞山二支关系初探》，《北京大学学报》，2001 年第 4 期。

《雪峰语录》还载一机缘：

> 师蒸饭次，洞山问："今日蒸多少?"师云："二石。"山云："莫
> 不足么?"师云："于中有不吃者。"山云："忽然总吃，又作么生?"
> 师无对（先云居代云："总吃即不见有不足者。"）。①

禅者语带双机，话里藏锋，洞山始问，看似平常，第二问中暗设机关，
雪峰似未觉察，道是僧众中并非都吃，所以二石已经够了，洞山再问，假
如都吃，又该如何，雪峰无言以对。于平常语句中暗藏禅机，使人在不知
不觉中中招，足见洞山好手。无二无别，何来多少? 自性圆满，如何不足?
此食非它，乃是众香所积，功德普熏，虽千万人食不尽，如何有不足者?
洞山老婆心切，频以香饭喂小儿，怎耐雪峰无福消受。

虽然未得彻悟，但雪峰在洞山亦非无所收获。

据《筠州洞山悟本禅师语录》卷一：

> 僧问："如何是毗卢师法身主?"师曰："禾茎粟干。"问："三身
> 之中阿那身不堕众数?"师曰："吾常于此切。"僧问曹山："先师道
> '吾常于此切'，意作么生?"山云："要头便斫去。"又问雪峰，峰以
> 拄杖劈口打，云："我亦曾到洞山来。"②

又据《雪峰义存禅师语录（真觉禅师语录)》卷一：

> 问："洞山道'吾常于此切'，未审意旨如何?"师云："老僧九度
> 上洞山。"僧拟议，师云："拽出者僧去。"③

毗卢法身主，岂是寻常可议! 这僧不知好歹，明明洞山道禾之茎、粟

---

① 《续藏经》69 册，第 71 页中。
② 《大正藏》47 册，第 510 页中。
③ 《续藏经》69 册，第 73 页中。

之干，已是法外施恩，还要再捋虎须，又问三身中那个身不堕众数，洞山道，吾常于此切齿，不是与法身有仇，而是与妄念为敌。有僧不明其意，举问曹山雪峰，曹山是君子，动口不动手，雪峰是金刚，用霹雳手段。

这一公案表明雪峰对洞山的旨还是十分明了的。又据《语录》：

> 师亲写版牌云：
> 妄身临镜照影，影与妄身不殊。若欲去影留身，不知身影常虚。
> 身影从来不异，不得一有一无。若拟憎凡爱圣，生死海里常浮。①

这一首偈语显然是与洞山《过水偈》有关，据《景德传灯录》卷十五：

> 切忌从他觅，迢迢与我疏。
> 我今独自往，处处得逢渠。
> 渠今正是我，我今不是渠。
> 应须恁么会，方得契如如。②

"影与妄身不殊"，即"渠今正是我"。然而从其全诗来看，与洞山之旨大异。洞山强调的是自我的主动性和主人翁地位，主张以我为主，不从他觅，有主有从，有偏有正。雪峰则强调身影俱妄，从来不异，主张于此二法不起分别，不生爱憎，无去无留，非有非无，这显然是德山门风。洞山讲分别，雪峰说无分别，一要淘米去沙，一要沙米一时去，差别是非常明显的。

正是由于趣味不同，雪峰虽在洞山门下颇久，还是不得其旨，最终选择了离去，并且依照洞山的指点来到德山。

据《福州雪峰山故真觉大师碑铭》：

> 爰及武陵，一面德山，止于珍重而出，其徒数百，咸莫之测，德

---

① 《续藏经》69 册，第 85 页中。
② 《大正藏》51 册，第 321 页下。

山曰："斯无偕也，吾得之矣！"①

这是强调雪峰悟性极高，一面德山便珍重而出，尽得其法，故无人能测，德山对之大加赞赏，道是斯人无人可比，为自己得此高足而洋洋自得。这似是模仿玄觉大师见六祖故事，体现了前后真觉、如出一辙。此说无据，有抬高雪峰之嫌。

据《祖堂集》卷五《德山和尚》：

> 雪峰在德山，时上法堂，见和尚便转。师曰："此子难偕！"长庆拈问："什么处是雪峰与德山相见处？"僧无对。庆代云："还得当么？"②

此说与《碑铭》似乎一致，不过《祖堂集》将此置于德山与雪峰相处机缘之末，并非始至，看来《碑铭》有意将此提前，以抬高雪峰。

据《祖堂集》卷七《雪峰和尚》：

> 才见德山，如逢宿契，便问："从上宗乘事，学人还有分也无？"德山起来打之，云："道什么？"师于言下顿承旨要，对云："学人罪过。"德山云："担负己身，询他轻重？"师礼谢而退。③

德山老人一条白拈棒，佛来也打，祖来也打，怎会对一后生客气！雪峰总是不够自信，喜欢外求，德山狠下一棒，使其稍知痛痒，令其识得本分事，己事不明，外寻无益。雪峰于此有省，如桶底脱相似。

《祖堂集》卷七《岩头和尚》对此还有一个说法：

> 雪峰问德山："从上宗乘，和尚此间如何秉授于人？"德山云："我

---

① 《全唐文》卷826，上海古籍出版社1990年版，第3858页。
② 同上。
③ 同上。

宗无语句，实无一法与人。"①

《雪峰语录》则将二者合为一体：

　　　　师谒德山，问："从上宗乘，学人还有分也无？"山打一棒，曰："道甚么？"师曰："不会。"至明日请益，山曰："我宗无语句，实无一法与人。"师有省。②

"我宗无语句，实无一法与人"，是德山一门的宗要，这是大实话，却无人愿意信从。佛法至简至易，今人却偏要寻求复杂一路，以为越复杂就越高级，越会绕圈子就越有水平，真是可悲可叹。

又据《祖堂集》卷五《德山和尚》：

　　　　因南泉第一座养猫儿，邻床损脚，因此相诤。有人报和尚，和尚便下来拈起猫云："有人道得摩？若有人道得，救这个猫儿命。"无对。南泉便以刀斩作两撅。雪峰问师："古人斩猫儿，意作摩生？"师便趁打雪峰，雪峰便走。师却唤来云："会摩？"对云："不会。"师云："我与摩老婆，你不会？"师问岩头："还会摩？"对云："不会。"云："成持取不会好！"进曰："不会，成持个什摩？"师云："你似撅铁！"③

南泉斩猫是禅宗史上著名的公案，此处所载是现存资料中最原始的形态。德山老人具大慈悲，老婆心切，故每每痛下针砭，惟恐学人不彻。南泉斩猫是南泉慈悲，德山行棒是德山慈悲，都是为他损己，受累儿孙。皆道不会，为何雪峰被骂，岩头免责，有人于此缁素得出么？饶是德山铁齿铜牙，遇到岩头这块顽石，也只得满嘴流血。

《语录》还载有一则他处未见的机缘：

---

① 《祖堂集校注》，第198页。
② 《续藏经》69册，第71页下。
③ 《祖堂集校注》，第163页。

师年四十二，在德山作饭头。一日饭迟，德山自擎钵下法堂。师晒饭巾次，见云："这老汉，钟未鸣，鼓未响，拓钵向甚么处去？"德山便归方丈。师举似岩头，头云："大小德山不会末后句在。"山闻举，令侍者唤岩头至方丈，问："你不肯老汉那？"岩头密启其意，山乃休。来日升堂，果与寻常不同。岩头到僧堂前，拊掌大笑云："且喜得堂头老汉会末后句，他日天下人不奈伊何。虽然，也祇得三年活。"①

雪峰年四十二，即咸通二年（861）。雪峰做饭迟了，德山按照平常的时间前来吃饭，却被雪峰抢白一顿，道是开饭的钟鼓未响，托钵来做什么。德山无语，便归方丈。雪峰自以为得计，便举似岩头，岩头却笑二人均不明末后句。岩头确有过人处，连德山都得他指点。不言岩头德山，且道雪峰过在什么处？

雪峰在德山数载，虽有所省，实则未悟，他真正悟道是在鳌山。

据《雪峰义存禅师语录（真觉禅师语录）》卷一：

后与岩头至澧州鳌山镇，阻雪。头每日只是打睡，师一向坐禅。一日唤曰："师兄，师兄，且起来。"头曰："作甚么？"师曰："今生不著便，共文邃个汉行脚，到处被佗带累。今日到此，又只管打睡。"头喝曰："噇眠去！每日床上坐，恰似七村里土地，佗时后日魔魅人家男女去在。"师自点胸曰："我这里未稳在，不敢自谩。"头曰："我将谓尔佗日向孤峰顶上盘结草庵，播扬大教，犹作这个语话！"师曰："我实未稳在。"头曰："你若实如此，据你所见处，一一通来，是处与你证明，不是处与你划却。"师曰："我初到盐官，见上堂，举色空义，得个入处。"头曰："此去三十年，切忌举著。""又见洞山过水偈曰：切忌从佗觅，迢迢与我疏。渠今正是我，我今不是渠。"头曰："若与么，自救也未撤在。"师又曰："后问德山：从上宗乘中事，学人还有分也无？德山打一棒，曰：道甚么？我当时如桶底脱相似。"头喝曰："你不闻道：从门入者，不是家珍。"师曰："佗后如何即是？"头曰：

---

① 《续藏经》69 册，第 87 页中。

"佗后若欲播扬大教，一一从自己胸襟流出，将来与我盖天盖地去！"师于言下大悟，便作礼起，连声叫曰："师兄，今日始是鳌山成道！"①

这段记载又见于《祖堂集》卷七《岩头和尚》，文字与此基本一致。此处雪峰自述了行脚悟道的过程，一是自盐官处闻举色空义，得个入处，雪峰曾到杭州大慈寰中会上，是否到过盐官其他资料未载，所谓盐官，或为大慈之误。假如在杭州时真参过盐官，亦是第二世，因为盐官齐安国师（？750—842）已于会昌二年（842）入灭。

现在无法得知色空义详情如何，或许是即色是空，触类是道，不可色外寻空，舍身求道，即此色身、本来涅槃之义。洞山过水偈，最重要的便是"切忌从他觅"，雪峰于此有省。德山所示，责其"担负己身，询他轻重"，告之自己"无一法于人"。以上三师所示，其实无别，都是让他做好本分事，岩头最后告之欲传大教，须"一一从自己胸襟流出"，如此方可盖天盖地，绵绵无尽，活水常流，雪峰最后终于彻悟。

诸师所示其实无二，只是雪峰理解的程度不同，经过长期的熏陶钻研，经过岩头最后的启发，这层窗户纸终于被钻透了，雪峰终于了知自性，彻悟本源，有了自性灵智的源头活水，自然常饱不饥，弥漫天地。

雪峰遍历禅宗，其实际参学过的禅师还有很多，其中黄蘖希运门人乌石灵观（？—878）便是很有影响的一位。

据《祖堂集》卷十九《观和尚》：

　　观和尚，嗣黄蘖，在福州。师出家黄蘖寺，密承黄蘖宗教。后复瓯闽，于丁墓山居小兰若。每扃其户，学者无由辄造其门。唯有日给饷食，清信儒流，至时则号扣之，乃一开耳。后因雪峰和尚初入岭，又钦高峻，遂往祗候，手扣其门，师才出门，雪峰一见，拦胸把住，便问："是凡是圣？"师蓦面与一唾，云："者野狐精！"便推出，却闭其户。雪峰云："只要识老兄。"②

————————

① 《续藏经》69 册，第 71 页下、72 页上。
② 《祖堂集校注》，第 486 页。

这一机缘又见于《景德传灯录》卷十二《乌石灵观禅师》。此事发生在何时，值得考查。雪峰至少两次入岭，一是大中五年（851）幽州受戒后，二是咸通七年（866）。其言初入岭，当在大中五年之末。

又据《雪峰语录》卷二：

> 师行脚时，参乌石观和尚。才敲门，石问："谁？"师曰："凤凰儿。"石曰："来作么？"师曰："来啖老观。"石便开门，搊住曰："道，道。"师拟议，石拓开，闭却门。师住后，示众曰："我当时若入得老观门，你这一队噇酒糟汉向甚么处摸索？"①

这也表明二人相见是在雪峰早年行脚之时，从上述记载来看，此时的雪峰尚未觉悟，故两战失利。

第三节　雪峰门人概况

雪峰开法四十年，山中冬夏不减一千五百人，著名门人很多，为晚唐至五代初南方最负盛名的大宗师。

《祖堂集》载其门人二十一人，数量最多。《景德传灯录》则录其门人五十六人。《宋高僧传》载其门人八人。这些都表明其门庭之盛，影响之大。

《祖堂集》所收二十一人，即玄沙师备、长生皎然、鹅湖智孚、大普玄通、镜清道怤、翠岩令参、报恩怀岳、化度师郁、鼓山神晏、隆寿绍卿、安国弘瑫、长庆慧稜、保福从展、云门文偃、齐云灵照、永福从弇、福清玄讷、潮山延宗、南岳惟劲、越山师鼐、睡龙道溥，其中最后两位为玄沙门人。

据《景德传灯录》卷十八：

> 福州雪峰义存禅师法嗣上一十四人

---

① 《续藏经》69 册，第 84 页上。

福州玄沙师备禅师

福州长庆慧稜禅师

福州大普山玄通禅师

杭州龙册寺道怤禅师

福州长生山皎然禅师

信州鹅湖山智孚禅师

漳州报恩怀岳禅师

杭州西兴化度师郁禅师

福州鼓山神晏国师

漳州隆寿绍卿禅师

福州仙宗行瑫禅师

福州莲华山永福从弇禅师

杭州龙华寺灵照禅师

明州翠岩令参禅师（已上一十四人见录）[1]

据《景德传灯录》卷十九：

福州雪峰义存禅师法嗣下四十二人

福州安国弘瑫禅师

襄州云盖山归本禅师

韶州林泉和尚

洛京南院和尚

越州洞岩可休禅师

定州法海院行周禅师

杭州龙井通禅师

漳州保福从展禅师

泉州睡龙道溥禅师

杭州龙兴寺宗靖禅师

---

[1] 《大正藏》51 册，第 343 页下。

福州南禅契璠禅师

越州越山师鼐禅师

南岳金轮可观禅师

泉州福清玄讷禅师

韶州云门文偃禅师

衢州南台仁禅师

泉州东禅和尚

余杭大钱山从袭禅师

福州永泰和尚

池州和龙山守讷禅师

建州梦笔和尚

福州古田极乐元俨禅师

福州芙蓉山如体禅师

洛京憩鹤山和尚

潭州沩山栖禅师

吉州潮山延宗禅师

益州普通山普明大师

惰州双泉梁家庵永禅师

漳州保福超悟禅师

太原孚上座

南岳惟劲禅师（已上三十一人见录）

台州十相审超禅师

江州庐山讷禅师

新罗国大无为禅师

潞州玄晖禅师

湖州清净和尚

益州永安雪峰和尚

卢仙德明禅师

抚州明水怀忠禅师

益州怀果禅师

杭州耳相行修禅师

嵩山安德禅师（已上一十一人无机缘语句不录）①

其中如体禅师为芙蓉灵训门人，继住本山，乃雪峰师弟，号体师叔，不是雪峰门人，睡龙道溥为玄沙门人。

《雪峰义存禅师语录》中雪峰门人：镜清、长生、保福、长庆、全坦、道溥、可观、太原孚、鹅湖、晏国师、慧全、云门、澄沼。

《玄沙师备禅师广录》所载雪峰门人如下：惠棱、彦相、弘瑫、彦玢、惠参、宗静、文偃、彦恩、道恩、惟劲、彦晖、光晖、行恩、太原令孚、从展、灵照、从弇、全坦、法演、道麟、道殷、彦稠、绍崇（绍宗）、从袭、行隆、从诺、参兄（令参）、晏院主（神晏）、神楚、光默、匡上座（道匡？）。

《祖堂集》雪峰传中载门人惠全（慧全）、常敬长老、朗上座、泯典座等。

雪峰门人数量众多，分布范围广大，几乎遍及大半个中国，还有新罗门人，足以证明他是当时影响最大的禅门宗匠之一，号称南有雪峰，北有赵州。

第四节　载入僧传的主要门人

《宋高僧传》收录标准严格，能入僧传者一般都是境界高、影响大的高僧。僧传收录雪峰门人八人，数量相当多，表明其法系在当时有很大的影响。

据《宋高僧传》卷十三：

后唐杭州龙册寺道怤传

释道怤，俗姓陈，永嘉人也。卝总之年，性殊常准，而恶鲑血之气，亲党强啖以枯鱼，且虞呕哕。求出家于开元寺，具戒已，游闽入

---

① 《大正藏》51册，第353页上。

楚，言参问善知识，要决了生死根源。见临川曹山寂公，大有征诘，若昙询之问僧稠也。终顿息疑于雪峰，闽中谓之"小愒布纳"，时太原同名年腊之高故。暨回浙，住越州鉴清院。时皮光业者，日休之子，辞学宏赡，探赜禅门，尝深击难焉，退而谓人曰："愒公之道，崇论闳议，莫臻其极。"武肃王钱氏钦慕，命居天龙寺，私署顺德大师。次文穆王钱氏创龙册寺，请愒居之，吴越禅学自此而兴。以天福丁酉岁八月示灭，春秋七十。荼毗于大慈山坞，收拾舍利，起塔于龙姥山前。故僧主汇征撰塔铭。今舍利院，弟子主之，香火相缀焉。①

道愒（868—937），温州永嘉人，早岁忭非寻常，不食荤腥，出家于开元寺。大约光启三年（887）二十具戒。此后游方入闽，始参灵云志勤，其时当在大顺元年（890）前后。后参雪峰，应在乾宁年间（894—898）。

据《景德传灯录》卷十八：

雪峰垂语曰："此事得怎么尊贵，得怎么绵密。"对曰："道愒自到来数年，不闻和尚怎么示诲。"雪峰曰："我向前虽无，如今已有，莫有所妨么？"曰："不敢，此是和尚不已而已。"雪峰曰："致使我如此。"师从此信入，而且随众。闽中谓之"小愒布衲"。②

这表明道愒在雪峰数载之后，方得信入，再经磨砺，雪峰肯之。

据《景德传灯录》卷十八：

师后遍历诸方，益资权智。因访曹山寂和尚，问："什么处来？"曰："昨日离明水。"寂曰："什么时到明水？"曰："和尚到时到。"寂曰："汝道我什么时到？"曰："适来犹记得。"寂曰："如是，如是。"③

---

① 《大正藏》51 册，第 787 页上。
② 同上书，第 348 页下。
③ 同上。

　　道怤后来出闽入楚，遍历诸方。先到江西，参礼曹山本寂（840—901），时在光化年间（898—901）。禅者出语无滞，不执于境，所有言问，不离中道。只知昨日离明水，不知今朝何处来。不问何时离，只称何时到。学人与和尚一般，和尚到时，学人始到。和尚莫问何时到，此中有真意，欲答却忘言。和尚何不早问，方才尚记得。道怤应答无失，如昙询之对僧稠，得到曹山印可。

　　据《景德传灯录》卷十一：

　　　　疏山后问道怤长老："肯重不得全，汝作么生会？"怤云："全归肯重。"疏山云："不得全又作么生？"怤云："个中无肯路。"疏山云："始惬病僧意。"①

　　这表明在江西时，他还参过疏山匡仁，与之讨论疏山早年参香严智闲时的一则公案。

　　据《景德传灯录》卷十七：

　　　　高安白水本仁禅师，自洞山受记，唐天复中，迁止洪井高安白水院，众盈三百，玄言流播。……镜清行脚到，师谓之曰："时寒，道者。"清曰："不敢。"师曰："还有卧单得盖否？"曰："设有，亦无展底工夫。"师曰："直饶道者滴水滴冻，亦不干他事。"曰："滴水氷生，事不相涉？"师曰："是。"曰："此人意作么生？"师曰："此人不落意。"曰："不落意此人那？"师曰："高山顶上，无可与道者咭啄。"②

　　这表明镜清于天复中（901—903）到达洪州高安，参白水本仁，与之机锋相向。虽然天寒，此人不可被盖覆，因为滴水成冰，亦不干他事，他不落意想分别，亦无功夫闲言碎语。识得此人，方称道者。

　　据《景德传灯录》卷十八：

---

　　①　《大正藏》51 册，第 284 页中。
　　②　同上书，第 339 页中。

（信州鹅湖智孚禅师）

镜清问："如何是即今底？"师曰："何更即今？"清曰："几就支荷。"师曰："语逆言顺。"①

镜清还到信州参同门智孚，讨论一切现成、即今便是之理。

僧传称道怤还曾入楚，然而却没有这方面的记载，他是否到过湖南、在那里参过何人，难下定论。

这次游学之后，道怤又回到福建，再参雪峰、玄沙。

据《雪峰义存禅师语录（真觉禅师语录)》卷一：

师问僧："什么处来？"僧云："江西来。"师云："什么处逢见达磨？"僧云："达磨早晚离此间"。长庆代云："昨夜大目宿。"②

据《玄沙师备禅师广录》卷一：

问道怤长老云："你还得来么？"

怤云："见什么？"

师云："不是者个道理。"

又代云："是道怤桑梓，故非外物。"③

这是慧稜天祐三年（906）住持招庆之后归山礼拜，雪峰特请玄沙到山中，与诸人相见，此时道怤也在雪峰，表明他从江西回到山中，故玄沙问他还得来么。

据《佛祖纲目》卷三十四（丁卯）：

怤再参，存问："甚处来？"曰："岭外来。"曰："甚么处逢达

---

① 《大正藏》51 册，第 350 页中。
② 《续藏经》69 册，第 77 页中。
③ 《续藏经》73 册，第 7 页中。

磨?"曰:"更在甚么处?"曰:"未信汝在。"曰:"和尚莫粘腻好"。存便休,住镜清,学者奔凑。①

这表明天祐四年(907)丁卯岁道怤从岭外回来,再参雪峰,同年归乡,住持越州镜清。

在从福州到越州的路上,他经过台州。

据《景德传灯录》卷十七:

> 台州幽栖道幽禅师。镜清问:"如何是少父?"师曰:"无标的。"曰:"无标的以为少父耶?"师曰:"有什么过?"曰:"只如少父作么生?"师曰:"道者是什么心行?"②

又据《景德传灯录》卷十七《台州瑞岩师彦禅师》:

> 镜清问:"天不能覆,地不能载,岂不是?"师曰:"若是,即被覆载。"清曰:"若不是,瑞岩几遭也。"师自称曰:"师彦。"③

这表明他在台州时参过洞山门人幽栖道幽禅师,请教曹洞宗少父与老子之理。若有标的,则非少父。诞生王子,天生贵种,尊贵无比,故无标的。他参过曹洞宗多位宗师,对其理论十分熟悉。

在台州时,他还见过瑞岩师彦。若有所是,则被天地盖却;无人无我,方得自在。

道怤在镜清院十余年,影响很大,得到皮光业的礼敬。延沼(896—973)贞明六年(920)时曾经来参。

据《佛祖纲目》卷三十四:

---

① 《续藏经》85册,第672页上。
② 《大正藏》51册,第338页中。
③ 同上书,第340页下。

（壬午）道怤禅师住龙册

道怤住镜清，吴越王钱镠命居天龙。王一见便叹曰："真道人也！"
又创龙册寺，请怤居之。①

如此龙德二年（922）壬午，吴越王钱镠请居杭州天龙寺，崇以"顺德
大师"之号。

据《佛祖纲目》卷三十四（丁酉）：

道怤，住龙册，学侣云臻。②

如此天福二年（937），道怤移居龙册寺，是年入灭。本年，其护法居
士皮光业任宰相。

据《禅门宝藏录》卷一：

诸佛说弓，祖师说弦。说弦者，禅门正传玄路，不借言说，直示
宗本心体，如弓之弦。若教门，则一乘是直路，三乘是曲路，不如直
举宗本心体，示于心念之中。何故？一乘教中所说者，事事无碍，法
界圆融。此事事无碍法界，方一味法界；拂此一味法界之迹，方现祖
师所示一心。故知诸教不直。顺德禅师录。③

这是道怤以弓和弦为喻来强调教不如禅，禅宗直示宗本心体，如同弦；
教乘纡曲，虽然华严圆顿之教强调事事无碍，此说与一心尚有很大距离，
因此禅如弦，教若弓，直示心源，莫过于禅。

据《景德传灯录》卷二十一：

杭州龙册寺道怤禅师法嗣五人

---

① 《续藏经》85 册，第 676 页中。
② 同上书，第 683 页下。
③ 《续藏经》64 册，第 808 页中。

越州清化山师讷禅师

衢州南禅遇缘禅师

复州资福智远禅师（已上三人见录）

筠州洞山龟端禅师

温州景丰禅师（已上二人无机缘语句不录）①

据《景德传灯录》卷二十一：

越州清化山师讷禅师。僧问："十二时中，如何得不疑不惑去？"师曰："好。"僧曰："恁么则得遇于师也。"师曰："珍重。"有僧来礼拜，师曰："子亦善问，吾亦善答。"僧曰："恁么则大众久立。"师曰："抑逼大众作什么？"问："去却赏罚，如何是吹毛剑？"师曰："钱塘江里好渡船。"问："如何是西来意？"师曰："可杀新鲜。"②

又据《嘉泰会稽志》卷七《寺院》（山阴县）：

宝寿院

在县西一百二十里，唐贞元三年建，周广顺三年吴越给永丰院额，大中祥符元年改赐今额。

……

广利院

在县西一百二十里清化山，开宝九年柳公训舍宅建，吴越给清化西塔院额，大中祥符元年七月改赐今额。

如此清化山在山阴县西一百二十里处，与嵊县相接，其中有宝寿院、广利院两个寺院。师讷所住持的寺院，应当是宝寿院，因为广利院始建于宋开宝九年（976），师讷不可能此时才开始住山。后世亦以清化山宝寿院

---

① 《大正藏》51 册，第 370 页下。

② 同上书，第 377 页中。

最为有名，师讷之后，志超禅师（青原第十世，西明清锡法嗣）、子昌禅师（青原第十一世，云居道齐门人）相继住持。

师讷生卒年不详，其住持清化山，当在五代之末至宋初。周广顺三年（953）吴越国给永丰院额，当是对他大力弘法的肯定。

日日是好日，时时是好时，善能识时节，疑惑自然去。良时得遇师，珍重善把持。无问无答，便是善问善答，若待开口，堪作什么？莫道有劳大众，汝须自知其机。西来之意甚新鲜，钱塘江里好渡船；一心平等离赏罚，吹毛自是活人剑。

据《景德传灯录》卷二十一：

> 衢州南禅遇缘禅师。有俗士，时谓之铁脚，忽因骑马。有僧问师："既是铁脚，为什么却骑马？"师曰："腰带不因遮腹痛，幞头岂是御天寒！"有俗官问："和尚恁后生，为什么却为尊宿？"师云："千岁只言朱顶鹤，朝生便是凤凰儿。"师有时云："此个事得恁难道。"有僧出曰："请师道。"师曰："睦州溪苔，锦军石耳。"①

遇缘禅师住持衢州南禅显圣寺，北宋时云门宗佛慧法泉受赵抃之请于此住持。遇缘担任住持时年龄不大，故有俗官问之为何身为后生，却号长老，登师子座，他答千岁亦是鹤，朝生便是凤，王子始诞即是君，白发苍苍亦老臣。虽有铁脚，不妨骑马，骑马不为省力，正如腰带非止腹痛，幞头不为天寒。此事难道，道则不难，睦州出溪苔，锦军生石耳。

据《景德传灯录》卷二十二：

> 衢州镇境遇缘禅师。僧问："众手淘金，谁是得者？"师曰："溪畔披砂徒自困，家中有宝速须还。"僧曰："恁么即始终不从人得去也。"师曰："饶君便有擎山力，未免肩头有担胝。"②

---

① 《大正藏》51 册，第 377 页中。
② 同上书，第 380 页中。

这一机缘，强调淘他之金，不如识取自家之珍；力能擎山，也是为人服役，不如自重自得，自由自在。

此遇缘禅师被列入龙华灵照禅师法嗣，其实与南禅遇缘为同一人，只是先后住持衢州南禅寺与镇境寺而已。《五灯会元》卷八将两处机缘合在一起，只列为道怤法嗣，将他从灵照法嗣中剔出，这是有道理的。

据《景德传灯录》卷二十一：

> 复州资福院智远禅师，福州连江人也。童蒙出家，诣峡山观音院法宣禅师落发受具，给侍勤恪，专于诵持。一日宣禅师谓曰："观汝上根堪任大事，何不遍参而滞于此乎？"师遂礼辞，历诸方，至越州镜清礼顺德大师。因问曰："如何是诸佛出身处？"顺德曰："大家要知。"师曰："斯则众眼难谩。"顺德曰："理能缚豹。"师因此发悟玄旨。周显德三年丙辰，复州刺史率僚吏及缁黄千众，请师于资福院开堂说法（时谓东禅院）。僧问："师唱谁家曲，宗风嗣阿谁？"师曰："雪岭峰前月，镜湖波里明。"问："诸佛出世，天雨四华，地摇六动，和尚今日有何祯祥？"师曰："一物不生全体露，目前光彩阿谁知？"问："如何是直示一句？"师曰："是什么？"师又曰："还会么？会去即今便了，不会尘沙算劫。只据诸贤分上，古佛心源明露现前，匝天遍地；森罗万象，自己家风。佛与众生，本无差别；涅槃生死，幻化所为；性地真常，不劳修证。"师又曰："要知此事当阳显露，并无寸草盖覆。便承当取，最省心力。"师如是为众，涉于二十二载，太平兴国二年丁丑九月十六日声钟辞众，至二十七日辰时恬然坐化。寿八十三，腊六十三。①

智远禅师（896—977），福州连江人，早岁出家，师从本乡峡山观音院（在今连江县宫坂镇）法宣禅师出家，贞明元年（915）二十受具，后法宣禅师勉励他游方，他便遵命遍参，至越州，谒镜清，言问之际，顿悟玄旨。诸佛出身，大家须知；众眼难瞒，谁人得见；理能缚豹，法网难逃。

---

① 《大正藏》51 册，第 377 页中下。

他追随道怤多年，其后形迹不明，直到周显德三年（956），为复州刺史及道俗所请，住持复州东禅院，于此度众二十二载，宋太平兴国二年（977）入灭。他指出自己出自雪峰镜湖一系，认为法无二相，涅槃生死无异，佛与众生不别，直下会取，最是省力。

据《五灯会元》卷八：

衢州乌巨山仪晏开明禅师

吴兴许氏子，于唐乾符三年将诞之夕，异香满室，红光如画。光启中，随父镇信安，强为娶，师不愿。遂游历诸方，机契镜清。归省父母，乃于郭南籾别舍以遂师志。舍旁陈司徒庙有凛禅师像，师往瞻礼，失师所之。后郡守展祀祠下，见师入定于庙后丛竹间，蚁蠹其衣，败叶没胜。或者云："是许镇将之子也。"自此三昧，或出或入。子湖讷禅师，未知师所造浅深，问曰："子所住定，盖小乘定耳。"时方啜茶，师呈起橐曰："是大是小？"讷骇然。寻谒栝苍唐山德严禅师，严问："汝何姓？"曰："姓许。"严曰："谁许汝？"曰："不别。"严默识之，遂与剃染。尝令摘桃，浃旬不归。往寻，见师攀桃倚石，泊然在定，严鸣指出之。

开运中，游江郎岩，睹石龛，谓弟子慧兴曰："予入定此中，汝当垒石塞门，勿以吾为念。"兴如所戒。明年，兴意师长，往启龛视师，素发被肩，胸臆尚暖，徐自定起，了无异容。

复回乌巨，侍郎慎公镇信安，馥师之道，命义学僧守荣诘其定相，师不与之辩，荣意轻之。时信安人竞图师像而尊事，皆获舍利。荣因媿服，礼像谢愆，亦获舍利，叹曰："此后不敢以浅解测度矣！"

钱忠懿王感师见梦，遣使图像至，适王患目疾，展像作礼，如梦所见，随雨舍利，目疾顿瘳，因锡号"开明"，及述偈赞，宝器供具千计。

端拱初，太宗皇帝闻师定力，诏本州加礼，津发赴阙，师力辞。僧再至谕旨，特令肩舆，入对便殿。命坐赐茗，咨问禅定，奏对简尽，深契上旨。丐归，复诏入对，得请还山，送车塞途。

淳化元年示寂，寿一百十五，腊五十七。阇维，白光属天，舍利五色。邦人以骨塑像，至今州郡雨旸，祷之如向斯答。①

仪晏禅师（876—990），吴兴人，俗姓许氏。乾符三年（876）生，光启中（885—888）随父到信安（衢州），强为娶妇，他不愿，便外出游历，后到越州，参镜清契悟。后归衢州，别立精舍。时常入定，高深莫测。子湖讷禅师（可能为子湖利踪门人）试之，莫知崖岸。长兴四年（933）五十八岁时，他始从括苍山德岩禅师出家受具。晋开运中（944—946），他到江郎岩，于石龛中入定一年，门人慧兴守护。复回衢州乌居山，镇将慎氏崇之，命义学僧守荣探之，师不与辩，守荣初轻之，后其图像皆生舍利，荣愧而服之。吴越国王钱弘俶（949—978在位）遣使为画图像，礼像得舍利，目疾得愈，赐开明师号。宋端拱元年（988），太宗诏请入京供养，便殿入对，奏对称旨。后还山，淳化元年（990）入灭，有五色舍利，本州为之塑像，灵应异常。

庐山圆通缘德（898—977）始从道怤，后为襄州清溪洪进法嗣。

据《宋高僧传》卷十三：

次杭州龙华寺释灵照，本高丽国人也，重译而来，学其祖法。入乎闽越，得心于雪峰。苦志参陪，以节俭勤于众务，号"照布纳"焉。千众畏服，而言语似涉岛夷。性介特，以恬淡自持。初住齐云山，次居越州鉴清院。尝祗对副使皮光业，语不相投，被举摈徙龙兴焉。及湖州太守钱公造报慈院请住，禅徒翕然。吴会间，僧舍三衣披五纳者不可胜计。忠献王钱氏造龙华寺，迎取金华梁傅翕大士灵骨道具，寘于此寺树塔，命照住持焉。终于此寺，迁塔大慈山之峰。②

灵照禅师（870—947），《祖堂集》、《景德传灯录》亦有传。他本为高丽国人，入海求法，至雪峰，得其心要。节俭勤劳，一心行道，布衣蔬食，故号"照布衲"。

---

① 《续藏经》80册，第176页中。
② 《大正藏》50册，第788页上。

《玄沙师备禅师广录》卷一：

> 问灵照长老云："你在彼中还僧事么？"
> 云："是什么心行？"
> 师云："你无个入处，饭袋有何佛性？"
> 又代云："若要，即道。"①

灵照曾随慧稜住持泉州招庆，后来归山，玄沙入山，对他们进行指点。如此灵照在雪峰晚年仍在山中，大概在其入灭后出世说法。

灵照初住婺州齐云山，与国泰瑫、明招德谦同时行化。道怤于龙德二年（922）离开越州镜清院，他继任住持，然而与副使皮光业关系不睦，语不相投，迁居龙兴寺。后来湖州太守钱氏为其于杭州西关造报慈寺，禅徒纷至。忠献王钱弘佐（928—947）在位时（941—947）造龙华寺，请其住持，后终于此寺。

据《景德传灯录》卷二十二：

> 杭州龙华寺灵照禅师法嗣七人
> 台州瑞岩师进禅师
> 台州六通院志球禅师
> 杭州云龙院归禅师
> 杭州余杭功臣院道闲禅师
> 衢州镇境遇缘禅师
> 福州报国院照禅师
> 台州白云殂禅师（已上七人见录）②

灵照门人七人，其中遇缘禅师与道怤门人衢州南禅寺遇缘为同一人，遇缘可能始于镜清从学道怤，后从学灵照。

---

① 《续藏经》73 册，第 7 页中。
② 《大正藏》51 册，第 379 页下。

据《宋高僧传》卷十七：

> 后唐南岳般舟道场惟劲传
>
> 释惟劲，福州长溪人也。节操精苦，奉养栖约，破纳拥身，衣无缯纩，号头陀焉。初参雪峰，便探渊府。乾化中入岳，住报慈东藏，亦号三生藏。中见法藏禅师鉴灯，顿了如是广大法界重重帝网之门，因叹曰："先达圣人具此不思议智慧方便，非小智之所能。"又岳道观中亦设此灯，往因废教时窃移入仙坛也，有游岳才人达士留题颇多，劲乃叹曰："卢橘夏熟，宁期植在于神都；舜韶齐闻，不觉顿忘于肉味。嗟其无识，不究本端。盗王氏之青毡以为旧物，认岭南之孔雀以作家禽，后世安知？于今区别。"乃作五字颂，颂五章。览者知其理事相融，灯有所属。属在乎互相涉入，光影含容，显华严性悔，主伴交光，非道家之器用也。楚王马氏奏赐紫署宝闻大师，梁开平中也。劲续《宝林传》，盖录贞元已后禅门祖祖相继源脉者也。别著《南岳高僧传》，未知卷数。亦一代禅宗达士，文采可观，后终于岳中也。
>
> 系曰："物涉疑似，难辄区分。劲公志鉴灯，若遗物重获归家也，后之人必不敢攘物归家也。故曰前事不忘，后世之元龟也。"①

惟劲禅师，《祖堂集》、《景德传灯录》亦有传记。惟劲生卒年不详，他于梁乾化中（911—912）来到南岳，住持报慈东藏，又号三生藏。

据《石门文字禅》卷二十一《潭州开福转轮藏灵验记》：

> 开福在郡城之北，基构雄夸，尽占形胜，昔马氏植福之地也，弘法聚徒，皆当时之望士，号大丛林，名镇诸方。马氏尝命苾刍智光建东藏，奉安法宝，欲增妙丽，规法忉利诸天。光以意造，不合教乘。议者曰："惟劲禅师隐居岳中三十年，得心法之要而淹通三藏，异迹甚著，厚礼致之。"劲果来，于是布地文石为云涛之状以象海，琢石云涛之上以象须弥山，建大轮山之颠而辅以小轮，四棋布峙，立如人聚，

---

① 《大正藏》50 册，第 818 页中。

五指翔空，为朱栏青锁间见层出，以象忉利宫阙。光之徒颇相折难，劲博引《楼炭》等经、《瑜伽》、《俱舍》诸论证尤甚明。会尊者室利囀囉者来自五天，是劲之说，而藏乃克成，为湖湘第一。①

此文中还提及宋代重修轮藏时，"得木镂谶文，其略曰：吾成此藏，魔事极多，不踰二百年，有吾宗法子，革作转轮，此其基也。住持者，荆山宝也；法子者，月望也；匠者，弓长也。自伪天福癸丑至宣和改元己亥，盖百九十余年，夫岂偶然也哉！"②

如此惟劲建造开福院东藏，是在天福癸丑，下至宋宣和己亥（1119）一百九十余年。惠洪记事未曾细算，天福只有六年辛丑（941）和八年癸卯（943），没有癸丑，无论如何，下至宣和元年也只是一百七十多年。从惟劲隐居岳中三十年来看，应当是六年辛丑，辛与癸有似而丑与卯较远，故当为天福六年辛丑（941）。这表明此时惟劲仍然在世。僧传中梁开平中（907—911）楚王马氏奏赐紫衣，署宝闻大师之号，此说有误，一则当时惟劲尚未到达南岳，二则马氏尚未占据湖南，未称楚王，因此开平或为开运之误，此事应当发生在后晋开运年间（944—946）。

惟劲为雪峰门下著名文士，著作很多，富于才思。僧传载其著作有《续宝林传》、《南岳高僧传》。

据《祖堂集》：

> 惟劲禅师，嗣雪峰，在南岳般舟道场，生缘福州永泰县人也。
>
> 自参见雪峰，便契玄旨。经游五顶南北蓁林，遍探宗师，推为匠伯，后栖南岳。平生苦节，寰海播名，编《续宝林》、《镜灯》、《澒潎》、《防邪论》，并《插释赞》，广流于世。楚王钦仰，迎请出岳，留驻府廷，为教纲之纪纲，作祖天之日月。住持报慈东藏，奏赐紫衣，号宝文大师矣。
>
> 师因赞《镜灯》颂曰：

---

① 《嘉兴藏》23 册，第 676 页中。
② 同上书，第 676 页下。

伟哉真智士！能开方便津。

一灯明一躰，十镜现十身。

身身相暎涉，灯灯作互因。

层层身土广，重重理事渊 [渊]。

俨睹微尘佛，等逢毗目仙。

海印从兹显，帝纲义由诠。

一尘说法界，一切尘亦然。

五蕴十八界，寂用躰俱全。

圆光含镜像，一异不可宣。

达斯无碍境，遮那法报圆。

又述《象骨偈》曰：

象骨雄雄举世尊，统尽乾坤是一门。

词鋒未接承当好，莫待言教句里传。

拟议终成山海隔，擘面浑机直下全。

更欲会他泥牛吼，审细须听木马嘶。[①]

如此其著作还有《镜灯》、《漩澓》、《防邪论》、《插释赞》等，广流于世，惜后时失传，大多不见。

据《玄沙师备禅师广录》卷一：

惟劲长老问："作么生得三句一时了却？"

师云："你又何曾会我三句智通无碍之辩？"

劲云："三句从上来尽行此路，请和尚道。"

师云："你岂不是神光寺祥大德小师？"

劲云："若与么，是一是二？为当和尚一时道？"

师云："我本是谢翁儿。"

云："与么则通古通今也。"

师云："莫乱统。"

---

① 《祖堂集校注》，第309、310 页。

　　劲云："无者不是，正是乱统。"

　　师云："是处作么生？"

　　劲云："从古至今，也只如然。"

　　师云："更莫乱统著。"

　　云："和尚岂不是当山师叔？"

　　师云："你者个汉颠倒。"

　　劲云："正是某颠倒。"

　　师云："我也颠倒。"①

　　如此惟劲初为神光寺祥大德小师，后来参雪峰、玄沙，得玄沙三句之旨。

　　据《景德传灯录》卷十六：

　　　　师问僧："什么处来？"对曰："神光来。"师曰："昼唤作日光，夜唤作火光，作么生是神光？"僧无对。师自代曰："日光火光。"②

　　这位从神光寺来参雪峰的僧人有可能就是惟劲。日光火光，识之无非神光。神光寺在乌石山，黄檗希运门人灵观和尚曾于此住持，祥大德有可能为灵观门人。

　　据《宋高僧传》卷二十八：

　　　　晋曹州扈通院智朗传

　　　　释智朗，姓黄氏，单州城武人也。母刘氏梦数桑门圆坐为刘说法，历然在耳，遂妊朗焉。及生暨长，婉有僧之习气，淳靖简洁。苦辞亲出家，往曹州扈通院，事行满师，供给惟谨。洎乎剃染，成大比丘，学《四分律》、《净名经》，俱登阃阈。且曰："出俗之者何滞方守株，不能脱羁解绊乎？于广博知见无所堪能。"乃携缾钵，南极衡阳，登岳

---

① 《续藏经》73 册，第 9 页上。

② 《大正藏》51 册，第 327 页中。

栖般若寺，行胎息术，而览藏经。事讫，入闽岭。曾无伴侣，形影相吊，逢猛兽者数四，皆欲呀口垂噬，又蹑步徐去矣。见洞山、雪峰二祖师，决了禅训。有请问者，随答如飞，盖了达无絓矣。后旋本院，信向如归。而四事供僧，冈闻闲隙，四十余龄，役已无倦。

以晋末丁未岁十一月二十三日迁灭。于时白衣饮痛，缁流茹伤，兽失猛以哀嗥，鸟停飞而宛转。或曰："爱河苦海，谁拯溺邪？"春秋七十七，法腊五十三。火葬，收舍利，起塔于院。

朗为释子，衣物誓不经女人之手浣濯，不役徒弟。檀施之物像宝未省互用，盖以初律后禅，陶冶神用之故也。大名府少尹李铉为碑焉。①

智朗禅师（871—947），山东单州城武人，母梦僧为其说法，遂怀郎，及长，有僧习气，从曹州戹通院行满出家，乾宁元年（894）二十四岁受具，习四分律与《维摩经》。后南下游方，到达衡阳，登南岳，住般若寺，习练胎息，阅读藏经。其后入闽，数逢猛兽，有惊无险。可能在入闽途中，路过江西，曾经洞山，此时洞山住持为青林师虔（？—904）。他大概在光化年间（898—901）从学雪峰，了其心要，问答无滞。天祐间（904—907）回到本院，住持四十余载，晋末天福十二年丁未（947）入灭。智朗先律后禅，故持戒精严，奉律无违，衣物不经女人之手，檀越之物未曾互用。

据《祖堂集》雪峰和尚：

朗上座问："满目是生死？"师云："满目是什摩？"上座便大悟。②

此朗上座当为智朗，他言下大悟，亦是利根。

据《宋高僧传》卷三十：

梁四明山无作传

① 《大正藏》50 册，第 884 页下。
② 《祖堂集校注》，第 209 页。

　　释无作，字不用，姓司马氏，姑苏人也。父陈宛丘县尉，母戴氏。始妊时，梦异沙门称姓徐，住持流水寺，欲寄此安居，言讫跏趺而坐。其父同夜梦于盘中书一字甚称心，自言可以进上天子。至明各说所梦，母曰："意其腹中必沙门也。"矢之曰："如生儿，放于流水寺出家。"及生，果岐嶷可爱，且恶荤羶之气。年迨四岁，母自教诵习，利金易砺，记忆无遗。厥父欲其应童子举业，渐见风范和润，且恒有出尘之意。俄尔父偷窥姚氏之女且美容仪，酷欲取之。母切忌之，因曰或舍是子出家宽汝所取。父乃许之，送入流水寺中。才及月余，姚民仳离。时谓此女是善知识，为作之出家增上缘矣。年二十受具足法，相次讲通《删补律钞》、《法华》《上生》等经，《百法论》一性五性，宗教励精，寻究孔老书篇，无不猎涉。后参其玄学于雪峰存禅师，深入堂奥。至庐陵三顾山，檀越造云亭院，豫章创南平院请作住持，皆拂衣而去。前进士唐禀，作藏经碑，述作公避请之由。居洪井十载，且未识洪帅钟氏之面。乃游会稽四明，因有终焉之志。吴越武肃王钱氏仰重，召略出四明，因便归山，盖谢病也。有诗杅意呈王，王亦不留。诗云：云鹤性孤单，争堪名利关。衔恩虽入国，辞病却归山。时奉化乐安孙郃退居啸傲，不交缁伍，唯接作，交谈终日。进士杨弇亦慕为林下之游。以梁开平中卒于四明，春秋五十六。初作善草隶，笔迹酋健，人多摹写成法。述诸色礼忏文数十本，注道安六时礼佛文一卷并诗歌，并行于代。作不入尼寺，不谒公门，不修名刺，不趋时利，自号逍遥子焉。①

　　无作禅师，入灭于开平中（907—911），春秋五十六，则生于大中六年（852）至十年（856）间，既然称开平中，则他入灭于开平三年（909）左右可能性最大，如此则应生于大中八年（854）前后。他前身为苏州流水寺徐姓住持，故早岁至此寺出家，约咸通十四年（873）二十岁受具，精于律学，博通经论，又究孔老，内外俱明。后参雪峰，得其玄要，深入堂奥。无作后到江西，至庐陵三顾山，这是南朝宋齐隐士卢度曾经隐居之处，檀

---

　　① 《大正藏》50 册，第 896 页下。

越为其造云亭院，请为住持，后来豫章为创南平院，他没有接受，进士唐禀（齐己有《送唐禀正字归萍川》，表明他为秘书省正字，可能为萍乡人）作《经藏碑》述其未曾答应的原因。他在洪州十年，没有参拜过镇南军节度使南平王钟传（？—906）。后游四明，有终焉之志。吴越武肃王钱镠重之，迎其至杭州，后称病归山。他还是一个出色的书法家，善草隶，有诗文传世。他自号逍遥子，不谒公门，不入尼寺，高洁自处，萧然世外。

据《宋高僧传》卷三十：

汉杭州耳相院行修传

释行修，俗姓陈，泉州人也。少投北岩院出家，小心受课，诵念克勤，十三削发。往长乐府戒坛，受上品律仪，年始十八。参雪峰山存禅师，随众请问，未知诠旨。辞存师，言入浙去。存曰："与汝理定容仪，令彼土人睹相发心。"遂指其耳曰："轮郭幸长垂珰犹短，吾为汝伸之。"双手平曳，登即及肩，如是者三，自此长垂，见者举目。后唐天成二年丁亥岁入浙中，倾城瞻望，檀施纷纷。遂构室于西关高峰，为其宴息，后斸成大院。修别无举唱，默默而坐，人问，唯笑而止。士女牵其耳交结于颐下，杭人号长耳和尚。以乾祐三年庚戌岁十一月示疾，动用如平时，以三月中夜坐终。檀越弟子以漆布，今亦存焉。后寄梦睦州刺史陈荣曰："吾坐下未完。"检之元不漆布，重加工焉。①

行修禅师（？—951），为雪峰门下以异相和神通见长的奇人，后世以为定光佛化身。其生年不详，早期史料未有明述。

据《佛祖纲目》卷三十四（丁卯）：

行修，泉南陈氏子，号性真。唐景福元年正月六日，母梦吞日，惊寤而生，长耳垂肩，异香满室。七岁不言，或问曰："汝非痖乎？"忽应声曰："不遇作家徒，撞破烟楼耳。"人益奇之。比长读书，过目成诵，旁及内典，遍阅三藏。忽幡然欲游方外，蹑屐名山，至金陵瓦

---

① 《大正藏》50册，第898页下。

棺寺，祝发受具。参义存，得受心印。再游天台国清，日憩岩畔，猛兽巨蛇，往来左右，驯扰不去。后梁开平间至四明，独栖松下，天花纷雨。又趺坐龙尾岩，结茅为盖，百鸟衔花，飞绕经岁以为常。所坐盘石，当膝处成坳。①

又据《佛祖纲目》卷三十四：

> （甲申）行修禅师住南山
> 同光二年，行修至西湖南山，喜其后坞，依石为室，禅定其中。尝募人作福，或问："募人作福，未审有何形段？"曰："能遮百丑。"或问："如何有是长耳？"修拽耳示之。②

如此则行修生于唐景福元年（892）正月六日，记述十分明确，然而此为后世之说，颇有可疑之处。行修参雪峰，最早在十八岁，雪峰入灭于开平二年（908），是故行修生年不可能晚于大顺二年（891），景福元年说显然是错误的。此外，言行修至金陵瓦棺寺祝发受具，与僧传少从泉州北岩院出家、长至长乐府（福州）受具之说有违，同光二年（924）至西湖与天成二年（927）至浙中之说相违。

据《武林西湖高僧事略》卷一：

> 五代长耳相和尚
> 师名行修，号法真。……居南山法相院，平昔常募人作福。或问和尚："募人作福，未审有何形段？"师曰："能遮百丑。"乾祐四年仲冬二日，钱氏以诞辰饭僧，问永明："此会有圣僧否？"永明曰："长耳和尚乃定光如来化身也。"既而永明预戒侍者曰："长耳或来，但云我寝矣。"师诣永明，侍者依戒告之。师取永明革履覆之而返，翌日坐

---

① 《续藏经》85册，第672页上。
② 同上书，第676页下。

逝。门人漆其全身，至今存焉。崇宁二年赐谥崇慧大师。①

如此行修后来得"法真禅师"之号（《佛祖纲目》作"性真"）。乾祐三年（950）十一月二日钱弘俶诞辰，设斋饭僧，问永明大师龙册（继道怤住持此寺）令参，会中是否有圣僧，永明告之长耳和尚乃定光佛化身。行修灭后真身不坏，常显灵异，故后世有定光化身之传说。

第五节　福建雪峰门人

雪峰为福建人，长期于此开法，故其门人之中，本地僧人数量最多，于此开法者亦然。

鼓山神晏为雪峰影响最大、势力最盛的门人之一，其有关资料有《祖堂集》、《景德传灯录》、《古尊宿语录》等。

据《古尊宿语录》卷三十七：

> 鼓山国师和尚，名神晏，大梁人，姓李氏。卫州白鹿山受业，得法于雪峰存和尚。寿七十七，腊五十八，石头第六世，五代晋天福中示寂。②

此处对于俗寿僧腊都有说明，只是未明言他于何年示寂，但言天福中（936—943）。

据《祖堂集》：

> 鼓山和尚，嗣雪峰，在福州。师讳神晏，示生梁国，世姓李氏，则皇唐诸王之裔也。幼避荤膻，乐闻钟梵。年始十二，俗舍青灰之壁忽显白气数道。父曰："此子必出家。"至年十五，偶因抱疾，梦神人与药，睡觉顿愈。年十七，梦一胡僧告云："出家时至。"后累辞亲爱，

---

① 《续藏经》77 册，第 583 页中。
② 《续藏经》68 册，第 246 页上。

方果其愿。遂依卫州白鹿山矷斋禅院道规禅师剃落。至中和二年，于嵩山瑠璃坛受戒。①

这里透露了一个重要信息，即神晏于中和二年（882）于嵩山受具。其寿七十七，腊五十八，按照一般的规则推算，则是十九岁受具，如此则应生于咸通五年（864），灭于天福五年（940）。

然据《古尊宿语录》卷三十七：

> 瓯闽鼓山先兴圣国师和尚法堂玄要广集序
> 夫释迦西现，张教网于多门；达磨东来，指人心下径路。不由名相，顿悟真乘；靡历化城，直之宝所。而自少室之花开六叶，漕溪之胤布诸方，爰出石头，号纯金铺，盖以格高调古，言险理幽。厥后子孙从宗行步，阔狭毫厘弗差矣！即有先兴圣国师，法嗣雪峰，乃石头五叶也。师坐道场，则三十二年；拥毳侣，则一千余众。或牴悟学者，提唱宗乘，机锋迅而金翅取龙，格致高而般倕匠物。言如雷火，搓之而一点随游；事比蟾辉，唱之而孤轮不坠。破空有而旋敲中道，话君臣而匪称当人；排净名而未是本参，斥圆常而非为极则。往前所集，漏落者多，渐迈金乌，恐成水鹤。今以了宗大师，昔推入室，今契传衣。凡于枢要之言，并蕴胸襟之内，写瓶传器，分灯散明，虑有抛遗，再从编录。总一十六会，偈颂次之。自量浅识之徒，获睹未闻之教，挥毫承命，聊述端由。时乾德三年乙丑角黍后五日，绍文序。②

此处明确提出神晏为石头五叶，并以青原石头一系为真金铺，赞其格调高古，言险理幽。

这一序言作于宋乾德三年（965），是罗山门人绍孜受神晏门人、鼓山三世住持了宗大师智岳之托而作，上距神晏入灭只有二十余年，当然是可靠的。其中透露一个重要信息，即神晏坐道场三十二年。

---

① 《祖堂集校注》，第281页。
② 《续藏经》68册，第245页下。

《祖堂集》称"寻以雪峰顺寂，闽王于城左二十里开鼓山，请师为众。"《景德传灯录》有同样的记载。这表明神晏是在雪峰开平二年（908）入灭后于鼓山开法，于此住持三十二年，则入灭于天福四年（939），生于咸通四年（863）。那么如何解释腊五十八之说呢？其实只是算法不同，有的将最后一年也算进去，有的不算。唐朝时戒律尚严，依年二十具戒是常规，早于冠岁比较罕见，何况是在嵩山会善寺琉璃戒坛这么一个著名的律学圣地。

据《释氏通鉴》卷十二：

> 乙巳（二）（三）（闽）（天德三为唐灭）（八）（三）
> □□兴圣国师神晏示寂。师自闽王请住山，三十余年，学徒云集。闽王礼重，常询法要。寿七十三。[①]

这是南宋时期之一说，认为神晏灭于闽天德三年乙巳即晋开运二年（945），寿七十三，则应生于咸通十四年（873）。此说晚出，与《祖堂集》等相违，不足为据。

鼓山神晏深受闽王王审知及其后辈之崇奉，成为国师，是一个具有政治头脑的禅师，或许与其为皇唐诸王之后有关。神晏法派二传即止，但他所开创的鼓山道场却是历久不衰。

据《景德传灯录》卷二十一：

> 福州鼓山神晏禅师法嗣十一人
> 杭州天竺山子仪禅师
> 建州白云智作禅师
> 福州鼓山智严禅师
> 福州龙山智嵩禅师
> 泉州凤凰山强禅师
> 福州龙山文义禅师

---

① 《续藏经》76册，第131页下。

　　福州鼓山智岳禅师

　　襄州定慧和尚

　　福州鼓山清谔禅师

　　金陵净德冲煦禅师

　　金陵报恩院清护禅师（已上十一人见录）①

　　神晏门人之中，子仪（？—986）为钱镠所重，开法罗汉、光福二道场，号心印水月大师，雍熙三年（986）入灭。智作受南唐崇奉，乾祐二年即保大七年（949）住持金陵奉先，号真寂禅师。冲煦（？—975）年二十四便于洪州丰城开法，号小长老，显德中住持光睦，后住庐山开先，开宝八年（975）归寂，号慧悟禅师。清护（916—970）六岁披剃，十五纳戒，闽国赐紫，号崇因大师。保大元年（943）后归金陵，住持长庆，显德初归建州，住持显亲报恩禅苑。开宝三年（970）后主请入金陵，住持报恩、净德二道场，号妙行禅师，当年十一月入灭。了觉大师智严天福四年（939）继主鼓山法席，为第二世。了宗大师智岳（？—967）显德六年（959）住持，为第三世。了悟宗晓禅师清鄂（？—985）乾德五年（967）住持，为第四世。清球禅师（？—986）开宝九年（976）住持，为第五世。

　　长庆慧稜禅师（854—932）为雪峰最为重要的门人之一，当时后世都有很大的影响。

　　据《宋高僧传》卷十三：

　　后唐福州长庆院慧稜传

　　释慧稜，杭州海盐人也，俗姓孙氏。初诞缠紫色胎衣，为童龀日，俊朗抗节。于吴苑通玄寺登戒已，闻南方有禅学，遂游闽岭谒雪峰，提耳指订，顿明本性，乃述偈云："昔时谩向途中学，今日看来火里冰。"如是亲依，不下峰顶，计三十许载。冥循定业，谨摄矜庄。泉州刺史王延彬召稜住昭庆院，禅子委输，唯虞后至。及于长乐府，居长庆院，二十余年，出世不减一千五百众。稜性地慈忍，不妄许人，能

---

① 《大正藏》51 册，第 370 页下。

反三隅，方加印可。以长兴三年壬辰五月十七日长往，春秋七十九，僧腊六十。闽国王氏私谥之大师号超觉，塔葬皆出官供。判官林文盛为碑纪德云。①

相关资料还有《祖堂集》、《景德传灯录》等。慧稜生于大中八年（854），杭州海盐人，俗姓孙氏，咸通七年（866）十三岁出家于苏州通玄寺，咸通十四年（873）二十受具，此后游方，遍历禅肆，乾符五年（878）二十五岁入闽，始参灵云，未尽疑滞，同年再参雪峰，此后往来雪峰二十九载，直到天祐三年（906）泉州刺史王延彬请其于招庆院出世。他在招庆五年，开平三年（909）住持福州西院，后赐额长庆，两处开法二十九载，学人众多，不下一千五百人。

他在闽国影响很大，得到王审知、王延彬等人的礼重，有超觉大师之号，灭后闽王为其建塔。

在其参学期间，还受到玄沙的指点，多次到玄沙处参礼，受益很多，玄沙也视同己出，待之甚厚。

慧稜为雪峰门人中最早于闽越开法者，是故雪峰、玄沙对此十分重视，雪峰委派众多门人随行辅助，其中不乏太原令孚、镜清道怤、保福从展、安国弘瑫、龙华灵照等名僧。

慧稜生性慈和，作为雪峰门下的大师兄，为人宽厚，善待师弟，是故归心者众。他善于提诱，不妄许可，门下英才辈出。《祖堂集》录其门人道匡、光云二人。

据《景德传灯录》卷二十一：

福州长庆慧稜禅师法嗣二十六人
泉州招庆道匡禅师
杭州龙华彦球禅师
杭州保安连禅师
福州报慈光云禅师

---

① 《大正藏》50 册，第 787 页上。

庐山开先绍宗禅师

婺州报恩宝资禅师

杭州倾心法瑶禅师

福州水陆洪俨禅师

杭州广严咸泽禅师

福州报慈慧朗禅师

福州长庆常慧禅师

福州石佛院静禅师

处州翠峰从欣禅师

福州枕峰青换禅师

福州东禅契讷禅师

福州长庆弘辩大师

福州东禅可隆大师

福州仙宗守玭禅师

抚州永安怀烈大师

福州闽山令含禅师

新罗龟山和尚

吉州龙须山道殷禅师

福州祥光澄静禅师

襄州鹫岭明远禅师

杭州报慈从瓌禅师

杭州龙华契盈禅师（已上二十六人见录）①

　　慧稜门人数量最多，传法范围广大，福建、浙江、江西、湖北皆有，甚至还有新罗。由于他初住泉州招庆时，雪峰委派很多门人前往辅助，故亦有误作其门人者，道殷即其一。

　　保福从展（？—928）为雪峰重要门人，弟子众多，法系传承较长。

　　据《景德传灯录》卷十九：

---

　　① 《大正藏》51 册，第 370 页中。

　　漳州保福院从展禅师，福州人也，姓陈氏。年十五礼雪峰为受业师。十八本州大中寺具戒，游吴楚间。后归执侍雪峰。一日忽召曰："还会么？"师欲近前，雪峰以杖拄之。师当下知归，作礼而退。又常以古今方便询于长庆稜和尚，稜深许之。长庆稜和尚有时云："宁说阿罗汉有三毒，不说如来有二种语。不道如来无语，只是无二种语。"师曰："作么生是如来语？"曰："聋人争得闻！"师曰："情知和尚向第二头道。"长庆却问："作么生是如来语？"师曰："吃茶去。"（云居锡云："什么处是长庆向第二头道处？"）因举：盘山云："光境俱亡，复是何物？"洞山云："光境未亡，复是何物？"师曰："据此二尊者商量，犹未得勦绝。"乃问长庆："如今作么生道得勦绝？"长庆良久。师曰："情知和尚向山鬼窟里作活计。"长庆却问："作么生？"师曰："两手扶犁水过膝。"一日长庆问："见色便见心，还见船子么？"师曰："见。"曰："船子且置，作么生是心？"师却指船子。（归宗柔别云："和尚只解问人。"）雪峰谓众曰："诸上座，到望州亭与上座相见了，到乌石岭与上座相见了，到僧堂前与上座相见了。"师举问鹅湖，曰："僧堂前相见即且置，只如望州亭乌石岭，什么处是相见？"鹅湖骤步入方丈，师归僧堂。（东禅齐云："此二尊宿会处，是相见不相见？试断看。"）

　　梁贞明四年丁丑岁，漳州刺史王公钦承道誉，创保福禅苑，迎请居之。开堂日王公礼跪三请，躬自扶掖升堂。……

　　师住保福仅一纪，学众常不下七百。其接机利物，不可备录。闽帅礼重，为奏命服。唐天成三年戊子，示有微疾。僧入丈室问讯，师谓之曰："吾与汝相识年深，有何方术相救？"僧曰："方术甚有，闻说和尚不解忌口。"（法灯别云："和尚解忌口么？"）又谓众曰："吾旬日来气力困劣，别无他，只是时至。"僧问："时既至矣，师去即是、住即是？"师曰："道。"曰："恁么即某甲不敢造次。"师曰："失钱遭罪。"言讫踟跃告寂，即三月二十一日也。①

———————

① 《大正藏》51册，第354页中。

　　从展生年不详,他十五岁从雪峰受业,则生年不会早于大中十年(856),因为雪峰开山出世是在咸通十一年(870),玄沙师备光化二年(899)住持安国院以前他已经在雪峰闻法了,还向玄沙问难,故下限当为广明元年(880)。其生年可能与云门文偃、罗汉桂琛相近,当在咸通六年(865)前后。

　　从展与长庆慧稜关系密切,长期追随于他,并辅助慧稜传法,是故开法较晚,直到贞明四年(918)始于漳州出世,住持保福院仅十二载,天成三年(928)三月入灭,与桂琛同年而更早。

　　从展住持时间不长,然善于度众,门人众多,其法系也流传较长。

　　据《景德传灯录》卷二十二:

　　　　漳州保福院从展禅师法嗣二十五人
　　　　泉州招庆省僜禅师　漳州保福可俦禅师
　　　　舒州白水如新禅师
　　　　洪州漳江慧廉禅师
　　　　福州报慈文钦禅师
　　　　泉州万安清运禅师
　　　　漳州报恩熙禅师
　　　　泉州凤凰山从琛禅师
　　　　福州永隆瀛和尚
　　　　洪州清泉山守清禅师
　　　　漳州报恩院行崇禅师
　　　　潭州岳麓和尚
　　　　朗州德山德海禅师
　　　　泉州后昭庆和尚
　　　　朗州梁山简禅师
　　　　洪州建山澄禅师
　　　　福州康山契稳禅师
　　　　潭州延寿慧轮大师
　　　　泉州西明琛禅师（已上一十九人见录）

福州升山柔禅师　福州枕峰和尚

朗州法操禅师

襄州鹫岭和尚

睦州敬连和尚

潭州谷山句禅师（已上六人无机缘语句不录）①

保福门人之中，招庆省澄曾为《祖堂集》作序，参与了这一著名禅宗典籍的编辑。其法派有两支传至四世，一是保福可俦下传隆寿无逸，无逸传隆寿法骞，一是延寿慧轮传归宗道诠，道诠传九峰守诠。

据《景德传灯录》卷二十二：

> 潭州延寿寺慧轮大师。僧问："宝剑未出匣时如何？"师曰："不在外。"曰："出匣后如何？"师曰："不在内。"问："如何是一色？"师曰："青黄赤白。"曰："大好一色。"师曰："将谓无人，也有一个半个。"②

宝剑未出不在外，既出不在内，不属内外，方称宝剑。一色即青黄赤白，青黄赤白即一色，一即多，多即一。学僧赞大好一色，慧轮肯之，以为亦有一个半个稍知佛法者。

慧轮禅师生卒年不详，从其门人道诠（930—985）经历来看，他应灭于建隆三年（963），其生年或在大顺元年（890）前后。

慧轮有两个门人，数量不是很多。

据《景德传灯录》卷二十四：

> 潭州龙兴裕禅师。僧问："是何是学人自己？"师曰："张三李四。"曰："比来问自己，为什么道张三李四？"师曰："汝且莫草草。"问："诸余即不问，如何是和尚家风？"师曰："家风即且置，阿那个是汝不

①　《大正藏》51 册，第 379 页下。
②　同上书，第 384 页上。

问底诸余?"①

张三李四，无非自己，有疑则隔，悟则一体。家风不必问，如何是诸余，若知诸余，则明家风。

据《景德传灯录》卷二十四：

庐山归宗第十二世道诠禅师，吉州安福人也，姓刘氏。生恶荤血，髫龀礼本州思和尚受业。闻慧轮和尚化被长沙，时马氏窃据荆楚，与建康接壤。师年二十五，结友冒险，远来参寻。会马氏灭，刘言有其他（地）。以王逵代刘言领其事，遽疑师江表谍者，乃令捕执将沈于江，师怡然无怖。逵异之，且询轮和尚，轮曰："斯皆为法忘躯之人也，闻老僧虚誉，故来决择耳。"逵悦而释之，仍加礼重。师栖泊延寿经十稔，轮和尚归寂，乃回庐山开先驻锡。乾德初，于山东南牛首峰下结茆为室。开宝五年，洪帅林仁肇请居筠阳九峰隆济院，阐扬宗旨，本国赐大沙门号。僧问："承闻和尚亲见延寿来，是否？"师曰："山前麦熟也未？"问："九峰山中还有佛法也无？"师曰："有。"曰："如何是九峰山中佛法？"师曰："山中石头大底大，小底小。"寻属江南国绝，僧徒例试经业。师之徒众并习禅观，乃述一偈闻于州牧曰：

比拟忘言合太虚，免教和气有亲疏。

谁知道德全无用，今日为僧贵识书。

时州牧阅之，与僚佐议曰："旃檀林中必无杂树，唯师一院特奏免试经。"太平兴国九年，南康知军张南金先具疏白师，然后集道俗迎请坐归宗道场。僧问："如何是归宗境？"师曰："千邪不如一直。"问："如何是佛？"师曰："待得雪消后，自然春到来。"问："如何是学人自己？"师曰："床窄先卧，粥稀后坐。"问："古人道不是风动不是幡动如何？"师曰："来日路口有市。"师雍熙二年十一月二十八日中夜趺坐，白众而顺寂。寿五十六，腊三十七。荼毗舍利塔于牛首庵所。师

---

① 《大正藏》51册，第403页中。

颇有歌颂流传于世。①

道诠禅师为吉州安福人，俗姓刘，当与行思同宗。初生便忌荤血，显然凤具善根，幼年从本州思和尚受业。受具之后，听闻慧轮和尚盛名，便有意前往。当时湖南为马氏占据，江西属于南唐，楚王马希萼不能服众，发生内乱，便向南唐称臣，南唐趁机入据潭州，楚国灭。广顺二年（952），楚国旧将刘言、王逵等击败南唐军，收复潭州，恢复故土。广顺三年（953），王逵攻杀刘言，代为武平节度使，成为湖南的新主。道诠二十五岁前来，当在显德元年（954），局势已定，《禅林僧宝传》称是二十余岁，或许更加准确。由于王逵与南唐交兵，对于来自南唐地区的僧人也不放心，以为他们是间谍，将其逮捕，准备沉江。道诠临难，颜色不改，怡然无惧，王逵异之，又向慧轮询问，慧轮告之他们都是前来求法的学僧，根本不关心政治，王逵便下令将其释放，并且礼重。

道诠在延寿十年，建隆三年（962）慧轮入灭，他便离去，到江西庐山开先寺。乾德之初（963），结茅于牛首峰。开宝五年（972），南唐洪州帅林仁肇请居九峰隆济院，并奉以师号。开宝八年（975），宋灭南唐，对于其地僧人进行沙汰，试经合格方可为僧。道诠以诗献州牧，其寺僧得免试经。

太平兴国九年（984），南康知军张南金集诸道俗，请住庐山归宗，成为第十二代住持。雍熙二年（985），道诠入灭，寿五十六，腊三十七。

道诠说法，朴实无华，善于以日常语言阐释禅机。不必问延寿，山前麦熟否。归宗之境，千邪不如一直，心直则境平。如何是佛，雪消春自到，魔去便成佛。学贵为己，床小先坐，粥稀后食。不必管风动幡动，明天路口有市，记取购物。

道诠最著名的是石头大的大、小的小公案，后世引者无数，著者有襄州鹿门惠昭山主、洪州兜率道宽、真净克文、圆悟克勤等。

道诠还善于歌颂，当时流传，惜今难觅。

据《景德传灯录》卷二十六：

---

① 《大正藏》51 册，第 403 页上。

前庐山归宗寺道诠禅师法嗣

筠州九峰义诠禅师。僧问："如何是祖师西来意？"师曰："有力者负之而趋。"①

又据《筠州洞山普利禅院传法记》：

及彦闻而衰矣，辄以院付其徒，檀越不可，乃疏请九峰守诠绍之。九峰亦本境之名蓝也，移法席至是山五年，复为庐山栖贤所请而去。诠传曲江晓聪。……

诠金陵人，自九峰来居，五年大壮其栋宇而新之。既赴栖贤之请，以首座聪嘱檀那及其众，众从之，请于州，州从之。聪姓杜氏，大中祥符三年实应是命。

义诠，当为守诠，《传法正宗记》亦作守诠。他为金陵人，师从道诠，先住九峰，当是在同门契愚之后。景德三年（1006），移居洞山，在此五年，大新栋宇，于大中祥符三年（1010）住持庐山栖贤宝觉禅院。守诠生卒年不详，先后住持九峰、洞山、栖贤等著名寺院，亦为当时名僧。继其住持栖贤者为澄湜，雪窦重显约天禧元年（1017）至庐山，此时栖贤住持已是澄湜，是故守诠或入灭于大中祥符之末（1016），其生年或在乾祐三年（950）前后。守诠屡主名刹，门人数量不会少，可惜无知名弟子传世。

据《天圣广灯录》卷一：

吉州清源山行思禅师第十世
南康军归宗诠禅师法嗣（一人见录）
相州天平山第四代契愚禅师②

又据《天圣广灯录》卷二十五：

---

① 《大正藏》51 册，第 421 页中。
② 《续藏经》第 78 册，第 424 页上。

相州天平山第四代契愚禅师

天平山受业，后游九峰，诠禅师移锡归宗，嘱师居九峰开堂，后住天平矣。

僧问："师唱谁家曲，宗风嗣阿谁？"师云："杖鼓两头打。"

问："如何是祖师西来意？"师云："镇州萝卜石含茶。"

居士问："法无动摇时如何？"师云："你从潞府来。"居云："一步也不曾蓦。"师云："因什么得到者里？"居士云："和尚睡语作什么？"师云："放你二十棒。"有俗官问："无怜（帘）可隔，为什么不相见？"师云："怨他谁？"

师问二人座主。先问第一人："讲什么经论？"主云："《百法论》。"师云："下（百）法从几法生？"主云："百法从一法生。"师云："一法从何而生？"主无对。师问第二人："讲什么经论？"主云："《唯识论》。"师云："作么生是三界唯心，万法唯识？"主无对，师一时喝。

师序下行次，见僧，以拄杖示之，僧便近前接，师便打。①

此契遇禅师，当为道诠之法嗣，然而《五灯会元》以下误将其当作曹洞宗石门绍远门人道吾契诠之弟子。其实这里说得很清楚，契愚得法于九峰诠，九峰诠后移归宗，这都是指道诠。契诠住持湖南道吾山，没有住持过九峰与归宗，与契愚没有关联。契愚本于相州天平山受业，可能是清溪洪进弟子从漪之门人，后到九峰师从道诠，太平兴国九年（984）继道诠任九峰住持，后移居相州天平山，为第四世。

据《频吉祥禅师语录》卷十五：

华阳宫里春无限，门掩清虚月正斜。

无限春情消不得，满斟浅酌石含茶。②

---

① 《续藏经》78 册，第 543 页下。
② 《嘉兴藏》39 册，第 679 页中。

这是清代频吉祥对于镇州石含茶公案的解释，表明他在后世有一定的影响。

第六节　雪峰吉州门人

雪峰有多位门人弘化江西，其中有二人在吉州传法。
据《祖堂集》：

> 潮山和尚，嗣雪峰，在吉州。师讳延宗，泉州莆田县人也。
> 僧问："和尚是咸通前住、咸通后住？"师云："嘎！"学人再申问，师乃云："病鸟栖芦，困鱼止泊。"
> 问："师久修何业而隐此山？"师云："什摩处得这个消息？"学人应喏，师叱之。
> 问："如何是学人自己？"师云："争受人谩？"①

又据《景德传灯录》卷十九：

> 吉州潮山延宗禅师。资福和尚来谒，师下禅床接。资福问曰："和尚住此山得几年也？"师曰："钝鸟栖芦，困鱼止箔。"曰："怎么即真道人也。"师曰："且坐吃茶。"问："如何是潮山？"师曰："不宿尸。"曰："如何是山中人？"师曰："石上种红莲。"问："如何是和尚家风？"师曰："切忌犯朝仪。"②

潮山寺，在吉州泰和县，为四祖道信大师所开道场，据《吉州府志》、《泰和县志》载：三股紫，县西南五十里处，唐武德初，圣僧四祖于此建庵，乡民感德群助，寺成前夜，闻谷中水涌如潮，声如雷震，五更方息，晨视之亦无水迹，遂名潮山寺。

延宗生卒年不详，但他可能是雪峰早期的门人，住山很早，是故学人

---

① 《祖堂集校注》，第308页。
② 《大正藏》51册，第359页下。

问其咸通前、咸通后住。他长期住持潮山寺，未曾改易，故赞其真道人。

据《雪峰义存禅师语录（真觉禅师语录）》卷一：

> 问："悄然无依时如何？"师云："困鱼止泺，病鸟栖芦。"①

困鱼病（钝）鸟一句，十分有名，最早出自托名僧肇的《宝藏论》。雪峰引之，说明不可以悄然无依为究竟境界。延宗自此句，是说明自己无力远举，只好栖止潮山，这不只是谦虚，而是包含了如如不动、从不变易的禅机。

潮山纯净，如大海不宿死尸。潮山中人，时常石上栽花（药山语）。山中宗风，切忌违犯朝仪，以免丧身失命。把持自己，时常惺惺，莫受人谩。

延宗机语不多，但他长期在吉州弘法，列名《祖堂集》，也是雪峰出色的大弟子之一。

据《景德传灯录》卷二十一：

> 吉州龙须山资国院道殷禅师。僧问："如何是祖师西来意？"师曰："普通八年遭梁怪，直至如今不得雪。"问："千山万山，如何是龙须山？"师曰："千山万山。"僧曰："如何是山中人？"师曰："对面千里。"问："不落有无请师道。"师曰："汝作么生问？"②

祖师西来意，从来少人知，梁朝曾遭武帝怪，直到如今难申雪。龙须山遍一切处，千山万山，哪个人不是龙须山；不解则千山万山，解则是龙须山。山中之人，对面不识；有目难睹，千里万里。有问有答，则落有无；一念不生，无问无答，则不落有无。

道殷禅师本为雪峰门人，因天祐三年（906）随师兄慧稜住泉州招庆，后世随误认其为慧稜门人。

据《玄沙师备禅师广录》卷一：

---

① 《续藏经》69 册，第 75 页中。
② 《大正藏》51 册，第 377 页上。

　　问道殷长老云："你也随招庆来？"
　　云："无者不有，自知。"①

　　这是慧稜从泉州招庆院归山礼谢时，玄沙到雪峰，与诸人相见，道殷等亦随慧稜归山，和玄沙有交锋。玄沙话中有刀，若有来去，则非自在，道殷答无者不有，有者自知，本非有无，何有来去。此处称道殷为长老，表明他不是慧稜门人，而是与之同辈的年高有德的雪峰大弟子，然而他受师兄慧稜影响也不意外。

　　道殷离开泉州，来到吉州，当在天祐之末（907）。开平元年（907）九月，玄沙游泉州，与招庆慧稜、保福从展、明真弘瑫、从弇、道麟、道匡、惟劲、灵照、行岑等相见，未言道殷，此时他可能已经离开泉州。

　　据宋周必大游记：

　　壬戌，早，七兄题壁而行。约十五里，至龙须山法云禅院。昔曹溪六祖大弟子曰法登，吉之安福人，青原思大师兄弟也，编得六祖之道，唐大历中来隐此山。有地人龙须，尽以山林田宅施之，故号龙须山。代宗赐额为长兴寺。德宗时，登卒，创塔于院西三百余步，高二丈四尺。武宗毁浮屠，至其石函，遇风雹雷电，有群虎来卫，不果毁。太和三年，改为长兴禅院。明年，又改宣化。本朝开宝三年，易号妙峰，取登所用锡杖、衲衣入内，未几复归之，赐谥博济禅师，塔名法雨。大中祥符二年，改今名。衲、锡皆在，取而观之。《院记》云："唐大中十二年，贼窃衲衣，取其市巾帻，弃衣草中。野火焚山，独衣傍丈余草木如故，微光发彻，遂求得之。"又古碑云："长庆年登禅师开山，中废，天祐中，道殷禅师（姜姓）。重葺治之。"天圣以前犹曰妙峰。与僧德宗所记异同。寺有伪吴顺义七年所给户帖，用尚书工部之印，其末署右司郎中判押。故人将仕郎李孝基嗣卿自劳村来，遂同长老师古步至法雨塔及巢云庵。饭讫，嗣卿先去，与师古坐览翠阁甚久。寺宇幽邃，老宿所聚，门外绝无居民。旧藏辟支佛顶骨，近为人窃去。申后出山，约十余里至劳村，访嗣卿。其傍有小寺，亦往游焉。①

是故道殷所住持的龙须山资国院是一个久负盛名的道场，始创者法登，吉州安福人，行思大师同宗兄弟，不过称其为六祖门人，尚存疑问，因为说他大历间来，于此隐居，因乡人龙须献地，故号龙须山，然六祖门人，活到大历年间（766—779）者不多，尤其是德宗之时（780—804），难道他和希迁一样，都是六祖晚年的门人？另有古碑称长庆年间（821—824）登禅师开山，此时上距六祖入灭已经一百多年，其为六祖门人的可能性就更小了。

古碑中提到的道殷禅师，俗姓姜，可补灯录之不足。其言天祐中道殷重治，与前文所述一致，其寺中有吴顺义七年（927）所给户贴，此时道殷仍在住持。其卒年不详，应当活到南唐开国之后（937）。

① 顾宏义，李文整理标校：《宋代日记丛编3》，上海书店出版社2013年版，第07，920页。

第八章　云门宗

第一节　云门文偃参学经历

云门文偃与众多禅师一样，经历了很长时间的参禅过程，但究竟何时开始参禅游方，值得探究。

《云门山志》谓文偃参睦州之年为二十六岁①，即龙纪元年（889），属于推测，缺少实据。

据《云门匡真禅师广录》卷三《大师遗表》：

> 臣迹本寒微，生从草莽，爰自鬌亂，切慕空门。洁诚誓屏于他缘，锐志唯探于内典。其或忘餐待问，立雪求知，困风霜于十七年间，涉南北于数千里外。始见心猿罢跳，意马休驰，身隈韶石之云，头变楚山之雪。②

这是最原始和最可靠的资料，一则述出身寒微，实为谦虚，但当时或者其家已然败落，不复旧时之盛，二则言幼年慕道，早入空门，三则述习毗尼、研内典之时，四则道其游方参禅经历和时间，明确说是十七年。

此十七年间，遍游南北，什么时候结束呢？在其身隈韶石之云，到达韶石，参灵树如敏之时。可以断定，十七年游方，不包括在灵树为首座的八年，因为此时一则他已经“心猿罢跳，意马休驰”，心意寂止，不再起心动念了，二则此八年安居灵树，不再行脚，身亦不动。

---

① 岑学吕编：《云门山志》，云门山大觉禅寺印，第24页。
② 《大正藏》47册，第575页上。

据《大汉韶州云门山光泰禅院故匡真大师实性碑并序》（下简称南汉甲碑）：

> 辛未，礼于曹溪，旋谒灵树，故知圣大师以心机相露，膠漆契情。

《大汉韶州云门山大觉禅寺在慈云匡圣弘明大师碑铭并序》（下称乙碑）与此略同，可以肯定，他是在乾化元年（911）辛未岁先到曹溪，后谒灵树，得知圣大师知遇，由此结束了长达十七年的风霜奔波生涯。

自辛未上推十七载，可知他于乾宁二年（895）三十二岁时，开始游方，往师睦州道踪。

据《行录》：

> 既毗尼严净悟器渊发，乃辞澄谒睦州道踪禅师。踪黄檗之裔也，知道不偶世，引己自处，潜居古伽蓝。虽揖世高蹈，而为世所慕。凡应接来者，机辩峭捷，无容伫思。师初往参，三扣其户。踪才启关，师拟入。踪托之云："秦时辘轹钻。"因是释然朗悟。[1]

宗师发机，实非容易。文偃来参数月，不得其门，其心如饥似渴，急切悟道。文偃扣门，睦州明知故问，文偃老实作答，又问作什么，道是己事未明，乞得指示。万法由己，惟我独尊，己事一明，万法皆从，道不在外，学贵为己，识得一己，万事皆毕。古圣先贤，各家各派，皆说这个道理。闻听文偃问到了点子上，睦州始开门一见，但又马上闭却。此开门一见，令文偃有所希望，但当即闭门，亦是予以启发。担负己身，询他轻重，岂非缘木求鱼！

文偃很有耐心，接连三日扣门求教。睦州知其求道心切，便猛然开门，文偃拼命闯入，生怕再被关在门外，睦州当下擒住，喝令道道，文偃正准备思虑如何回答，睦州却一把将其推开，道"秦时辘轹钻"，舟行远矣，觅剑何地；雁去千里，拔箭怎及？这一句话，却让文偃回光返照，朗然大悟。

---

[1] 《大正藏》47 册，第 575 页下。

睦州看似不经意间，苦心营造出一个机缘，就是让文偃于电光石火之间识得本来面目，认取空劫以前自己。这是后世禅门流行的逼拶。狭小的空间，根本无处转身；突然的发问，完全无暇思议，此时此间，所有学问都用不着，一切分别全是枉然。只有灵光一现，才见本地风光。

杨曾文先生对此亦有解读：

> 何为"秦时辘轳钻"？"辘轳"，意为回转。据说秦始皇在修阿房宫时曾使用过一种可以借助车力旋转的大钻，叫"辘轳钻"。在这里大概是借喻为过时的无用之物或无用之人。至于文偃由此语得到什么启示，为什么开悟？那真是如人饮水，冷暖自知了。①

杨曾文引《禅学大辞典》、《禅语辞典》、《佛光大辞典》等说明辘轳钻的字面意思。

文偃得悟之后，睦州令其住在陈操宅中三年，或因古寺萧然，无以为养，或是有意让两个得意门生相互切磋。在这三年中，文偃、陈操常来寺中请益，并非三年不见。

据《雪峰义存禅师语录（真觉禅师语录）》卷二：

> 云门参睦州和尚得旨，后造陈操侍郎宅。经三载，续回，礼谒睦州，州云："南方有雪峰和尚，汝何不去彼中受旨？"②

文偃在睦州的时间，甲乙碑、《行录》等称"又经数载"，《雪峰语录》、《碧岩录》明确讲三年，或有所本。

据《云门匡真禅师广录》卷三《游方遗录》：

> 师到雪峰庄，见一僧，师问："上座今日上山去那？"僧云："是。"师云："寄一则因缘问堂头和尚，祇是不得道是别人语。"僧云："得。"

---

① 杨曾文《唐五代禅宗史》，中国社会科学出版社 1999 年版，第 530 页。
② 《续藏经》69 册，第 81 页中。

师云："上座到山中，见和尚上堂，众才集，便出握腕立地，云：这老汉项上铁枷何不脱却！"其僧一依师教。雪峰见这僧与么道，便下座拦胸把住其僧云："速道，速道！"僧无对。雪峰托开云："不是汝语。"僧云："是某甲语。"雪峰云："侍者将绳棒来。"僧云："不是某语，是庄上一浙中上座教某甲来道。"云峰云："大众去庄上，迎取五百人善知识来。"师次日上山。雪峰才见便云："因什么得到与么地？"师乃低头，从兹契合。

师在雪峰时，有僧问雪峰："如何是触目不会道，运足焉知路？"峰云："苍天，苍天。"僧不明。遂问师："苍天意旨如何？"师云："三斤麻，一匹布。"僧云不会。师云："更奉三尺竹。"后雪峰闻，喜云："我常疑个布衲。"①

云门带艺投师，有备而来，故一开始便得到雪峰的首肯。云门不移丝毫，便得雪峰重印全机，如同香象截流，猛虎戴角。实际上是说，此时云门已然悟道，在雪峰这里只是再得印可，并未改变。虽然如是，他依然非常虚心，晨昏请益，早晚受教。

"触目不见道，运足焉知路"一句，出自《参同契》。学僧有问，雪峰曰苍天（乙碑道吽）。其人不解，再问于师，师道"两斤麻，一匹布"，此人依然不解，师道"再奉三尺竹"。雪峰闻此，道是常疑这个布衲。

目击道存，触目尽是，眼目不明，途路何知。雪峰作牛鸣，入泥入水，当牛做马，可见老婆心切，怎奈学人不明，空负雪峰一片苦心。云门也是小气得很，洞山尚道麻三斤，他则缺斤短两，还好多加一匹布。两斤麻，一匹布，系向牛头权充值。若是触目仍不见，不妨再加三尺竹。莫道说人笨如牛，更有笨人牛不如。

雪峰道是常疑，实则首肯，其后密加传授，示以心印。

云门在雪峰的时间不是很长，碑称"寒燠屡迁"，《行录》言"温研积稔"，看来至少两年。

据《佛果圆悟禅师碧岩录》卷一：

---

① 《大正藏》47册，第573页中。

睦州指往雪峰处去，至彼出众便问："如何是佛？"峰云："莫寐语。"云门便礼拜。一住三年。雪峰一日问："子见处如何？"门云："某甲见处，与从上诸圣，不移易一丝毫许。"①

云门在雪峰一住三年，此说应当可信。当然三年是指三个年头，即从乾宁四年（897）到光化二年（899）。

据《雪峰义存禅师语录（真觉禅师语录)》卷一：

师因闽王送银交牀来与师。僧问："和尚受大王如此供养，将何报答？"师以两手拓地云："轻打我，轻打我。"（僧问疎山云："雪峰道轻打我，意作么生？"山云："头上插瓜虀，垂尾脚跟齐。"）问："顺逆无差底人来，向佗道什么？"师云："者驴汉，来者里作什么？"问："古人据个什么道理，焚却四十本经论？"师云："你须礼拜始得。"问："如何是触目不会道，运足焉知路？"师云："苍天，苍天！"②

据《真觉大师年谱》，王审知送银交椅在光化二年（899），若是语录编排有序，则可以肯定上述公案都发生在此年。

云门在雪峰时间不长，留下的机缘语句不多。

据《雪峰义存禅师语录（真觉禅师语录)》卷一：

问："如何是学人自己？"师云："筑著你鼻孔。"僧举似云门，门云："你于么生会？"其僧再三思惟，门乃有颂云："举不顾，即差互。拟思量，何劫悟？"③

尽乾坤大地，哪一个不是自己，筑着鼻孔，痛痒也不知。悟道贵在当下，时机错过，箭过新罗，思维拟议，谬之千里。故云门云，举时不顾，

---

① 《大正藏》48 册，第 145 页下。
② 《续藏经》69 册，第 76 页中。
③ 同上书，第 77 页下。

已然差互，更加思量，何劫得悟？

据《雪峰义存禅师语录（真觉禅师语录）》卷一：

> 闽王问师："拟盖一所殿去，如何？"师云："大王，何不盖取一所空王殿？"王云："请师样子。"师展两手。云门云："一举四十九。"①

光化元年（898），王审知请雪峰与玄沙入内，传佛心印，王审知舍钱四十万，鼎建大殿等。空王殿，无缝塔，天南海北莫寻他。无影树下且安眠，琉璃殿上乐无涯。空王殿，何模样，雪峰展手示端详。释迦四十九年事，只此一举尽枯肠。空王殿，莫展手，雪峰不惜露家丑。云门一举四十九，亦是面南看北斗。

据《雪峰义存禅师语录（真觉禅师语录）》卷二：

> 师有时云："三世诸佛向火焰里转大法轮。"时云门侍立次，云："火焰为三世诸佛说法，三世诸佛立地听。"②

这一公案，圆悟克勤、天童正觉等或作玄沙之语，然大部分人都认为是云门说，又见于《云门广录》，当为云门之说无疑。不过此事与玄沙并非无关。

据《白云守端禅师语录》卷二：

> 雪峰示众曰："三世诸佛向火焰上转大法轮。"玄沙云："今日王令稍严。"师曰："作么生？"沙云："不许人挨行夺市。"师不觉吐舌。云门曰："火焰为三世诸佛说法，三世诸佛立地听。"③

此说又见于《玄沙语录》卷二、《玄沙广录》卷三等，可见非虚。此一

---

① 《续藏经》69 册，第 78 页上。
② 同上书，第 83 页上。
③ 同上书，第 300 页中。

公案，古今评唱非少。

据《圆悟佛果禅师语录》卷二：

> 师乃云："三世诸佛向火焰里转大法轮，热发作什么？火焰为三世诸佛说法，三世诸佛立地听，也须照顾眉毛。若是聊闻彻骨彻髓，信得及，见得彻，直下与三世诸佛同生同死，与火焰同起同灭，当处解脱，得大安隐，衲被蒙头，便是个清凉世界。苟或未然，只知事逐眼前过，不觉老从头上来。"①

劫火洞然，无端热发，立地恭听，惜取眉毛。一闻便悟，当处解脱，直下与诸佛无异，火焰之中，便是清凉世界，随处安隐，恒常喜乐。

火焰炽然常说法，三世诸佛立地听。侯白更有侯黑在，莫道蓝草不胜青。王令严，莫投机，搀行夺市人未许。巧言说得天花坠，不如维摩默无语。

据《雪峰义存禅师语录（真觉禅师语录)》卷二：

> 师云："饭篱边坐饿死人，临河渴死汉。"玄沙云："饭篱里坐饿死汉，水里没头浸渴死汉。"云门云："通身是饭，通身是水。"②

这又是一个与三人有关的公案。雪峰之说，隔靴搔痒，看似差在毫厘，实则千里万里。云门之说，未免矫枉过正，通身是饭不得食，通身是水不得饮，身与饭水，是同是异？尽乾坤是个解脱门，拉着推着不肯入，却东寻西觅，到处找解脱门。法水遍四海，妙味布九州，却是饿死人无数，只为有饭不肯食，到口亦吐出。

据《雪峰义存禅师语录（真觉禅师语录)》卷二：

> 师示众云："南山有一条鳖鼻蛇，汝等诸人切须好看。"长庆出云：

---

① 《大正藏》47 册，第 722 页下。
② 《续藏经》69 册，第 84 页上。

"今日堂中大有人丧身失命。"僧举似玄沙，沙云："须是稜兄始得。然虽如此，我即不与么。"僧云："和尚作么生?"沙云："用南山作么?"云门以拄杖撺向师面前，作怕势，张口吐舌。①

这是一个涉及四人的著名公案。首先是雪峰师徒三人，雪峰无端拈出一条鳖鼻蛇，告诫门人务必小心，慧稜道是今日堂中丧身失命者不少，云门则以拄杖撺向雪峰面前，张口结舌，貌似害怕，鳖鼻蛇来也，可畏可惧。

据《云门匡真禅师广录》卷三：

> 师在雪峰，与长庆西院商量："雪峰上堂云：尽大地撮来如粟米粒大，抛向面前，漆桶不会，打鼓普请看。"西院问师："雪峰与么道，还有出头不得处么?"师云："有。"院云："作么生是出头不得处?"师云："不可总作野狐精见解也。"又云："狼藉不少。"又云："七曜丽天。"又云："南阎浮提，北郁单越。"②

长庆是雪峰最著名的门人，云门在雪峰，常与长庆商量。雪峰得神通游戏三昧，将大作小；学人无明察秋毫之力，茫然不识。雪峰如此，还可出头么? 西院一再勘问，云门对答如流。不可总作野狐精见解，呵佛骂祖。狼藉不少，雪上更加霜。七曜丽天，怎奈生盲不见。南阎浮提，北郁单越，四大部洲尽知。

据《云门匡真禅师广录》卷三：

> 师一日与长庆举，赵州无宾主话，雪峰当时与一踏，作么生。师云："某甲不与么。"庆云："你作么生?"师云："石桥在向北。"③

又据《雪峰义存禅师语录（真觉禅师语录）》卷一：

---

① 《续藏经》69册，第82页下、83页上。
② 《大正藏》47册，第573页下。
③ 同上书，第573页下、574页上。

问："赵州无宾主话，未审作么生？"师便踏其僧。复唤僧："近前来！"僧近前来。师云："去！"①

再据《赵州和尚语录》卷二：

师示众云："老僧三十年前，在南方火炉头有个无宾主话，直至如今无人举著。"②

赵州和尚无宾主话，直到如今无人举。踏倒其僧，不是难事，无宾主话如何举？石桥毕竟向北。

据《云门匡真禅师广录》卷二：

举龙牙寻常道："云居师兄得第二句，我得第一句。"西院云："祇如龙牙与么道，还扶得也无？"师云："须礼拜云居始得。"西院云："傍观者哂。"③

西院即是长庆，二人一起商量公案，龙牙自认为得第一句，师兄云居只得第二句，西院问此说是否合适，云门道龙牙还须礼拜云居。西院言旁观者哂，是说哂龙牙，还是哂云门？

云门在雪峰时，便见过经常来此的玄沙，最后出岭前，又专门到府中卧龙山安国院参玄沙。

据《云门匡真禅师广录》卷三：

师在岭中时，问卧龙和尚："明己底人还见有己么？"龙云："不见有己，始明得己。"又问："长连床上学得底是第几机？"龙云："第二机。"师云："作么生是第一机？"龙云："紧峭草鞋。"④

---

① 《续藏经》69 册，第 75 页下。
② 《嘉兴藏》24 册，第 365 页下。
③ 《大正藏》47 册，第 561 页中下。
④ 同上书，第 573 页下。

此卧龙和尚，不是在慧球之后住持卧龙山的弘瑫，当然也不是乐普元安门人京兆卧龙和尚和云盖志元门人新罗卧龙和尚，而是指玄沙。玄沙于光化二年（899）受王审知之请住持府中卧龙山安国院，又称北院，故号称卧龙和尚，云门从雪峰来，至诚请益，玄沙亦更示深要，指点方向。

己事已明，不可于此执著，不见己，始明自己。长连床上，日日打坐，未必有益，不如紧峭草鞋，好好行脚。云门接受了玄沙的指点，出岭继续游方，历参诸师，炼魔去习，终成一代宗师。

据《云门匡真禅师广录》卷三：

> 因瑫长老举菩萨手中执赤幡，问师："作么生？"师云："你是无礼汉！"瑫云："作么生无礼？"师云："是你外道奴也作不得。"①

瑫长老，当即安国弘瑫。他举菩萨手中所执赤幡勘问云门，云门直斥其无礼之甚，敢动菩萨手中之物，连外道奴都作不成。看来云门习律多年，对于狂禅作法十分不满。

据《云门匡真禅师广录》卷三：

> 师在岭中时，有僧问："如何是法身向上事？"师云："向上与你道即不难，汝唤什么作法身？"僧云："请和尚鉴。"师云："鉴即且置，作么生说法身？"僧云："与么，与么。"师云："此是长连床上学得底。我且问你，法身还解吃饭么？"僧无语。后有僧举似梁家庵主，主云："云门直得入泥入水。"资福云："欠一粒也不得，剩一粒也不得。"②

这是云门在闽中的最后一则机缘，也是唯一的一则他教示学人的公案。法身向上事出自疏山，此僧有可能为疏山门人，故以此置问。云门新得玄沙传授，了知长连床上学得的不过是第二机，故现学现卖。时人多好高骛远，法身尚且不明，就要学法身向上事。云门见招拆招，一击中的，使得

---

① 《大正藏》47 册，第 574 页中。
② 同上书，第 573 页下。

此僧张口结舌，可见不过是个掠虚汉。

梁家庵主，即是雪峰门人随州双泉山梁家庵永禅师，云门同门，他后来闻举，道云门入泥入水，为个俗汉如此费力，未免婆心太切。资福，可能是指西塔光穆门人资福如宝，他曾参礼雪峰门人吉州潮山延宗。法身色身，相去几何？马与白马，水之与波。不欠不剩，无减无增；还乡一曲，白云清风。

总之，云门在雪峰时间不是很长，留下的机缘语句不多，当时雪峰门下人才济济，云门没有突出的地位，而且他是带艺投师，甚至没有留下雪峰指点于他的证据。然而在雪峰这里得个冬瓜印子，对于他日后的发展还是很有价值的。

云门出岭之后，回到浙中。

据《云门匡真禅师广录》卷三：

> 师行脚时，见一座主举：在天台国清寺斋时，雪峰拈钵盂问某："道得即与你钵盂。"某云："此是化佛边事。"峰云："你作座主，奴也未得。"某云："不会。"峰云："你问我，与你道。"某始礼拜，峰便踏倒。某得七年方见。师云："是你得七年方见?"主云："是。"师云："更与七年始得。"①

据《真觉大师年谱》，景福元年（892），年七十一，夏止灵隐，后至国清。如此七年之后，当在光化二年（899）。此座主果然迟钝，七年之后，方有所得，而在云门看来，还须再过七年。此时之云门，意气大展，对于未入法眼的同门，也不客气。

据《云门匡真禅师广录》卷三：

> 师在浙中蕴和尚会里，一日因吃茶次，举：蕴和尚垂语云"见闻觉知是法，法离见闻觉知，作么生?"有傍僧云："见定如今目前一切见闻觉知是法，法亦不可得。"师拍手一下，蕴乃举头。师云："犹欠

---

① 《大正藏》47 册，第 573 页中下。

一著在。"蕴云:"我到这里却不会。"①

蕴和尚,不知何人,有鄂州黄龙蕴和尚,乃归宗澹权门人,辈份和传法地点都不对。又有疏山匡仁门人常州正勤院蕴禅师,可能性也不大。

见闻觉知是法,渠即是我;法离见闻觉知,我不是渠。傍僧云即使见闻觉知是法,是法亦不可得。既是见闻觉知,何言不可得?云门以为犹欠一著,蕴则言我到这里却不会,究竟是会不会?

据《云门匡真禅师广录》卷三:

> 师到共相,共相问:"什么处来?"师云:"雪岭来。"相云:"要急言句,举一则来。"师云:"前日典座来,和尚何不问他?"相云:"典座且置。"师云:"箭过新罗。"②

共相,不明何人。沩山灵祐有门人越州光相禅师,二字形近,不知是否。雪峰有门人杭州耳相院行修禅师,以长耳著称,不过他在天成二年(927)始入浙,显然不是。雪峰还有门人台州十相审超,事迹不存,亦有可能。

共相与雪峰或是常有往来,故前日典座亦自雪峰来。共相直问急要,云门则巧妙避过,暗设陷虎之机,共相不察,云门道箭过新罗,时机早已错过,还问急要一则。

据《云门匡真禅师广录》卷三:

> 师到洞岩。岩问:"作什么来?"师云:"亲近来。"岩云:"乱走作什么?"师云:"暂时不在。"岩云:"知过即得。"师云:"和尚乱走作什么?"③

---

① 《大正藏》47册,第573页下。
② 同上。
③ 同上书,第574页上。

洞岩可休是雪峰开法较早的门人，亦被视为其主要传人之一。

据《景德传灯录》卷十九：

> 越州洞岩可休禅师。问："如何是洞岩正主？"师曰："开著。"问："如何是和尚亲切为人处？"师曰："大海不宿尸。"问："如何是向上一路？"师举衣领示之。问："学人远来，请师方便。"师曰："方便了也。"①

如此洞岩可休留下的机缘语句不多。洞岩正主，大门常开。虽然亲切为人，怎奈不留死尸。向上一路，衣领即是。方便多时，怎奈学人不明。云门来参，问作什么来，道是亲近。若是亲近，千里同心，何必乱走？云门道本意前来亲近，怎奈和尚暂时不在，当面不遇。洞岩言知过即得，放过一线。云门不肯避让，却杀了一个回马枪，道是和尚乱走作什么，莫非只许州官放火，不许百姓点灯。洞岩确实低估了云门，以虎为猫，反遭虎伤。洞岩道知过即得，等于承认暂时不在，为云门反击创造了条件。

云门又参洞山门人越州乾峰。

据《景德传灯录》卷十七：

> 越州乾峰和尚（或云瑞峰），问僧："什么处来？"曰："天台。"师曰："见说石桥作两段，是否？"曰："和尚什么处得这消息来？"师曰："将谓华顶峰前客，元来平田庄里人。"问："如何得出三界？"师曰："唤院主来，趁出这僧著！"师问众僧："轮回六趣具什么眼？"众无对。问："如何是超佛越祖之谈？"师曰："老僧问汝。"曰："和尚且置。"师曰："老僧一问尚自不会，问什么超佛越祖之谈！"②

乾峰机锋简捷迅疾，中下之机，难以凑泊。其僧一试便知，妄称从天台来，却不得石桥信，最多只是山下平田庄里人而已，何曾到得华顶峰。

---

① 《大正藏》51 册，第 354 页中。
② 同上书，第 338 页下、339 页上。

禅者每求出离，时发大言，或欲出三界，或欲超佛越祖，脚跟未能点地，何不轮回六趣！眼前事尚不能了，如何到得那边，不如踏踏实实，做一个本分人、了得本分事好。

云门文偃游方时曾到乾峰，并且住过一段时间，深受影响。

据《云门匡真禅师广录》卷三《游方遗录》：

> 师因乾峰上堂云："法身有三种病二种光，须是一一透得。更须知有照用临时、向上一窍在。"峰乃良久。师便出问："庵内人为什么不见庵外事？"峰呵呵大笑。师云："犹是学人疑处在。"峰云："子是什么心行？"师云："也要和尚相委。"峰云："直须与么，始解稳坐地。"师应喏喏。
>
> 乾峰示众云："举一不得举二，放过一著，落在第二。"师出众云："昨日有人从天台来，却往径山去。"峰云："典座，来日不得普请。"便下座。
>
> 师问乾峰："请师答话。"峰云："到老僧也未？"师云："与么则学人在迟也。"峰云："与么那，与么那。"师云："将谓猴白，更有猴黑。"①

向上一路，千圣不传，唯有庵内人自知。若是庵内人，只需稳坐，何必知庵外事；不知庵外事，始解稳坐。

对于法身三种病、两种光，文偃有自己的理解。

据《云门匡真禅师广录》卷二：

> 师有时云：光不透脱有两般病，一切处不明，面前有物，是一；又透得一切法空，隐隐地似有个物相似，亦是光不透脱。又法身亦有两般病，得到法身，为法执不忘，己见犹存，坐在法身边，是一；直饶透得法身去，放过即不可，子细点检来，有什么气息，亦是病。②

---

① 《大正藏》47 册，第 574 页下。

② 同上书，第 634 页下。

此说当是得自乾峰而又有所发挥。两种光，即光不透脱，一是一切不明，面前有物遮挡，不明物性本空，二是虽然知一切法空，而不能透彻，面前隐然有物相。三种病，云门说了两种，一是已得法身，却生法执，犹有己见，不肯放下，二是虽然透得法身，却又将其放过，亦是不可。

第二个公案颇为难解，乾峰自立自犯，道举一不得举二，却又"落在第二"，云门比着葫芦画瓢，称"有人自天台来，却往径山去"，且道是一是二？乾峰为何说来日不得普请，是奖是罚？

云门班门弄斧，挖坑自埋，引得乾峰大笑。未到乾峰，还敢操拳弄棒，比试高低，反成一场笑具，最后只得自承不足，早知如此，何必当初！侯白侯黑，有多种解释，最确切的是"将谓侵早起，更有夜行人"。

据《云门匡真禅师广录》卷二：

> 举，僧问乾峰："十方薄伽梵，一路涅槃门，未审路头在什么处？"峰以拄杖划云："在者里。"师拈起扇子云："扇子勃跳上三十三天，筑著帝释鼻孔。东海鲤鱼打一棒，雨似盆倾相似。会么？"①

一路涅槃门，哪个不是路头？乾峰一划，看取脚下。然而河边水里，渴死人无数。明明动步即是，却偏偏东寻西觅。乾峰之说，简单直捷，云门却踵事增华，画蛇添足，上天下海，转令糊涂。

乾峰生缘族姓不闻，甚至连法名都不知道，然在后世影响很大，尤其是对云门宗，云门法乳，也有乾峰一滴。

又参天童咸启禅师。

据《云门匡真禅师广录》卷三：

> 师到天童。童云："你还定当得么？"师云："和尚道什么？"童云："不会即目前包裹。"师云："会即目前包裹。"②

①　《大正藏》47 册，第 555 页上。
②　同上书，第 574 页中。

此天童，未明言何人，然应当是指径山鉴宗（？—866）门人天童咸启。

据《景德传灯录》卷十七：

> 明州天童山咸启禅师（先住苏州宝华山），僧问："如何是本无物？"师曰："石润无含玉，镶异自生金。"伏龙山和尚来，师问："什么处来？"曰："伏龙来。"师曰："还伏得龙么？"曰："不曾伏遮畜生。"师曰："吃茶去。"简大德问："学人卓卓上来，请师的的。"师曰："我遮里一屙便了，有什么卓卓的的？"曰："和尚怎么对话，更买草鞋行脚好。"师曰："近前来。"简近前。师曰："只如老僧怎么对，过在什么处？"简无对，师便打。①

天童咸启，由于《景德传灯录》又将其误收在洞山门下，以至后世多以为洞山门人，或者收录两个咸启，一属鉴宗，一属洞山，其实当时只有一个天童咸启，当然不排除咸启在参鉴宗之前参过洞山的可能，故两家俱收。

据《宋高僧传》卷十二《鉴宗传》：

> 咸通三年辛巳，巡历名山，遂止天目东峰径山焉。道俗归心，恢扬法教。出弟子尤者天童山咸启，敕赐紫衣。背山行真、大慈山行满，皆分枝化物。至七年丙戌闰三月五日示灭，迁塔于大寂岩下。梁乾化五年，吴越国王尚父钱氏表请。追谥大师曰"无上"，祖门传号为径山第二祖。时吴兴沈修者，自号"白牙先生"，述德为赞记焉。②

由此可知，咸启实为鉴宗最为出色的门人，有敕赐紫衣之荣。他被后世视为开山祖师，天童山第一代，其他事迹不详。云门来参之时，应当是咸启住持。

---

① 《大正藏》51 册，第 339 页上。
② 《大正藏》50 册，第 779 页下。

云门与天童的问答简短，然针锋相对，不肯稍让。不会则目前包裹，为境所转；会即目前包裹，包裹目前，转一切境。若是会者，无我无人，无境无识，转山河成米粒，凝万年为一念，来去自由，逆顺俱得。

云门再回浙中，其参学的主要地点是明州和越州，自越州西行，进入江西，时在光化三年（900）。

据《云门匡真禅师广录》卷三：

> 师到疎山，疎山问："得力处道将一句来。"师云："请和尚高声问。"山便高声问。师云："和尚早朝吃粥么？"山云："作么生不吃粥？"师云："乱叫唤作么！"
>
> 又因疎山示众云"老僧咸通年已前，会得法身边事；咸通年已后，会得法身向上事"，师问："承闻和尚咸通年已前会得法身边事，咸通年已后会得法身向上事，是不？"山云："是。"师云："如何是法身边事？"山云："枯椿。"师云："如何是法身向上事？"山云："非枯椿。"师云："还许学人说道理也无？"山云："许你说。"师云："枯椿岂不是明法身边事，非枯椿岂不是明法身向上事？"山云："是。"师云："法身还该一切不？"山云："作么生不该？"师指净瓶云："法身还该这个么？"山云："阇黎莫向净瓶边会！"师便礼拜。①

疎山匡仁为洞山门人中颇有特色和影响力的一位大师，号称"矮师叔"。云门刚到疎山，便跟师叔开了一个玩笑，先诱使疎山高声问，又责怪他乱叫唤。

法身边事与法身向上事，是疎山禅法理论中的一个核心方面。法身边事，即是功勋处事，向上事为无功之功。这一说法与洞山和大安的提示有关。

法身边事，即是枯椿；向上事，即非枯椿。

据《云门匡真禅师广录》卷二：

---

① 《大正藏》47 册，第 574 页上。

举洞山云："须知有佛向上事。"僧问："如何是佛向上事?"山云："非佛。"师云："名不得，状不得，所以言非。"①

佛向上事，即法身向上事，看来疏山此说源自洞山。云门亦有详细的解释，道是因为无可名状，所以言非。

云门辞别疏山后，又去参礼曹山（840—901）。

据《云门匡真禅师广录》卷三：

师问曹山："如何是沙门行?"山云："吃常住苗稼者。"师云："便与么去时如何?"山云："你还畜得么?"师云："学人畜得。"山云："你作么生畜?"师云："著衣吃饭，有什么难?"山云："何不道披毛戴角?"师便礼拜。②

曹山强调向异类中行，这是对南泉思想的发展。这是曹洞宗"四种异类"中的沙门异类，是曹山禅法的核心。著衣吃饭，是佛边事，亦名沙门，然转却沙门、称断边事，不入圣位，披毛戴角，始得名为沙门行。是故著衣吃饭，不如披毛戴角，畜得水牯牛，方为真修行。

据《抚州曹山元证禅师语录》卷一：

师示众曰："诸方尽把格则，何不与他道一转语，令他不疑去?"云门在众出问："密密处为甚么不知有?"师曰："只为密密，所以不知有。"门云："此人如何亲近?"师曰："莫向密密处亲近。"门云："不向密密处时如何?"师曰："始解亲近。"门云："诺，诺。"又问："不改易底人来，师还接不?"师曰："曹山无恁么闲工夫。"③

这段记录《云门广录》亦有，文字略有不同。曹山道诸方长老都是墨

---

① 《大正藏》47 册，第 558 页上。
② 同上书，第 574 页上中。
③ 同上书，第 527 页中。

守成规，不知变通，何不给学人一个转语，使其不疑。当时云门在众，便出问既是密密玄妙处，为什么反而不知有，曹山道正因为密密自得，自在自如，无知无识，无我无人，所以不知有。又问其人如何亲近，曹山言莫向密密处，若有趋向，即非密密。又问这样如何，答曰始得亲近，因为趋向即乖，无求自至，云门应诺。

曹山是他参学生涯中非常重要的一个老师，也是十七年游方过程中最后的一位导师。

辞别曹山，云门来到信州鹅湖，参同门师兄智孚。

据《云门匡真禅师广录》卷三：

> 因见信州鹅湖上堂云："莫道未了底人长时浮逼逼地，设使了得底人，明得知有去处，尚乃浮逼逼地。"师下来，举此语问首座："适来和尚示众云'未了底人浮逼逼地，了得底人浮逼逼地'，意作么生？"首座云："浮逼逼地。"师云："首座在此久住，头白齿黄，作这个语话？"首座云："未审上座又作么生？"师云："要道即得，见即便见，若不见，莫乱道。"首座云："祇如堂头道浮逼逼地，又作么生？"师云："头上著枷，脚下著杻。"座云："与么则无佛法也。"师云："此是文殊普贤大人境界。"①

浮逼逼地，脚跟未稳，未了的人如此，了的人为何仍是如此？这里未讲云门与鹅湖交锋，而是与其首座论战。云门以此举问首座，首座答是此言浮逼逼地，云门不肯，首座反问云门，云门答作此语话，难免头上戴枷，脚下著杻，首座不明其意，道是如此则无佛法，云门反言此乃文殊普贤大人境界。

云门自信州又到江州，于此又遇到了同门陈操。

据《云门匡真禅师广录》卷三：

> 师到江州，有陈尚书请师斋。相见便问："儒书中即不问，三乘十

---

① 《大正藏》47 册，第 574 页中。

二分教自有座主，作么生是衲僧行脚事？"师云："僧（曾）问几人来？"书云："即今同（问）上座。"师云："即今且置，作么生是教意？"书云："黄卷赤轴。"师云："这个是文字语言，作么生是教意？"书云："口欲谈而辞丧，心欲缘而虑忘。"师云："口欲谈而辞丧，为对有言；心欲缘而虑忘，为对妄想。作么生是教意？"尚书无语。师云："见说尚书看《法华经》，是不？"书云："是。"师云："经中道：一切治生产业，皆与实相不相违背。且道非非想天，有几人退位？"书无语。师云："尚书且莫草草！十经五论，师僧抛却，却特入丛林，十年二十年尚不奈何。尚书又争得会？"尚书礼拜云："某甲罪过。"①

这位陈尚书，就是原来在睦州的陈操。二人再次相见，也不客气，陈操当下便道儒书教意即不问，什么是行脚事，此时的云门与往日更有不同，气宇如王，反问什么是教意，陈答黄卷赤轴，云门言此乃文字，不是教意。陈又引典自辩。云门道是前句是对有言，后句是对妄想，与教意无涉，到底教意是什么，速道速道，不要王顾左右而言他。陈操最终哑然无语。

云门乘胜追击，又问你自认为熟悉《法华经》中，精通教意，那么经中有治生产业不违实相一句，且道非非想天中有几人退位，到世间治生产业。陈操又是无言以对。云门趁机教训陈操，道是你千万不能草草了事，骄傲自满，像我们这种精通各种经论的法师，抛却经论，到禅宗丛林中参学，化了十年二十年的时间，尚且不奈何，你这样的居士又怎么会明白衲僧行脚事？

陈操是当时最为著名的居士，经过睦州教示，锋芒不减老参，许多禅僧视为畏途。经过云门一番教训，可知居士得道确实不易。

据《云门匡真禅师广录》卷三：

陈尚书问云居供养主云："云居高低于弟子？"主无语。尚书问师，师云："尚书，莫教话堕。"②

① 《大正藏》47册，第574页中下。
② 同上书，第574页下。

问云居道膺与其弟子孰高孰低，云居供养主当然也是一个大居士，对此无言以对。陈操又问云门，云门斥之莫教话堕。

此弟子有所指，当为云居门人归宗澹权。

据《云门匡真禅师广录》卷三：

> 师到归宗。僧问："大众云集，合谈何事？"宗云："两两三三。"僧云："不会。"宗云："三三两两。"师却问其僧："归宗意旨如何？"僧云："全体与么来。"师云："上座曾到潭州龙牙么？"僧云："曾到来。"师云："打野榸汉！"①

此归宗是归宗第二世澹权。澹权确实是云居门下非常出色的门人，他恢复归宗道场，有功宗门。

归宗以朝三暮四糊弄，学人还赞之全体与么。云门问其是否曾到潭州龙牙，答是曾到，云门斥之打野榸汉。云门似乎是讲潭州龙牙居遁境界高深，若曾到那里，不应如此容易糊弄。

云门到过江州庐山，依照情理，应当去参云居道膺，然而却没有留下相关的记录。陈操问其云居与门人孰高，似是他曾到过云居。然而当时云居已然抱病，次年初便入灭了，即使云门曾经来参，恐怕也难得受益，故未留记录。

据《云门匡真禅师广录》卷三：

> 师闻，洛浦勘僧云："近离甚处？"僧云："荆南。"浦云："有一人与么去，还逢么？"僧云："不逢。"浦云："为什么不逢？"僧云："若逢，即头粉碎。"浦云："阇黎三寸甚密。"师后于江西见其僧，乃问云："还有此语不？"僧云："有。"师云："洛浦倒退三千里。"②

云门闻此或在岭中，遇此僧则在江西。洛浦，即是夹山门人元安

---

① 《大正藏》47 册，第 574 页下。
② 同上书，第 575 页上。

（834—899），曾参翠微、临济。此僧未留名字，却也是气象非凡。此僧语话分明，洛浦却言其三寸甚密，口风特紧，也是无舌人解语，然而此处显得不对题，故云门讥之倒退三千里。

云门在江州停留不知多久，应当时间较长，因为这里有同门陈操，还有庐山、云居这般名僧云集之处。然而此时的云门锋芒渐露，寻常师僧难入其法眼，而且他是为法而来，非为床座饮食，因此最后还是离开了，并由此沿江西上，路经鄂州。

据《云门匡真禅师广录》卷三：

> 师到灌溪，时有僧举灌溪语云"十方无壁落，四面亦无门，净裸裸，赤洒洒，没可把"，问师："作么生？"师云："与么道即易，也大难出。"僧云："上座不肯和尚与么道那？"师云："你适来与么举那？"僧云："是。"师云："你驴年梦见灌溪么？"僧云："某甲话在。"师云："我问你，十方无壁落，四面亦无门，净裸裸，赤洒洒，没可把，你道大梵天王与帝释商量个什么事？"僧云："岂干他事？"师喝云："逐队吃饭汉。"①

灌溪志闲（？—895），幼从柏岩禅师剃度，后参临济得旨，再参末山尼了然，更受醍醐。后住鄂州灌溪，是临济宗在南方的代表人物。其"十方无壁落"一段机语，颇受后世推崇，引者无数。云门到达灌溪，最早不会超过天复元年（901），此时志闲早已入灭，故其门人但举其机语，未有云门与其本人对话的证据。

灌溪所示，迥脱根尘，历历孤明，境界极高，怎奈无门可出，故云门谓之也大难出。雪窦重显亦谓"灌溪老出头不得"②，又谓"古人向甚处见客"③，黄龙祖心道"灌溪老，出气不得"④，宏智正觉言"十方无壁落，从本来元没遮栏；四面亦无门，只者里便是人（入）处。可谓通途息耗，叶

---

① 《大正藏》47 册，第 574 页下。
② 同上书，第 679 页下。
③ 《续藏经》67 册，第 581 页下。
④ 《续藏经》69 册，第 219 页中。

路当风。其或反侧迟迴，便是撞头磕额。"①

云门并非批评灌溪，只怪其门人不会先师意，就知道逐队吃饭，未得法食妙味。既然如灌溪所示，无可把捉，如梵王天宫，那么大梵天王又与帝释天商量何事，这是云门勘验其僧，其僧果然不明，道是风马牛不相及，全不相干。云门道果然无门可入，你与灌溪相去十万八千里，何曾梦见灌溪！

云门离开鄂州，一路西行，可能经河南到达长安，其时应当是在天复三年（903）。

据《云门匡真禅师广录》卷三：

> 师在西京时，问僧："尔是甚处人？"僧云："于阗国人。"师云："还到西天么？"僧云："到。"师拈起拄杖云："掣电之机不问尔，还到这里么？"僧云："不会。"师呵呵大笑。代云："深领和尚降尊就卑。"又云："将谓此土无？"又云："勋。"②

唐朝临近灭亡之际，长安佛教也陷入末流，云门在此，也遇不到可资参学的高僧大德了，遇到一个于阗僧人，也是不堪教导，连当学人都不大够格。

云门在京时间不会太久，一则无可参问，二则其时朱温掌控长安，天祐元年（904）正月，朱温强行迁都洛阳，昭宗被迫东行，长安遂为丘墟。

云门离开长安后，有可能在天祐元年（904）进入山西，游礼五台。

据《云门匡真禅师广录》卷一：

> 上堂云："汝等诸人，傍家行脚，皆是河南海北来。各各尽有生缘所在，还自知得么？试出来举看，老汉与汝证明，有么有么？汝若不知，老汉瞒汝去也。汝欲得识么，生缘若在向北，北有赵州和尚、五台文殊，总在这里；生缘若在向南，南有雪峰、卧龙、西院、鼓山，

---

① 《大正藏》48 册，第 15 页上。
② 《大正藏》47 册，第 569 页上。

总在这里。汝欲得识么？向这里识取。若不见，莫掠虚。见么见么？若不见，且看老汉骑佛殿出去也。珍重。"①

这是云门开堂后教示学人，他强调，北有赵州和尚、五台文殊，都在这里；南有雪峰、玄沙、长庆、鼓山，都在这里。这是说无论是北方的赵州、五台之法，还是南方的雪峰、玄沙等人之法，都在他这里。云门当然不会掠虚，这表明他曾经到过北方，参礼五台、赵州。

据《云门匡真禅师广录》卷三：

> 师问僧："你从向北来，还曾游台么？"僧云："是。"师云："关西湖南还曾见长嘴鸟说禅么？"僧云："不见。"师拈起拄杖，以口作吹势，引声云："禅，禅。"②

此中包含了云门对早年游方生涯的回忆，暗示他不仅北游五台，还在关西、湖南等地看到许多禅师装腔作势，鹦鹉学舌，说禅说道，言不及义。

云门对赵州和尚十分敬佩，但他北游时赵州已然入灭，然慧觉等亲传弟子尚在，他或许从五台东行河北，到赵州参礼，得其亲传门人传授。

据《云门匡真禅师广录》卷三：

> 举临济三句语问塔主："祇如塔中和尚，得第几句？"主无语。师云："你问我。"主便问，师云："不快即道。"主云："作么生是不快即道？"师云："一不成，二不是。"③

假如云门到过赵州，当然也会参访临济后人，其时上距临济入灭已经将四十年，其亲传门人不知有谁活到此时。既然云门未曾明确提及，可见其时临济宗中活跃的已是第三代传人。此塔中和尚，应当是已故临济门人，

---

① 《大正藏》47 册，第 549 页中下。
② 同上书，第 573 页上。
③ 同上。

故云门问守塔主塔中和尚得临济第几句，塔主无语。云门令其问己，回答"不快即道"，塔主依然不明，云门答是第一句不成，第二句不是。

看来云门对这位塔中和尚并不肯定，以为他不过得第三句，自救不了，何以度人。

据《云门匡真禅师广录》卷三：

> 师因斋次，拈起蒸饼云："我这个祗供养向北人，是你诸人总不得。"时有僧问："某甲为什么不得？"师云："钝置杀人。"代云："某甲犹可。"代前语云："两彩一赛。"①

又据《云门匡真禅师广录》卷二：

> 师因斋次，拈起馎饼云："我祗供养江西两浙人，不供养向北人。"僧云："为什么祗供养江西两浙人，不供养向北人？"师云："天寒日短，两人共一椀。"②

蒸饼供养北方人，馎饼供养南方人，看来他对北方人的生活习惯相当熟悉，知道北方天寒日短，生活贫苦，两人才能吃上一碗饭，每人只可半碗。

云门从河北南下，进入河南境内，其路线当是自镇州向南，进入邢州、魏州，沿路参访临济宗人，再到洛阳一带，南下进入湖北境内，再经湖南到韶州。

开平二年（908），雪峰入灭。雪峰迁化，云门似乎未曾前去送葬。或许当时他仍在北方，路途遥远，信息难通，未能前往。

乾化元年（911）辛未，到韶州，先礼曹溪祖塔，后到韶石，被灵树如敏请为首座。这意味着云门十七年游方参禅生涯的结束，一则他经过长期的磨炼，已经达到"心猿罢跳，意马休驰"的不动心境界，无须再去参访，

---

① 《大正藏》47 册，第 571 页下。
② 同上书，第 556 页下。

二则他得到了灵树知圣大师的庇护，被请为首座，有了一个固定的安身之处，不用再四处漂泊了。

第二节　云门门人

云门门下人才众多，是马祖之后杰出门人最多的大师之一。

据甲碑：

> 传法于白云山实性大师，实师会下，已匡徒众。……在会参学小师守坚，始终荷赞，洞契无为。门人净本大师常实等三十六人知事，皆深明佛性，雅得师宗也。在京弟子，报恩寺内供奉悟明大师、都监内诸寺院、赐紫六珠常一，悟觉大师、赐紫六珠常省，超悟大师、赐紫常荐等七十余人，皆出自宫闱，素精道行，勅赐与师为弟子。法姪内僧录、六通大师、教中大法师道聪，洞究本门，尤精外学也。

如此，云门入灭之前，付法于白云山实性大师志庠。此外，参学小师守坚，即编辑《广录》的"明识大师、赐紫守坚"，始终荷赞辅助，洞契无为之旨，在云门门下地位很高。净本大师常实等三十六人为寺中知事，皆深明佛性、雅得宗旨。在京门人之中，有常一、常省、常荐等七十余人，都是出自宫闱的宦官，由皇帝赐为云门门人。而洞究本门、尤精外学的道聪为其法姪，当为灵树亲传弟子之后、灵树法孙。

据乙碑：

> 有参学小师、双峰山长老广悟大师、赐紫竟钦，温门山感悟大师契本，云门山上足小师、应悟大师常宝等，同部署真身到阙，亦在内庭受供，恩渥异常。其诸上足门人常厚等四十余人，各是章衣师号，散在诸方，或性达禅机，或名高长者。在京小师、悟明大师、都监内诸寺、赐紫常一等六十余人，或典谋法教，或领袖沙门。

此碑记载的是大宝六年（963）时参与护送云门真身至京及当时传法的

门人，其中竟钦、契本、常宝三人送真身入内，并在内庭受供养。上足门人常厚等四十余人，得到章衣师号，化导一方，在京者有常一等六十余人。门人知名者共一百多人。

值得注意的是，此一百多人，至少有七八十人都是宦官出身，可能所有"常"字辈者都是，这也是一个比较奇特的现象。宦官出家古已有之，然而皇帝下旨数十名宦官集体出家，还是比较罕见的。在二碑中，除了极少数无法忽视的重要门人外，最为显赫的竟然是宦官群体，他们大多都得到紫衣师号，把持京城重要寺院，占据了当时云门知名门人群体的主流，成为领袖沙门的宗师，确实显得怪异。

据《云门匡真禅师广录》卷三《行录》：

> 师先付法于弟子实性，俾绍觉场。佥议为实性已传道育徒，乃革命在会门人法球，以继师席。[1]

这里提到另外一个重要门人法球，众议"革命"，改由法球取代志庠继任云门法席，这是有违云门大师本愿的。这场"革命"到底是谁发动的，不得而知，法球显然是受益者，后来他默默无闻，其才能显然是不如志庠的。

据《传法正宗记》卷八：

> 其所出法嗣凡八十八人。一曰韶州白云祥和尚者。一曰德山缘密者。一曰潭州南台道遵者。一曰韶州双峰竟钦者。一曰韶州资福和尚者。一曰广州广云元禅师者。一曰广州龙境伦禅师者。一曰韶州云门爽禅师者。一曰韶州白云闻禅师者。一曰韶州披云智寂者。一曰韶州净法章和尚者。一曰韶州温门山满禅师者。一曰岳州巴陵颢鉴者。一曰连州地藏慧慈者。一曰英州大容諲和尚者。一曰广州罗山崇禅师者。一曰韶州云门宝禅师者。一曰郢州临溪竟脱者。一曰广州华严慧禅师者。一曰韶州舜峰韶和尚者。一曰英州观音和尚者。一曰韶州林泉和

---

① 《大正藏》47 册，第 576 页上。

尚者。一曰随州双泉师宽者。一曰韶州云门煦和尚者。一曰益州香林澄远者。一曰南岳般若启柔者。一曰筠州黄蘗法济者。一曰襄州洞山守初者。一曰信州康国耀和尚者。一曰潭州谷山丰禅师者。一曰颖州罗汉匡果者。一曰鼎州沧溪璘和尚者。一曰筠州洞山清禀者。一曰蕲州北禅寂和尚者。一曰泐潭道谦者。一曰庐州南天王永平者。一曰湖南永安朗禅师者。一曰湖南潭明和尚者。一曰金陵清凉明禅师者。一曰金陵奉先深禅师者。一曰西川青城乘和尚者。一曰潞府妙胜臻禅师者。一曰兴元普通封和尚者。一曰韶州灯峰和尚者。一曰韶州大梵圆和尚者。一曰澧州药山圆和尚者。一曰信州鹅湖云震和尚者。一曰庐山开先清耀者。一曰襄州奉国清海者。一曰韶州慈光和尚者。一曰潭州保安师密者。一曰洪州云居山融禅师者。一曰衡州大圣寺守贤者。一曰庐州北天王徽禅师者。一曰鄂州芭蕉山弘义者。一曰眉州福化院光禅师者。一曰庐州东天王广慈者。一曰信州西禅钦禅师者。一曰江州广云真禅师者。一曰韶州双峰慧真者。一曰云门山法球者。一曰韶州广悟者。一曰韶州长乐山政禅师者。一曰韶州佛陀山远禅师者。一曰韶州鹫峰山韶禅师者。一曰韶州净源山真禅师者。一曰韶州月华山禅师者。一曰韶州双峰真禅师者。一曰随州双泉山郁禅师者。一曰慈云山深禅师者。一曰庐州化城鉴禅师者。一曰庐山护国禅师者。一曰庐山庆云禅师者。一曰岳州永福朗禅师者。一曰鄂州赵横山禅师者。一曰鄂州纂子山菴主者。一曰庐州南天王海禅师者。一曰桂州觉华普照者。一曰益州铁幢觉禅师者。一曰新州延长山禅师者。一曰黄龙山禅师者。一曰眉州西禅光禅师者。一曰蕲州北禅悟同者。一曰舒州天柱山禅师者。一曰韶州龙光山禅师者。一曰观州水精院宫禅师者。一曰隋州智门山法觇者。一曰云门山朗上座者。①

《传法正宗记》收录最广，共八十八人，只是限于该书体例，只录名字，不记事迹。契嵩作为云门宗传人，其说应当最为可靠，但还是说不上完备，其中遗漏了一个非常重要的人物，《云门广录》的编者守坚，另外几

---

① 《大正藏》51 册，第 757 页中、758 页上。

乎所有常字辈的宦官禅师都被排除了，这也是所有灯录的共同取舍。

据《佛果圆悟禅师碧岩录》卷一：

> 后出四哲，乃洞山初、智门宽、德山密、香林远，皆为大宗师。香林十八年为侍者，凡接他，只叫："远侍者。"远云："喏。"门云："是什么？"如此十八年，一日方悟。门云："我今后更不叫汝。"①

这是圆悟克勤所认定的四大宗师，也代表当时丛林公认的看法。除此之外，双泉郁一系也是值得重视的，而白云志庠是云门生前认定的传人，其法系也很重要。

洞山守初（910—1000）下传福严良雅，良雅传北禅智贤、荐福承古（970—1045），智贤传法昌倚遇（1003—1079）、兴化绍铣（1009—1080）等。

智门师宽传五祖师戒（？—1035）、福昌重善（？—1035）。重善传福昌永询、金山瑞新、夹山惟俊，惟俊出夹山遵，遵出福昌知信（1030—1088）。师戒传泐潭怀澄（？—1046）、洞山自宝（978—1054）、北塔思广、云盖志颙（？—1046）等。怀澄传大觉怀琏（1007—1091），怀琏传径山维琳（1036—1119）、金山宝觉。自宝传洞山清辨、鉴迁。思广传玉泉承皓（1011—1091），承皓传兴教文庆。

德山缘密传文殊应真，应真传洞山晓聪（？—1030），晓聪传云居晓舜（？—1067）、佛日契嵩（1007—1072）。晓舜传蒋山佛慧法泉（？—1096）。

双泉郁传德山慧远，慧远传资圣盛勤（993—1060）、开先善暹，善暹传佛印了元（1032—1098）。

香林澄远（908—987）传智门光祚，光祚传延庆子荣、雪窦重显（980—1052）、南华宝缘。子荣传圆通居讷（999—1070）。重显传天衣义怀（993—1064）、长芦祖印智福（？—1082）等，义怀传圆照宗本（1020—1089）、圆通法秀（1027—1090）、天钵重元（？—1078）、觉海若冲（1029—1094）、长芦应夫等。法秀传佛国惟白、广教守讷（1047—1122）

---

① 《大正藏》48 册，第 146 页上。

等。宗本传大通善本（1035—1109）等，善本传妙湛思慧（1071—1145），思慧传月堂道昌（1090—1171）、照堂了一（1089—1155），道昌传雷庵正受（1146—1208）。

长芦应夫传慈觉宗赜（1036—1106），宗赜曾住持真定府洪济禅院，后来门人法琼继任，北宋灭亡之际，法琼与门人晦堂洪俊于天会中（1123—1137）北上燕都，天会三年（1125）始开法于银山宝严寺，又主城中延洪阁，皇统初（1141），赐名大延圣寺，大定三年（1163）由晦堂主持扩建，六年完工，七年（1167）更名大圣安寺。此后大圣安寺成为云门宗的根本道场，此寺住持兼领北方云门宗。皇统三年（1143），海慧法琼、清慧晦堂奉诏住持上京长庆寺。皇统五年（1145）海慧法琼入灭。两代皆号"祐国佛觉大禅师"，第三世最杰出者为圆通大禅师广善，继领圣安，第四世有圆照澄、圆通祖朗（1149—1222）等，第五世为志奥，第六世为西岩和禅师，第七世为玉溪渊、潜云道泽，第八世有云溪信喜、金山庆恩（1241—1309）、瑞云信从、信忠等，第九世也是最后一世大师为云山慧从，活跃于元朝末期，延庆六年（1319）授荣禄大夫、大司空，晚年隐居红螺山大明寺，其门人福果为大明寺住持，于至正十六年（1356）立碑纪德。

香林系成为云门宗最为重要的一支，传承也最为久远。

云门门人分布的范围很广，其中江西地区与广东、湖南毗邻，唐末为钟传占据，五代初为杨吴所并，成为杨吴及南唐的核心区域之一。此地禅宗一向发达，晚唐时曹洞宗于此崛起，五代之末，曹洞宗开始衰落，雪峰系及玄沙系于此角逐。

云门二世有很多人在此传法，使其成为云门宗传播的主要地区之一。

据《景德传灯录》卷二十三：

> 筠州黄檗山法济禅师。僧问："如何是和尚家风?"师曰："与天下人作榜样。"师上堂，示众曰："空生大觉中，如海一沤发。各各当人无事。"又上堂，良久曰："若识得黄檗帐子，平生行脚事毕。珍重。"①

---

① 《大正藏》51册，第389页中。

又据《天圣广灯录》卷二十：

> 筠州黄檗山禅师
>
> 僧问："如何是和尚家风？"师云："与天下人作牓样。"
>
> 问："如何是佛？"师云："眉粗眼大。"问："如何是本来身？"师
> 云："卧棘不由人。"
>
> 问："如何是第一句？"师云："打破大散关，赤脚倒回步。"①

法济留下机缘语句不多，住持黄檗山也不知何时，五代之末有疏山匡仁门人慧禅师住持，塔于本山，肉身不坏。法济入住此山，是云门取代曹洞的一个缩影。

据《云门匡真禅师广录》卷一：

> 问："圣僧为什么被大虫咬？"师云："与天下人作牓样。"②

是故法济家风，继承云门，此句香林澄远亦曾引用。他还引《楞严经》，说明大觉本心包含一切，虚空虽大，亦在心中。黄檗帐子，识得不易，若真有识，则升堂入室，不必行脚。佛无他异，不过眉粗眼大而已。本来之身，即同色身，卧棘苦行，不由他人。大散关为川陕咽喉，历来是兵家必争之地，也是东西交通要道，禅门相传，达摩西行，路过此地，即只履西归，故有"赤脚倒回"之说，后来天衣义怀亦道"打破大散关，几个迷逢达磨"③。

据《景德传灯录》卷二十三：

> 信州康国耀和尚。僧问："文殊与维摩对谭何事？"师曰："汝向髑
> 髅后会始得。"曰："古人道髑髅里荐取，又如何？"师曰："汝还荐得

---

① 《续藏经》78 册，第 519 页中。
② 《大正藏》47 册，第 547 页下。
③ 《续藏经》78 册，第 667 页上。

么？"曰："怎么即远人得遇于师去也。"师曰："莫谩语好。"①

文殊与维摩对谈，非常人所得闻，若不向骷髅后会得，死中得活，如何明得其中事。骷髅里荐取，香严、石霜、曹山等曾论之，实是枯木龙吟，闻者皆丧，脱空谩语，复有何益。

据《景德传灯录》卷二十三：

> 信州鹅湖山云震禅师。僧问："如何是佛？"师曰："阇梨不是。"师问僧："近离什么处？"曰："两浙。"师曰："还将得吹毛剑来否？"僧展两手。师曰："将谓是个烂柯仙，元来却是樗蒲汉。"问："如何是鹅湖家风？"师曰："客是主人相师。"曰："恁么则谢师周旋。"师曰："难下陈蕃之榻。"②

信州鹅湖山名僧辈出，最初有马祖门人鹅湖大义，影响很大，唐末则属于德山系，岩头全豁门人韶和尚及文偃参过的雪峰门人智孚于此住持。

如何是佛，问则不是，自肯则是。浙中出龙泉，吹毛之剑，非同寻常，展手之学，似是而非，将谓是棋士宗匠，却原来是个赌徒。鹅湖家风，从苗识地，由客辨主。此僧稍知宗趣，故道如此谢师招待，云震道我虽有心周旋，怎奈你不是知音。这一段难得的精彩法战，表明云震境界过人。

据《天圣广灯录》卷二十：

> 信州西禅钦禅师
> 上堂。有僧问："如何是透法身句？"师云："青山不挂剑。"
> 问："法雨普沾于此日，向上宗风又若何？"师云："太阳看古碑。"
> 问："古殿兴时如何？"师云："一回春到一回新。"
> 问："如何是函盖乾坤句？"师云："天上有星皆拱北。"
> 问："如何是截断众流句？"师云："大地坦然平。"

---

① 《大正藏》51 册，第 389 页下、390 页上。
② 同上书，第 391 页上。

问："如何是随波逐浪句？"师云："春生夏长。"①

信州云门二世之中，还有西禅钦禅师，《景德传灯录》谓其机缘语句不存，仅录名字。青山不挂剑，如何透法身。向上宗风，大非容易，太阳古碑，意为高古，云门高古之风，由此可见。古殿重兴，宗风再振，野火烧不尽，春风吹又生。

天上有星皆拱北，人间无水不朝东。北斗藏身，透过法身，包罗万象，涵盖乾坤。大地平坦，众流截断。春生夏长，秋收冬藏，天时地利，随波逐浪。

这是云门二世中除德山缘密、舒州天柱山禅师外少见的对于云门三句的完整阐释，值得重视。

据《景德传灯录》卷二十三：

> 筠州洞山普利院第八世住清禀禅师，泉州仙游人也，姓李氏。幼礼中峰院鸿谧为师，年十六福州太平寺受戒。初诣南岳，参惟劲头陀，未染指。及抵韶阳礼祖塔回，造云门。云门问曰："今日离什么处？"曰："慧林。"云门举拄杖曰："慧林大师怎么去，汝见么？"曰："深领此问。"云门顾左右，微笑而已。师自此入室印悟。乃之金陵，国主李氏请居光睦。未几复命入澄心堂，集《诸方语要》。经十稔，迎住洞山。开堂日，维那白槌曰："法筵龙象象（众），当观第一义。"师曰："也好消息，只恐汝错会。"僧问："云门一曲师亲唱，今日新丰事若何？"师曰："也要道却。"②

洞山清禀为云门二世在江西最重要的门人之一，他先居金陵光睦，又住澄心堂，最后住江西洞山。清禀生年不详，幼时礼本乡中峰院鸿谧为师，十六岁于福州太平寺受具，后到南岳，参雪峰门人惟劲，未能得悟，乃到曹溪礼祖塔，先到韶州慧林参南塔光涌门人妙济大师鸿究，再至云门请益，

---

① 《续藏经》78 册，第 519 页上。
② 《大正藏》51 册，第 390 页上中。

自此入室印悟，深得云门之旨。

据《筠州洞山普利禅院传法记》：

> 嗣姓周氏，同郡高安人，金陵召见深加信重，乾德二年顺寂，塔于惠光之北。坦姓吴氏，建州建阳人，李主以其国命之，凡四年而终。禀姓李氏，泉州仙游人，李主召入澄心堂，集诸方语要，凡十年，又俾来继坦焉。

如此清禀住持洞山，是在法眼门人文坦之后，文坦继嗣和尚（？—964）住持，四年而终，即应卒于乾德六年（968），是年清禀继任。此前十年，即周显德六年（959）至宋乾德六年（968），他住澄心堂，编辑《诸方语要》。周显德末年，他来到金陵，住持光睦。

清禀住持洞山的时间可能相当长，其继任者为豫章彦闻，彦闻凡三年而卒，九峰守诠继主五年，迁庐山栖贤，由首座晓聪继之，时在大中祥符三年（1010）。如此清禀可能直到咸平六年（1002）才去世，其住持洞山长达三十五年。假如此说成立，那么清禀的寿命相当长，应当将近百岁，属于云门二世最后离世者。他曾参南岳惟劲，而惟劲于唐光化中（898—901）就已经在南岳三生藏开法了，于此住持三十年，并于天成四年（929）主持修建潭州开福寺转轮藏，清禀来参，不会晚于后晋天福五年（940），其生年最晚也不会迟于梁贞明六年（920）。也有可能彦闻去世之后，其门人曾经住持一段时间，但未得到大家的认可，故请守诠主之，即使如此，清禀住持洞山亦应近三十年。

据《智证传》卷一：

> 洞山清禀禅师唯宴坐。一日呼侍者下法堂，谓曳木者无损阶砌。侍者出视无有，还白寂无人迹。禀又使求之，侍者临檐俯视，乃群蚁曳蜻蜓翼缘阶而上。盖静极妙而灵知也。[1]

---

[1] 《续藏经》63册，第181页上。

如此清禀经常宴坐，故坐禅功夫很深，并且由定发慧，静极灵知，竟然能够觉知蚂蚁拖拉蜻蜓之翼上台阶。

清禀所作《诸方语要》，花了十年时间，收录了当时大量禅师语录宗要，十方重要，可惜后世不存。

据《禅林僧宝传》卷十四：

> 洞山清禀禅师，作《澄心堂录》，录崇语句。细味之，骨气不减岩头，恨不能多见。崇宁之初。冲虎至谷山，塔冢莫辨，事迹零落，不可考究。坐而太息，作偈曰：行尽湘西十里松，到门却立数诸峰。崇公事迹无寻处，庭下春泥见虎踪。①

清禀还收录了保福从展门人行崇的语录，可见他对同辈的语录亦曾收录。清禀前后住持四五十载，然其法嗣不盛，后世只记载其门人蕲州广教惠定禅师，且无机缘语句存世。

据《景德传灯录》卷二十三：

> 洪州泐潭道谦禅师。僧问："如何是泐潭家风？"师曰："阇黎到来几日？"问："但有纤毫即是尘，不有时作么生？"师以手掩两目。问："当阳举唱，谁是闻者？"师曰："老僧不患耳聋。"②

道谦语句不多，《五灯会元》卷十五增添了"问：'悟本无门，如何得入？'师曰：'阿谁教汝恁么问？'"③一句。洪州泐潭在五代时属于曹洞宗九峰道虔一系，道谦担任住持，当在道虔门人牟和尚之后，其时已到宋朝。

如果到家，自然知道家风；若是在途，空问何益？有见即尘，掩目不见所欲，自然心净。当阳举唱，怎奈无有知音，不是老僧耳聋，实是学人未闻。无门为法门，如何能得入。不管如何得入，谁人教汝发问。

---

① 《续藏经》79 册，第 521 页上中。
② 《大正藏》51 册，第 390 页中。
③ 《续藏经》80 册，第 310 页中。

据《禅门诸祖师偈颂》卷一：

　　志公和尚十二时歌

　　平旦寅，狂机内有道人身。穷苦枉经无数劫，不信常擎如意珍。若捉物，入迷津，但有纤毫即是尘。不住旧时无相貌，外寻知识也非真。①

这是托名宝志的《十二时歌》，云门文偃亦曾引用。

据《建中靖国续灯录》卷二：

　　洪州泐潭山谦禅师法嗣
　　虔州了山宗盛禅师
　　问："古人面壁，意旨如何?"
　　师云："为你要问。"
　　问："如何是衣里明珠?"
　　师云："切宜保借（惜）。"
　　问："如何是沙门端的事?"
　　师云："不要问别人。"
　　问："如何是解脱门?"
　　师云："从遮里入。"
　　上堂云："钟声清，鼓声响，早晚相闻休忘（妄）想。荐得徒劳别问津，莫道山僧无伎俩。咄!"②

宗盛住持虔州了山，为道谦唯一有记录的门人。古人知道面壁，尔却东问西问。衣里明珠，囊中至宝，切宜爱惜，不可丢失。沙门端的事，不可问他人。尽乾坤是个解脱门，举足下足，何处不是，从这里入，便获解脱。钟鼓声声，不过警醒学人，莫生妄想，若是自己荐得，便不劳从

――――――――――

　① 《续藏经》66 册，第 726 页上。
　② 《续藏经》78 册，第 652 页下。

人问津。

庐山一向是江南佛教中心，云门文偃曾于此游历，其门人对此地也很重视。

据《天圣广灯录》卷十九：

> 庐山化城鉴禅师
>
> 上堂。有僧问："如何是一大事?"师云："射红出。"
>
> 问："远远投师，乞师指示。"师云："汉东米作么价?"
>
> 问："露地白牛随处现，嘶风木马事如何?"师云："何不现?"学云："嫌个什么!"师云："将谓海东舶主，祇是此土商人。"进云："若不张帆，焉知海阔?"师云："放汝三十棒。"问："如何是和尚正法眼?"师云："新罗人迷路。"
>
> 师上堂，示众云："十方薄伽梵，一路涅槃门。诸禅德，且作么是涅槃门? 莫是山僧者里聚会少时，便为涅槃门么; 莫是僧堂里衣钵下坐，寂默观空，便为涅槃门么? 莫错会好。诸禅德，总不恁么会，莫别有商量底么? 山僧者里早是事不获已，向诸人恁么道。已是相钝致了也。更拟踏步向前，有何所益? 诸禅德，但自无事，自然安乐，任运天真，随缘自在。莫用巡他门户，求觅解会，记忆在心，被他系缚，不得自在。便被生死之所拘，何时得出头? 可惜光阴倏忽，便是来生。速须努力，努力!"
>
> 时有僧问："生死到来，如何免得?"师云："柴鸣竹爆惊人耳。""学人不会，请师直指。"师云："家犬声狞夜不休。"
>
> 问："如何是菩提路?"师云："月照旧房深。"
>
> 问："宝镜当轩时如何?"师云："照破万家门。"问："如何是和尚家风?"师云："不欲说似人。"进云："为什么却如此?"师云："家丑不外扬。"
>
> 问："如何是和尚寻常为人底句?"如（师）云："量才补职。"进云："恁么则学人无分也?"师云："心不负人。"
>
> 问："如何是真空?"师云："天河岸上星分异。"
>
> 问："如何是学人自己?"师云："何得问别人?"进云："问又何

妨?"师云:"争怪山僧。"

问:"北斗藏身,意旨如何?"师云:"青山无异的,常伴白云闲。"

问:"如是学人行履处?"师云:"三门前,松径里。"进云:"究竟又如何?"师云:"朝看群峰,夜窥星斗。"

问:"佛法毕竟成得什么边事?"师云:"好个问头,无人答得。"进云:"和尚岂无方便?"师云:"云有出山势,水无投涧声。"

问:"如何是向上关捩子?"师云:"拔剑搅龙门。"问:"临济入门便喝,德山入门便棒,未审意旨如何?"师云:"汝试举临济、德山看!"学人便喝。师云:"放过一着。"学人无语,师便打。

问僧:"什么处来?"僧便喝。师云:"何得容易?"僧拟议,师便打。

问新到僧:"近离什么处?"进云:"江州。"师云:"来时主人万福也无?"僧云:"道什么?"师云:"耳聋耶?"僧云:"是何言欤?"师云:"近前来,向汝道。"僧近前,师云:"打底不遇作家,参堂去。"①

庐山化城寺在半山顶,历史悠久,高僧辈出,隋朝便有高僧法充于此弘化,南唐时期,亦有法眼门人慧朗禅师受宰相宋齐丘(887—959)之请,住持此寺,鉴禅师当在慧朗之后继任住持。

如来为一大事因缘出现于世,此一大事,究竟为何?射红,或许是射中红心之意,后世有"好手手中呈好手,红心心里射红心"之说,为射红心,出现于世,直示本原,惟传一心。

据《云门匡真禅师广录》卷一:

问:"自到和尚法席,不会,乞师指示。"师云:"截却尔头得么?"问:"乞师指示,令学人顿息昏迷。"师云:"襄州米作么价?"②

如此鉴禅师,不过依样画葫芦。而言米作什么价,最初出自青原行思,

---

① 《续藏经》78 册,第 516 页中下。
② 《大正藏》47 册,第 551 页下。

有问佛法大意，行思问庐陵米作么价，其后仰山慧寂、夹山善会等亦言之。切莫好高骛远，还知此方米价么，如果不识，丧身失命。

白牛露地，木马嘶风，看似头角峥嵘，真正现身，却不过本地黄牛，此土小贩。此僧不甘罢休，道是若不张帆翱游，怎知大海广阔，鉴师慈悲，道且放汝三十棒。真正法眼，不从人得，巡他门户，自己迷路。

鉴师上堂法语，直示涅槃之门，切莫错会，此门不在丛林聚会中，亦不在僧堂禅堂中，关键是无心无事，自然安乐，任运天真，随缘自在，莫从人觅，勿求他解，言语道断，心行处灭。

生死到来，用免作么？有柴烧身，爆竹相送，即是修行得力。

菩提之路，何处不然，月照旧房，松掩古殿。

宝镜当轩，光照万家，家风不欲说，只因家丑不可外扬，入门自知，到家即明。

如何是真空，天河岸上星。若是自己，不得问人，问虽无妨，怎奈老僧不道。

北斗藏身，即是透法身句，法身向上事，向上关捩子，于此不可容易。拔剑搅龙门，豪气自干云，青山伴白云，悠闲即是真。

学人行履，三门之前，松径之中，朝看群峰，夜观众星，悠然自得，朝夕用功。

佛法究竟成何事，此问虽好，只是无人能答，不是不肯方便，怎奈方便多时。

德山临济，非是常人可学，一喝一棒，自有来历，胡乱喝叫，盲拳瞎棒，不知害人多少。

客从江州来，不知江州事。不是耳患聋，有口不解语。不解痛痒汉，打之又何益。

鉴禅师留下的机缘语句比较多，其基本思想与云门一致，而剑搅龙门，光照万家，可谓豪气干云。

据《天圣广灯录》卷十九：

庐山护国禅师

上堂云："有解问话者出来。"有僧便出来礼拜，师云："来朝更献楚王看。”

问："久时不闻龙虎啸，师登法座意如何?"师云："月照寒潭影，白云翳石棱。"

问："如何是和尚家风?"师云："到处似人。"问："如何是性中相见底事?"师云："过者边来。"

问："祖祖相传，未审传个什么?"师云："说得么?"学云："和尚从何而得?"师云："速礼三拜。"

问："有问有答，揑目生华，不问不答时如何?"师云："普天币地。"进云："毕竟事如何?"师云："两重公案。"

问："万法归一，未审一归何所?"师云："阳气发来无硬地，春晴鹭谷正芬芳。"

师上堂云："实际理地，不受一尘;佛事门中，不舍一法。"又云："一法若有，毗卢随在凡夫;万法若无，普贤失其境界。诸上座，作么生理论? 朝夕怎么上来，向诸上座说个什么则得? 若说三乘十二分教，自有座主律师;若说世谛因缘，又非僧家之所议;若论佛法，从上祖宗，多少佛法，可与评量。总不如是，须知各各当人分上事。作么生是诸上座分上事? 知有，对众吐露一个消息，以表平生行脚，参善知识，具烁迦罗目，不被人谩，岂不快哉! 还有么?"良久，云："若无人出头，买卖不当价，徒劳更商量。伏惟珍重。"

师上堂。有僧问："如来为一大事因缘故，出现于世。和尚出世，以何法指示于人?"师云："太阳门下威音的。"进云："怎么则和尚不虚出世也?"师云："当胸不握节，语气不惭惶。"问："如何是世尊不说说?"师云："言中须辨响。"

问："如何是和尚寻常说法底口?"师云："舌拄上腭。"进云："怎么则不从人得也?"师云："即今事又作么生?"学人无语，师云："掠虚汉!"

问："佛未出世时如何?"师云："云遮海门树。"进云："出世后如何?"师云："擘破铁围山。"①

———

① 《续藏经》78 册，第 516 页下、517 页中。

不惧刖双足，来朝献楚王。登座说法，岂是有心，月照寒潭，无意留影，云翳石棱，何尝有心。家丑不可外扬，家风不必到处说似人。性中相见，过这边来即得。

祖祖相传，岂可言说？从何而得，礼拜即可。有问有答，如同《楞严》所云捏目生花；不问不答，言语道断，则铺天盖地，圆满究竟。毕竟之事，问不得，答不成，有问有答，又加一重。万法归一，一归何处，这是禅门的老问题，阳气发时地雨湿，春晴百花皆芬芳。

实际理地一句，始见于沩山灵祐语录，其后引者无数。实际理地，纯然清净，故不受一尘；万行门中，不妨方便，故不舍一法。前者言空，后者说有，前者是真如门，后者是方便门。一法若有，毗卢堕在凡夫，此句在后世非常有影响，论其出处，亦见于洞山守初语录中僧人之问。此句与前说相应，毗卢为法身佛，若有一法，则受一尘，毗卢受尘，则佛是众生，堕在凡夫；万法若无，则失普贤广大行愿，不能广度众生，摄化群类，则含生无依。此一句，事实上是对前引沩山之语的发挥，在后世影响极大，云门宗中，非惟洞山门下，智门光祚亦引之，还有琅琊慧觉、圆悟克勤、大慧宗杲、天童正觉等。

他强调学人须知各各当人分上事，即是本分事，具烁迦罗金刚坚固正眼，始得不受人谩。

如来出世，大事因缘；和尚出世，何法示人？太阳门下，赫然光照；威音王庭，惊天动地。虽然不虚出世，然胸不握节，不受正位，故从容说法，不愧不惶。不是世尊不说，而是闻者不辨其响。

说法之口，舌抵上颚，不从人得，即今何问于人，其人无语，故师斥之掠虚，虚张声势，故作解人。

佛未出世，法未开示，如云遮树，出世之后，云开日出，冲天而上，铁围山也挡不住。此句《嘉泰普灯录》归之于西峰云豁请问清凉智明公案，当为后世之说。

据《天圣广灯录》卷十九：

庐山庆云禅师

上堂云："古人道，尽令提纲，不塞天下人口。诸上座，既是尽令提纲，为什么不塞天下人口？古人恁么道，大似不知时。然虽如是，若是上上之流，不拘此限；未证据者，不妨疑着。有不疑着底，不顾危亡，试对众施呈看。”

时有僧出礼拜，师便打。问：“佛令祖令师已委，向上机锋意如何？”师云：“令。”“学人未晓，如何指示？”师云：“收。”

问：“如何是诸佛出身处？”师云：“古木堂前石师子。”进云：“意旨如何？”师云：“生狞不似他。”

问：“如何是学人行李处？”师云：“青松绿竹下。”

问：“如何是祖师西来意？”师云：“庭前无狗树。”

问：“如何是佛？”师云：“风吹古岸柳依依。”

问：“佛意祖意，是同是别？”师云：“青山常伴白云闲。”问：“如何是佛法大意？”师云：“和泥合水。”

问：“久负匆弦琴，请师弹一曲。”师云：“不是钟子期，聩人徒侧耳。”

问：“如何是透法身句？”师云：“泥多佛大。”进云：“向上更有事也无？”师云：“有。”如云：“如何是向上事？”师云：“麻筋灰纸。”

问僧：“什么处来？”僧云：“洪州来。”师云：“什么处过夏？”僧云：“翠岩。”师云：“踏破多少草鞋？”僧无语。师云：“参众去。”

问僧：“不跨石门句作么生道？”僧云：“放专（某）甲过，有个道处。”师云：“放汝过，作么生道？”僧珍重，便出去。师云：“老僧今日失利。”

师上堂云：“朝日上来下去，有什么了期？自是诸上座在寒暑之间，众生界内，汝还知么？先圣建立门庭，分为五种，盖为见解不等，悟有浅深。且众生界是无明烦恼，人我贡高，炽然无间，深沦六趣，所以诸圣开方便门，示教化路，故有等差。若是未明自性底人，在于阎浮寒暑境界，常怀疑惑，他圣人见个什么道理，便证如如自在。所以亲近知识，晓夜决择，得自己分明，了无生死，本来清净。

若是未明得自己，又不能了悟一切尘劳，不知他圣人证入之门，便有诸方善知识与你诸人开种种法门，于众生界，示汝自性，及外客尘，一时遣荡，得大安乐，令人知有一切万法种种差别，通明无滞。

若不如是，祇明得自己，不知有万法，不得法空，无有通变，所作不得自在，于十二时中被诸境执，不能免离。盖是见处偏枯，一期被他学家问着，眼目定动，便生烦恼。

如今奉劝诸人，但于十二时中不依倚一物，但自无事，从上来明昧一时放却，自立其志，泯绝诸缘，休歇根门，于见闻觉知无纤毫可幻（过患），方可有出身之路。直须努力，莫更因循。祇么空过，须更（史）便是来生。古人向道：此身不向今生度，更向何生度此身。可惜父母所生发肤之体，一念若失，千生万劫，不复人身。久立，珍重。"

僧问："十二时中如何用心，不被诸境惑？"师云："巍巍堂堂。"进云："争奈目前何？"师云："苦心更有苦。"

问："三乘十二分教即不问，如何是直截根源？"师云："十进九退。"学云："如何则是？"师云："何日得休时？"

问："如何是佛事门中不舍一法？"师云："放一捉一。"

问："一言道断时如何？"师云："未是极则处。"进云："如何是极则处？"师云："冬后一阳生。"

师早参，上堂云："吾有一语，对面分付；若人不会，西天东土。"良久，云："直下省力，便怎么承当得去，早是不着便汉。久立。"

僧问："坐断毗卢顶、不禀释迦文时如何？"师云："老僧一跨跳三千里，是汝鼻孔翻转眼睫里，汝又作么生？"学云："和尚何得特地？"师云："还我话头来。"僧无语，师便打。

问："如何是第一义？"师云："问底是第几义？"学云："特伸请益。"师云："将为西天来。"

问："教中有言：止止不须说，我法妙难思。如何是难思底事？"师云："不是阇梨问，老僧也不知。"学云："如何得受持去？"师云："朝看云霞秀，暮听涧水冷。"

问："如何是衲衣下事？"师云："千山销断云。"问："如何是向上一路？"师云："或进或退。"进云："为甚或进或退？"师云："眼不见鼻。"问："诸法实相义，和尚如何说？"师云："口挂东壁上。"①

---

① 《续藏经》78 册，第 517 页中、518 页上。

庆云禅师，即《景德传灯录》载庆云真禅师。

古人道尽令提纲一句，可能始自镜清道怤。

据《古尊宿语录》卷八：

> 问："尽令提纲，为什么不塞时人口？"清云："自还得。"岩云："老兄还知明州米价么？"师代云："还曾失么？"又云："须知老兄。"又云："争知今日。"①

这是首山省念语录中《师出镜清十二问答洎翠岩代语，师于一语下代三转》，故问答者为雪峰门人镜清道怤，代语者为翠岩令参，代转者为首山省念。

所谓尽令提纲，即一向举扬宗乘，尽提祖令，向上一句，此句鼓山神晏、罗汉匡果、智门光祚、德山文捷、资圣崇信、黄龙慧南等亦言之。

即使尽令提纲，全提祖印，亦不能塞天下人之口，为何如此，只为时人无厌足，更为时人充耳不闻，塞口不食，不知其中味，醍醐谓毒药。

师令不疑著者，对众呈现，有僧始出礼拜，师便打，为何如此，待其开口，堪作什么？佛令祖令，向上机锋，尽是一个令字，若是未晓，则有令不行，不如收回。一下一收，尽显云门一字关。

何为诸佛出身处，古木堂前石师子；貌古神清凝然立，狞狞不与凡兽似。

学人行李处，朝看青松，暮格绿竹，寒不改节，身直心虚。

一等无弦琴，唯师弹得妙；怎奈无知音，聋人徒侧耳。

祖师西来意，识取庭前树。莫问何是佛，且看柳依依。佛意祖意同异，青山白云相依；何为佛法大意，不过合水和泥。透法身句，泥多佛大，向上更道，麻筋灰纸。这些都是令学人从平常自然中体味佛法，不必好高骛远、别求外觅。

经冬过夏，洪州翠岩，空费草鞋，虚耗米面，不如老实参堂，自究旁参。

---

① 《续藏经》68 册，第 50 页上。

据《古尊宿语录》卷三十七《鼓山先兴圣国师和尚法堂玄要广集》:

师云:"若是猛利底,撩著便休去,大虫著角相似,有什么近处? 更有一格人,脚不跨石门。怪他得么? 不可事须踏前踏后,纳个如何醉人相似,且宗门中事作么生?"①

这就是鼓山国师著名的不跨石门句,所谓不跨石门,二祖不到西天,达摩未来东土,宝寿不度河,玄沙不出岭,踏前踏后,东寻西觅,堪作什么! 此僧可能从鼓山来,故机锋过人,珍重便出,庆云自认失利。

庆云上堂法语,勉励众人不要沦落在众生界内,为无明烦恼所惑,生人我贡高,轮回六道,必须真参实悟,明得自性,便了悟本来清净,无生无死,自在自如。如若不明自己,不悟尘劳,便有诸方善知识开方便门,示教化路,建立五种门庭,开显种种法门,使学人内外遣荡,物我两忘,得大安乐。假如只明自己,不解万法,便不得法空,为境所执,无有变通,不得自在,如此见处偏枯,被人问着,便张口结舌,目瞪口呆,心生烦恼。

庆云强调,应当于十二时中不依倚一物,但自无事,得失是非,一时放却,自在自立,万缘放下,根门休歇,无纤毫过患,方可得出身之路,透脱之机。他还勉励学人一定要勤劳用功,努力向上,不可虚度光阴,等闲过日,因为时光荏苒,须臾便终,此身不向今生度,更向何生度此身,人身难得,一念若念,则万劫不复,上愧佛祖,下负父母。

庆云多处引用古人典故,如见处偏枯,为洞山三种渗漏之情渗漏;此生一句,见洞山《辞北堂书》;十二时中不依倚一物,为黄檗希运之语;出身之路,始自临济义玄;一时放却,出三祖《信心铭》;无纤毫过患,眼目定动,出《云门录》。

十二时中如何用心,不被境惑,当然是不依倚一物。巍巍堂堂,一语双关,一则为大丈夫、天人师、佛世尊相,二则暗引黄檗参百丈故事。

据《五灯会元》卷四《黄檗希运》:

---

① 《续藏经》68 册,第 238 页上中。

师后游京师，因人启发，乃往参百丈。丈问："巍巍堂堂，从何方来？"师曰："巍巍堂堂，从岭南来。"丈曰："巍巍堂堂，当为何事？"师曰："巍巍堂堂，不为别事。"便礼拜。①

此说始见于圆悟克勤《碧岩录》，其中亦暗用二十六祖不如蜜多与婆舍斯多的一段对话，此以巍巍堂堂暗代黄檗，体现了禅门善用活句的风格。学人于此不会，道是怎奈目前诸境何，庆云答苦上加苦。

直截根源，出自永嘉"直截根源佛所印"。十进九退，进三退二，犹豫不决，如此猴年马月得悟？

佛事门中，不舍一法，见前述护国所引。放一捉一，不舍不立，不立一尘，不舍一法。

一言道断，大是痛快，不过未是极则，何为极则，冬后阳生，腊尽春来，死中得活，涅槃后有。一言道断，投子义青、天童正觉等引之，后句琅琊慧觉、真净克文、雪峰慧空、石田法薰等引之。

吾有一语等，乃学香严"吾有一机，瞬目视伊；若人不会，别唤沙弥"。当面分付，尚且不会，只能是西天东土、迢迢万里了。直下承当，已不著便，如何即是，不如省力休歇。

坐断毗卢，不禀释迦，自然翻天覆地，事事无碍，此僧口气极大，稍加勘验，便露马脚，不打何待。

莫问第一义，问者又第几，将谓西天圣人，原来此土凡夫。

《法华经》云"止止不须说，我法妙难思"，既然不须说，老僧亦不知。如何得受持，朝看云霞秀丽，暮听涧水清泠，但见云霞离色，谁知涧水无声。

衲衣下事，不可容易，乱云飞度，千山耸立。向上一路，进退有序，眼不见鼻，灯下漆黑。诸法实相义，离言绝思虑，口挂东壁上，欲言口却失。

在江西传法的云门二世，还有庐山开先清耀禅师和未见机缘语句的云居融禅师等。

---

① 《续藏经》80 册，第 88 页中。

第三节　云门宗在吉州的弘化

云门宗早期主要分布在广东、湖北、湖南等，后来则天下并传，然而在吉州弘法者不是很多。宋初有云豁禅师为吉州人，亦在本乡传法。

据《建中靖国续灯录》卷二：

> 庐陵西峰豁禅师
> 问："金乌未出时如何？"
> 师云："东西不辨，南北不分。"
> 僧曰："出后如何？"
> 师云："好丑难逃。"
> 问："和风习习，春日迟迟。学人上来，愿闻法要。"
> 师云："随分有春色，一枝三四花。"
> 僧曰："百红千紫才观了，不羡灵云老古锥。"
> 师云："你具什么眼？"
> 僧曰："一枝岩畔笑春风。"
> 师云："也祇道得一半。"①

金乌未出，天下黑暗，故南北不分，东西不辨；既出之后，灵光闪耀，故好丑分明，善恶难逃。

和风暖日，春光明媚，当处即是春色，一枝三四花开，更问什么法要。如此则观尽万紫千红，不羡灵云老宿因桃花而悟道。师问你具什么眼便敢如此道来，其僧更道岩畔一枝横，独芳笑春风，师曰如此也只道得一半。

据《嘉泰普灯录》卷一：

> 吉州西峰祥符圆净云豁禅师（嗣清凉明或出云居融下）
> 郡之永和曾氏子，幼弃儒为比丘，巡礼方外，发明己事。晚见清

---

① 《续藏经》78 册，第 651 页中下。

凉，出问："佛未出世时如何？"曰："云遮海门树。"云："出世后如何？"曰："擘破铁围山。"于言下大悟，始蒙印可。归住西峰之宝龙，云侣骈集。

祥符二年，真宗皇帝闻其名，遣中谒者召至，访问宗要。留上苑，经时冥坐不食。上嘉异，赐号"圆净"。既而辞归，留之不可，乃听。珍锡甚隆，皆不受。加侍者四人命服，度弟子十人，以诗宠其行。四年改宝龙曰"祥符"，亦旌师之居也。尝有问《易》中要旨者，师曰："夫神生于无形而成于有形，从有以至于无，然后能合乎妙圆正觉之道。故自四十九衍，以至于万有一千五百二十。以穷天下之理，以尽天下之性，不异吾圣人之教也。"师示寂之夜，鸣鼓告众，仍说偈曰："天不高，地不厚，自是时人觑不透。但看腊月二十五，依旧面南看北斗。"暝然而逝。茶毗，获设利五色者无数，合灵骨为塔焉。寿七十有七，腊五十。[①]

云豁为江西吉州永和人，俗姓曾氏。自幼出家，游方访道，晚见清凉智明。其生卒年不详。卒年的下限是大中祥符四年（1011）之后，其寿七十七，故其生年在清泰二年（935）之后。他很可能入灭于大中祥符八年（1015），也就是传说中其门人自严的卒年。

姑且依此假说，则云豁生于天福四年（939），虽然他自幼出家，但受具不是很早，在其二十七岁时，即乾德三年（965），其后游方参禅，最后才遇到清凉智明，此时智明已然离开清凉寺，到达庐山护国栖贤禅寺，故其参问智明的语句与庐山护国禅师的机语完全一致。

佛未出世，云遮雾罩，海门树隐，出世之后，佛光普照，天下大明，万类自由，坚如铁围山也会被打破。云豁豁然大悟，如云开日出。这一机语富有创造性，也是云豁悟道机缘，仅见清凉智明与庐山护国，可证二者实为一人。

云豁参礼智明、依之悟道得法的具体时间不详，既称"晚见"，肯定不会太早，在其游方生涯之末，而智明亦已到晚景。其时应当在开宝之末或

---

① 《续藏经》79 册，第 291 页下。

太平兴国年间。

他归住西峰宝龙，禅侣云集，宗风大振。其始住之时不详，然肯定在雍熙三年（986）前。

大中祥符二年（1009），真宗闻其名，遣使迎请，请益宗要，留住上苑，常冥坐，累日不食，皇帝嘉叹，赐号圆净禅师。不久辞归，留之不可，珍赐不受，乃加侍者四人椹服，度弟子十人，御诗送行。四年（1011），改宝龙为大中祥符寺，旌师之居。

禾山楚才为德山慧远最重要的门人之一，也是他在当时地位最为显赫的弟子，得紫衣师号。他在当时，与黄龙慧南、归宗自宝等大禅师齐名，名动江国。

据《建中靖国续灯录》卷三：

> 庐陵禾山禅智禅师
> 讳楚才，临江军人也。僧仪挺拔，蕴德异常。心契德山，名闻江国。大丞相刘公沅一见问道，遂有发明，为方外交。敬以师礼，请居禾山，兼住显亲。特奏章服、师号，仍不许别迁法席。圣旨批允。崇重若此。
> 问："佛令祖令，诸方并行，未审和尚如何？"
> 师云："山僧退后。"
> 僧曰："恁么则诸方不别也。"
> 师云："伏惟，伏惟。"
> 问："如何是道？"
> 师云："十字街头看。"
> 僧曰："如何是道中人？"
> 师云："南头卖贵，此头买贱。"
> 问："古镜未磨时如何？"
> 师云："乾坤藏不得。"
> 僧曰："磨后如何？"
> 师云："照破万家门。"
> 问："如何是离凡圣底句？"

师云："山河安掌上。"

僧曰："恁么则迥超今古外？"

师云："展缩在当人。"

问："一毫未发时如何？"

师云："海晏河清。"

僧曰："发后如何？"

师云："遍界无知己。"

问："如何是和尚说法底口？"

师云："放一线道。"

问："抱璞投师，请师雕琢。"

师云："不琢。"

僧曰："为什么不琢？"

师云："弄巧翻成拙。"

问："如何是无缝塔？"

师云："须弥顶上。"

僧曰："如何是塔中人？"

师云："梵王、帝释。"

上堂云："太虚无系，任运升腾；古镜当台，不言自显。群生迷妄，逐境千差，取舍难忘，于斯远矣。要得省力么？情忘所觉，见绝功勋，体露真常，即如如佛。禾山怎么道，笑杀众中衲僧。虽然如是，若解笑我者，共我同参。且道参见什么人？珍重。"

上堂云："禾山家风，诸方奚同；言食无味，触处皆通。不把格尺，遇缘即宗；十方刹土，普印其中。禅徒买卖，岂在忽忽？"击香台，下座。①

楚才，《石门文字禅》、《五灯会元》或作楚材，受到宰相、时任洪州知州的刘沆（995—1060）的礼重，请其住持禾山，这是刘沆的老家，对此很有感情，故其在选人时十分慎重，其时在庆历之末（1048）。他可能原来住

① 《续藏经》78 册，第 658 页上中。

持显亲院，刘沆请其住持禾山，并且专门请旨授予椹服及禅智禅师之号，更为奇特的是，还下旨使其一生不得别迁他寺（除兼领原来住持的显亲之外），这一诏旨十分罕见，可见刘沆对他特别礼重。

在他之后，当是黄龙慧南门人禾山德普禅师（1025—1091）住持，德普住持禾山十二年，元祐六年（1091）正月元旦去世，故其住持禾山，当始于元丰二年（1079），这是楚才卒年之下限。其生年约在淳化元年（990）至咸平三年（1000）间，寿命在八十岁以上。

据《石门文字禅》卷二十二《吉州禾山寺记》：

> 大中祥符初，诏改赐甘露禅院。有楚材者，道价重一时，法席之盛，追比殷时。又十世而有德普，有高行，自黄龙窟中来。①

这里强调楚才住持时，道价颇重，法席极盛，可与无殷在世媲美。不过称德普与之相去十世之远，不符合事实，楚才住持不会早至大中祥符时，与德普之间纵有他人住持，也断不至于十世之隔。

佛令祖令，诸方并行，此处则不比诸方，别有妙处，欲闻其要，伏惟珍重。如何是道，十字街头，何处不是；道中之人，南头卖贵，此头便宜。古镜虽未磨，宇内藏不得，一磨之后，光前照后，万家蒙辉。离凡超圣，则山河大地在于掌内，如此则无内无外，超乎今古，宇宙即是一尘，万年不过一瞬，虽然如是，是展是缩，纵横随心。一毫未发，一念未萌，则海晏河清，天下承平，既发之后，则遍界无知己，天下绝知音。说法之口，本不曾有，放一线道，方便示言。璞玉浑金，不可雕琢，为何如此，多是弄巧成拙，画蛇添足，不如自在天真，以本来面目示人。无缝之塔，须弥之顶，塔中之人，梵王帝释。境非造作，人非常人，欲明其妙，用工有分。

众生法身，本来心体，清净如太虚，明耀若古镜。群生舍本逐末，背觉合尘，逐之愈远，取舍成迷。其实省力不难，绝情离见，不染不修，体露真常，心性无染，但离妄缘，即如如佛。如是之言，明眼人暗笑，能笑我者，堪为知音，可与同参。

---

① 《嘉兴藏》23 册，第 685 页下。

禾山家风，诸方尽同；言之无味，触处皆通。不著规则，遇缘有宗。十方世界，普印其中；禅者交流，不必匆匆。此中三句具足，十方刹土俱有即函盖乾坤句，言食无味即截断众流句，不把格尺、遇缘即宗即随波逐浪句。

楚才之后，又有云门宗人住持禾山。

据《石门文字禅》卷二十二《吉州禾山寺记（代）》：

始达磨自西来，以法授少林慧可，而衣钵为信，五传至曹溪慧能，能知其道信于天下也，藏其衣钵而化。故世称曹溪之门得道者不可以数计，然独大长老行思、怀让，克肖前懿，号二甘露门。思睠庐陵山水而老于青原，让亦庵于衡霍之下。石头希迁者，思高弟也，从让游，思实使之。马祖道一者，受让记莂，卜邻青原久之，遂终于石门，让实使之。今天下指目江西为禅宗法道之源者，以曹溪一子一孙，首辱居焉。……

嗣殷者有契云，自云殁，代居者名存实亡。大中祥符初，诏改赐甘露禅院。有楚材者，道价重一时，法席之盛，追比殷时。又十世而有德普，有高行，自黄龙窟中来。普殁，七世而有妙湛大师法安，初以政和元年自祥符移居之，五年，视前营搆，增其所未有者，新其所已坏者，于是庄严紫金光聚，则有殿栖；称如实旁行之书，则有藏会；四海苾刍求寂，则有堂；办香积伊蒲塞之馔，则有厨；像祖师，则有阁；馆钟虡，则有楼；升座法施之堂，则曰无畏；集定传道之室，则曰大智。而阁于室之上，名善应。修庑复屋，高深壮丽，冬温夏凉，重规叠矩，丛林号庐陵。

呜呼！妙湛之游戏于是作，可谓集诸老之大成者也。安走使京师，乞文记其事。余方困顿黄尘，寄逸想于云泉杳霭处，恨未能角巾梨杖，与山中高人游，厌饫清境。然余非学佛者，其诡祕多溟涬。然窃尝论之，忠孝硕大如宋王或、唐魏元忠、徐有功辈，初未必皆深于佛理，观其临祸福超然自得，岂所谓所闻或浅而其义甚高者欤！故余于禅学，凡钩章棘句、凌跨方等、汗漫横流者，则非肉眼所能勘验。至于生死之际，有不容其伪者矣。无殷将化，集众谓曰："后学未识禾山，今朝识取。"因怡然而逝。德普之将化,饮食毕,谈笑而寂然。其言论风旨无所传闻。妙湛雪窦之后,又青原之远裔,吾将观焉。①

这是慧洪代替某达官为禾山大智禅院所作寺记。其开篇则强调了南岳与青原两系的友好关系,认为江西禅宗之盛,主要是由于行思、马祖曹溪一子一孙之功。此记记述禾山寺的历史,说明自禾山无殷之后,除临济德普外,主要是青原一系相继住持。

妙湛大师法安,政和元年(1111)从祥符寺移居此寺,五年(1115)开始重修寺宇,使之焕然一新,成为庐陵第一丛林。这位法安禅师显然不是曾参雪窦重显、天衣义怀的法安(1024—1084),而慧洪称其亦属于雪窦之后、青原之远孙,道其"自云的骨雪窦孙",看来确实属于雪窦重显一系。从时代上看,他有可能是圆通法秀(1027—1090)门人德山妙湛或承天法宗门人苏州海印法安,由于其法名法安,故为后者的可能性更大。

据《建中靖国续灯录》卷十一:

> 苏州崑山慧严海印禅师
> 问:"柳垂堤畔,花发林间,如何显道?"
> 师云:"两彩一赛。"
> 僧曰:"自从一见桃花后,直至而今更不疑。"
> 师云:"你向什么处见灵云?"
> 僧曰:"花开树满,花落枝空。"
> 师云:"放你三十棒。"②

法安禅师可能初居苏州海印,后来到江西吉州,先住持祥符寺,再住持禾山寺。他同样是雪窦之孙,与妙湛法安身份一致。

---

① 《嘉兴藏》23 册,第 685 页中下。
② 《续藏经》78 册,第 708 页中。

第九章　玄沙与法眼宗

第一节　玄沙师备

　　玄沙师备（835—908）为晚唐五代时期最为出色的禅师之一，生活俭朴，境界高妙，其法派号称玄沙正宗，后来又称法眼宗，传承久远，影响很大。

　　有关玄沙生平事迹的原始资料主要有林澄《唐福州安国禅院先开山宗一大师碑文并序》、《宋高僧传》、《祖堂集》、《景德传灯录》等。

　　据《宋高僧传》卷十三：

　　　　梁福州玄沙院师备传

　　　　释师备，俗姓谢，闽人也。少而憨黠，酷好垂钓，往往泛小艇南台江自娱，其舟若虚，同类不我测也。一日忽发出尘意，投钓弃舟，上芙蓉山出家，咸通初年也。后于豫章开元寺具戒，还归故里，山门力役，无不率先，布衲添麻，芒鞵续草，减食而食，语默有常，人咸畏之。汪汪大度，虽研桑巧计，不能量也。备同学法兄则雪峰存师也，一再相逢，存多许与，故目之为备头陀焉。有日谑之曰："头陀何不遍参去？"备对曰："达磨不来东土，二祖不往西天。"存深器重之。先开荒雪峰，备多率力。王氏始有闽土，奏赐紫衣，号宗一大师。以开平二年戊辰十一月二十七日示疾而终，春秋七十四，僧腊四十四。闽越忠懿王王氏树塔。备三十年演化，禅侣七百许人，得其法者众，推桂琛为神足矣。至今浙之左右山门盛传此宗，法嗣繁衍矣。其于建立，透过大乘初门，江表学人，无不乘风偃草欤。①

　　———————————

　　① 《大正藏》50 册，第 785 页下。

　　玄沙法名师备，闽县仁惠里人，俗姓谢，排行第三，故自称谢三。他生于大和九年（835），虽在打渔之家，常怀出尘之志。咸通二年（861）芙蓉山义通禅师来到谢家，师备坚请父母，恳求出家，乃随义通到山，师从芙蓉灵训弘照大师，磨练三年，始得剃度。咸通五年（864）春三十岁，辞别芙蓉，投江西洪州开元寺道玄律师受具，当年秋天，便重回芙蓉，旦夕问道，时时宴坐。弘照大师密加训诫，循循善诱。咸通七年（866），学兄雪峰从外地归山，二人关系密切，雪峰称其为备头陀。咸通十一年（870），雪峰开始住山，师备则在芙蓉东洋洞隐居独修。十三年（872），登雪峰山，辅助雪峰。雪峰一日问之何不遍参，他答二祖不往西天，达摩不来东土，得到雪峰肯定。

　　乾符六年（879），他来到闽清县，开法普应山，时间未久。

　　中和元年（881），移居玄沙宝峰院，于此开法近二十年，故以玄沙自号。

　　光化二年（899），王审知请师到福州传法，初未应允，其后一再敦请，便于其年秋住福州安国院。闽王尽心归依，"礼为出世之师，敬作下生之佛"。闽王又上奏昭宗，赐以紫衣，并奉"宗一大师"之号。

　　开平二年（908）十一月二十七日中夜坐化，报龄七十四，僧腊四十五。

　　玄沙乘楞严而入道，以三句纲宗为本，建立了一个完整的禅法体系，这在当时禅师中是不多见的。其应机接物，直示本原，以应机、逗机、观机、随机四机说法为本，方便接引，灵活无滞，体现了一代宗师的风范。

　　玄沙与雪峰同受法于芙蓉大师，然雪峰又传德山之法，是以二人的关系颇为微妙。雪峰经常讲同学兄弟难得，雪峰门下都尊玄沙为当山师叔，可见二人确实是同学的关系。然而玄沙并未参过德山，雪峰又长玄沙十三岁，对之颇为关照，因此后世又有玄沙为雪峰门人之说，时日一久，连玄沙后人都承认这一说法了。

　　据《景德传灯录》卷十八：

　　　　师应机接物仅三十祀，致青原石头之濬流，迄今不绝，转导来际。所演法要，有大小录行于海内，自余语句，各随门弟子章及诸方征举出焉。①

　　玄沙仅师从芙蓉大师，其所谓青原石头之道，只能是师兄雪峰代授。道原为德韶门人、玄沙之后，连他都承认玄沙为雪峰法嗣，后世也对此不持疑义了。

　　玄沙门人数量很多，在安国时，时常有八百多人，然而《祖堂集》只录慧球一人，《景德传灯录》所录也只有十三人，遗漏很多。

　　据《景德传灯录》卷二十一：

　　　　福州玄沙师备禅师法嗣十三人
　　　　漳州罗汉院桂琛禅师
　　　　福州安国慧球禅师
　　　　杭州天龙重机禅师
　　　　福州仙宗契符禅师
　　　　婺州国泰瑫禅师
　　　　衡岳南台诚禅师
　　　　福州白龙道希禅师
　　　　福州螺峰冲奥禅师
　　　　泉州睡龙山和尚
　　　　天台云峰光绪禅师
　　　　福州大章山契如庵主
　　　　福州永兴禄和尚
　　　　天台国清师静上座②

　　《玄沙语录》所录门人：智严、行思、元昌、坚维那、志超、彦穆、惠琛、光晓、行光、德彦、义通、中塔慧球、神禄、了然、行满、道升、匡穆、彦瑫、冲机、怀归、行普、元安、法源、法灯、玄觉、悟灵大德、僧

---

　　①　《大正藏》51 册，第 347 页中。
　　②　同上书，第 370 页中。

统通惠大师。其中神禄就是莲花山永兴禄,与瑞岩师彦门人温州神禄同名,彦瑶即国泰瑶。另外还有了院主,为卧龙山安国院院主。

据《祖庭事苑》卷三:

> 予尝过抗之外沙,瞻礼还乡和上真身。其石刻云:师讳道勤,闽越李氏子,从师落发,二十受具,得正法眼藏于玄沙备。建隆初入吴越,抵钱塘之普安,虽不开堂演唱,而参玄入室者常盈五百。兴国丙子夏六月,师忽谓侍僧曰:"吾还乡矣。"僧莫之晓。因索笔书偈云:还乡寂寂杳无踪,不挂孤帆水陆通。踊得故关田地稳,更无南北与西东。后三日,正坐而尽。寿六十,腊四十五。全身俨然,今留院之北隅。虽庭宇颓圮,而瞻礼者踵武不绝。以师有《还乡偈》盛传于时,故不以名显,遂号还乡和上云。①

道勤为灯录遗漏的玄沙门人,入灭于太平兴国元年丙子(976)。不过其俗寿僧腊皆错,若是六十,则根本见不到玄沙,此外明言二十受具,若寿六十,则僧腊当为四十,不可能是四十五。因此,俗寿六十,或当为九十,六与九形近,易误,其僧腊当为七十。若然,则其生于光启三年(887),玄沙入灭时为二十一岁,与传记受具之后得正法眼于玄沙相合。

道勤应当是玄沙最后的门人,灭后真身不坏,因有《还乡偈》,号称还乡和尚。

第二节　地藏桂琛及其门人

玄沙门人,以地藏桂琛、安国慧球最为出色,慧球开法五年便入灭,门人未知,只有桂琛一系传承下来。

据《宋高僧传》卷十三《后唐漳州罗汉院桂琛传》:

> 释桂琛,俗姓李氏,常山人也。甫作童儿,笃求远俗,斋茹一餐,

---

① 《续藏经》64 册,第 356 页下。

调息终日，秉心唯确，乡党所钦，二亲爱缚而莫辞，群从情缠而难脱。既冠继踰城之武，求师得解虎之俦，乃事本府万岁寺无相大师矣。初登戒地，例学毗尼，为众升台宣戒本毕，将知志大安拘之于小道乎？乃自诲曰："持犯束身非解脱也，依文作解岂发圣乎？"于是誓访南宗，程仅万里。初谒云居，后诣雪峰、玄沙两会，参讯勤恪。良以嗣缘有在，得旨于宗一大师。明暗色空，廓然无惑。密行累载，处众韬藏。虽夜光所潜而宝器终异，遂为故漳牧太原王公诚请，于闽城西石山建莲宫而止。驻锡一纪有半，来往二百众。琛以秘重妙法闾轻示徒，有密学恳求者时为开演。后龙溪，为军倅、勤州太保琅琊公志请，于罗汉院为众宣法。讳让不获，遂开方便。不数载，南北参徒丧疑而往者不可殚数。有角立者，抚州曹山文益、江州东禅休复，咸传琛旨，各为一方法眼，视其子则知其父矣。以天成三年戊子秋，复届闽城旧止，遍玩近城梵字。已俄示疾，数日安坐告终。春秋六十有二，僧腊四十。遗戒勿遵俗礼而棺而墓，于是荼毗于城西院之东岗，收其舍利建塔于院之西。禀遗教也，则清泰二年十二月望日也。琛得法密付授耳，时神晏大师王氏所重，以言事胁令舍玄沙嗣雪峰，确乎不拔。终为晏谗而凌轹，惜哉。①

又据《景德传灯录》卷二十一：

　　漳州罗汉院桂琛禅师，常山人也，姓李氏。为童儿时日一素食，出言有异。既冠辞亲，事本府万岁寺无相大师，披削登戒学毗尼。一日，为众升台宣戒本布萨已，乃曰："持犯但律身而已，非真解脱也，依文作解岂发圣乎？"于是访南宗。初谒云居、雪峰，参讯勤恪，然犹未有所见。后造玄沙宗一大师，一言启发，廓尔无惑。

　　玄沙尝问曰："三界唯心，汝作么生会？"师指倚子曰："和尚唤遮个作什么？"玄沙曰："倚子。"曰："和尚不会三界唯心。"玄沙曰："我唤遮个作竹木，汝唤作什么？"曰："桂琛亦唤作竹木。"玄沙曰：

---

① 《大正藏》50 册，第 786 页下。

"尽大地觅一个会佛法底人不可得。"师自尔愈加激励。玄沙每因诱迪学者流，出诸三昧，皆命师为助发。师虽处众韬晦，然声誉甚远。

时漳牧王公请于闽城西之石山建精舍，曰地藏，请师驻锡焉。仅逾一纪，后迁止漳州罗汉院，大阐玄要，学徒臻凑。……

师后唐天成三年戊子秋，复届闽城旧止，遍游近城梵宇已。俄示疾数日，安坐告终。寿六十有二，腊四十。荼毗收舍利，建塔于院之西隅，禀遗教也。清泰二年乙未十二月望日入塔，谥曰真应禅师。①

罗汉桂琛（867—928），俗姓李，河北真定常山人，生于咸通八年（867），冠岁礼万岁寺无相大师出家，文德元年（888）受具，始学毗尼，后习心宗。初参云居道膺，或在大顺元年（890）前后。后见雪峰，当在乾宁元年（894）左右，皆未得契入。再参玄沙，发明心地，其时或在乾宁二年（895）左右。

桂琛的具体开法时间不详。王荣国认为桂琛开法在玄沙师备去世之前，即后梁开平二年（908）前，又根据玄沙住安国院的时间（898），推断桂琛参玄沙得法于此前，进一步论证他的出世时间在光化年间前后。桂琛迁居漳州罗汉院的时间，王荣国定于后梁贞明年间（915—920 年）或贞明末年。② 谢重光认为桂琛开法当在玄沙去世（908）之后，又根据《宋高僧传》、《闽书》的资料确定为开平三年（909），受请移住漳州罗汉院的时间为天成元年（926）。③

罗汉桂琛初开法于闽城地藏院，后迁于漳州罗汉院。他在地藏院开法一纪有半，即十八年，故应始于开平三年（909），天成元年（926）应王潮之子王延休之请住持漳州罗汉院，后唐天成三年（928）秋，返回闽城地藏院旧址，同年去世。

从僧传的记载来看，桂琛传法的过程并不顺利，或许与他无意中介入

---

① 《大正藏》51 册，第 371 页上。

② 详见王荣国：《文益禅师在闽参桂琛的年代、因由、地点与卓庵处考辨》，《世界宗教研究》，2002 年第 1 期。

③ 详见谢重光：《也谈文益禅师参桂琛的地点和年代——与王荣国同志商榷》，《世界宗教研究》，2003 年第一期。

了闽国政治有关。王氏三龙之中，王潮为大哥和首领，而王审知才干突出，是故王潮在临终之时，既未传给自己的儿子延兴、延虹、延丰、延休，又未依次传给二弟王审邽，而是传给三弟王审知。对此王审知自然心怀感激，但王潮的四个儿子是否满意则可想而知。其时王审知居闽城，统领全闽，王审邽与其子王延彬占据泉州，而王潮诸子应当据守漳州。桂琛最重要的护法，恰为王潮诸子。其始开法，是受"故漳牧太原王公"之请，其人当为王潮之长子王延兴，至于他既然是漳州刺史，为何在闽城建立精舍，对此谢重光感到不解，因而力主石山地藏院在漳州。其实并不奇怪，一则王潮诸子随父居福州数载，其家在闽城必有很多产业，或许石山正是其别业，故舍之以为精舍，二则当时有可能王延兴等尚居闽城，后来始为漳州刺史。

王审知念长兄传位之恩，对于王潮诸子自然善待，但他另一方面肯定还要防备，如侄子泉州刺史王延彬后来有意独立，便被他软禁，而王潮诸子夺位更加合法，他对此不得不防。让王延兴等出居漳州是一个合理的决定，一则远离福州，相互保全，二则邻近王潮之墓地，便于扫墓。当然这一选择也可能是王延兴等自己的请求，或许是已经开悟、富有智慧的桂琛的提示，总之王潮诸子与桂琛关系密切，这一方面使桂琛得到了有力的外护，另一方面也为神晏对他排挤提供了借口。

桂琛一直非常低调，住持地藏十八年，来往只有二百学人，并且不轻示徒，只有密求开法者才为开演。在其晚年，还是被迫离开闽城，来到漳州龙溪，此时身为军倅、太保的王潮第四子延休创建罗汉院，请其住持，他才大开法要，学徒辐辏，但他在漳州时间很短，后来回到闽城旧居，度化清凉文益等人后不久就入灭了。

桂琛由于受到神晏的排挤，生前可能没有获得师号，后来谥"真应禅师"，《宋高僧传》之文益传称桂琛为"宣法大师"，而据《景德传灯录》，文益门人智依后来住持漳州罗汉，号称"宣法大师"，二说必有一误，僧传误记的可能性更大。

据《景德传灯录》卷二十四：

　　漳州罗汉院桂琛禅师法嗣七人
　　金陵清凉文益禅师

襄州清溪洪进禅师

金陵清凉休复禅师

抚州龙济绍修禅师

杭州天龙寺秀禅师

潞州延庆传殷禅师

衡岳南台守安禅师① （已上七人见录）

桂琛门人之中，以清凉文益和休复最为杰出，二人皆在金陵弘法，深受南唐国主崇敬，影响很大。文益、休复、绍修三人最初皆在江西，后二人应请到金陵，绍修则主要在抚州传法。其法嗣七人，无一人在闽国传法，表明他们这一系确实受到神晏一派排挤，在当地难以立足。

第三节　清凉文益与法眼宗的建立

法眼文益（885—958）为地藏桂琛（867—928）门人。

据《宋高僧传》卷十三：

周金陵清凉院文益传

释文益，姓鲁氏，余杭人也。年甫七龄挺然出俗，削染于新定智通院，依全伟禅伯。弱年得形俱，无作法于越州开元寺，于时谢俗累以拂衣，出樊笼而矫翼，属律匠希觉师盛化其徒于鄮山育王寺，甚得持犯之趣，又游文雅之场，觉师许命为我门之游夏也。寻则玄机一发，杂务俱捐。振锡南游，止长庆禅师法会，已决疑滞。更约伴西出湖湘，尔日暴雨不进，暂望西院寄度信宿，避溪涨之患耳。遂参宣法大师，曾住漳浦罗汉，闽人止呼罗汉。罗汉素知益在长庆颖脱，锐意接之。唱导之由，玄沙与雪峰血脉殊异，益疑山顿摧，正路斯得，欣欣然挂囊栖止，变涂回轨，确乎不拔。寻游方，却抵临川，邦伯命居崇寿。四远之僧求益者不减千计。江南国主李

---

① 《大正藏》51 册，第 397 页上。

氏始祖知重，迎住报恩禅院，署号净慧。厥后微言欲绝，大梦谁醒，既传法而有归，亦同凡而示灭，以周显德五年戊午岁秋七月十七日有恙，国主纡于方丈问疾，闰月五日剃发澡身，与众言别，加趺而尽，颜貌如生。俗年七十四，腊五十五，私谥曰大法眼，塔号无相。俾城下僧寺具威仪礼迎，引奉全身于江宁县丹阳乡起塔焉。益好为文笔，特慕支汤之体，时作偈颂真赞，别形纂录。法嗣弟子天台德韶、慧明、漳州智依、钟山道钦、润州光逸、吉州文遂。江南后主为碑颂德，韩熙载撰塔铭云。①

文益生于光启元年（885），余杭人，大顺二年（891）七岁，依全伟禅师出家于新定智通院，天祐元年（904）弱冠受具于越州开元寺，时法宝大师玄畅门人西明慧则律师（844—908）初于乾宁元年（894）住持明州阿育王寺，后受武肃王钱镠之命至越州临坛授戒，门人希觉律师（864—948）随行，文益于此时又师从希觉，并随之回到鄞山阿育王寺。慧则开平二年（908）八月八日入灭，希觉便离开明州，讲训于永嘉，文益随行。希觉精于律学，博学多识，专精易学，长于吟咏，是当时著名的辎衣学者。文益从学多年，既得律学持犯之趣，又游文雅之场，深通文学，精于诗赋，希觉视之为吾门之游夏，对之十分器重。

文益后自永嘉南下，来到福州，师从长庆慧稜。由于慧稜始居泉州招庆，"及于长乐府居长庆院，二十余年出世，不减一千五百众"②，他于长兴三年（932）入灭，则应于乾化二年（912）前移居福州长庆，其碑记称开平三年（909）住持西院，文益来参，不会早于此年。

据《佛祖纲目》卷三十四：

> 慧稜禅师住长庆
> 慧稜住招庆。开平三年，闽王王审知移住福州长庆。③

---

① 《大正藏》50 册，第 788 页上。
② 同上书，第 787 页上。
③ 《续藏经》85 册，第 673 页中。

由于文益自称"历参知识，垂三十年"，是故其开始参禅，不应太晚，故大约在开平四年（910）始参慧稜。

文益在长庆门下十余年，虽有所得，终未彻悟。天成三年（926），他与休复等准备西出湖湘，再参知识，路出城西，恰遇刚从漳州罗汉院回到闽城的桂琛，顿开疑滞，故服膺礼拜，归入门下。

文益在桂琛门下时间不长，便继续游方。从其离开福州到后来住持抚州崇寿，尚有七八年时间，其间一直游方参访，然而其具体行走路线不明。他本有西出湖湘之意，可能在得法后继续执行这一计划。他们有可能先到漳州，然后自漳入潮，来到南汉境内，再到韶州参访云门文偃。

据《释氏稽古略》卷三：

> 法眼宗　建康清凉寺禅师，名文益。生余杭鲁氏，七岁依新定智通院同伟禅师落发，弱龄禀具于越州开元寺，究毘尼，探儒典。振锡南参，抵福州，见长庆稜禅师，不大发明，乃欲出岭，过漳州，阻雪于城西石山地藏院，禅师桂琛问曰："上座学解，说三界唯心万法唯识。"乃指阶前石曰："此石在心内在心外？"师曰："在心内。"琛曰："行脚人，著甚来由安片石在心头走？"师窘无以对，即放包依席下，求决择，一月余，呈见解，说道理。琛语之曰："佛法不恁么。"师曰："某甲词穷理绝也。"琛曰："若论佛法，一切见成。"师于言下大悟，遂依止久之。时唐潞王清泰二年也，辞行至江西抚州，州牧重师之道，请住崇寿院。①

又据《佛祖纲目》卷三十四：

> （乙未）文益禅师住崇寿
> 文益，自受心印，至抚州，州牧请住崇寿院。②

---

①　《大正藏》49 册，第 854 页上。
②　《续藏经》85 册，第 682 页下。

再据《宗统编年》卷十八：

> 庚寅（唐长兴元）年。……
> 益祖住崇寿。①

早期史料未明言文益住崇寿院的具体时间，这是元明清三代有关的两种观点，一说后唐清泰二年乙未（935），一说长兴元年庚寅（930）。

那么这两种说法哪一种更为准确呢？依照惯例，罢参之后正式出世开法。

据《宗门十规论》卷一：

> 宗门十规论自叙
> 文益幼脱繁笼，长闻法要，历参知识，垂三十年。而况祖派瀚漫，南方最盛，于焉达者，罕得其人。②

这是文益自述他参学将近三十年，此说十分重要。对此，黄诚博士有自己的解释：

> 从文益禅师所云"历参知识，垂三十年"来看，这说明文益参学悟道的总时间应接近三十年，即便是再加上他七岁就出家的时间来推算，不难得知文益禅师参学悟道至多也就是在其三十七岁左后，又据有关资料可知文益禅师生于 855 年，以此可推算文益禅师三十七岁时悟道，完成了"历参知识"的任务，换言之，文益禅师参桂琛当在其三十七岁之前，也就是在 892 年之前；又以文益禅师卒年七十四岁（958 年），僧腊五十五岁来计算，文益禅师应在十九岁左右受戒而取得正式僧人之资格，即便是以此为起点开始参学，再加上历参善知识近 30 年的时间，可推测其参桂琛时约为四十九岁左右，也就是 904 年。

---

① 《续藏经》86 册，第 194 页下、195 页上。
② 《续藏经》63 册，第 36 页中。

可见，文益禅师在892年或904年前后就已经参学悟道，其参桂琛时间既非梁开平年间（907—911），又非贞明年间（915—921），故将文益禅师参学桂琛的年代定为开平年间或贞明年间均似有不妥，因此对于文益禅师何时参学桂琛的年代问题，或可作进一步的研究。①

可以说，黄诚发现了一个重要的线索，但是由于他将文益生年误作"855年"，以后的时间就几乎全都推错了。依黄诚的解释，文益参桂琛时间有两种可能，一是三十七岁之前，实即后梁龙德元年（921）前，一是四十九岁左右，实即长兴四年（933）左右。由于桂琛入灭于天成三年（928），那么就只有第一种可能了。其实不然，因为黄诚还有一个观点有问题，他把文益参桂琛后作为罢参的时间，事实上后来他又与洪进、绍修、休复等历览江表丛林，在江西等地游方，直到出世崇寿后才算罢参。

文益的"历参知识"，是在"长闻法要"之后，即"弱年"（弱冠）受具之后，此知识主要是指禅宗各派的善知识，不应包括律师，如此也可从他参长庆慧棱（854—932）开始。因此，清泰二年（935）说可能更加合乎情理，是年他五十一岁，也到了有资格开法度人的年龄。

文益在抚州崇寿院开法，影响很大，应当有一定的时间。他离开崇寿院，前往金陵报恩禅院的具体时间不详，但肯定在李昪在位时。

据《宋高僧传》卷十三：

> 江南国主李氏始祖知重，迎住报恩禅院，署号净慧。②

这表明南唐始祖李昪在位时迎住报恩，是故当在保大元年（942）前。

文益住持金陵报恩，是接替曹山门人金峰从志，他始住抚州金峰，后住金陵报恩，入灭之后，谥圆广禅师、塔号归寂。

据《景德传灯录》卷二十四：

---

① 黄诚：《法眼宗研究》，巴蜀书社2012年版，第63、64页。
② 《大正藏》50册，第788页中。

　　升州势凉院休复悟空禅师，北海人，姓王氏。幼出家，十九纳戒。尝自谓曰："苟尚能诠，则为滞筏，将趣凝寂，复患堕空。既进退莫决，舍二何之。"乃参寻宗匠，缘会地藏和尚（法眼章述之）。后继法眼住抚州崇寿。甲辰岁，江南国主创清凉大道场，延请居之。……晋天福八年癸卯十月朔日遣僧往保恩院，命法眼禅师至方丈嘱付。①

　　悟空禅师休复为文益同门，又继之住持抚州崇寿，然其机缘有明显的矛盾，不可能天福八年即保大元年癸卯（942）入灭，而又于九年甲辰（943）入住清凉，其入灭之时，更有可能是在保大十一年癸丑（953）。不过其中也暗示天福八年（942）时文益已经在报恩院了，因此文益离开崇寿院的下限是南唐保大元年（942）。文益在崇寿院影响很大，号称崇寿家风，时间也不会太短，故可定为升元六年（941）左右。

　　文益在崇寿的门人有天台德韶（891—972）、杭州报恩慧明、永明道潜（？—961）、杭州真身宝塔寺绍岩（899—971）等，都是一方宗主，影响很大。文益之后，同门休复为崇寿第二世，门人契稠（？—992）为第五世，慧济禅师法安为第四世。

　　据《景德传灯录》卷二十四：

　　　　至临川，州牧请住崇寿院。初开堂日中，坐茶筵未起，四众先围绕法座。时僧正白师曰："四众已围绕和尚法座了。"师曰："众人却参真善知识。"少顷升座，大众礼请讫。师谓众曰："众人既尽在此，山僧不可无言。与大众举一古人方便，珍重。"便下座。时有僧出礼拜。师曰："好问著。"僧方申问次，师曰："长老未开堂，不答话。"②

　　这是文益最初开堂时说法故事。以法座为真善知识，颇有无情说法、天道无言之风，下面虽道"不可无言"，却又效傅大士讲经故事，一声珍重即下座，有僧申问，便道不答话，贯彻了道本无言、多言妨道的精神。

　　————————

　　①　《大正藏》51 册，第 400 页上中下。
　　②　同上书，第 398 页中。

据《景德传灯录》卷二十四：

> 子方上座自长庆来，师举先长庆稜和尚偈而问曰："作么生是万象之中独露身？"子方举拂子，师曰："怎么会又争得！"曰："和尚尊意如何？"师曰："唤什么作万象？"曰："古人不拨万象。"师曰："万象之中独露身，说什么拨不拨。"子方豁然悟解，述偈投诚。自是诸方会下有存知解者翕然而至，始则行行如也，师微以激发，皆渐而服膺。海参之众，常不减千计。①

子方为长庆慧稜门人，他来崇寿，实际上是兴师问罪的，责怪文益为什么不承嗣长庆。

据《联灯会要》卷二十六：

> 长庆会下，有子昭首座，平昔与师商确古今，心中愤愤。一日领众，远诣抚州，责问于师。师举众出迎，特加礼待。主宾位上，各挂拂子。茶罢，昭忽变色问云："长老开堂，的嗣何人？"师云："地藏。"昭云："何太辜长庆先师！某甲同在座下，商确古今，曾无间隔，因何却嗣地藏？"师云："某甲不会长庆一则因缘。"昭云："何不问来？"师云："长庆道，万象之中独露身，作么生？"昭竖起拂子。师叱云："首座，此是当年学得底，别作么生？"昭无对。师云："只如万象之中独露身，是拨万象，不拨万象？"昭云："不拨。"师云："两个。"参随连声救云："拨万象。"师云："万象之中独露身聻？"昭等懆懔而退。师指住云："首座，杀父杀母，犹通忏悔；谤大般若，诚难忏悔。"昭竟不能对，于是参师，发明己见，更不开堂。②

这一故事也有可能为后人添改，一则体现了雪峰一系对于文益不承嗣慧稜的不满，二则表明玄沙正宗确有高出雪峰宗门之处。

---

① 《大正藏》51 册，第 398 页中下。
② 《续藏经》79 册，第 231 页下、232 页上。

据《景德传灯录》卷二十四：

师上堂，大众立久，乃谓之曰："只恁么便散去，还有佛法也无？试说看。若无，又来遮里作么；若有，大市里人聚处亦有，何须到遮里？诸人各曾看《还源观》、《百门义海》、《华严论》、《涅槃经》诸多策子，阿那个教中有遮个时节，若有，试举看。莫是恁么经里有恁么语，是此时节么？有什么交涉！所以'微言滞于心首，常为缘虑之场；实际居于目前，翻为名相之境'（《华严义海百门序》），又作么生得翻去？若也翻去，又作么生得正去？还会么？莫只恁么念策子，有什么用处？"僧问："如何披露，则得与道相应？"师曰："汝几时披露，即与道不相应？"问："六处不知音时如何？"师曰："汝家眷属一群子。"师又曰："作么生会？莫道恁么来问，便是不得，汝道六处不知音，眼处不知音，耳处不知音？若也根本是有，争解无得。古人道：离声色著声色，离名字著名字。所以无想天修得经八万大劫，一朝退堕，诸事俨然。盖为不知根本真实，次第修行三生六十劫，四生一百劫，如是直到三祇果满，他古人犹道，'不如一念缘起无生，超彼三乘权学等见'（《新华严经论》三十六）。又道'弹指圆成八万门，刹那灭却三祇劫'（《永嘉证道歌》）。也须体究。若如此，用多少气力。"僧问："指即不问，如何是月？"师曰："阿那个是汝不问底指？"又僧问："月即不问，如何是指？"师曰："月。"曰："学人问指，和尚为什么对月？"师曰："为汝问指。"①

这段开堂法语，一方面表明文益对于华严宗经教确实十分重视，故引用李通玄、法藏之著作，同时又强调不要只是念策子，藉教意在悟宗，不可执著文字。对于出离也不能执著，执著不知音，反而眷属一大群，离声色却执声色，离名字却执名字，若不明根本，即使修行八万大劫，达到无想天，也还会退转堕落。问指对月，有似六祖教示十大弟子以三十六对法，问有以无对，最终达到二法俱遣的目的。

① 《大正藏》51 册，第 398 页下。

据《云门匡真禅师广录》卷二：

　　举：崇寿问僧："还见灯笼么？"僧无语。师代云："推倒灯笼。"①

见色明心，触境见道，色尚不见，如同生盲。云门推倒灯笼，也是贼过后张弓。

据《云门匡真禅师广录》卷二：

　　举：崇寿见僧做鹕饼次，隔窗问云："尔还见我么？"僧云："不见。"寿云："还我鹕饼钱来。"僧无语。师代云："和尚礼拜饼炉好。"②

有眼不见泰山，岂非白吃糊饼，是故法眼索钱。云门代礼拜饼炉，是道饼炉是真善知识，善出诸饼，干和尚何事。

据《云门匡真禅师广录》卷二：

　　举：地藏问崇寿："尔久后将什么利济于人？"寿云："无不利济。"藏云："无一法得利济。"师云："直饶与么，也好吃棒。"又云："当时但唤近前来，已后教伊无鹞啄处。"③

行尽佛行，故无不利济；众生皆空，无一人得利济。云门道地藏也须吃棒，不如唤来，一棒打杀，好教天下太平。

据《云门匡真禅师广录》卷二：

　　举：崇寿问僧："还见灯笼么？"僧云："见。"寿云："两个。"师代云："三头两面。"又云："七个八个。"④

---

① 《大正藏》47 册，第 557 页中。
② 同上书，第 560 页下。
③ 同上书，第 561 页中。
④ 同上书，第 561 页下。

有见则成两个，有人有境，有主有宾。云门道岂止两个，实是七上八下，三头两面。

据《云门匡真禅师广录》卷三：

> 鼓山有小师，久在崇寿，却归岭中到保福处相看。福知来，却入帐子内，衲衣盖头坐。僧云："和尚出汗那？"不对。有僧举似师，师云："见成公案，不能折合。"代云："钝置杀人。"又云："草贼大败。"①

鼓山神晏小师，却久在崇寿参学，后到保福（后保福）相看，保福蒙头示以无颜见人，其僧问之难道为了出汗吗，不对。云门道之太迟钝了，又道草贼大败，头落尚且不知。

据《云门匡真禅师广录》卷三：

> 师问僧："甚处来？"僧云："崇寿来。"师云："崇寿有何言句？"僧云："崇寿指橙子谓众云：识得橙子，周匝有余。"师云："我即不与么。"僧云："和尚又如何？"师云："识得橙子，天地悬殊。"②

一道识得橙子，普遍有余，一道识得橙子，天地悬殊，一是横亘宇宙，一是山立海行。

这些记载一则表明文益在崇寿说法引起了云门文偃的高度重视，二则表明两家宗风有别。

据《景德传灯录》卷十八长生皎然机缘：

> 雪峰普请归，自将一束藤，路逢一僧，放下藤，叉手立。其僧近前拈，雪峰即踏其僧，归院。后举示于师曰："我今日踏那僧得怎么快。"师对曰："和尚却替那僧入涅槃堂。"（法眼住崇寿时，有二僧各

---

① 《大正藏》47 册，第 570 页下。
② 同上书，第 573 页上。

说道理，请师断。法眼云："汝两僧一时入涅槃堂。"玄觉云："什么处是替那僧入涅槃堂处？"崇寿稠云："此一转语却还老兄。"东禅齐云："只如长生意作么生？"①

从此可知，法眼在崇寿时，有两僧各说道理，请师定夺，师道二人皆有是非，应当一起入涅槃堂。门人玄觉导师行言、崇寿契稠、法孙东禅道齐（929—997）皆有评论。

据《林间录后集》卷一：

清凉大法眼禅师　像赞并序

予元符初至临川承天寺，寺基宏壮，可集万指，而食堂翛然，残僧三四辈而已。读旧碑，知为大法眼禅师开法之故基也。影堂壁间，画像存焉。神宇靖深，眉目渊然，而英特之气不没，岂荷负大法、提挈四生者其表故如是耶！稽首为之赞曰：

非风幡动，非风铃语。见闻起灭，了无处所。何以明之，俱寂静故。此光明藏，平等显露。由本无明，爱欲怪妩。如隔日疟，痛自遮护。有能了者，即同本悟。索尔随缘，闲居静住。一切仍旧，身无染污。为物作则，险崖之句。不可犯干，如大火聚。②

这表明崇寿院后来改名为承天寺，而且在宋元符初年（1098）已经非常萧条了，然其寺基尚存，规模宏大，并有法眼画像。

文益到金陵住持报恩禅院之后，南唐奉以净慧之号，礼遇非常。大概在保大十一年癸丑（953），悟空禅师休复入灭，文益继之住持清凉大道场，于此住持六年，显德五年（958）入灭。南唐谥大法眼禅师，塔号无相，后谥大智藏大导师。李后主亲自撰碑颂德，韩熙载撰塔铭。

---

① 《大正藏》51 册，第 350 页上。
② 《续藏经》87 册，第 279 页上中。

第四节　法眼文益门下

文益是一个出色的教育家，门人人才很多，遍及江表丛林，蔚为大宗。

据《宋高僧传》卷十三本传：

> 法嗣弟子天台德韶、慧明、漳州智依、钟山道钦、润州光逸、吉州文遂。①

这是僧传所载著名弟子六人，可能出自塔铭。

《宋高僧传》为其门人四人立传，即永明道潜、天台德韶、报恩慧明、宝塔绍严。

据《景德传灯录》卷二十五：

> 金陵清凉文益禅师法嗣上三十人
> 天台山德韶国师
> 杭州报恩寺慧明禅师
> 漳州罗汉智依大师
> 金陵章义道钦禅师
> 金陵报恩匡逸禅师
> 金陵报慈文遂导师
> 漳州罗汉守仁禅师
> 杭州永明寺道潜禅师
> 抚州黄山良匡禅师
> 杭州灵隐清耸禅师
> 金陵报恩玄则禅师
> 金陵报慈行言导师
> 金陵净德智筠禅师

---

① 《大正藏》50 册，第 788 页中。

高丽道峰慧炬国师

金陵清凉泰钦禅师

杭州宝塔寺绍岩禅师

金陵报恩法安禅师

抚州崇寿契稠禅师

洪州云居清锡禅师

洪州百丈道常禅师

天台般若敬遵禅师

庐山归宗策真禅师

洪州同安绍显禅师

庐山栖贤惠圆禅师

洪州观音从显禅师

庐州长安延规禅师

常州正勤希奉禅师

洛京兴善栖伦禅师

洪州新兴齐禅师

润州慈云匡达禅师（已上三十人见录)①

据《景德传灯录》卷二十六：

金陵清凉文益禅师法嗣下三十三人

苏州荐福绍明禅师

泽州古贤谨禅师

宣州兴福可勋禅师

洪州上蓝守讷禅师

抚州覆船和尚

杭州奉先法瓌禅师

庐山化城慧朗禅师

---

①　《大正藏》51 册，第 407 页上。

杭州永明道鸿禅师

高丽灵鉴禅师

荆门上泉和尚

庐山大林僧遁禅师

池州仁王缘胜禅师

庐山归宗义柔禅师（已上一十三人见录）

泉州上方慧英禅师

荆州护国迈禅师

饶州芝岭照禅师

庐山归宗师慧禅师

庐山归宗省一禅师

襄州延庆通性大师

庐山归宗梦钦禅师

洪州舍利玄闱禅师

洪州永安明禅师

洪州禅溪可庄禅师

潭州石霜爽禅师

江西灵山和尚

庐山佛手岩因禅师

金陵保安止和尚

升州华严幽禅师

袁州木平道达禅师

洪州大宁道迈禅师

楚州龙兴德宾禅师

鄂州黄龙仁禅师

洪州西山道聋禅师（已上二十人无机缘语句不录）①

其中庐山佛手岩因禅师，即行因，为鹿门处真之门人，不是文益弟子。

---

① 《大正藏》51 册，第 418 页中。

据《景德传灯录》卷二十五：

金陵报慈道场文遂导师，杭州人也，姓陆氏。乳抱中，父母徙家于宣城。才丱岁，挺然好学，乃礼池州僧正落发登戒。年十六观方，禅教俱习。尝究《首楞严经》十轴，甄分真妄缘起，本末精博。于是节科注释，文句交络。厥功既就，谒于净慧禅师，述己所业深符经旨。净慧问曰："《楞严》岂不是有八还义？"师曰："是。"曰："明还什么？"师曰："明还日轮。"曰："日还什么？"师懵然无对。净慧诚令焚其所注之文。师自此服膺请益，始忘知解。初住吉州止观。乾德二年国主延入居长庆，次清凉，次报慈大道场。署雷音觉海大导师，礼待异乎他等。

师上堂谓众曰："天人群生类，皆承此恩力。威权三界，德被四生；共禀灵光，咸称妙义，十方诸佛常顶戴。汝谁敢是非及乎！向遮里唤作开方便门，对根设教，便有如此如彼，流出无穷。若能依而奉行，有何不可。所以清凉先师道，佛即是无事人。且如今觅个无事人也不可得。"僧问："崇寿佛法付嘱止观，止观佛法付嘱何人？"师曰："汝试举崇寿佛法看。"问："巅山岩崖还有佛法也无？"师曰："汝唤什么作巅山岩崖？"问："如何是道？"师曰："忘想颠倒。"师谓众曰："老僧平生百无所解，日日一般，虽住此间，随缘任运。今日诸上座与本无异。"僧问："如何是无异底事？"师曰："千差万别。"僧再问。师曰："止止不须说，且会取千差万别。"问："如何是和尚家风？"师曰："方丈板门扇。"问："如何是无相道场？"师曰："四郎五郎庙。"问："如何是吹毛剑？"师曰："鞑靼杖。"问："如何是正直一路？"师曰："远远近近。"曰："便怎么去时如何？"师曰："咄哉痴人，此是险路。"师问僧："从什么处来？"曰："抚州曹山来？"师曰："几程到此？"曰："七程。"师曰："行却许多山林溪涧，何者是汝自己？"曰："总是。"师曰："众生颠倒，认物为己。"曰："如何是学人自己？"师曰："总是。"师又曰："诸上座各在止观经冬过夏，还有人悟自己也无？止观与汝证明，令汝真见，不被邪魔所惑。"问："如何是学人自己?" 师曰: "好个师僧, 眼目甚分明。"①

文遂禅师生卒年不详, 他是南唐末期地位最高的禅师, 号称雷音觉海大导师, 实为南唐国师, 因此其生年不会太晚, 又由于他在文益住持崇寿时就已经开法, 当时其生年不应晚于四十。如此可假定他生于咸平三年 (1000) 左右。

文遂本贯杭州, 幼时随父母移居宣城, 早岁从池州僧正出家受具, 十六岁就开始游方, 禅教俱习。他对《楞严经》很有兴趣, 研究其中真妄缘起之理, 并为之分科注释, 毕功之后, 他便去参文益, 其时当在文益住持崇寿之初。经过文益的点拨, 文遂认识到他对经教的理解还是十分浅薄, 故烧掉所谓的注释, 去除知解, 专心证悟。

文遂是文益门人中开法较早者之一, 文益住持崇寿时, 他便开法于吉州止观院, 灯录所载法语, 主要是这一时期所述, 他自称老僧, 显然在止观晚期时不会低于六十岁。

文遂于乾德二年 (964) 被李煜延请, 接替神晏门人清护禅师 (916—970) 入住金陵长庆, 后迁清凉, 约在开宝之初 (968), 可能是接替达观禅师智筠 (906—969), 其后任可能是清凉泰钦 (? —974), 最后于开宝中 (五年972前后) 接替玄觉导师行言, 迁报慈大道场, 署雷音觉海大禅师, 是当时南唐地位最高的大禅师。

文遂说法简单直捷, 意在扫除分别二见。正直一路, 远远近近, 曲曲弯弯。无相道场, 就是杂神之庙。吹毛剑, 就是擀面杖。他强调要做一个无事人, 百无所解, 如痴如愚, 并且日日如此。

据《景德传灯录》卷二十五:

> 抚州黄山良匡禅师, 吉州人也。上堂谓众曰: "高山顶上空蔬饭, 无可祗待。诸道者, 唯有金刚眼睛, 凭助汝发明真心。汝若会得, 能破无明黑暗; 汝若不会, 真个不坏。"便起归方丈。僧问: "如何是黄山家风?" 师曰: "筑著汝鼻孔。"问: "如何是物不迁义?" 师曰: "春

---

① 《大正藏》51 册, 第 411 页下。

夏秋冬。"问："如何是一路涅槃门?"师曰："汝问宗乘中一句岂不是!"曰："恁么即不哆哆。"师曰："莫哆哆好。"问："众星攒月时如何?"师曰："唤什么作月?"曰："莫即遮个便是也无?"师曰："遮个是什么?"问："明镜当台,森罗为什么不现?"师曰："那里当台?"曰："争奈即今何?"师曰："又道不现。"问："如何是禅?"师曰："三界绵绵。"曰："如何是道?"师曰："四生浩浩。"①

良匡禅师,吉州人,住持抚州黄山。他强调要具金刚智慧眼睛,照破无明黑暗,识取宗乘一句,便是一路涅槃门,不必啰嗦。莫道明镜当台,本来无一物,何物当台,何事可现。三界绵绵,无不是禅;四生浩浩,尽属于道。四季改换,本非迁变。

据《景德传灯录》卷二十五:

金陵报恩院法安慧济禅师,太和人也。印心于法眼之室,初住抚州曹山崇寿院为第四世。上堂谓众曰："知幻即离,不作方便;离幻即觉,亦无渐次。诸上座且作么生会?不作方便,又无渐次,古人意在什么处?若会得诸佛常见前,若未会莫向《圆觉经》里讨。夫佛法亘古亘今,未尝不见前,诸上座一切时中咸承此威光,须具大信根荷担得起始得。不见佛赞猛利度人堪为器用,亦不赏他向善久修净业者,要似他广额屠儿抛下操刀便证阿罗汉果,直须怎么始得。所以长者道:如将梵位直授凡庸。"僧问："大众既临于法会,请师不吝句中玄。"师曰："谩得大众么?"曰："恁么即全应此问也。"师曰："不用得。"问："古人有言,一切法以不生为宗。如何是不生宗?"师曰："好个问处。"问："佛法中请师方便。"师曰："方便了也。"问："如何是古佛心?"师曰："何待问!"江南国主请入居报恩,署号摄众。师上堂谓众曰："此日奉命令住持当院为众演法,适来见维那白槌了,多少好令教当观第一义,且作么生是第一义?若遮里参得,多少省要,如今更别说个什么!即得然承恩旨,不可杜默去也。夫禅宗示要,法尔常规,

①《大正藏》51 册,第 412 页下。

圆明显露，亘古亘今。至于达磨西来，也只与诸人证明，亦无法可得与人。只道直下是，便教立地觑取。古人虽即道立地觑取，如今坐地还觑得也无？有疑请问。"僧问："三德奥枢从佛演，一音玄路请师明。"师曰："汝道有也未？"问："如何是报恩境？"师曰："大家见汝问。"师开宝中示灭于本院。①

法安禅师（？—970），吉州太和人，开宝中（968—976）示灭。文益之后，悟空禅师为崇寿第二世，保大二年甲辰岁（944）离任，第三世不知何人，法安为第四世，契稠（？—992）为第五世。他后住金陵报恩，得慧济禅师之号，文益为报恩第一世，凝密禅师匡逸为第二世，玄则禅师为第三世，法安为第四世，清护禅师为第五世。清护开宝三年（970）五月接替法安入主报恩，可见法安于此年入灭。

法安为当时大禅师，强调佛性圆明，亘古亘今，人人本具，不假外求，达摩西来，也只是为人证明，使人直下承当，立地观取。根性猛利，当下顿悟。如《圆觉经》所示，知三世虚幻，便生出离之心，远离幻法，即得觉悟，不立渐次，不作方便。

据《景德传灯录》卷二十五：

> 洪州云居山真如院清锡禅师，泉州人也。初住龙须山广平院。有僧问："如何是广平境？"师曰："识取广平。"曰："如何是境中人？"师曰："验取。"次住云居山。僧问："如何是云居境？"师曰："汝唤什么作境？"曰："如何是境中人？"师曰："适来向汝道什么？"师后住泉州西明院。有廖天使入院，见供养法眼和尚真，乃问曰："真前是什么果子？"师曰："假果子。"天使曰："既是假果子，为什么将供养真？"师曰："也只要天使识假。"问："如何是佛？"师曰："容颜甚奇妙。"②

---

① 《大正藏》51 册，第 415 页下。
② 同上书，第 416 页中。

清锡最初住持吉州龙须山广平院，当在道殷之后，后来住持云居山，长期在江西弘法。最后回到家乡，住持泉州西明院。

广平之境，既广且平；境中之人，眼前验取。境不识，人不见，也是不具眼。以假果子供养师之真影，也是令来者认识到世法尽假。

清锡一派也传到第三代隆福绍珍，为法眼宗传承较长的法派。

第五节　法眼宗在灵隐寺的传承

法眼宗主要分布在江南地区，除江西、江苏两地外，浙江也是法眼宗流传的重要地区，特别是灵隐寺，法眼宗人长期于此住持，为灵隐寺的发展做出了重要贡献。

据《灵隐寺志》：

> 永明延寿禅师……建隆元年，钱忠懿王请重创灵隐，灵隐之兴由此，故后称住持灵隐者，以为第一代也。继迁永明道场，以心为宗，以悟为旨，著《宗镜录》一百卷。

建隆元年（960），永明延寿禅师中兴灵隐寺，称为第一代，是法眼宗住持灵隐寺之始。

据《景德传灯录》卷二十六：

> 建隆元年，忠懿王请入居灵隐山新寺，为第一世。明年，复请住永明大道场，为第二世，众盈二千。①

延寿第二年迁住永明寺，继任灵隐寺住持的是清耸禅师。

据《景德传灯录》卷二十五：

> 杭州灵隐山清耸禅师，福州福清县人也。初参净慧，一日净慧指

---

① 《大正藏》第51册，第421页下。

雨谓师曰："滴滴落上座眼里。"师初不喻旨，后因阅《华严经》感悟，
承净慧印可。回止明州四明山卓庵，节度使钱亿，执师事之礼，忠懿
王命于临安，两处开法。后居灵隐上寺，署了悟禅师。师上堂示众曰：
"十方诸佛常在汝前，还见么？若言见，将心见、将眼见？所以道，一
切法不生，一切法不灭，若能如是解，诸佛常现前。又曰：见色便见
心，且唤什么作心？山河大地、万象森罗、青黄赤白、男女等相，是
心不是心？若是心，为什么却成物象去？若不是心，又道见色便见心。
还会么？只为迷此而成颠倒，种种不同，于无同异中强生同异。且如
今直下承当，顿豁本心，皎然无一物可作见闻。若离心别求解脱者，
古人唤作迷波讨源，卒难晓悟。"问："根尘俱泯，为什么事理不明？"
师曰："事理且从，唤什么作俱泯底根尘？"问："如何是观音第一义？"
师曰："错。"问："无明实性即佛性，如何是佛性？"师曰："唤什么
作无明？"问："如何是和尚家风？"师曰："亘古亘今。"问："不问不
答时如何？"师曰："寱语作么？"问："如何是巅山岩崖里佛法？"师
曰："用巅山岩崖作么？"问："牛头未见四祖时如何？"师曰："青山
绿水。"曰："见后如何？"师曰："绿水青山。"师问僧："汝会佛法
么？"曰："不会。"师曰："汝端的不会？"曰："是。"师曰："且去，
待别时来。"其僧珍重。师曰："不是遮个道理。"问："如何是摩诃般
若？"师曰："雪落茫茫。"僧无语。师曰："会么？"曰："不会。"师
遂有颂曰：摩诃般若，非取非舍。若人不会，风寒雪下。①

清耸禅师，福州人，生卒年不详。他应当活到太平兴国之末（984），
生年当在唐末。他初参文益，遇雨，文益告之滴滴落上座眼里，当时未省，
后读《华严经》得悟，文益对之印可。尽乾坤是沙门一只眼，若是发雨，
滴滴不落别处。他得法之后，回到明州四明山，得到地方官员支持。

据《宝庆四明志》，宋明州刺史钱亿（？～967），字延世，是吴越国武
肃王钱镠之孙，忠懿王钱俶之弟。后汉乾祐二年（949）判明州，宋太祖建
隆元年（960）升明州为奉国军，授钱亿为奉国军节度使，乾德五年（967）

---

① 《大正藏》51 册，第 413 页上。

二月丁卯卒于任。前后守明州十八年，有德政，葬奉化白石里，谥"康宪"，民立祠以祀。

清耸到四明，当在钱亿上任之初即乾祐三年（950）前后。后来忠懿王钱俶又请他到临安，两处开法，然而具体寺院不详。建隆二年（961），接替永明延寿住持灵隐寺。

清耸说法，强调顿悟本心，此心亘古亘今，历劫常存，不生不灭，本净本觉，不可离心别求解脱。

清耸住持灵隐之时，还受钱王之命于开宝四年（971）重建福建宁德支提山华严寺，开宝九年（976）建成，由清耸门人灵隐副寺主辨隆任寺主，主持寺务。

清耸禅师住持到何时不详，大约是在太平兴国年间（976—984）。后由他的师侄灵隐处先和灵隐韶光接任，二人皆是天台德韶的门人，又传清耸的弟子灵隐道端，后由灵隐玄本继任。

玄本为何人门人有争论。

据《天圣广灯录》卷一：

> 吉州清源山行思禅师第十世
> 福州支提山雍熙寺了悟禅师法嗣（三人见录）
> 杭州灵隐山玄本禅师　杭州灵隐山玄顺庵主
> 福州支提山雍熙寺文翰禅师①

如此是将三人作为了悟禅师清耸的门人，而《五灯会元》则将玄本作为清耸弟子支提辨隆的门人，后世因之。其时与玄本一起在灵隐寺的还有同门玄顺庵主。玄顺卒于大中祥符中（1008—1016），寿七十，腊五十，则应生于天福五年（940）前后。他为萧山人，幼年从支提山了悟禅师出家受具，其实是在杭州本地，并未远到福建，当时或在五代之末，从时间上看，他只能是直接师从清耸，辨隆当时尚无开法授徒的资格。玄本与玄顺同时同辈，当然会是清耸的门人。文翰禅师亦然，他为明州人，于杭州灵隐山

---

① 《续藏经》78 册，第 424 页下。

景德寺依了悟禅师出家，后来接替师兄辨隆作支提山雍熙寺住持。如此《天圣广灯录》作为当时的记录并无错误，倒是后来的《五灯会元》望文生义，世系有误。

玄本后来传给同宗的文胜，文胜禅师是法眼宗大德清凉泰钦门下云居道齐的门人。

据《天圣广灯录》卷二十九：

> 杭州灵隐山南院慈济文胜禅师
>
> 俗姓刘氏，婺州人也。幼岁出家，受具，造云居山齐禅师法席。云居问："为复学佛法来，游山玩水来？"师云："向重日久，远离婺州。"居云："是什么物恁么来？"师云："特伸礼觐。"居云："汝若为佛法来，什么处不是汝悟处？"师默然不对。
>
> 云居上堂，举庞居士问马大师：不与万法为侣者是什么人，大师云：待你一口嗡尽西江水即向汝道。居士从此顿悟。又云："不与万法为侣者，且道是阿谁？"师从此契悟，更不他游，后住灵隐寺。
>
> 师开堂日，升座云："大施门开，所须一任于此构得，谓之己物现前。还构得么？"
>
> 时有僧问："僚宰共临此会，缁儒竞集兹筵，祖意西来，请师为众。"师云："散去得未？"学云："恁么则一音普润于沙界，学人此问不虚施也。"师云："你作么生会。"
>
> 问："昔日梵王请佛，盖为群生。今朝大谏请师，当为何事？"师云："汝也须感谢大谏。"学云："恁么则非但学人，人天有赖。"师云："赖个什么？"
>
> 问："承教有言：汝既殷勤三请，岂得不说，如何是说？"师云："善思念之。"学云："五千退席又如何？"师云："退亦佳矣。"
>
> 问："祖祖相传传祖印，师今得法嗣何人？"师云："汝争证明得？"学云："恁么则欧阜早年亲得旨，灵山今日度群生也。"师云："汝得什么旨？"
>
> 问："如何是灵山境？"师云："郢手难图画，凭君子细看。"
>
> 问："古鉴未磨时如何？"师云："古鉴。"学云："磨后如何？"师

云："古鉴。"学云："未审分不分?"师云："更照看。"

问："如何是和尚家风?"师云："莫讶荒疎。"学云："忽遇客来又作么生?"师云："吃茶去。"

师自承天寺辞退法席之后，数载隐居本州兴庆庵。至天圣四年，朝廷以故驸马都尉吴元扆宅，特舍为精舍，御书赐额为慈孝寺，于京国中肇建禅林。是年春，诏俾住持，行至楚州，感疾而逝。临终前，有颂云：住亦何依，去亦何灭，休问旨归，秋天一月。①

文胜禅师（?—1026），婺州人，俗姓刘氏。他在天禧二年（1018）退居灵隐，依照惯例，其时当在七十岁，故他应生丁乾祐二年（949）左右。他早年出家，受具之后，到云居道齐门下参礼，因举庞居士参马祖公案得悟，始明真觉悟者独立自在，不与万法为侣。

文胜后到灵隐，景德二年（1005）时担任住持。天禧二年（1018）让位于门人，移住承天寺，约于天圣之初（1023）退席，隐居本州兴庆庵养老。天圣四年（1026），朝廷以故驸马吴元扆宅舍为佛寺，赐额慈孝，建立禅林，选天下长老担任住持，其年春，文胜蒙诏入京住持，行到楚州，感疾而逝。这表明文胜在当时名望很高，为天下禅林翘楚，在他入灭之后，由临济宗慈照蕴聪（965—1032）接任慈孝寺住持。文胜中途入灭，意味着法眼宗丧失了几乎是唯一的一次入主京城大寺、成为禅宗领袖的机遇，十分可惜。

文胜有两位门人后来住持灵隐，一为延珊，一为蕴聪。

据《天圣广灯录》卷三十：

筠阳人也，俗姓张。年十三出家，二十受具，二十三行脚，遍参知识。

景德二年，游钱塘，遂挂锡于灵隐，前住持慈济大师文胜，一日示众云："纵目所观，复何所见?"才闻有悟，乃为颂曰：纵目所观一

---

① 《续藏经》78 册，第 566 页下。

何睹，烟风迭嶂翠崔嵬。若晓自心非万法，祖师谁道是西来。①

延珊禅师，十三出家，二十受具，二十三岁遍参，景德二年（1005）到达灵隐寺，其生年当在太平兴国六年（981）之前。天圣八年（1030）受封，故卒年当在天圣八年（1030）以后。另前举雪窦重显居灵隐，当时延珊禅师已是方丈，声名在外，雪窦禅师还是籍籍无名的普通僧人，雪窦禅师生于太平兴国五年（980），按资历，延珊禅师约年长雪窦十岁。因此，其生年当在开宝三年（970）前后，比其师文胜晚二十余岁，担任灵隐住持时年近知命，符合当时的惯例。

景德二年（1005），延珊在灵隐寺挂单，遇文胜禅师开示大众，一时有省，做悟道偈一首，自此礼文胜为师，住灵隐寺。

"天禧二年，府主马侍郎请开堂，升座。"② 天禧二年（1018），延珊禅师受请开法，住持灵隐寺。府主马侍郎是时任杭州知州的马亮，大中祥符九年（1016）至天禧三年（1019）间任杭州知州。

延珊禅师住持期间灵隐寺香火旺盛，得到朝廷支持。

据《武林梵志》卷九：

> 延珊禅师，字慧明，住持灵隐。……天圣三年，章懿太后赐庄田，令祝延仁宗圣寿。至天圣八年，师奏免所赐庄田粮税，有勅存寺，至今赖之，赐号禅定大师。

至天圣八年（1030），延珊仍任灵隐寺方丈，并得到禅定大师的封号，此时已住持灵隐寺十三年。可见延珊禅师住持灵隐期间影响很大，得到朝廷崇敬，赐田免税，扩大了灵隐寺的寺产，对寺庙的发展作出重大贡献。

延珊禅师住持灵隐大寺，又受朝廷重视，是一时名僧，故不乏参访者。雪窦重显禅师是云门宗大德智门光祚禅师的弟子，境界高妙，曾居灵隐寺三年，后来由此出世苏州翠峰。

---

① 《续藏经》第78册，第573页上。
② 同上。

延珊之后，由其同门惠照蕴聪住持灵隐，其门人幼旻协助。

据《镡津文集》卷十三《故灵隐普慈大师塔铭》：

> 师法讳幼旻，信阳玉山人也，本姓叶氏。童时即有出俗之志，告父母得命。遂入其邑之兴教兰若，师僧省覃出家。既纳戒，乃访道四方。来虎林，见惠明禅师颓然有道器，即服膺执弟子礼，尽学其法。法务无难易者，备尝之矣。久之，惠明命师监其寺事。未几，会其寺大火荡尽，方根其所失，其同事者危之，皆忧乃祸。师谓之曰："我总寺事，罪尽在我，吾独当之，尔曹不必惧也。"吏果不入寺，问师，弟坐其爨者耳，此岂古所谓临难无苟免者耶？其后惠明告终，毕其丧，师即帅众日本府，请大长老惠照聪公镇其寺，以继惠明所统，仍以监寺辅之，戮力相与复其寺，不十年而葺屋庐，巍然千余间，益伟于旧。庆历中，朝廷用其荐而锡之章服，其后又赐号普慈。及惠照谢世，师方大疾，亦力病治其丧事。始惠照垂终遗书，举师自代，官疑其事，不与以灵隐，更命僧主之。师事其僧愈恭，无毫发鄙悋心见于声彩，而人益德之。当此知府龙图季公知之，乃以上天竺精舍，命师以长老居之。及观文孙公初以资政大学士莅杭，特迁之主灵隐，始其演法之日。……故居其寺方六年，寺益修，众益靖，度弟子二十三人。嘉祐乙亥仲冬初，忽感微疾而卧。先终一日，与蒙语，将授寺与今知禅德，语气详正，如平昔不衰。十三日鸡鸣起漱洗，问时辰，乃安坐而尽，世寿六十一，僧腊四十一。以是月二十九日入塔于呼猿涧之直北寺垣之内。塔已，知师以其行状求蒙文而铭之。①

灵隐普慈大师幼旻（999—1059）是延珊禅师的弟子，延珊任住持期间，灵隐曾遭遇大火，寺产荡尽，其时应在天圣八年（1030）朝廷赐封之后。火后不久，延珊去世，当时幼旻作为监寺，请师叔惠照蕴聪禅师继任住持，不到十年，灵隐寺恢复如初。庆历中（约1044），朝廷赐幼旻号普慈，此距延珊去世约十年，故延珊的卒年当在景祐二年（1035）左右，住

---

① 《大正藏》第52册，第716页下。

持灵隐约十八年。蕴聪去世时推荐幼旻继任，遭到官方怀疑，另举人代替，后继任住持的是临济宗石霜楚圆门人德章禅师。

据《五灯会元》卷十二："（灵隐德章）师皇祐二年乞归山林养老，御批杭州灵隐寺住持，赐号明觉。"① 德章禅师继任灵隐住持的时间是皇祐二年（1050），可推蕴聪任灵隐方丈的时间约为十六年。德章住灵隐五年之初，幼旻仍任监寺，后来任上天竺住持，至和元年（1054）接任灵隐住持，嘉祐四年（1059）示寂。幼旻去世时，将灵隐寺付予弟子知禅德。知禅师名云知，号慈觉，事迹不详，塔成后以行状请契嵩为师幼旻作塔铭。《建中靖国续灯录》把云知慈觉列为云门宗泐潭怀澄的弟子，恐有误。契嵩是当时人，又属于云门宗，假如云知为怀澄门人，契嵩不可能不知道。幼旻临终时明确告知将授寺任与知禅德，后云知慈觉又为其塔铭事奔走，可知早已投幼旻门下，为法眼宗传人。云知慈觉有弟子圆明正童禅师，仍住灵隐。

据《释氏稽古略》卷四：

> 哲宗元祐七年游浙，明年至杭州灵隐寺，随众居止。汪罗二行人求师心要，学侣日臻。灵隐圆明童禅师，以寺后白云山庵居觉，玄化开阐，乃自立宗，以所居庵名为号曰白云宗。②

白云庵主名清觉，俗姓孔，自号本然，本为西京洛阳宝应寺僧。元祐八年（1093），灵隐方丈圆明正童将白云庵划归清觉居住，是白云宗之始。圆明正童事迹及弟子情况不详，不过至元祐八年，灵隐寺仍是法眼宗的道场，从建隆元年（960）始，已过百余年。传承宗系是：永明延寿—灵隐清耸—灵隐处先—灵隐韶光—灵隐道端—灵隐玄本—灵隐文胜—灵隐延珊—灵隐蕴聪—灵隐德章—灵隐幼旻—灵隐云知—灵隐正童……。灵隐正童是法眼宗在灵隐有明确记载的最后一代，其后是师承不明的觉润云禅师，除去灵隐德章的五年，法眼宗住持灵隐寺至少一百三十多年，可见它在北宋

---

① 《续藏经》第 80 册，第 250 页上。
② 《大正藏》第 49 册，第 250 页上。

中晚期还非常兴盛。①

据《传法正宗记》卷八：

> 正宗至大鉴，传既广，而学者遂各务其师之说。天下于是异焉，竞自为家，故有沩仰云者，有曹洞云者，有临济云者，有云门云者，有法眼云者，若此不可悉数。而云门、临济、法眼三家之徒，于今尤盛。沩仰已熄，而曹洞者仅存，绵绵然犹大旱之引孤泉。然其盛衰者，岂法有强弱也，盖后世相承得人与不得人耳。书不云乎，苟非其人，道不虚行。②

如此，在契嵩的时代，法眼宗还是与云门、临济并盛的三大宗派之一，为什么二三十年之后，到了徽宗之时，法眼宗不再被提起，以致"云门、临济二宗，遂独盛于天下"③ 呢？法眼宗衰落的原因很多，其中一方面便是云门宗自雪窦重显之后繁衍极快，很多原来法眼宗的道场都被云门宗取代，因此到了北宋之末，法眼宗就非常衰落了。此外，云门宗佛国惟白禅师著《建中靖国续灯录》刻意张大本宗，对于法眼宗故意忽略，甚至将法眼宗人改到云门宗下，因此法眼宗的人物事迹自然失传。当然，法眼宗本身要承担根本的责任，缺少宗师、理论无创新、缺少有力外护等都是重要的原因。

法眼宗于辽代传入北方，据《大安山莲花峪延福寺观音堂记》，大康（1075—1084）、大安（1085—1094）之时，南宗兴起，寂照感、通圆法赜（1049—1104）、通理恒策（1049—1098）三上人乃"曹溪的嗣，法眼玄孙，为此方宗派之源，传心之首者矣"，如此三人皆为法眼宗第五代。寂照大师法名缺前字，曾在妙峰山大云寺、银山宝岩寺等地住持。还有通理同门崇昱（1039—1114）亦曾从其习禅。马鞍山慧聚寺第三代传戒大师悟敏（1057—1141）始事普贤大师法钧（1021—1075）及法兄裕景、裕窥（1050—1119），后参通理恒策、寂照感习禅。通圆之师为燕京开悟寺金刚

---

① 本节参考了刘田田：《延珊禅师及灵隐法眼宗系》，载《灵隐寺与北宋佛教》上册，宗教文化出版社 2014 年版。

② 《大正藏》51 册，第 763 页下。

③ 《续藏经》78 册，第 640 页下。

大师，通理之师为永泰寺守司徒守臻大师，可见二人为第四代，乃法眼曾孙，第三代则不知谁人，如何传入北方也不得其详。三人之后，第六代有通理门人善定、善锐等一百多人，此后传承不详。通理与门人善定等主持再刻房山石经，贡献很大。

辽国法眼宗依然保持了禅教一致的宗风，精通经论，长于律学，三学奄通，禅讲俱精，为禅宗在北方的发展做出了突出的成绩和贡献。

第十章　唐五代曹洞宗

第一节　药山惟俨及其门人

药山惟俨（745—828）与天皇道悟、丹霞天然一样，亦是在归属上有争议的人物，其后辈始明确声称归属青原。

据唐伸《澧州药山故惟俨大师碑铭》（徐文明校订本）：

> 惟大师生南康信丰，自（《通论》误作"百"）为童时，未尝处群儿戏弄之（《通论》无"之"）中，往往独坐，如思如念。年十七，即南度大庾，抵潮之西山，得慧（《文萃》作"惠"）照禅师，乃落发服缁，执礼以事。大历四年（《文萃》作"八年"，《通论》作"中"），受具于衡岳希操（诸本皆误作"琛"）律师，释礼矩仪，动如夙习。一朝乃言曰："大丈夫当离法自净（原作"静"，依《祖堂集》等改），焉能屑屑事细行于衣巾（《通论》误作"中"）耶！"是时南岳有迁，江西有寂，中岳有沼（原作"洪"），皆悟心契。乃知大圭之质，岂俟磨砻，照乘之珍，难晦符彩。自是寂以大乘法闻四方学徒，至于指心传要、众所不能达者，师必默识悬解，不违如愚。居寂之室，垂二十年，寂曰："汝之所得，可谓浃于心术，布于四体。欲益而无所益，欲知而无所知。浑然天和，合于本无。吾无有以教矣。佛以开示群盲为大功，度灭众恶为大德。尔当以功德普济群迷，宜作梯航，无久滞此。"由是陟罗浮，涉清凉，历三峡，游九江。

如此惟俨为江西南康信丰人，天宝四年（745）出生，俗姓韩，原籍绛州。上元二年（761）十七岁，南度大庾岭，到潮州师从怀让（677—744）

门人西山慧照禅师出家。大历四年（769）他来到南岳，从衡岳寺希操律师受具。受具之后，他大概又学了一段时间戒律，然而习惯了禅学心法的他对此并不适应，因此他决心离法自净，不愿再学这些小事小道。

大历年间，天下禅宗大师，主要有南岳希迁、江西大寂、中岳洪（北宗）三人。此处虽然首列石头希迁，却未明言从学希迁之经历，唯道居寂之室垂二十年。从情理上讲，他在南岳受具，见过石头很正常。

惟俨得法之后，四方游历，曾经陟罗浮，涉清凉，此清凉山并非五台山，而是江西青原山，其经历，与石头上下罗浮、往来清凉类似。

唐伸《碑铭》依药山二世冲虚之意，强调药山与马祖系的密切关系。而至后世，则更加重视其与青原系的关联。

据《祖堂集》

> 药山和尚，嗣石头，在朗州。师讳惟俨，姓韩，绛州人也，后徙南康。年十七，事潮州西山慧照禅师。大历八年，受戒于衡岳寺希澡律师。师一朝言曰："大丈夫当离法自净，焉能屑屑事细行于布巾耶？"即谒石头大师，密领玄旨。师于贞元初居澧阳芳药山，因号药山和尚焉。①

这里只强调药山得法于石头，根本不提他与马祖的关系了。此亦不孤，云居道膺门人也是如此。

据《有唐高丽国海州须弥山广照寺故教谥真澈禅师宝月乘空之塔碑铭》：

> 则知当仁秀出者，唯二，曰让曰思，实繁有徒，蕃衍无极。承其让者大寂，嗣其思者石头。石头传于药山，药山传云巖，云巖传于洞山。洞山传□□居，云居传于大师②。

---

① 《祖堂集校注》，第129页。

② 李智冠：《校勘译注历代高僧碑文：高丽篇1》，第12至18页。

这是云居门人利严（870—936）之碑，表明当时已经认定药山一派出自青原系。

又据《高丽国弥智山菩提寺故教谥大镜大师元机之塔碑铭并序》：

> 由是曹溪之下，首出其门者，曰让曰思，思之嗣迁，迁之嗣彻（俨），彻之嗣晟，晟之嗣价，价之嗣膺，膺之嗣大师。故其补处相悬，见诸本籍。①

这是云居门人丽严（862—930）之碑，表明他也承认本宗属于青原。

药山开法数十年，在当时影响很大，这也是两派争夺他的重要原因。药山门人很多，最为重要者有云岩昙晟、道悟圆智、船子德诚三人，其后支派繁衍，门庭极盛。

第二节　洞山良价、曹山本寂与曹洞宗的建立

洞山良价上承云岩，其门人之杰出者有曹山本寂，二人共同开创了曹洞宗。

洞山历参多门，自云岩处得法之后，四方游历，最后在江西。大中五年（851），良价离开沩潭，到高安之新丰洞，见其泉石幽奇，以为"大乘所居之地"，然此山为当地豪强雷衡所有，便访之，雷衡信奉佛法，乃以山施之。此山原多蛇虎，洞山庵居之后，蛇虎尽去，灵异很多。

大中五年（851）正月，宣宗下诏，允许全国郡县建寺度僧，至此武宗对佛教的限制全部取消②，洞山也获得了建寺安僧、开法度人的资格。

良价住山之后，仍然不忘参学。

据《景德传灯录》卷九：

> 前湖南东寺如会禅师法嗣

---

① 李智冠：《校勘译注历代高僧碑文：高丽篇1》，第64至68页。
② 王溥：《唐会要》卷四八，参见赖永海《中国佛教通史》第五卷，第237页。

吉州薯山慧超禅师，洞山来礼拜次，师曰："汝已住一方，又来遮里作么？"对曰："良价无奈疑何，特来见和尚。"师召良价，价应诺。师曰："是什么？"价无语。师曰："好个佛，只是无光焰。"①

薯山慧超为东寺如会门人，住吉州。据《景德传灯录》卷二十幼璋机缘，白水本仁门人瑞龙幼璋（841—927）"二十五岁游诸禅会，薯山、白水咸受心诀，二宗匠深器之"②。幼璋二十五岁即咸通六年（865），此薯山当为慧超，其时已到晚年，其上去如会入灭四十二年，则其年龄或在七十以上。洞山来参，可能是其住庵之初，价无语，未必是不能应答，或暗含机关。

如此洞山开法之后，还到吉州参访，虽然未有他到青原的记载，然而肯定与吉州有缘。

良价居洞山近二十年，正式开法在大中五年（851），至第十八年即咸通九年（868）时名闻京师，皇帝赐"咸通广福寺"额并大钟一口，次年三月，洞山去世。

曹山本寂为洞山最为杰出的门人，也是曹洞宗理论的创建者之一。

据《五灯会元》卷十三：

（曹山离开洞山后）遂往曹溪礼祖塔，回吉水，众向师名，乃请开法。师志慕六祖，遂名山为"曹"。寻值贼乱，乃之宜黄。有信士王若一，舍何王观请师住持。师更"何王"为"荷玉"。由是法席大兴，学者云萃，洞山之宗，至师为盛。③

如此曹山到曹溪礼拜祖塔后，回到吉州吉水，众请开法，他因志慕六祖，便"拟曹溪，凡随所居，立'曹'为号。"④ 因此，他最初所住，是吉

① 《大正藏》51 册，第 285 页下。
② 同上书，第 367 页上。
③ 《续藏经》80 册，第 264 页上。
④ 《万松老人评唱天童觉和尚颂古从容庵录》卷三，《大正藏》48 册，第 259 页下。

州吉水的曹山。《禅林僧宝传》亦其称"自螺川还"①，螺川在吉安北，与吉水所指无别。《祖堂集》但称"初住曹山，后住荷王"，有"二处法席"，只是未明言曹山本在吉州。《景德传灯录》作"初受请止于抚州曹山，后居荷玉山，二处法席，学者云集"②，不够准确，因为其初受请是在吉州曹山。

本寂在吉水曹山住了较长时间，可能直到乾符五年（878）。乾符五年三月（878），黄巢引兵渡江，攻陷虔、吉、饶、信等州③。因遇此乱，本寂离开吉州，前往宜黄，信士王若一舍何王观于师，乃更名为"荷玉"，此后法席大兴，学者云集。后又到抚州开法，城中所居，即崇寿寺。

曹山最初开法于吉州，由于他在抚州时间更长，影响更大，后人只知道抚州曹山，不知道吉州曹山了。

曹山开法时间较长，《祖堂集》道"如是二处法席，咸二十年，参徒冬夏盈于二百三百"④。言两处法席皆二十年，有点夸张，因为他不可能开法四十年，但一共超过三十年是肯定的。

第三节　药山系在吉州的弘化

药山系自洞山以来，长期以江西作为大本营，故有多位禅师在吉州弘化或出身吉州。

据澄玉《疏山白云禅院记》：

> 师则庐陵郡淦阳人也，俗陇西李氏，其父在仕。师自诞生之时，紫胞异瑞，龙章凤质，颇峻灵仪，凡是俗茹，不惬其情。年至八岁，乃于一日而告亲曰："且夫云罗雾縠，痴爱著身；银箭金壶，生死之本，安能解脱矣！"乃往投于政禅师出家，禅师则薯山大师上足弟子也。师为立号"匡仁"。自剃度给侍，三五年间，凡是教文，深达其理。后年登□（戒）品，至于东都钵塔院，集毗尼藏三年，观其文义，

---

① 《续藏经》79 册，第 493 页上。
② 《大正藏》51 册，第 336 页上。
③ 《资治通鉴》卷二百五十三，第 8202 页。
④ 《祖堂集校注》，第 222 页。

洞达指归。乃叹曰："吾闻先德云，离文字学，吾今何滞乎？"遂以布毳芒鞋，巡游请益。乃闻高安之西，有山曰"洞"，即"新丰"是也，有大善知识，众五六百，而可往之。师以言险路峻，凡有问者，失其机矣。我大师此时遂扣之，故知道合符契，一闻十悟，得大总持。譬如两镜对明，终无异照，锋铗相榷，彼亦何亏！乃驻泊法筵，累经炎燠。至咸通十有一载，方乃出山。南造大沩，又成淹泊。

至乾符岁属庚子，闻庐陵有山号"严田"，遂往开辟。时禅侣相依，乃告檀越李公曰："众既聚而山又薄，居必难乎！吾闻巴山耸峻，贯属临川，可往而游乎？"至中和三年，方开巴山白云禅院。

匡仁（843—920），吉州庐陵郡淦阳人，早年从学于吉州薯山元证禅师，后来到东都受具，游方至洞山，师从良价大师。咸通十一年（870），又到福州，师从西院大沩大安禅师。乾符庚子即广明元年（880），回到本乡，开法于庐陵严田山。中和三年（883），到临川巴山，开创白云禅院，最后于大顺元年（890）住持疏山。

匡仁不仅为庐陵人，于此出家，还于此地开法。他弘法传禅，长达四十余年，远近闻名，诸方畏服，有"矮师叔"之称。

洞山还有门人吉州禾山和尚，机缘语句不多。

据《景德传灯录》卷十七：

吉州禾山和尚，僧问："学人欲申一问，师还答否？"师曰："禾山答汝了也。"问："如何是西来意？"师曰："禾山大顶。"问："如何是和尚家风？"师曰："满目青山起白云。"①

又据《五灯会元》卷十三：

吉州禾山和尚，……曰："或遇客来，如何祗待？"师曰："满盘无

①　《大正藏》51 册，第 339 页上。

味醍醐果。"问:"无言童子居何国土?"师曰:"当轩木马嘶风切。"①

这些比较肯定属于禾山和尚,由于九峰道虔门人禾山无殷亦称禾山,有些难以分辨到底属于哪个禾山,故于此不录。从这几条来看,禾山也是属于机锋峻疾的禅师。

洞山门人龙牙居遁禅师(835—923),抚州南城人,大中二年(848)年十四于吉州满田寺出家,后往嵩山受具。

据《景德传灯录》卷二十:

> 泉州庐山小溪院行传禅师,青原人也,姓周氏,本州石钟院出家,福州太平寺受戒。自曹山印可而居小溪。僧问:"久向庐山石门,为什么入不得?"师曰:"钝汉。"曰:"忽逢猛利者还许也无?"师曰:"吃茶去。"②

行传禅师,青原人,俗姓周氏,吉州石钟院出家,福州受具,后得曹山印可,住持庐山小溪院。至石门而不入,自是钝汉;即使猛利者到来,也要令其吃茶去。

夹山善会有门人吉州仙居山和尚,可惜机缘语句不存。

石霜庆诸(807—888)为道吾圆智(789—855)门人,唐代著名禅师。与之相关的史料有《祖堂集》、《宋高僧传》、《景德传灯录》等。

据《宋高僧传》卷十二《唐长沙石霜山庆诸传》:

> 释庆诸,俗姓陈,庐陵新淦玉笥乡人也。乃祖厥考,咸不为吏,清言放荡焉。诸始十三,礼绍銮禅翁为师,于洪井西山剃鬏。二十三,往嵩山受具戒,便就东洛学毗柰耶。既知听制,终谓渐宗,回抵南岳,入大沩山。次届云岩,遇道吾垂问知意,方为二夏之僧。得石霜山,便议终焉之志。道吾躬至石霜山,日勤执侍,往还问答,语在别录。

---

① 《续藏经》80 册,第 272 页下。
② 《大正藏》51 册,第 365 页上。

诸貌古气真，世无能识。时洞山新灭，俄为远方禅侣围绕。因入深山无人之境，结茅宴坐。时众追寻，倏有见者，皆号哭交请出为吾曹。诸将安往，由是晨夕被游学者扣击，可无希声以应之乎。如是二十年间，堂中老宿长坐不卧，屹若椔杌，天下谓之石霜枯木众是也。南方谓之丛林者，翻禅那为功德丛林也，为四方清则者无出其右。以光启四年戊申岁二月己亥示疾终于山院，享龄八十二，僧腊五十九。越三月十五日葬于寺西北隅二百许步，门弟子等结坟塔，作螺髻形。夏四月一日，广化寺释子处讷，追慕往德，恐遗美声，命南岳玄泰纂录言行，诸方弟子分行其道焉。勅谥"普会大师"，塔曰"法相"。①

如此石霜庆诸为吉州新淦人，虽然他后来长期在湖南开法，但家乡在吉州，早年参学亦在江西。石霜在洞山入灭之后成为曹洞宗最重要的代表人物，对于曹洞宗的理论建设也有突出的贡献。他在坐禅实修方面建树尤著，门下多有长坐不卧者，号称石霜"枯木众"。后来曹洞宗以坐禅功夫绵密而著称，其中石霜一派的贡献更大。

石霜门下有吉州简之禅师，机缘未录。

据《景德传灯录》卷十六：

> 吉州崇恩和尚。僧问："祖意教意，是一是二?"师曰："少林虽有月，葱岭不穿云。"②

崇恩禅师亦为石霜门人。祖意教意，是同是异？云月是同，溪山各异，少林有月来葱岭，怎奈葱岭云未开。无教意不成祖意，非祖意不明教意，各有千秋，不相违背。

石霜门人九峰道虔门下有多名禅师在吉州弘法。

又据《景德传灯录》卷十七：

---

① 《大正藏》50 册，第 780 页下、781 页上。
② 《大正藏》51 册，第 330 页上。

筠州九峰道虔禅师法嗣一十人

新罗清院和尚

洪州泐潭神党禅师

吉州南源山行修禅师

洪州泐潭明禅师

吉州秋山和尚

洪州泐潭延茂禅师

洪州同安常察禅师

洪州泐潭悟禅师

吉州禾山无殷禅师

洪州泐潭牟和尚（已上十人见录)①

如此其门人中至少有三人在吉州弘法，数量不少。

据《祖堂集》卷十二：

光睦和尚，嗣九峰，在都阙。师号行修，福州福唐县人也，姓林。瑞岩山出家，依年具戒，便离闽越而造九峰。②

峰才见师，便问："近离什摩处？"对云："亦未到和尚此间。"峰云："若是诸方，则有二十杖。"师云："谢和尚放过。"峰叱之云："参众去！"师云："喏。"从此契会，廓净心源。遍历殊方，任缘泉石。

初请住南源，时有人问："如何是和尚末上一句字？"师云："如今觅什摩？"进曰："与摩则学人脚短去也。"师云："犹成亚次问。"

师一栖南源，已逾二纪，于辛亥岁皇帝退飞紫诏，征赴京都，赐"慧观禅师"。③

又据《景德传灯录》卷十七：

---

① 《大正藏》51 册，第 334 页中。

② 同上。

③ 《祖堂集校注》，第 330 页。

吉州南源山行修，号"慧观禅师"，亦云光睦和尚。僧问："如何是南源境致？"师曰："几处峰峦猿鸟啸，一带平川游子迷。"问："如何是南源深深处？"师曰："众人皆见。"曰："恁么即浅去也？"师曰："也是两头遥。"①

光睦于南唐保大九年（951）奉诏入京，赐号"慧观禅师"，此前住持吉州南源山②，已逾两纪，则始于乾贞元年（927）住持南源。他是九峰门下为数不多的受到南唐朝廷崇奉的大禅师。

吉州秋山和尚，有问如何是祖师西来意，答曰杉树子，余无所记。观其答语，与赵州"庭前柏树子"相近，颇有赵州之风。

禾山无殷（891—960），《祖堂集》卷十二、《景德传灯录》卷十七、《禅林僧宝传》卷五等有传。

据《禅林僧宝传》卷五《吉州禾山殷禅师》：

禅师名无殷，生吴氏，福州人也。七龄，雪峰存禅师见之，爱其纯粹，化其亲，令出家。年二十，乃剃落受具，辞游方。至九峰虔公，问："汝远来何所见，当由何路出生死？"对曰："重昏廓辟，盲者自盲。"虔笑，以手挥之曰："佛法不如是。"殷不怿，请曰："岂无方便？"曰："汝问我。"殷理前语问之，曰："奴见婢殷勤。"

殷于是依止十余年。虔移居石门，亦从之。及虔殁，去游庐陵。至永新，见东南山奇胜，乃寻水而往。有故寺基，盖文德中，异僧达奚道场。遂定居，学者云集。唐后主闻其名，诏至金陵，问佛法大意。久之有旨，延居扬州祥光寺。恳辞归西山，诏住翠岩。又住上蓝寺，赐号"澄源禅师"。建隆元年庚申二月，示有微疾。三月二日令侍者开方丈，集大众曰："后来学者，未识禾山，即今识取。"于是泊然而化。阅世七十，坐夏五十。谥"法性禅师"，塔曰"妙相"。

赞曰：石霜言"遍界不曾藏"，而其子闻公临化曰"今日分明说似

---

① 《大正藏》51 册，第 342 页中。

② 宋代属袁州，石霜楚圆曾于此住持，号广利禅寺，今在宜春袁州区彬江镇南源村。

君，我敛目时齐听取"；九峰言"尽乾坤是汝当人自体，何处安眼耳鼻舌"，而其子殷公临化曰"后来学者，未识禾山，即今识取。"予观其父子兄弟，语言行履，如形著影出，声呼谷应。而近世禅者尚伫思，可悲怜也。①

《祖堂集》未言其生卒，《景德传灯录》始道其卒年，然未述其寿命夏腊。依《僧宝传》，无殷生于大顺二年（891），卒于建隆元年（960），寿七十，夏五十。此说究竟是否可靠呢？惠洪《石门文字禅》卷二十二有《吉州禾山寺记》，表明他对禾山的情况了解很细，发掘了新的资料。

《景德传灯录》称其为福州人（《祖堂集》道其为福州连江县人），七岁依雪峰真觉大师出家，则在乾宁四年（897），当时雪峰义存（822—908）确实在世。其"年满受戒"，即于梁开平四年（910）二十岁时受具，二说一致。由于当时雪峰义存、玄沙师备均已入灭，他便出离闽越，遍历法席，而至九峰。

据《景德传灯录》卷十七：

> 年满受戒，游方，抵筠阳，谒九峰。峰许入室。一日谓之曰："汝远远而来，晖晖（音混）随众，见何境界而可修行，由何径路而能出离？"师对曰："重昏廓辟，盲者自盲。"峰初未许。师于是发明厥旨，顿忘知见。②

九峰之问，意为你不辞辛苦，远道而来，不顾困倦（晖晖，困视之貌），随众参请，依何境界修行，由何途径出离。九峰此问，半肯半斥，亦激亦陷，表面是说其求道心切，事实上却有如马祖责问大珠慧海不顾自家宝藏、抛家散走一般，怪其别寻外觅，其问依何境界修行、由何途径出离也是暗藏机关，若谓有法可依、有路可行就会陷于有为，若谓无法可依、无路可行就会落入空见。

---

① 《续藏经》79 册，第 503 页上中。
② 《大正藏》51 册，第 342 页下。

禾山之答，意为重重昏障已然廓清净尽，而盲者依然都无所见，故盲者自盲，何怪白日之无光；聋者自聋，何责雷霆之无响！禾山的回答看来是很不客气的，大有以九峰为盲者、怪其不知自己凡情已尽之意。

然而九峰认为这还不够，"初未许"，而具体内容不详，由此可知《景德传灯录》记事有遗漏，不如《僧宝传》。依后者，九峰答"奴见婢殷勤"，方使禾山发明厥旨。

禾山得九峰之传，顿契心源，独得密要。依《祖堂集》，他后辞别九峰，九峰以一偈送之，偈云：将宝类宝意不殊，琉璃线贯琉璃珠，内外双通无异径，郁我家园桂一株。① 看来九峰对禾山的评价很高，期许亦深，道其内外通彻，与己无异，期望他能传持家业，令一支嫩桂久昌昌。依《僧宝传》，他则一直跟随九峰，直至其入灭。

禾山依止九峰十余年，并从其迁居石门。约顺义元年（921）九峰入灭后，始游方至永新。

据《石门文字禅》卷二十二《吉州禾山寺记》：

> 永新为江西山川形胜之地，城南有山，岿然深秀，晴岚夕晖，应接不暇者，唐僧达奚栖迟之所也。奚不知何许人，以文德初始至，刀耕火种，住成法席，致嘉禾之瑞，因以名山，号大智禅院。院僻险，初未著于诸方。吴顺义二年，僧无殷中兴之，恢复法度，学者趋之如云。殷九峰虔禅师之嗣，青原八世孙也。方是时，禅学之弊，巧见异解，殷以击鼓之机，脱略窠臼，于是宗风大振，学者赖之。嗣殷者有契云，自云殁，代居者名存实亡。②

禾山在永新城南，文德元年（888）达奚始至，开辟而成法席，并有嘉禾之瑞，故称禾山，院号大智禅院。顺义二年（922），无殷中兴，于此恢复法度，学者云奔。

据《景德传灯录》卷十七：

① 《祖堂集校注》，第 322 页。
② 《嘉兴藏》23 册，第 685 页中下。

先受请止吉州禾山大智院，学徒济济。尝述《垂诫》十篇，诸方叹伏，咸谓禾山可以为丛林表则。①

此《垂诫》具体内容不详，理当是有关道德及丛林规矩的训示，与沩山、洞山所述，其旨一也。由于其地属于永新，又号大智禅院，肯定也吸收了百丈大智禅师的《清规》。《祖堂集》称其"编《十一位集》数百言"，不知有《垂诫》十篇是何关系。

师居禾山时，学徒济济，诸方钦叹，自然引起了占据江南的李昪父子的注意。据《景德传灯录》，江南李氏召而问曰："和尚何处来？"师曰："禾山来。"曰："山在什么处？"师曰："人来朝凤阙，山岳不曾移。"国主重之。②

这位江南李氏不知是李昪还是李璟，从时间上看，应当是李昪，因为其时还在禾山的早年。然《十国春秋》卷三十三称"元宗重之，诏居东都祥光院"，如此则是元宗李璟，不过此书为后人所编，未明所据。从两人的对答来看，这位李国主还是颇识禅门机锋的，他的设问看似平常，却是暗藏机关，一句"山在什么处"，表面是问是禾山的地理位置，实则是显示了国主的傲人之意，是说我一招见，你就来朝，人在面前，山岳何在？禾山当下识破其意，道是身为臣民，国主招见，不可不来，然而道尊德重，无可倾动，莫道一方之主，尽天下力也移不得。如此既照顾了国主的面子，又维护了禅宗的尊严，不由国主不服。自此李氏重之，命居扬州祥光院，禾山不愿久居城市，乞归山林，于是又栖止翠岩。其时夹山善会的弟子上蓝令超禅师在洪州开创的上蓝禅苑亦无人住持，于是李氏又命其兼领上蓝，此上蓝禅苑就是《祖堂集》所言的洪州护国，因为《祖堂集》卷八《上蓝和尚》称钟传为其"构护国院"，清凉文益门人法灯禅师清凉泰钦（？—974）后住"上蓝护国院"③，可见上蓝即护国。

禾山先住吉州禾山，在此时间很长，至少有十六年，因为若是烈祖李

---

① 《大正藏》51册，第342页下。
② 同上。
③ 同上书，第414页下。

昇升元元年（937）即位后才召见他，若是李璟，则最早始于保大元年（943）。尔后离开。他次居扬州祥光、江西翠岩，于辛亥岁即南唐保大九年（951）敕住洪州护国寺，号"澄源禅师"。

无殷有门人契云禅师，亦继之住持禾山。

总之，药山一系在吉州弘法者为数甚多，对于江西佛教的发展和青原一系的振兴贡献很大。

第十一章　宋元明清曹洞宗

第一节　大阳警玄

五代末期，曹洞宗已呈衰微之势，入宋之后，这一势态更加严重，以致大阳警玄之后，出现了传承断绝的状况。

大阳警玄上承梁山缘观，其传承为云居道膺—同安道丕—同安慧志—梁山缘观。[①] 警玄为宋代初期曹洞宗最为重要的宗师。

据《景德传灯录》卷二十六：

> 郢州大阳山警玄禅师。僧问："丛林浩浩，法鼓喧喧，向上宗乘，如何举唱？"师曰："他无个消息，争肯应当！"曰："今日宗乘已蒙师指示，未审法嗣嗣何人？"师曰："梁山点出秦时镜，长庆峰前一样辉。"问："如何是大阳境？"师曰："孤鹤老猿啼谷韵，瘦松寒竹锁青烟。"曰："如何是境中人？"师曰："作么作么？"问："如何是大阳家风？"师曰："满缾倾不出，大地勿饥人。"问："如何是佛？"师曰："汝何不是佛？"曰："学人不会时如何？"师曰："迢然不挂三秋月，一句当阳岂在灯！"问："如何是祖师西来意？"师曰："解问不当。"曰："学人不会时如何？"师曰："陕府铁牛人皆向，卞和得玉至今传。"问："如何是大阳透法身底句？"师曰："大洋海底红尘起，须弥顶上水横流。"问："牛头未见四祖时为什么百鸟衔华？"师曰："出户乌鸡头戴雪。"曰："见后为什么不衔华。"师曰："昊日当

---

① 《唐五代曹洞宗研究》，第 279、280 页。

天后，乌鸡出户飞。"①

灯录对于警玄生平并未言及，这方面最全面的资料是《禅林僧宝传》。据《禅林僧宝传》卷十三：

大阳延禅师

禅师名警玄，祥符中，避国讳，易为警延。江夏张氏子也，其先盖金陵人。仲父为沙门，号智通，住持金陵崇孝寺，延往依以为师。年十九，为大僧。听《圆觉》了义经。问讲者："何名圆觉？"讲者曰："圆以圆融有漏为义，觉以觉尽无余为义。"延笑曰："空诸有无，何名圆觉？"讲者叹曰："是儿齿少而识卓如此，我所有何足以益之，政如以秽食置宝器，其可哉！"通知之，使令游方。

初谒鼎州梁山观禅师。问："如何是无相道场？"观指壁间观音像，曰："此是吴处士。"延拟进语，观急索曰："遮个是有相，如何是无相底？"于是延悟旨于言下。拜起而侍，观曰："何不道取一句子？"延曰："道即不辞。"恐上纸墨，观笑曰："他日此语上碑去在。"延献偈曰："我昔初机学道迷，万水千山觅见知。明今辩古终难会，直说无心转更疑。蒙师点出秦时镜，照见父母未生时。如今觉了何所得，夜放乌鸡带雪飞。"观称以为洞上之宗可倚，延亦自负，侪辈莫敢攀奉，一时声价藉甚。观殁，辞塔出山。至大阳，谒坚禅师，坚欣然让法席使主之，退处偏室，延乃受之，咸平庚子岁也。

谓众曰："廓然去，肯重去，无所得心去，平常心去，离彼我心去，然后方可。所以古德道：牵牛向溪东放，不免纳官家偬税；牵牛向溪西放，不免纳官家偬税。不如随分纳些些。渠总不妨，免致捞扰。作么生是随分？纳些些底道理，但截断两头、有无诸法，凡圣情尽，体露真常，事理不二，即如如佛。若能如此者，法法无依，平等大道。万有不系，随处转辘辘地，更有何事。……"

延神观奇伟，有威重。从儿稚中，即日一食。自以先德付受之重，

① 《大正藏》51 册，第 421 页中。

足不越限、胁不至席者五十年。年八十，坐六十一夏，叹无可以继其法者，以洞上旨诀寄叶县省公之子法远，使为求法器，传续之。……

延以天圣五年七月十六日，陞座辞众。又三日，以偈寄王曙侍郎，其略曰：吾年八十五，修因至于此。问我归何处，顶相终难睹。停笔而化。

赞曰：延嗣梁山观，观嗣同安志，志嗣先同安丕，丕嗣云居膺。膺于洞山之门为高弟也。余观大阳盛时，有承、剖两衲子，号称奇杰，卒至于不振，惜哉！微远录公，则洞上正脉，几于不续矣。呜呼！延之知人，可以无愧也。①

警玄禅师（943—1027），避宋讳易名警延，又号明安禅师，江夏人，俗姓张氏。天福八年（943）出生，因其叔父智通为金陵崇孝寺住持，便前去投其出家。建隆二年（961）十九岁受具，听《圆觉经》有省，后乃游方。他自金陵沿江西上，先到江西，参洪州凤栖山同安常察，请益从禅之方，常察以《坐禅铭》示之，警玄为之作注并有序，还为其《十玄谈》作注。

警玄从江西到湖南，参鼎州梁山缘观，其时不详，或在开宝年间（968—975）。问无相道场，缘观指观音像，道这个是有相，哪个是无相，师于言下有省。缘观灭后，辞塔离去，到郢州大阳，大阳慧坚禅师已老，以道场让之。其住持大阳，惠洪认为是在咸平三年（1000），此时警玄已经五十八岁，这一时间显得太晚。

他自得法受院之后，足不越限者达五十年，表明他在太平兴国三年（978）三十六岁时住持大阳。可能后来惠洪误将太平三年作咸平三年。郢州大阳山，白兆志圆门人行冲为第一世，四祖清皎为第二世，清皎始大阳，后住安州慧日院，最后住持四祖时为开宝八年（975），可以推断他离开大阳时可能在开宝初期（968）。慧坚继清皎住持大阳，他是疏山匡仁（843—920）之孙、灵泉归仁（？—946后）之子，太平兴国三年（978）时已是晚年，活到咸平三年（1000）的可能性不大。

警玄对于曹洞宗理论建设有很大的贡献，他得同安常察传授，注《十玄谈》、《坐禅铭》，还对曹山三种堕、三种渗漏有所解释与发挥，并颂五位

---

① 《卍续藏》79册，第518页下。

君臣等。明安三句在后世影响很大。

据《古尊宿语录》卷四十六《滁州琅琊山觉和尚语录》：

遂举：大阳和尚示众云："平常无生句，妙玄无私句，体明无尽句。"后有僧请益："如何是平常无生句？""白云覆青山，青山顶不露。""如何是妙玄无私句？""宝殿无人不侍立，不种梧桐免凤来。""如何是体明无尽句？""手指空时天地转，回途石马出纱笼。""第一句道得，师子颦呻；第二句道得，师子踞地；第三句道得，师子返踯。纵也周遍十方，擒也坐在一处。正当与么时，作么生委悉？若委悉不得，来朝更向楚王看。"便下座。

上堂云："山僧昨日因禅人请益郢州大阳和尚三句语。山僧昔曾奉侍巾瓶来，今日不可不报答他大阳和尚去也。山僧亦有三句语：如何是平常无生句，言前无的旨，句后绝追寻。如何是妙玄无私句，金凤不栖无影树，玉兔何曾下碧霄。如何是体明无尽句，三冬枯木秀，九夏雪花红。将此三转语供养大阳和尚。"①

这是临济宗琅琊慧觉所举明安三句，他曾参明安，故所举十分可靠，另外明安门人南岳方广寺隆禅师亦曾解释妙玄无私句，可见三句确实是明安所创。

此三句，第一句述体有，为正位，通一路；第二句述用空，为偏位，无宾主；第三句，合正偏两边，为兼带。此三句有所创新，在后世有一定的影响。

警玄传法五十年，门人数量不少。

据《天圣广灯录》卷一：

郢州大阳山警延明安禅师法嗣（九人见录）
蕲州四祖山惠海禅师　郢州兴阳山清剖禅师
复州乾明禅院机聪禅师

---

① 《卍续藏》68 册，第 314 页上。

襄州白马山归喜禅师　衡州崇胜院智聪禅师
南岳福严院审承禅师　南岳大广禅院隆禅师
广州罗浮山显如禅师　蕲州灵泉院处仁禅师①

又据《建中靖国续灯录目录》卷三：

郢州大阳山警延明安禅师法嗣十人（二人见录）
舒州投子义青禅师　西川云顶鹏禅师
（益州觉城道齐禅师　越州云门运禅师
天台太平惠空禅师　蕲州四祖处仁禅师
郢州大阳山祈禅师　襄州洞山存禅师
安州延福禅师　越州云门宝印禅师）
（已上八人未见机缘语句）。②

其中四祖处仁与灵泉处仁为同一人，除投子义青外，警玄亲传门人知名者有十五人。然而警玄到了乾兴元年（1022）八十岁时，却要委托临济宗的浮山法远代传衣钵，这究竟是为什么呢？

一是因为出色的门人如兴阳清剖等去世太早，总体上缺少得力传人，二是警玄对于传人要求很高，宁缺毋滥。有趣的是，警玄对于门人都不满意，却对来自临济宗的浮山法远和琅琊慧觉非常欣赏，然而二人都是汾阳善昭门人，当时没有兼承两宗的习惯，万不得已，他便委托同样得到他真传的浮山法远代为传授。

第二节　浮山法远、投子义青与曹洞宗重兴

浮山法远（991—1067），为当时著名宗匠，也是接续曹洞宗的关键人物。

---

① 《卍续藏》78 册，第 423 页下。
② 同上书，第 638 页上。

据《建中靖国续灯录》卷四：

　　舒州浮山圆鉴禅师

　　讳法远，郑州人也。投三交嵩禅师出家，幼为沙弥。见僧入室，请问赵州庭栢因缘，嵩诘其僧，师傍有省。

　　后游诸方，遍历丛席，知识堂奥，步武轩昂，禅林命曰远公虎子。叶县省老、汾阳昭师、大阳明安、琅琊广昭，悉延前席，为众领袖。开堂拈香语云："汝海枯木上生花，别迎春色。"由是道风大扇，德望愈驰。祖印高提，黠慧资俗，因又目之录公名耳。缘尽化终，坐灭本山。①

又据《云卧纪谭》卷一：

　　浮山圆鉴远禅师，天圣中，许公式漕淮南，命出世太平兴国寺。逮庆历癸未，逸居天柱山月华庵。至丙戌岁，吕翰林济叔以浮山延致。皇祐辛卯，谢事，而菴于寺西。癸巳岁，应姑苏天平之招。至和中，复旋浮山旧隐。然三住持，并革故创新为禅林。于治平丁未，年七十有七。以仲春六日，有遗语曰："法远以一幻身旅泊三界，虽职导利，实无一法与人。深惭诳世，实媿虚称。兹乃形质朽败，四大将离，聚沫之躯，有何久计；既当风烛，何叹逝川？又念幻身在世，仁信多有供须，耻无道业升消，曷有胜缘报答？忖量唯己自知，湛寂真元，却还本道。忍死半刻，援笔陈谢。"观其词杂而理到，可见为临行亲笔矣，至于谦损，亦足警诫吾徒耳。又颂曰："幻世出没有何穷，幻化本来体自空。南山起云北山雨，楼头鼓动庆阳钟。"又曰："来时无物去亦无，譬似浮云布太虚。抛下一条皮袋骨，还如霜雪入洪炉。"又自叹曰："孤舟夜静泛波澜，两岸芦华对月圆。金鳞自入深潭去，空使渔翁执钓竿。"师之嗣法云者，继席浮山，录师行实，剗于石。世姓沈，年十七，占僧籍。及《僧宝传》所收，以沈为王，以十七为十九。庆历

_____

① 《卍续藏》78 册，第 662 页上。

皇祐间，师之道大显著。接投子青续洞上宗派，指老东山参白云端，于宗门可谓有功矣。出处差紊，其可乎！①

法远为郑州人，俗姓沈，淳化二年（991）出生，幼年从三交智嵩禅师受业，闻僧举赵州庭前柏机缘，三交诘问，旁闻有省。景德四年（1007）十七岁，得度为大僧。其后游方，至汾州，谒汾阳善昭（947—1024）。善昭与智嵩为同门，门下经常相互来往。法远当于大中祥符间（1008—1016）参善昭，并与其门下石霜楚圆（986—1039）、琅琊慧觉、大愚守芝等结识。慧觉等于大中祥符之末（1016）辞别善昭南下，法远也有可能同行。

约在天禧之初（1017），法远来到汝州叶县，参归省大师。起初归省对之十分严厉，甚至百般刁难，屡次驱赶，他都坚持不退，终于得到归省印可。法远得法之后，可能还在天禧期间到过四川。

据《五家正宗赞》卷二：

> 师少时与达观颖、薛大头七八人入蜀，见香林远和尚于水晶宫，探云门宗旨。几遭横逆，以智得脱。众以师晓吏事，故号远录公。师晚年得资侍者，甚喜之，凡接人皆委资矣。②

这一记载又见于《禅林僧宝传》和《五灯会元》，达观昙颖（989—1060）和薛大头都是蕴聪门人，昙颖也参过大阳警玄。他们入蜀时间不会很长，至于是不是为了参香林澄远则有疑问，因为其时澄远早就不在世了。

从四川回来之后，他曾一度住持公安二圣。

据《古尊宿语录》卷二十六：

> 到公安远和尚处。问："作么生是伽蓝？"师云："深山藏独虎，浅草露群蛇。"远云："作么生是伽蓝中人？"师云："青松盖不得，黄叶岂能遮！"远云："道什么？"师云："少年玩尽天边月，潦倒浮桑勿日

---

① 《卍续藏》86 册，第 670 页下。
② 《卍续藏》78 册，第 589 页中。

头。"远云："一句两句，云开月露作么生？"师云："照破佛祖。"①

法华全举为汾阳善昭门人，他离开汾阳后，南下游方，参先荆南福昌重善，再参公安远，其时应在天禧末期（1020）。此公安远应当就是法远，大慧宗杲称其为"公安圆鉴"，圆鉴即是法远。

法远后来又东下郢州，参大阳警玄，时在乾兴元年（1022）左右，当时慧觉亦在大阳。

据《普觉宗杲禅师语录》卷一：

> 大阳平侍者，预明安之室。虽尽得其道，唯以生灭为己任，挤陷同列，忌出其右者。琅琊广照、公安圆鉴居众时，汾阳令探明安宗旨。在大阳，因平密授。明安常云："兴洞上宗乘，非远即觉。"二人云："有平侍者在。"明安以手指胸云："平此处不佳。"又提掴指丫义（又）中示之云："平向去当死于此。"洎明安示寂，遗嘱云："瘗全身，十年无难，当为大阳打供。"入塔时，门人恐平将不利于师，遂作李和文都尉所施二黄白器物，书于《塔铭》，而实无之。平后住大阳，果要开塔焚之。耆宿切谏，平曰："于我有妨。"遂发塔，见明安颜貌如生，遂焚之。薪尽俨然，众皆惊异。平以油盝薪，俄成灰烬。众以事闻官，坐平谋塔中物不孝还俗。自称王秀才，谒琅琊。琊云："昔日平侍者，今朝王秀才。我在大阳时，便见你做处。"遂不纳。又谒公安，安亦然。平流浪无所归，竟不免大阳丫叉之记，悲哉！②

这一故事又见于《宗门武库》，唯称平侍者俗姓为黄，并称其后于叉路遇虎而亡，然而大慧并不是这一故事的原创者，《禅林宝训》卷三称其出自草堂善清（1057—1142）《与一书记书》。

居大阳数载，至天圣之初，二人辞别警玄东下，来到淮南，慧觉年长，受请住持琅琊山广教寺，法远为首座，辅助师兄。

_____

① 《卍续藏》68 册，第 171 页下。
② 同上书，第 622 页上。

约在天圣六年（1028）七月，许式为淮南转运使，请其住持太平兴国禅院。庆历三年（1043）退席，逸居天柱山月华庵。六年丙戌（1046），舒州知州、宝元状元吕溱（字济叔）请主浮山华严寺。皇祐三年辛卯（1051）谢任，退居寺西。皇祐五年癸巳（1053）应请住持苏州天平寺。至和二年（1055），回到浮山旧居，治平四年丁未（1067）入灭。

法远有许多著作，其中有著名的《浮山九带》，体现了他对曹洞宗禅法理论的精妙见解。他是当时一个难得的天才与全才，对于内外学皆有心得，还通晓吏事，号远录公，并精通弈棋。有趣的是，请他住持浮山的吕溱也是弈棋高手，他在浮山时，还与欧阳修对弈，留下了一段传颂千古的妙语。

法远对于曹洞宗的重大贡献，在于找到了传人义青（1032—1083）。

据《投子义青禅师语录》卷二：

> 行状
>
> 师讳义青，姓李氏，本青社人。襁褓中见佛僧即动容，父母疑再来人也。七岁舍本州妙相寺出家，十五试经得度，明年受具。初听《大乘百法明门论》，虽精究义味，知一切法无我，而每念三祇途远，自困何益。后听华严大经，深达法界性海，刹尘念劫，重重无尽。讲主命师就席开演，玄谈妙辨，倾泻如流，闻者悦服。至诸林菩萨偈，即心自性，师忽起立叹曰："法离文字，宁可讲乎！"遂散席为云水计。访长芦福禅师、蒋山元禅师，一时名重尊宿，机缘不契。
>
> 时浮山圆鉴远禅师道价满天下，师径趋法席，值远退休会圣嵓，因梦获青色俊鹘，晓见师扣嵓礼谒。远笑云："吾之梦，子应其祥矣。"遂留别嵓，看外道问佛因缘，专令寂默，离念自照。师一味灭情见解，会向空劫已前。体究凡三载，未能自省。一日远曰："汝记得话头，试请举看。"师才举，远急以手掩师口，而师豁然大悟，通身汗流。寻即礼谢，远云："子妙悟玄机邪？"师曰："设有妙悟，也须吐却。"时资侍者在傍，云："这汉今日如病得汗。"师云："合取狗口。"自是远方痛下毒手烹炼。又经三年，远曰："曹洞宗风，实难绍举。吾参七十余员大善知识，无不投证。末后见郢州大阳明安禅师，凡数年，方默契。而明安以皮履直裰付嘱，然吾以先有得处，不敢味（昧）初心。以实

告明安：若老师尊年无人继嗣，即某甲当持此衣信，专淘择大器以为劫外种艹（草），庶正宗密旨流化不绝。明安忻然许之曰：它时得人，出吾偈以为证。偈曰：阳广山头艹（草），凭君待价焞。异苗翻茂处，深密固灵根。其末又批云：得法后，潜众十年，方可阐扬。今子应先师密记，乃真法器也。吾今以大阳真像衣信谶偈付嘱于汝，汝当续大阳宗风。吾住世不久，宜善护持，无留此闲（间）。"遂送登途。

师广历诸方，遍礼祖塔。至庐山慧日，周阅藏教。熙宁六年复还舒州，太守杨公钦慕硕德，郡人亦仰师高风，具礼劝请住白云山海会禅院。师默照机缘成熟，遂即授命。退惟治平元年得法，至出世时，果符明安十年之谶。师锋铓迅高，宗旨妙密，离念绝学，非情识所可拟。自住海会八年，移席投子复四年。唯破衲弊衣，寒槁冷默。忘缘寂照，坐卧如竹木。而家风萧条，无可趣向。昔投子开山慈济禅师受记曰："吾塔若红，是吾再来。"忽邦人命工，饰其塔为码磵色，未几师来，人皆疑师为慈济后身。投子素艰水，而师住后，有甘泉涌出，汲之不穷。太守贺公榜之为再来泉，题诗云：能嗣师音者，名为师再来。元丰六年四月末，示有微疾，移书告别郡官檀信。至五月初四日盥沐陞座，退而书偈曰：两处住持，无可助道；珍重诸人，不须寻讨。遂跏趺而化。山色昼昏，嵓风号作，鹳鹊香满谷。收五色舍利灵骨，以闰月二十三日塔于院之西北三峰庵。塔后有芙蓉一株，是日数十华尽发，亦可异也。俗寿五十二，僧腊三十七。嗣法出世者十余人，如道楷、报恩相继住随州大洪，而圣天子钦重道德，皆被诏唱道都城，宗风大振。然师之法子法孙星分碁布，以洞山门庭峻高，得者如大死人而气息俱尽，非髑髅无识莫能知之。谨以实状刊录后，异苗翻茂之句，如呼谷照镜，虚明绝朕，任运之应，不可得而名邈。①

这是有关义青生平的最为可靠的原始资料，另有《建中靖国续灯录》、《禅林僧宝传》等。据此，义青为青州人，俗姓李氏，生于明道元年（1032），宝元元年（1038）七岁于本州妙相寺出家，庆历六年（1046）十

① 《卍续藏》71 册，第 750 页下。

五岁试经得度，七年（1047）受具。初听《百法明门论》，后入洛中五年，听《华严经》，即席开演，闻者叹服。后厌文字，游方参禅。至真州，访长芦智福禅师；到金陵，参蒋山赞元禅师。历参名宿，机缘不契。

时法远禅师名满天下，便到浮山参礼，时远公退居会圣岩，夜梦青鹰入手，次日义青到来，正符其梦，大喜受之，时在嘉祐七年（1062）。自后三载，令参外道问佛、不问有言、不问无言、世尊良久机缘。治平元年（1064），法远令举话头，义青始欲答话，法远忽以手掬其口，义青由此大悟，通身汗流。法远知其得法，问其得妙悟么，他答若有亦须吐却，旁边资侍者亦为之随喜，道这汉今日如病发汗，他毫不客气，道合取狗口。

义青悟道之后，法远又加磨练，三年之后，便讲述详情，将大阳所传曹洞宗旨及大阳所留真像、法衣、偈语等传授给他，告之自己大限将至，令其远行。义青辞别法远，领命离山，时在治平四年（1067）之初。

义青继续游方，从其语录来看，他到过山西潞州直度山，为盘山门人智广禅师作真赞，还到过湖南梁山、湖北大阳山、黄梅等地，参礼祖塔，又到江西，参洞山、云居山、黄檗山、同安凤栖山。至庐山，于慧日院阅读藏经。

在庐山时，他还见过圆通法秀禅师，得其首肯，道价大增。

熙宁六年（1073），义青回到舒州，受太守杨公之请，住持白云海会禅院。元丰三年（1080），移主投子山胜因禅院。元丰六年（1083）入灭，寿五十二，腊三十七，谥妙续大师。

义青开法时间只有十余年，却重续了曹洞宗法脉，培养了一批出色的门人，使本宗死中得活，是曹洞宗复兴的关键人物。

据《建中靖国续灯录目录》卷三：

　　　　舒州投子山义青禅师法嗣七人（三人见录）
　　　　郢州大阳楷禅师　西京少林恩禅师
　　　　除州龙蟠山广禅师　（沂州洞山云禅师　长安福应文禅师
　　　　兖州光化祥禅师　南岳延洪善禅师）

（已上四人未见机缘语句）。①

义青最为著名的门人为芙蓉道楷（1043—1118）与大洪报恩（1058—1111）。

据《大洪山十方崇宁保寿禅院第一代住持恩禅师塔铭》，大洪报恩，卫州黎阳（河南浚县）人，嘉祐三年（1058）生，俗姓刘氏，名钦宪，世为武官，家喜事佛。熙宁九年（1076）十九岁，以方略擢第，任职北都大名，忽求出家，诏问其故，道祖死于国事，欲报其恩，故求出世，神宗诏可，并赐名"报恩"，于是礼北都福寿寺智深祝发。元丰二年（1079）二十二岁受具，其后游方，闻义青之名，故来参礼。约在元丰三年（1080），到投子山，青令其卷帘，顿然开悟，从学数载，直到六年（1083）义青入灭。其后到京师，参圆通法秀、圆照宗本，颇受器重。绍圣元年（1094），韩缜请住持少林，不久有诏革大洪山律寺为禅院，人谓此寺住持非有道德者不可，部使者奏请报恩主之。二年（1095）八月，范纯仁知随州，亦请其住持洪山，于是应命。崇宁二年（1103），应驸马张敦礼之请，诏命住持东京法云禅寺。三年（1104）乞还山林，朝廷允之，乃径至嵩山，不久又到郢州大阳山。崇宁五年（1106）复坐大洪道场。政和元年（1111）七月入灭，俗寿五十四，僧腊三十二。亲度弟子宗言等一百三十一人，嗣法门人出世度人者有大阳庆旦、大洪智、大洪守遂（1072—1147）、善光珊、西禅远等十三人。门人智禅师继任洪山住持。

报恩出身将门，辞荣出家，神宗赐名，地位殊特。他先后住持西京少林、大洪报恩、东京圆通、郢州大阳等名刹，壮大了曹洞宗的声势。

报恩门人守遂，据《第三代守遂禅师净严和尚塔铭》，遂宁人，俗姓章氏，生于熙宁五年（1072），元丰七年（1084）十三岁，礼本乡南岩院自庆法师出家。元符元年（1098）二十七岁受具，辞行游方，遍历蜀中讲禅法席，未明宗旨，乃出川南游，至玉泉，见勰禅师，命为副寺。崇宁五年（1106），报恩复主大洪后，守遂来参，服勤数载，命为寺主，总理院事。报恩圆寂之后，往游江浙。后还山，值师兄智禅师住持，仍为寺主。政和

---

① 《卍续藏》78 册，第 638 页上。

八年（1118），双泉禅院虚席，太守袁灼请为住持，奏赐"净严"师号，不久改主水南禅院。靖康二年（1127），退居德安，太守李公济请为延福禅院住持。不久，金兵大至，领众入城，居化城庵，说法如故，鼓励士气，虽城围甚久，终得保全，体现了他在关键时期的爱国精神。绍兴五年（1135），退居东堂，不久应请住持大洪山，于此十三年，丛林再盛，门人近千。绍兴十七年（1147）三月入灭，寿七十六，腊四十九。度门人宗焘、宗善等百余人，出世者数人。

据《补续高僧传》卷九：

> 庆显，蜀广安王氏子，诵宝公十二时歌有省。尝参佛性，又见宏智，皆有启发。而瓣香所表信于人天，独归净严，盖以净严键槌稳密、所得独深也。显性恬淡，于世念泊然无所起，其视荣名贵势等太虚浮云，倏焉起灭，不足当一眄。一时名公巨卿皆忘势交，京西帅漕列道行于朝，当道下省帖，起住大洪，赐号觉照慧空佛智明悟大师。大洪一席，恩遂显三世的承，道望不少衰，可以观其家风矣。①

守遂门人庆显，四川广安王氏子，曾参佛性法泰、宏智正觉，终以守遂为师。后住大洪，赐号"觉照慧空佛智明悟大师"。三世继主大洪，可以观其家风。

芙蓉道楷为义青在后世影响最大的门人，相关资料主要有《第二代楷禅师塔铭》和《禅林僧宝传》等。道楷，沂州费县人，俗姓崔氏，庆历三年（1043）生，少学神仙辟谷之术，后知其非，乃游京师，礼述圣院德暹出家。熙宁六年（1073）试经得度，七年（1074）受具。约在元丰四年（1081）游方到舒州，参投子义青，言下得悟，师资道合，义青便将明安所传衣履付之，以表法信。去至河南韶山。结茅宴坐，道声远驰。元丰五年（1082）归本乡马鞍山，出世沂州仙洞山，又迁西京乾元、招提，郢州大阳、随州大洪，崇宁三年（1104），诏住十方净因禅院，大观元年（1107），住持天宁万寿禅院。大观三年（1109）开封尹李孝寿赐紫方袍，号"定照

---

① 《卍续藏》77 册，第 430 页中。

禅师"，人皆以此为荣，道楷却坚持不受，得罪朝廷，流放淄州。四年（1110）冬，有旨令其自便。政和元年（1111）返其僧服，他欲游天台、雁荡，为故里父老所留，刘奉世为其买田于芙蓉湖，筑室延请，故后以此为号。政和七年（1117）冬，赐额兴化禅寺。八年（1118）五月入灭，寿七十六，腊四十五。

　　道楷为人刚直，因辞师号而得罪，古今罕闻，可见其性情孤硬，威武不屈。经过道楷的努力弘化，曹洞宗真正得到了复兴。他度弟子九十三人，法嗣出世开法者二十九人，以丹霞子淳、鹿门自觉、净因法成、石门元易、阐提惟照（1084—1128）等为代表。

　　丹霞子淳（1064—1117）最为杰出，据《随州大洪山十方崇宁保寿禅院第四代住持淳禅师塔铭》，其法名原为德淳，《嘉泰普灯录》作子淳，后世因之。俗姓贾氏，剑州梓潼人，治平元年（1064）出生，依本县大安寺出家，元丰三年（1080）依道凝上人祝发受具。初即讲席，探究教典，后来参禅，遍历诸方，曾至大沩慕喆、宝峰克文、大洪报恩法席，皆承厚待。后至大阳山，参道楷，崇宁二年（1103），道楷继报恩住持大洪，命德淳为立僧。崇宁三年（1104），京西提刑王信玉请主丹霞山天然道场，居之十年，政和三年（1113）以疾退居唐州大乘山慧照庵。政和五年（1115），随州向太守请住持大洪山，七年（1117）入灭，世寿五十四，僧腊二十七。

　　德淳门人甚广，著名者有大乘利升、大洪庆预、宏智正觉、真歇清了等。

　　庆预（1079—1140）原为道楷门人，后师从德淳，开法甚早。据《第六代住持慧照禅师塔铭》，师俗姓胡，郢州京山人，元丰二年（1079）生，元祐七年（1092）十四岁依道楷出家于大阳山，从之十年，为道楷剃度门人，崇宁二年（1103）二十五岁受具。三年（1104）道楷令其辅佐师兄丹霞德淳。政和三年（1113），草寇李鬲起事，寺粮为其所夺，后乱平，发现其粮袋有"丹霞"之字，累及寺院，主事潜遁，庆预时为藏主，乃越级承担责任，到官就讯，下狱半载，后得辨白。南阳民以"预罗汉"称之。德淳政和五年（1115）住持大洪，令总院事。政和七年（1117）水南太平兴国禅院虚席，太守闻于朝廷，请师住持，并奉"慧照大师"之号，开堂之时，嗣法丹霞，时论高之。宣和三年（1121），住持大洪。绍兴三年

（1133）南行入闽，闭关雪峰。闽师张守（1084—1145）知其名，请主福州乾元寺。不久继清了住持雪峰，十年（1140）入灭，世寿六十三，僧腊三十八。剃度门人有惠雨等四百五十余人，传法门人有鹅湖子享等二十余人。

宏智正觉（1091—1157），据《行业记》，师隰川人，李氏子，元祐六年（1091）生，幼为佛陀逊禅师指为法器。建中靖国元年（1101）十一岁从净明寺本宗出家，崇宁三年（1104）十四岁从晋州慈云寺智琼受具。大观二年（1108）十八岁游方，渡河至洛，坐夏少林，到汝州香山参枯木法成，机缘不契，乃于政和三年（1113）二十三岁参丹霞德淳，得悟宗旨。其随德淳退居大乘山，时德淳门人利升为住持，举师为立僧。德淳迁大洪，举为书记。宣和三年（1121），任首座。四年（1122），至庐山，任圆通禅院阐提惟照会下首座。同门清了住持长芦，请为首座。宣和六年（1124），两淮发运使向子諲请住持泗州普照王寺。七年（1125）徽宗南巡，到寺观礼。建炎元年（1127），住持舒州太平，又住江州圆通、能仁。二年（1128），自能仁谢事，退居云居，时圆悟克勤为住持。其年长芦虚席，勉为住持。三年（1129）秋，至明州，欲游普陀，道经天童，请为住持。绍兴八年（1138）九月，有旨住持灵隐，众不肯放行，十月有旨还任天童。二十七年（1157）入灭，世寿六十七，僧腊五十三。二十八年（1158）诏谥宏智禅师，塔号妙光。

宏智正觉为中国禅宗史上有影响的大宗师，以提倡"默照禅"而著称于世，对于曹洞宗的理论发展贡献很大。

正觉一系在南宋和元朝影响很大，他下传净慈慧晖（1097—1183），慧晖传华藏慧祚，慧祚传东谷妙光（？—1253），妙光传直翁德举，德举传云外云岫（1242—1324）和东明慧日（1272—1340），云岫传无印大证（1297—1361）、东陵永璵（1285—1365），大证传景云。

真歇清了（1088—1151），据《塔铭》，师法名清了，号真歇，俗姓雍，绵阳安昌人，元祐三年（1088）生，元符元年（1098）十一岁从圣果寺清俊出家，崇宁四年（1105）十八岁试经得度，五年（1106）受具后，到成都大慈寺，听讲经论。大观年间（1107—1110）出蜀，大观二年（1108）二十一岁到丹霞山师从德淳，一日入室，德淳问如何是空劫以前自己，师拟进语，淳与一掌，豁然开悟。在丹霞时，曾参石门和尚（可能是大觉怀璘门人希仲）。后北游五台，路经香山，参师叔法成。下五台后，经河北深州到京师，时在政和三年（1113），参智海佛鉴惠勤、法云佛照杲，遍历诸方。政和三年（1113）二十六岁至真州，为长芦祖照侍者，逾年掌转物寮，后为立僧，再任首座。政和八年（1118）祖照退院，不久再任住持。宣和三年（1121）祖照复请师为首座，其年因病退院。宣和四年（1122）秋，经制使陈璋请师继任住持。五年（1123）五月开堂，嗣丹霞德淳，八月祖照迁化，以师礼营丧。前后住持七载，建炎二年（1128）六月退院，经钱塘，三年（1129）至明州梅岑普陀，礼拜观音，海山七百余家，俱弃渔业，活命无数。四年（1130）到天童结夏，见师弟正觉，五月天台国清寺三度请为住持，不允，十一月住持雪峰，绍兴五年（（1135）退居。六年（1136），四明阿育王广利寺虚席，奉旨请任住持。七年（1137），诏住蒋山，以疾辞任，七上章方允。八年（1138），温州龙翔、兴庆二院合为禅居，诏请住持。十五年（1145）二月乞退，四月诏住持径山。二十年（1150）二月以疾乞归长芦。二十一年（1151）敕建崇先显孝禅院，诏命住持，九月慈宁太后入寺，抱病开堂说法，十月入灭。世寿六十四，僧腊四十五。出世三十年，六处开堂，剃度门人普嵩等凡四百人，嗣法出世者长芦慧悟、雪窦宗珏、报慈传卿、崇先明住等三十余人。二十三年（1153）谥悟空禅师、静照之塔。

宗珏（1091—1162）下传足庵智鉴（1105—1192），智鉴传长翁如净（1163—1228），如净传日本僧人道元（1200—1253），将曹洞宗传到日本。

第三节　青原齐禅师

青原齐禅师为曹洞宗住持青原的第一人，是本宗回归祖庭的重要人物，也是宋代青原山住持的代表。

据《嘉泰普灯录》卷九：

> 吉州青原齐禅师，长乐人，族陈氏。年二十八，辞父兄，从云盖智禅师出家，执事首座寮。座一日秉拂罢，师前曰："某窃闻首座所说，莫晓其义，伏望慈悲指示。"座谆谆诱之，使究无著说这个法。瑜

两日，有省，以偈呈曰："说法无如这个亲，十方刹海一微尘。若能于此明真理，大地何曾见一人！"座骇然，因语智得度。遍扣诸方，后至石门，深蒙器可。出住青原，仅十二年。示寂日，说偈遗众，曰："昨夜三更过急滩，滩头云雾黑漫漫。一条拄杖为知己，击碎千关与万关。"①

青原齐禅师，长乐府（福州）人。俗姓陈氏，其生卒年不详。年二十八出家，师从云盖守智禅师（1025—1115）。据《禅林僧宝传》卷二十五，守智为黄龙惠南门人，元丰五年（1082）至元祐六年（1091）间住持云盖，其所退居西堂，闭户数十年，政和四年（1114）潭州帅周穜请住持开福，次年（1115）三月入灭。齐禅师师从守智，当在其晚年住持开福时，即在政和四年（1114），其年他二十八岁，故应生于元祐二年（1087）左右。在开福时，他在首座寮供职，首座令参无著禅师参文殊公案。

据《筠州洞山悟本禅师语录》卷一：

举：文殊大士与无著吃茶次，乃拈起玻璃盏问无著："南方还有这个否？"著云："无。"文殊曰："寻常将甚么吃茶？"著无对。②

这是一个著名的公案，无著禅师（737—?），即牛头慧忠门人，大历二年（767）游五台山，遇文殊大圣，时年三十一。《五灯会元》误认为是师号无著的仰山门人文喜（821—900）。

齐禅师参究有省，有偈相呈，首座大喜，告守智，使其得度。其后游方，再参芙蓉道楷门人石门元易（1053—1137）。

据《嘉泰普灯录》卷五：

邓州招提元易禅师

潼川铜山税氏子，大观四年出住招提，凡十更名刹。上堂曰："十

---

① 《卍续藏》79 册，第 346 页上。
② 《大正藏》47 册，第 512 页中。

方同聚会，个个学无为。此是选佛场，心空及第归。大众，只如闻见觉知，未尝有间，作么生说个心空底道理？莫是见而不见，闻而不闻，为之心空耶？错。莫是忘机息虑，万法俱捐，销能所以入玄宗，泯性相而归法界，为之心空耶？错。恁么也不得，不恁么也不得，恁么不恁么总不得，未审毕竟作么生，还会么？"良久，曰："若寔无为无不为，天堂地狱常相随。三尺杖子搅黄河，八臂那咤冷眼窥。无限鱼龙尽奔走，捉得循河三脚龟。脱取壳，铁锥锥，吉凶之兆便分辉。借问东村白头老，吉凶未兆若何为。休休休，古往今来春复秋，白日腾腾随分过，更嫌何处不风流。咄。"

上堂："今朝四月初一，衲僧双眼如漆。顾著露柱灯笼，平地一声霹雳。惊起金刚出户，半夜荒村失路。天明却到门前，眼耳鼻中尘土。大众，只如金刚眼睛烁破四天下，为甚迷却路头，还会么？为怜风月好，忘却故园春。"

上堂："皓月当空，澄潭无影。紫微转处夕阳辉，彩凤归时天欲晓。碧霄云外，石笋横空。渌水波中，泥牛驾浪。怀胎玉兔，晓过西岑。抱子金鸡，夜栖东岭。于斯明得，始知夜明帘外别是家风，空王殿中圣凡绝迹，且道作么生是夜明帘外事，还委悉么？正值秋风来入户，一声碪杵落谁家。"

上堂，举雪峰示众云：尽大地撮来如粟米粒大抛向面前，漆桶不会，打鼓普请看。大众，雪峰怎么说话，还有出身处也无？若道有，为甚么大千法界在一粒之中；若道无，是甚么人打鼓普请看？若也会得不用周遮，其或未然，听取一颂：拨动乾坤步转移，南观北斗有谁知。金乌暮向西山急，晓逐扶桑半夜飞。

僧问："古者道：迥绝无人处，聚头相共举。既是迥绝无人处，是谁相共举？"曰："青山与白云。"云："只如青山白云，还知有也无？"曰："若知有，即有人也。"云："未审是甚么人证明？"曰："白云与青山。"云："莫便是和尚为人处么？"曰："莫错认。"问："古镜未磨时如何？"曰："精灵皱眉。"云："磨后如何？"曰："波斯弹指。"云："为甚么如此？"曰："好事不出门。"绍兴丁巳七月二十五日，索笔书偈，安然坐寂。火后收设利，搭于学射山寿山，寿八十五。①

元易大观四年（1110）始住邓州招提，一共十住名刹，包括襄阳石门，最后塔于成都学射山，表明他晚年回到四川。他何时住持石门不详，可能在谷隐静显门人石门政禅师之前，大概是在北宋末期宣和年间（1119—1125）。《楷禅师塔铭》称门人今住世者有"石门易"，表明宣和七年（1125）撰铭之时他在石门住持。既然《嘉泰普灯录目录》称石门元易，则他在石门肯定住持时间较长。

齐禅师自石门得法，到青原山住持，其时当在南宋之初绍兴年间（1131—1162），很有可能在其末期。其住持青原，在惟信之后、白杨法顺（1076—1139）门人青原如禅师之前。

据《雪关禅师语录》卷六：

> 拈云："怎么是迁化底，有个不迁化底，请相见。"
> 颂曰：一条拄杖为知己，何不临岐掷葛陂！笑倚千峰归未得，倒来月下听猿啼。②

这是明代雪关智暗对于青原齐临终偈的拈提与颂古，表明他在后世有一定的影响。历代灯录及明代《指月录》、《教外别传》等亦述其事迹。

第四节　辽金元时期曹洞宗北传

曹洞宗于北宋末期分化南北，南方为丹霞子淳一系，北方则是鹿门自觉一系。

据《嘉泰普灯录》卷五：

> 东京净因自觉禅师

---

① 《卍续藏》79 册，第 321 页下。
② 《嘉兴藏》27 册，第 483 页中。

青州人，族王氏。幼以儒业见知于司马温公，留门下十余年，事高尚，而无意功名。一旦落发，从芙蓉游，履践精密，契悟超绝。崇宁四年，出住大乘。

徽宗皇帝闻其名，诏居净因。上堂曰："祖师西来，特唱此事。自是诸人不肯委悉，向外驰求，投赤水以寻珠，诣荆山而觅玉。殊不知从门入者不见家珍，认影迷头岂非大错！直得宗门提唱，体寂无依，念异不生，古今无间，森罗万象，触目家风，鸟道辽空，不妨举步，金鸡报晓，丹凤翔翔，玉树华开，枯枝结子。只有太阳门下日日三秋，明月堂前时时九夏，要会么？无影树垂寒涧月，海潮东注斗移西。"

上堂，召大众曰："还会么？佛也不信，祖也不信，只个自己犹是冤家，岂况自余，有甚么信处？大众，且道为甚么不信，不信不信？不见道：事莫等闲信，人须悠久看。"僧问："猊座既登于此日，请师一句定乾坤。"曰："大旱连天三尺雨，惊人平地一声雷。"云："知师久韬囊中宝，今日当场略借看。"曰："木马踏开云外路，泥牛耕尽海中田。"云："只这消息今知已，何须更问洞中天。"曰："未到潼关即便休。"问："如何是佛法大意？"曰："有问不当头，个中无说路。"云："学人不会，乞师再指。"曰："空劫那边开得口，石人也解皱双眉"。①

自觉禅师，青州王氏子，幼年以儒业受知于司马光（1019—1086），并在门下十余年，其时当在司马光于西京编修《资治通鉴》期间，则其生年不会迟于皇祐二年（1050）。其后落发，从芙蓉道楷，当在道楷住持西京乾元、招提之时。

崇宁四年（1105），出世唐州大乘山普严禅院。大观元年（1107）冬，徽宗闻其名，诏住十方净因禅院，继道楷之后，并赐惠定禅师之号。师徒先后住持净因，亦为一时之荣。在净因时，他编辑了《投子青和尚语录》两卷。政和初移襄阳鹿门，后同门枯木法成亦主净因。

据《石门文字禅》卷二十九《鹿门灯禅师塔铭（并序）》：

① 《卍续藏》79 册，第 322 页上。

七年解院事，西归京师，名闻天子，俄诏住襄阳鹿门政和禅寺。……初惠定禅师自觉，革律为禅，开剙未半而逝。①

同门鹿门法灯（1075—1127）于政和七年（1117）被诏住持鹿门政和禅寺，表明其年他已经入灭。

据《蔗菴范禅师语录》卷三十：

据《鹿门塔铭》，曰：鹿门自觉禅师，从芙容楷公落发，亲依久之，契悟。出世住大乘。徽宗崇宁间，诏住净因。政和迁鹿门，遂终焉。②

可见其塔铭后世尚存，可惜未能全引。这表明自觉确实是在政和年间迁居鹿门崇宁禅寺。自觉能够得到司马光的青睐，表明他精于儒术，擅长文章。他对于曹洞宗最大的贡献，还在于开创北方曹洞宗。

自觉下传青州希辨（1081—1149）—大明法宝（1114—1173）—王山觉体（1121—1173）—雪岩善满（1136—1206）—万松行秀（1166—1246）—雪庭福裕（1203—1275）。觉体还传冀州晖，下出贾菩萨宗。雪岩善满又传王山枝足清、"休林古佛"仙岩德祥，下传虚照弘明（1196—1252）、双溪广，雪庭福裕亦曾从仙岩祝发受具，后得法于万松。

万松行秀，大定六年（1166）出生，二十年（1180）十五岁从邢州净土寺赟公出家，业五大部。大定二十六年（1186）二十一岁受具，至燕京，历访潭柘、庆寿，在玄悟重玉席下一年，又到万寿参胜默圆光。后到磁州大明参雪岩善满，满公以为法器，以为书记，留之二年，明昌四年（1193），潭柘教亨过大明，行秀参之有省，后善满付以衣钵。约在承安二年（1197），净土尊宿闻之，请住持本寺，师居之，筑堂名万松，遂以此为号。泰和六年（1206），住持仰山栖隐禅寺，十月闻善满入灭，千里奔丧。贞祐二年（1214），元兵攻燕京，万松南下避难，依师叔古冀晖公，然邢州

---

① 《嘉兴藏》23 册，第 723 页下。
② 《嘉兴藏》36 册，第 1038 页下。

一带亦为元军所占，师为某居士所救，归居燕京报恩洪济寺，耶律楚材（1190—1244）来参。元太祖十一年（1216），耶律楚材参万松得法，得名湛然居士，法名从源。十八年（1223），由楚材之请，著《从容庵录》。又著《糠禅赋》，批评大头陀教（糠禅）等左道，得罪豪族下狱，得雪后，避仇海上。太宗二年（1230）复主万寿，御赐佛牙一枚，是年评唱《天童请益后录》。定宗元年（1246）入灭，寿八十，腊六十。

万松行秀门人很多，除雪庭福裕外，还有林泉从伦、华严至温（1217—1267）、复庵圆照（1206—1283）、云峰从檀（1208—1285）、素庵本璨等。素庵本璨门人万山行满（1265—1312后），江西吉州太和人，早岁于本乡云亭荡原弥陀院出家，名福可，后北游五台，至元十七年（1280）至仰山栖隐寺，礼泽庵济公为师，改名行满。至元二十二年（1285）受具。再参素庵本璨十年，于至元二十七年（1290）得法。大德七年（1303）住持仰山，十一年（1307），武宗赐佛慧镜智普照大禅师号，皇庆元年（1312），授银青荣禄大夫、司空，立道行碑，赵孟頫奉旨撰文并书。

金元北方曹洞宗分三系，除万松行秀一系外，还有虚照弘明系（即刘太保宗，因宏明传门人刘秉忠、法名子聪而得名）、贾菩萨系。广恩禅师（1195—1243），俗称贾菩萨，为元朝著名禅师。其所传法派，在后世影响很大，号称"贾菩萨宗"。现存有关广恩禅师的原始资料主要有王思廉《顺德府大开元寺弘慈博化大士万安恩公碑》、王恽《顺德府大开元寺重建普门塔碑铭》等。

据王思廉《万安恩公碑》等，广恩俗姓贾，自号"万安"，金章宗明昌六年（1195）生于洺水张华里，父名贾玉，兄名贾孚、贾珍，祝发于经镇法云禅寺坚公，金贞祐二年（1214）受具于晖公。后在临城山枣强霍氏宅中修行五年，诵持《大悲章句》，霍氏儿于山中得桃二枚献之，广恩食后更显灵异，火不能焚，鸟兽来仪。后在清泉说法。

贞祐元年癸酉（1213），元军占领邢州。戊寅（1218）、乙卯（1219），大军南下，邢州为其要冲，征发不止，他郡多流离失所，万安为措置馆谷，独此得安。

临清大帅路通请他建净土道场，他为作白莲花会，其规模全依庐山慧远所制。

太宗二年（1230），万松行秀再主万寿寺，开资戒大会，邀请广恩登坛说戒，大洒甘露。

太宗三年（1231）辛卯，他受真定等五路万户侯史天泽及安国军节度使赵伯元之请，住持开元寺，二月重修圆照塔，至太宗十二年（1240）九月完工。

癸卯（1243）二月，建资戒大会，有七州四府及佛子山十四位大法师相聚，受戒僧徒万人。仲冬十月十八日，大师入灭。

据《补续高僧传》卷十七《贾菩萨传》：

> 广恩和尚，顺德路洺水贾氏子。元初祝发，为开元寺僧。其师亦知识，训督颇严。师至性过人，安纳凄紧，不见色词小异。勤勤汲汲，唯恐不得师心。及受具为大僧，振锡远游，参见名山老宿，精进勇猛，所过有去后之思。且戒行严谨，少言语，慎举动，三业肃然，六时如一。时兵马大元帅路通镇临清，信向佛乘，建净土寺，请师居之。人无贵贱远近，争致檀赍，金碧辉焕，如天成地涌。以师道风有素，所归翕然，故不待号召而至、策勉而成也。一日元帅愿闻净土之说，师曰："心体自净，杂用浊之。用若能一，是名著体。体即净心，心外无二。土净心净，其理无二。"通闻叹服，曰："可谓要言不烦。"表闻于朝，赐号"护国兴理大师贾法宗大菩萨"。①

如此僧传并未明言其宗派，只是强调他对净土十分重视且深有体会。据性统《续灯正统目录》卷一：

> 冀州晖禅师法嗣
> 开元广恩禅师（无传）②

别庵性统将广恩列为冀州晖法嗣，而又将冀州晖列为王山觉体门人，

---

① 《续藏经》77 册，第 491 页中。
② 《续藏经》84 册，第 402 页上。

与雪岩善满、胜默圆光为同辈。王山觉体门人很多，一般只载雪岩满与胜默光两个最为杰出者，不妨冀州晖亦为王山觉体门人。

又据《角虎集》卷一：

> 顺德万安广恩禅师（嗣古冀晖公禅师）
> 师族贾氏，世居洺水张华里，祝发于荆镇法云寺坚公。依晖公和尚受具，兼承心印。退藏临城山，闭门绝食，诵持《大悲章句》，勤劬精进。时隆冬冽寒，霍氏儿出郊樵采于榛莽中，获桃二枚，鲜洁可爱。献师啖之。自是所求益验，火莫之焚，暴莫之害，以至鸡啄香而熟，牛受戒而驯，甘泉复已涸之井，斗米供万人之食。甘陵治古塔基，得石文，预识师名。民有始发心布施、既而中变者，归视箧笥，莲花满帙，起敬起信。世人睹此灵异，皆以"贾菩萨"呼之。师建净土道场，作白莲花会，规模一以庐山远公为式。燕都万寿寺，开资戒大会，万松禅师，特延师登坛说戒，大洒甘露。四众欢喜，得未曾有。①

根据早期史料，广恩早年"闭门绝食，诵持大悲章句，勤劳精进"，又谓"初公既祝发，心印佛乘，机蟠利用。鍊形辟谷，面壁安禅，结习于临城者五年"，因此绝食苦行、闭关壁观以修禅，兼持诵《大悲章句》，为其在临城五年时的主要修行方式。

所谓《大悲章句》，即《千手千眼观世音菩萨大悲心陀罗尼》，有多种译本，持此观世音神咒，有很多灵异。通过修禅及持咒，还有霍氏儿在冬季获得两枚仙桃献给他食用的神奇传说，他获得了种种神通法力，烈火不能焚，侵暴不得害，鸡来啄香，牛至受戒，涸井甘泉复出，斗米能饱万人，最为神奇的是在古塔基下的石文中竟然有他的名字。这些神异故事对于获得大众信奉、折服强横的蒙古将帅颇有效果，因此他在当时被认为是菩萨应世。

他后来似乎又以净土修习为主，路通为其于清泉建净土道场。他的心体自净、心土不二，显然是发挥六祖惠能的身中净土、自性弥陀的思想，

---

① 《续藏经》62 册，第 202 页下。

因此禅净双修、以禅摄净才是他禅法的根本。他著有《白莲集》，"以劝励世俗，由念佛三昧祈生安养为趋道之捷径"，万松行秀读后叹为"观音大士慈悲方便济人利物之心"。

他在示寂后也有多种灵异，如空中现五色祥云，并有宫殿及化菩萨相。他的事迹引起了封地在此的忽必烈的重视，己酉岁（1249），门人崇朗由刘秉忠请其为功德主，卒后八年，即宪宗元年（1251），忽必烈派近侍率甲士千人为其营葬，开龛之时，真身不坏，舍利充满。己未岁（1259）忽必烈南伐之时，两次来到开元寺，主僧崇悟言先师事迹，忽必烈再三称叹，故践位之后，赐开元寺为大开元寺，塔号普门，师号"弘慈博化大士"。后又有旨，以贾菩萨门人专门创立一宗，号称"大开元宗"，以刘秉忠、史天泽、苔失蛮等重臣为提调。成宗之时，下旨大开元宗由宣政院直接管理，不归释教都总统管辖，表明其地位的特殊性。

广恩门人众多，得法者五百人，为人天眼目、住持诸寺者有百余人，为诸方及本宗典司僧官者"几半天下"，可见其势力之盛。广恩之后，绍化住持者为大弟子崇润，其后崇朗、崇悟、崇瑀、崇严等相继住持。其初建清泉净土寺，由其宗姪崇音住持。还有门人崇旬（1201—1283）住持德州齐河县报德慈恩院。至元十四年丁丑（1277），崇严因国师杨琏珍上奏，请撰普门塔铭，崇湛提供资料，王恽撰铭，至元十六年（1279）立石。

至元二十二年（1285）至二十四年（1287），大开元寺住持、佛日光教大师、汉土义学玄理二讲主庆吉祥主持编撰了《至元法宝勘同总录》。这位"庆吉祥"，不知是"崇庆"还是"妙庆"，假如是前者，则为广恩法子，若是后者，则为其法孙。此时上去广恩入灭已经四十余年，若是崇庆，则为其晚子。庆吉祥为义学玄理二讲主，则于教法、心宗均深有研究，且受命于忽必烈，主持这一重大工程，因此当属大德尊宿，故其为广恩门人的可能性最大，其法名应当是崇庆。

大德五年（1301）十二月，大开元一宗都提点、通辩大师、广恩法孙妙泽将王思廉所撰铭立石。

妙泽之后，损庵洪益（1263—1340）于至大四年（1311）住持大开元寺。损庵洪益为应山人（今湖北应山县），俗姓徐氏，十五岁入石龙山宝林寺，投普善法师（1260—1335）出家，普善当为广恩曾孙，后遍参宗匠，得法于白云治公。损庵禅师以"了一真妙，断诸缘想"为念，持律严格，甘淡苦节，"胁不至席者数十余年"。

损庵洪益历主名刹。大德三年（1299）主宝林寺，十一年（1307）主法王寺，至大四年（1311）主邢台大开元寺，在此住持时间最长，前后共二十余年，特授中奉大夫、制加"圆照普门光显大禅师"之号，赐以二品银章，金襕袈裟，总管宗门之事，后加"吉祥"之号。①

据民国《威县志》第十五卷宗教志，所记"金末元初，吾邑中有他大开元一宗者厥惟万安大师。"《顺德府大开元寺万安□下历代住持并垂训法名颂碑》碑文所记自万安禅师开山以来19代住持名讳，即"开山祖师万安菩萨，第二代通慧崇润禅师，第三代梅庵崇朗禅师，第四代明空崇悟禅师，第五代百泉崇禹禅师，第六代龙溪崇俨禅师，第七代草堂广诠禅师，第八代清泉崇音禅师，第九代银山妙用禅师，第十代柏山妙生禅师，第十一代静岸妙安禅师，第十二代损庵损（洪）益禅师，第十三代翠峰普琳禅师，第十四代寿峰普峻禅师，第十五代无极洪缘禅师，第十六代高峰普镇禅师，第十七代藏峰胜悦禅师，第十八代月照洪迈禅师，第十九代月禧顺诸禅师。"②

此十九代住持虽然比较全面，但也并非完全正确，其中也有遗漏，如崇庆（庆吉祥）、妙泽都没有提到。

广恩的法派，通称"贾菩萨宗"，是后世流传较广的法派。

据《缁门世谱》卷一《曹洞派》：

又贾菩萨万安禅师，旁出一枝。（计三十二字）。

派曰：广崇妙普，洪胜禧昌。继祖续宗，慧镇维方。圆明净智，德行福祥。澄清觉海，了悟真常。③

这是对此派的早期记载，但比较单一，对其支派语焉不详。

---

① 参见刘顺超：《损庵宏益生平与年谱》。
② 引自刘顺超：《损庵宏益生平与年谱》。
③ 《续藏经》86册，第485页中。

又据《宗教律诸宗演派》卷一：

　　洞山下二十八世（雪庭下十四世）顺德开元万安广□禅师，姓贾，
另演三十二字，俗呼为"贾菩萨宗"。
　　广从妙普，洪胜禧昌。继祖续宗，
　　慧镇维方。圆明净智，德行福祥。
　　澄清觉海，了悟真常。
　　洞山下三十世（万安下第三世）兴阳清剖妙净禅师演派二十八字。
　　妙明觉海圆宏广，悟本真常慧性宽。
　　祖道兴降传法眼，普周沙界定心安。
　　（此派与曹山下后人豫章演派雷同，未知何故，存此待查）。①

再据《宗教律诸宗演派》卷一：

　　九华山百岁宫从贾菩萨派下常字起，续演二十八字。
　　常持妙法胜庄严，果证无为道上玄。
　　西来大意修般若，月朗天中振万年。
　　智彻禅师演五十六字。
　　了悟真常慧性灵，如同杲日照乾坤。
　　优昙香彻三千界，信愿行超最上乘。
　　圆通果满光祖印，戒德流芳续嗣深。
　　法绍洞山宏正道，派传万古耀联灯。
　　焦山巨超清恒禅师拈三十二字以续"了悟真常"之后，派曰：
　　肇自迦文，灯传法界。寂光朗照，
　　千万亿载。心诚相印，定即是戒。
　　用宝斯言，佛能永在。②

---

① 《续藏经》88 册，第 564 页上。
② 同上书，第 564 页下、565 页上。

　　《宗教律诸宗演派》对贾菩萨宗述之最详，不仅述其本宗，而且对其主要支派也有记载。然而，将广恩当成洞山下二十八世、雪庭下十四世，显然是错误的，因为广恩与雪庭福裕为同时代人，且生年早于雪庭，根本不可能为其后辈，事实上还是福裕的前辈。所谓万安下三世兴阳清剖妙净禅师及其所演法派也是误传或编造，虽然万安下三世确实是"妙"字辈，万安有法孙"妙泽"者，妙净或许有其人，然郢州兴阳清剖是大阳警玄（943—1027）的亲传门人，比妙净早了二百年，不可能为同一人。其法派也与曹洞宗豫章派雷同（唯豫章派首二字作"清净"），或许属于编造。

　　在贾菩萨宗诸支派的法派中，几乎没有一个暗示其宗系的，这与万松行秀一系构成鲜明的对照。唯有道是智彻所作法派有"法绍洞山"之句，但此法派值得怀疑。假如真是智彻所作，那么他本人属于哪一代呢？如果他确实属于本宗，则只能属于"圆明净智"的智字辈，此时距本字派结束尚早，提前续派似乎不大合乎常规。

　　后世专门讲法派的《缁门世谱》与《宗教律诸宗演派》都将广恩法派列入曹洞宗门，但没有说明证据，而且在世系排列上有明显的错误。

　　虽然元代的史料没有明确提到大开元宗的归属，但当时邢州的万松行秀与虚照宏明两系都属于曹洞宗，三家关系相当密切，属于同一宗派的可能性更大。万安系的洪益还被迎请为少林寺的住持，而当时少林寺的法系为曹洞宗万松系，一般不会请别宗禅师当住持。《续灯正统》还将广恩门人百泉从（崇）瑀列为万松门人，从与崇同辈，这表明广恩与万松确实为同宗同辈。

　　据网上"禅和广行"上传资料，湖南安仁有奇峰祖元（1475—1557）禅师，为梅邑天竺山龙泉寺无影继清门人，另立古爽派，为曹洞贾菩萨支派，其法系字派为"祖智悟本真，法性常兴胜。通达正义理，洞祚锦成弘。光照觉天界，登高大早升。明镜祥玄妙，宽洪海印传，宗绍锦远续，道清（曰衣）周圆"。此一支肯定属于大开元宗，他们自认为属于曹洞，而且其字派中有"洞祚锦（绵）成弘"，暗示属于洞上一系。

　　明嘉靖三十二年（1553），奇峰祖元禅师的弟子宁州禅师与师弟天文智满禅师，携其徒悟仁、悟真、悟铨等数十僧，在安福武功山"剪荆棘，平土石，劳筋骨，饿体肤，厉百苦"，开创九龙山胜佛禅林，"倡教于袁、吉之境"。后来谷泉禅师由九龙山至安福南乡三峰山"乞地开宗,募捐于众"建如如禅林,禅宗大盛于武功山。①

宁州禅师在嘉靖四十五年(1566)寺院建成后,善于说法,登坛挥尘,法雨普沾,四众踊跃。门人多达三百,信徒至十余万人,遍布江西的萍乡、宜春、吉安和湖南的浏阳、株洲、茶陵、攸县等地。宁州门庭甚峻,御众严格,门下恭谨服侍,不敢懈怠。宁州禅师还注重对奇峰派佛法的收集整理,收集先师语录编印成书,名为《林园法要》,又著《心地法门》,这两部佛教典籍的编著刊印,使得奇峰派禅法得以流传后世,也丰富了武功山地区的宗教文化。宁州禅师和当时吉州的硕学大儒邹守益、刘邦采、王时槐、刘元卿等人过从甚密,共研禅法心学。其徒孙本教和尚也继承祖风,喜与理学大儒交流,并详尽整理了各位大儒和本门祖师的交往情况,编辑刊刻了《九龙翰墨志》。②

然而据《憨山老人梦游集》卷二十《焦山法系序》:

> 京口焦山某禅人,远来匡山,以法系字派为请。且云:兹山十莘,原自始祖觉初祖心禅师,本临济旁出,为贾菩萨者。近代儿孙,皆迷其源,禅人忧之。乃考十莘先后之次,缉为谱系,正名分,以垂后裔。然虽假名,是亦因名立教。傥亦赖此以存僧徒上下之分,无敢僭越,而不至于蔑伦犯义者,尤足以保我子孙。亦存羊之意,尚亦有利哉!其先十六传已尽,故为续其三十二字,以从俗谛。若指此为宗,则临济自谓正法眼藏早灭却矣。③

憨山德清明确将贾菩萨系视为临济旁出,此说出自贾菩萨后世传人焦山法系的僧人,亦应引起足够的重视。

据《焦山志》第四章第二节《宗派法系》:

---

① 参见刘荷香:《武功山下行思美》,中国吉安网。
② 参见刘苏明:《宁州禅师与武功山》。
③ 《续藏经》73 册,第 608 页上。

明宣德年间（1426—1435），焦山寺住持临济宗贾菩萨派觉初祖心禅师制十六字序："宏宗妙行，智慧圆明，觉道永兴，普德昌胜"。传至隆庆间即断序，万历间，焦山小庵道易上人赴匡庐请憨山德清大师为焦山十小庵续字，憨山允其所请，为作续字，并序云："传灯所载诸祖法系，唯以心印相传，原不以假名为实……，至我明国初尚存典型，此后，宗门法系蔑如也，以无明眼宗匠故耳，其海内列刹如云，在在僧徒皆曰，本出某宗某宗，但以字派为嫡，而不闻以心印心，由此观法，则大可悲矣"。续拈三十二字曰："胜义敷宣，寂光朗彻，凡圣齐平，修证超越，识果知因，融通该摄，悟最上乘，恒遵法则"。焦山各小庵即用此字序直至民国。定慧寺则十方择贤，未用字派，至清初，改奉曹洞宗，乃用曹洞字派传承。

明末清初，曹洞宗第二十九世破暗净灯禅师任焦山寺住持，焦山寺即按曹洞宗字派传承。道光间住持清恒《续字派序》云："……万安禅师所拈三十二字，今将满，吾恐后世之无据焉，又因二三子之请，故不获辞，复拈三十二字以续"了悟真常"之后：肇自迦文，镫传法界，寂光朗照，千万亿载，心诚相印，定即是戒，用宝斯言，佛能永在。"①

觉初祖心（1377—1461）应为贾菩萨宗第十代祖字辈，他所建立的十六字法派与突空智板（1381—1449）所演"智慧清净，道德圆明。真如性海，寂照普通"颇为相似，二人时代一致，不知是谁模仿谁。然若是祖心演派，为何从下一代开始，这确实比较少见。智板虽然比祖心晚生二年，但却早卒十二年，因此智板演派在前的可能性更大。道易恰为第十代，由于担心此法派将尽，便请德清代为续演，德清为之续三十二字，焦山十小庵后以此续派。

如果祖心确实属于贾菩萨宗，那么为什么其后人自认为属于临济宗、与此宗其他支派完全不同呢？由于不知道祖心的上代传承，不排除他本来不属于贾菩萨宗、只是法名有一"祖"字、被后世误认为属于贾菩萨宗第

---

① 茗山主编：《焦山志》，方志出版社 1999 年版，第 62、63 页。

十代的可能。

明末，弁山明雪（1584—1641）门人破暗净灯（1603—1659）入主焦山，并未遵从觉初祖心的法派，而是重新恢复万安系三十二字法派，至巨超清恒（万安二十六代），再续三十二字法派。

净灯下传宏鉴智豁、古樵智先、鉴堂德镜、破有行照、硕庵行载、敏修福毅、碧岩祥洁（1703—1765）、济舟澄洮、澹宁清镜、巨超清恒（1756—1835）、秋屏觉灯、性源觉铨、墨溪海荫（1798—1866）、月辉了禅（？—1859）、长流悟春（1819—1861）等。了禅于道光二十七年（1847）任焦山住持，咸丰三年（1853），太平军焚毁金山寺等镇江寺院，悟春协助了禅力劝太平军勿驻扎及烧毁焦山，太平军所到之处废毁寺庙，唯有焦山寺院得以保全。悟春之后为芥航大须，重视戒律，兼弘净土，同治七年（1868），一度停止使用曹洞宗字派，经两世后又恢复曹洞宗字派。此后的住持相继为：云帆昌道、普静仁寿、峰屏肇□、德俊自□、卓然自□、吉堂迦泰、慧莲迦□、智光文觉（？—1963）、静严文□、雪烦镫明、东初镫朗（1906—1977）、圆湛传□、茗山传薪（1913—2001）。①

禅宗法派的最早创立者究竟是谁是一个难题。以前认为应当为临济宗突空智板，后世仿照智板所演创立法派者很多，而且往往把前代祖师编入法派中，以造成本法派创立更早的假象。

贾菩萨宗法派实际创始者是广恩，还是其"继"字辈传人，需要进一步探讨。问题的关键是其先的"广崇妙普，洪胜禧昌"八代属于世系，还是法派，而判断其为世系还是法派的关键则是这八字之间究竟有没有意义上的关联，若没有，则只代表世系，不是法派。若仔细推敲，似乎也可以说是有意义的，广崇佛祖，妙普正法，洪、胜、禧、昌四字都有宏大昌盛吉祥之意，但又觉有些牵强。继祖续宗以下，则明显有意义，属于法派。假如是由继字辈或上代昌字辈创立了法派，那么其时已经是明初，大开元宗早已遍布全国，梅邑有无影继清，湖南安仁有其门人奇峰祖元，焦山有觉初祖心，邢州一带有祖奎（正德年间开元寺住持。此信息由刘顺超先生提供），怎么能够做到全国大开元宗保持一致呢？如今继字辈只知有无影继

---

① 此段引自纪华传：《中国近现代的曹洞宗法脉传承》。

清，他并非影响极大的大禅师，显然不是创立字派且广为接受的人物。《全元文》所载《万安恩公碑》最后有"复以遗传法嗣派行四十字以垂后云"①一句，此一句不知是原碑就有，还是所引 1933 年《达县志》所添，若是原碑文字，则万安时已经有意创立法派就成了不争之论。

第五节　明清时期曹洞宗

明清时期，曹洞宗主要分为寿昌系与云门系，支脉繁衍，影响很大。

元代雪庭福裕开创少林系，成为曹洞宗的主流派系，此后八传，灵隐文泰（1236—1289）—还源福遇（1245—1313）—淳拙文才（1273—1352）—松庭子严（1321—1391）—凝然了改（1335—1421）—俱空契宾（1383—1452）—无方可从（1420—1483）—月舟文载（1454—1530）—小山宗书（1500—1567），宗书门人有麋山常忠（1514—1588）、少室常润（？—1585）。

文才又传历（佛）岩稔，稔传灵岩秋江洁，洁传天界道成（1353—1433）。道成，字鹫峰，别号雪轩，五代云州赵大王即赵德钧（？—937）之后，父时家于保定，生于至正十三年（1353），二十七年（1367）十五岁出家于本郡兴国寺，同年受具之后，云游至青州，后闻济南灵岩秋江洁公之名，参请得旨。后归青州，出世住莱州大泽山，次住普照。洪武十五年（1382），授青州僧纲。三十年（1397），太祖召为僧录司右讲经，命考试天下僧人，称旨，赐金襕衣，住持南京天界寺。成祖即位之后（1402），奉诏到日本宣化，永乐元年（1403）归国，不久日本入供，成祖大喜，升为左善世。永乐六年（1408）春，奉旨于钟山建普度大斋。十一年（1413），入北京朝贺，于庆寿寺建斋。宣德三年（1428），归天界西庵养老，七年（1433）十二月入灭，寿八十一，腊六十五。道成说法五十余年，经历五朝，号为国师，是明朝曹洞宗地位最高、影响最大的宗师。

道成门人之首，为吉州青原玺禅师，他应是明代曹洞宗流传青原的代表人物，可惜传记不存。

---

① 李修生主编：《全元文》第十册，卷三二九，江苏古籍出版社 1999 年版，第 11 页。

常润传慈舟方念（1552—1594），下传湛然圆澄（1561—1626），创立云门系。圆澄门人有瑞白明雪（1584—1641）、尔密明澓（1591—1642）、石雨明方（1593—1648）、三宜明盂（1599—1665）、指南明彻、麦浪明怀、具足明有等。明雪门人破暗净灯入主焦山定慧寺，至今传承不绝。

据吴立民《禅宗宗派源流》第十二章，常润门人洪断诸缘（1550—1621），十七出家，四处游方，后于嵩山少林寺常润座下得旨。明万历七年（1579），应请住持北京西山万佛堂。万历二十年（1592），闻曹洞宗祖庭云居山真如禅寺时已败落，深感痛心，便迁居云居山，后得到慈圣皇太后支持，主持真如禅寺。洪断主持云居山法席近二十载，中兴曹洞祖庭，功成不居，于万历四十年（1612）回京。弟子有秀峰常锦、味白常慧（1557 1643）、云隐常月（1568—1629）、首山常元（1567—1632）、知悟常亨（1573—1650）、丹田常鍊等人，分化于云居山等江西各地法席，世代相承，形成曹洞宗洪断支系，弘传至今。

常润门人敬堂法忠（1541—1620）在庐山传法，门人有能幻、能握、能撑等。

廪山常忠传无明慧经（1548—1618），开创寿昌系。

据《无明慧经禅师语录》卷四《寿昌语录序》：

> 我明自正嘉以来，禅道中绝。先师乘悲愿力，应化阎浮，于是江西之宗旨始立。最初从廪山发悟，而末后印法于五台。入室陞堂，全提正令。诸方尊之为寿昌古佛，故寿昌之名独传。[①]

这是门人黄端伯（1585—1645）崇祯十年（1637）所作序，其中强调无明慧经建立江西宗旨，被诸方尊为"寿昌古佛"。

据《永觉元贤禅师广录》卷十五《无明和尚行业记》：

> 师讳慧经，字无明，抚州崇仁裴氏子。生而颖异，智种凤彰。九岁入乡校，问其师曰："浩然之气，是个甚么？"师无以应。年十八游上清，慨然有天际真人之想。遂弃笔砚，欲卜隐而未果。年二十一，

---

① 《续藏经》72 册，第 216 页中。

寓新城之泃溪，偶过居士舍，见案头有《金刚经》，阅之如获故物，辄踊跃不自禁。士曰："汝见甚么道理乃尔？"师曰："吾见其功德，果如虚空不可量。"士大惊曰："子若出家，必为天人师。"师于是日即断荤酒，决出世志。时邑有蕴空忠禅师，佩小山老人密印，隐于廪山。师往从之，执侍三载。柔退缄默，喜怒不形。……

　　时年二十有四，是冬辞廪山，结茅于峨峰。……述偈呈廪山，曰：透彻乾坤向上关，眉毛不与眼相参。圣凡生死俱抛却，管甚前三与后三。廪山曰："此子见地超旷，他日弘扬佛祖之道，吾不如也。"向未薙发，或劝之，师曰："待具僧相乃尔。"至是始请廪山到峨峰，薙落受具。师生而孱弱，如不胜衣，及住山日，慕百丈之风，不顾形骸，极力砥砺。昼则凿山开田，不惮劳苦；夜则柴门不掩，独行冈上。迄五鼓始息，率以为常。

　　至万历戊戌岁，众乡绅请师住宝方，时师年五十有一也。师自住峨峰，足不下山者，二十八载。至是因应宝方之请，乃先到廪山扫塔，始入院。师之住宝方也，虽临广众，不以师道自居，日率众开田。斋甫毕，已荷镢先之矣。时有志于禅者日渐集。

　　庚子春，师自以未及遍参为歉，乃西登匡庐，遡流上武昌，历荆襄。复北走中原，访无言宗主于少林。主大赏识之，遂留过夏，每见当道，撝谦推誉。故兵道刘公以焕、司理熊公尚文等，争延礼之。寻归。明年复东游两浙，泛三吴。乃北渡江，抵五台，访瑞峰老人于宰杀沟。……峰大赏之，宾主相得，有如旧识。

　　居久之，下台山入燕都。讲肆宗席，靡不遍历。时达观禅师寓西山，师往访之。中途遇一僧，举观《干屎橛颂》，师遽返，曰："已相见了也。"至是，师之心亦倦游矣，乃旋宝方。癸卯始开堂，时众谓师必嗣少林或台山，及片香拈出，乃嗣廪山，众心大服。时举弟子元来，为第一座。师资雅合，玄唱玄提。四方闻风而至者，络绎于道，挂搭常数千指。乙巳重建宝方。

　　戊申春，建阳傅震南刺史，及赵湛虚文学等，请师就董岩，开堂结制，听法者几二千人。冬回宝方。明年春，迁寿昌。寿昌，故西竺来禅师道场也。来临灭遗谶云：寿昌好牧牛，西竺再来游。至是荆榛满目，败屋数椽而已。及众请师至，适与来同乡，且同姓，人咸谓师为西竺再来云。师居败屋，日中率众开田，一如宝方，未尝少倦。数载之间，重建一新，庄严伟丽，甲于江右。丛林所宜有者，悉备焉。仍别创菴二十余所，以居广众。……

十七日未刻，自取水漱口，洗面拭身。索笔大书曰："今日分明指示。"掷笔而化。茶毗火光五色，顶骨及诸齿俱不坏。

师天性朴茂，操行端方。著于容则端严，发于声则侃直。虽不修边幅，而望之者起敬；虽不事逢迎，而见之者心服。其自奉甚薄，人多有不堪者。……其施教也，纵夺无方，激栽多术，贤愚咸获其益。室中参请，则单提祖令，横扫异踪。屹然如银山铁壁，学者多望崖而退。故说法四十余年，未尝轻有印可。生平偈颂，随叩而应，不落思议，虽色泽未敷，而识者争宝之。……

师降诞于嘉靖戊申三月念五日辰时，示寂于万历戊午正月十七日未时。世寿七十有一，僧腊四十有六。是冬建塔于本寺方丈。门弟子千有余人，惟元来开法于博山。语录二卷，甚行于世。①

这是元贤据慧经手述《行实》而作，十分可靠。据此，慧经，字无明，江西抚州崇仁人，俗姓裴氏。嘉靖二十七年（1548）三月二十五日生，九岁入乡校，年十八游上清，有隐居求仙之志。隆庆二年（1568）年二十一，寓居新城之洵溪，见《金刚经》有省，发愿学佛，至廪山，师从蕴空常忠，从学三载。读《五灯会元》，至有问如何是道，兴善惟宽答"大好山"，豁然朗悟。五年（1571）冬，年二十四，辞别廪山，结茅峨峰。一夕山境喧动，读《五灯会元》，至崇珪为岳神受戒之语，心境廓然，有偈呈廪山，得其印可，乃请廪山为祝发受具，是年为隆庆六年（1572），年二十五。

万历二十六年（1598）年五十一，众请住持宝方，自是隐居峨峰已二十八年，乃先为廪山扫塔，始行入院。虽已开法，不以师道自居，日日率众开田，有百丈之风。

万历二十八年（1600）春，师以未曾遍参为憾，乃登庐山，上武昌，

---

① 《续藏经》72 册，第 472 页上至 473 页下。

历荆襄，下中原。至少林，访常润门人无言正道（1547—1609）大师，二人系同宗同辈，正道大称赏之，留之过夏，并向当道缙绅推荐。不久，便归山。

万历二十九年（1601），复游两浙三吴，北上至五台山，访笑岩德宝门人瑞峰三际广通，有临济、灵云、赵州三颂，瑞峰大为称赏，相得如故识。居之久，次年（1602）下台山，至京师。时达观禅师居西山，本欲往参，中路闻有僧举其颂，乃曰相见已了，遂不往。至是倦游，乃归故山。

万历三十一年（1603），开堂宝方，众人以为他必然会嗣名气最大的少林正道或台山广通，及其拈香，乃嗣默默无闻的业师廪山常忠，众皆叹服。时举门人元来（1575—1630）为首座，师资道合，宾主提唱，四方禅子，闻风而至。三十三年（1605），重建宝方。

三十六年（1608）春，建阳刺史傅震南请到董岩开堂结夏，听法者近两千人。三十七年（1609）春，迁寿昌寺（在今江西黎川县洵口镇）。寿昌本为西竺本来禅师（1355—1422）道场，本来亦为抚州崇仁裴氏子，与师同乡同姓，故众视其为西竺再来。

万历四十六年（1618）正月十七日入灭，寿七十一，腊四十六。舍利五色，顶骨不坏。门人千余，时惟无异元来开法博山。

慧经大师长期在江西弘法，开创寿昌一系，对于曹洞宗的复兴功劳莫大。门人甚多，有博山元来、晦台元镜、寿昌元谧、永觉元贤等。

无异元来为慧经首徒，舒州人，俗姓沙，生于万历三年（1575），十八年（1590）年十六至五台，从静庵通出家，修空观五年，后参慧经得旨。万历二十九年（1601）至信州鹅湖，从袾宏门人鹅湖心禅师圆菩萨戒，隐居于丰城博山，次年（1602）众请住持博山能仁禅寺，年仅二十八岁。后居董岩、鼓山、大仰等，崇祯二年（1629），住持金陵天界寺，三年（1630）入灭，世寿五十六，僧腊四十一。

元来开创寿昌支系博山系，杰出门人很多，著者有博山雪关智訚（1585—1637）、古航道舟（1585—1655）、雪磵道奉（1591—1669），继主本山，栖壑道丘开创岭南西江鼎云山系，宗宝道独开创东江华首系，此外还有嵩乳道密（1588—1658）、竹山道严（1596—1653）。

晦台元镜（1577—1630），建阳人，俗姓冯，生于万历五年（1577），三十二年（1604），投虎啸岩丽空心出家，后参慧经得旨。四十六年（1618）住持东苑，泰昌元年（1620）开法一枝菴，后归隐武彝石屏岩。崇祯三年（1630）入灭，世寿五十四，僧腊二十六。

聞然元谧（1579—1649），建昌南城人，俗姓胡，生于万历七年（1579），二十七年（1599）二十一岁随父谒慧经于宝方，求剃度不允，乃到临川从金山铠落发出家，次年（1600）再投慧经，为火头。随师二十余年，尽得其法。四十六年（1618）慧经入灭，众请继任住持，顺治六年（1649）入灭，寿七十一，腊五十。

鼓山元贤（1578—1657），建阳人，俗姓蔡，早习儒业，万历四十五年（1617）始从慧经出家，次年（1618）慧经迁化，乃到博山从师兄元来受具。崇祯七年（1634），住持鼓山，八年（1635）开法于泉州开元寺。十年（1637），住持浙江杭州苕溪真寂禅院，十一年（1638）至嘉兴天宁，得舍利归真寂，十四年（1641）归闽，住持剑州宝善庵，又结夏开元，复还鼓山。顺治十四年（1657）入灭，寿八十。元贤学问渊博，著作很多，其最大的贡献是上承师兄博山元来、下启门人为霖道霈（1615—1688），开创了寿昌鼓山支系。此系后来临济与曹洞并传，近世虚云和尚（1840—1959）便出自鼓山。

道霈嗣法弟子是惟静道安（1617—1688 年），其后为恒涛大心（1652—1728）、圆玉兴五（？—1734）、象先法印（？—1775）、淡然法文（1730—1810）、常敏法淡、遍照兴隆。兴隆为福建莆田人，俗姓陈。出家前研习儒学，25 岁时依恒涛出家，习《楞严》、《法华》等经。雍正八年（1730），前往江浙等地参学，于北京参文觉禅师于觉生寺，得蒙印可。乾隆十四年（1749）春，继掌鼓山，苦心修葺，鼓山中兴。

兴隆之后至民国时期的鼓山历代住持是清淳法源、东阳界初、道源一信、继云鼎善、了堂鼎彻、慧周天智、滋亭通雨、圆智通完、鹭田通月、增辉新灼、密庵通梵、六坤通明、能持天性、云程兼忍、净空兼印（道光稿本《续修鼓山志》作彻印）、光耀天明、凤超兼飞、宗通地纬、宏志通华、奇量彻繁、今品耀华、怀忠地圣、妙莲地华（1824～1907）。

妙莲地华，福建归化人。字妙莲，号云池。道光二十四年（1844）投鼓山奇量出家，翌年依本山怀忠受具足戒。咸丰四年（1854）得法，继席鼓山。光绪九年（1883）住持漳州南山寺，十年（1884）再主鼓山法席。十七年（1891）在马来半岛槟城创极乐寺，作为鼓山下院。后回福建福州重修白塔寺，二十五年（1899）再度住持南山寺。三十年（1904）奉旨赐紫，自北京请回大藏经二部，极乐寺、南山寺各得一部。光绪三十三年（1907），于崇熙寺圆寂。地华前后住持鼓山十九年。

虚云大师兴复三宗，重光五家，临济、曹洞两宗传承源自鼓山法脉。据《虚云年谱》记载，咸丰八年（1858），礼鼓山涌泉寺常开老人披剃出家，次年受具足戒，取名古岩，法名演彻，字德清。光绪十年（1884）住江苏高旻寺，因沸水溅手、茶杯落地而开悟。光绪十八年（1892）接妙莲和尚的临济衣钵，传临济宗第四十三世；同年又承耀成和尚之曹洞宗法脉，为曹洞宗第四十七世。①

慧经门人亦有在青原弘法者，即真元本寂禅师（1575—1638）。

据黄端伯《重兴青原寂公真元和尚塔铭》，真元禅师，字本寂，福建邵武邓氏子，与邓隐峰同宗。生于万历三年（1575），早失双亲，困于科场，因发心舍妻子出家，参蟠龙庵了空和尚，勇猛精进，后募化铁佛于吉州，与邹元标（1551—1624）相识。后北走清凉山，为火头于千佛寺，复过少林寺，参无言正道。复南游普陀，遇疾，持大士名号，亲见观音入舟安慰。自南海还杭州，受具于云栖袾宏大师，时当万历三十九年（1611）三十七岁。复归江西，参无明慧经于寿昌，得其心要。邹元标请居大觉庵，忽生紫芝三株。不久净居七祖所植荆树森茂，乃入净居，以应七祖悬记，时在万历四十三年（1615）。当时净居久废，半为儒家书院，乃谋之邹元标、郭子章（1542—1618）等诸公，迁之于外。

真元禅净双修，持经灵验，中兴青原，功莫大焉。崇祯十一年（1638）入灭，寿六十四，腊三十七。门人湛公继任住持。真元禅师应七祖悬记，中兴祖庭，使曹洞一宗继南宋齐禅师之后再兴于青原。

真元之后，慧经门人晦台元镜禅师之法嗣觉浪道盛（1592—1659）名震江南，永历十一年（1657），吉州道俗请其住持青原祖庭，他因年老多病未行，便委派门人笑峰大然（1589—1660）前来住持。据张贞生《青原笑峰禅师衣钵塔铭》，大然，号笑峰，俗姓倪，名嘉庆，江苏镇江人。天启二年（1622）进士，官至户部、兵部正郎，后蒙冤下狱七年，留意宗乘。甲申国变，一心匡复。弘光元年（1645），于南京遇祖心函可，为其剃染，然祖心谦下，命其遥礼其师空隐道独为师。隆武二年（1646），从竹林颛愚（1579—1646）受具，其年夏，坐园中整理花枝，遇花刺臂，以为蜂蚤，觉而大笑，乃知心生法生。后参天界觉浪和尚，得其心法。永历二年（1648），觉浪居栖霞，师为监院。永历十一年（1657），至吉州，扫塔青原。当时祖庭虚席，师从诸护法之请，绘山图呈觉浪，请其住持，觉浪未允，乃命师住持青原。永历十三年（1659），闻觉浪入灭，乃东下金陵，次年四月十六日圆寂。世寿七十二，僧腊十六。

大然在青原三载，一心兴复祖庭，重修毗卢阁，倡建延寿堂、传心堂等，怎奈天违人愿，住持日浅，不久随师入灭，后塔于青原。

大然之后，同门大智继之住持。药地大智禅师（1611—1671），又名弘智、行远等，号药地愚者、浮山愚者，俗姓方，名以智，字密之，安徽桐城人。万历三十九年（1611）出生，崇祯十三年（1640）中进士。甲申国变后南逃，积极抗清，桂林失陷后被捕，出家为僧，永历七年（1653）投金陵天界寺觉浪道盛受具。甲辰年（1664）冬住持青原，庚戌年（1670）六十退居泰和首山陶庵。辛亥年（1671）清廷追查广东反清案件，将其逮捕，押解南行问罪，至万安舟中，慨然入灭，尽节而行。

大智禅师入主青原之时，七祖之荆再发三枝新芽，预示佛法再兴。他始为大然建衣钵塔，又建鼎薪堂、药树堂、晚对轩等，寺宇一新。他还完成了大然之遗愿，编撰《青原志略》，为复兴本山做出重大贡献。

大智以儒者入禅，故会通三教，学均东西。于宗门中，倡导禅净和合，五宗融通，而以心法为宗，曹洞为本，体现其高超的见地与精深的学养。

作为世界著名的哲学家，他学识过人，博通中西，著有《东西均》、《物理小识》、《药地炮庄》、《浮山集》等。

大智亦为明末清初儒者逃禅的典范，虽入空门，而爱国之心未衰，故为满清政权所忌，以死节而毕此生，实是爱国爱教之榜样。

明清鼎革之际，作为青原一系的曹洞宗人以多种方式对抗满清，体现了佛教徒的忠肝义胆。特别是寿昌系，博山元来之门人宗宝道独开华首派于罗浮山，门下天然函是、祖心函可皆为禅林遗民领袖，天然门人丹霞澹归与大智有交往，曾到青原探访。觉浪道盛曾经遭满清逮治下狱，而不改其志，门人中忠臣烈士不计其数。除大然、大智外，还有大汕等，亦多受清廷迫害，死节者甚多。前述慧经在家门人新城黄端伯亦为明朝烈士，弘光元年（1645）五月，南京城破，百官迎贼，独黄端伯不降，宁肯断头，不愿剃发，终于死节。

青原一系自七祖开宗以来，不仅佛智大开，还旁及民风，世智亦盛，故吉安名儒迭出，书院继起，与禅宗相表里，素有荆杏并植、儒释同盛之称，体现了佛教与世间圆融不二、佛法为社会服务的精神。

第十二章 青原系的海外传播

第一节 雪峰、云门宗的海外传播

禅宗来自印度，是东西文化传播的结果，因此一直以开放的态度对待宗教文化传播，有教无类，不分国家、种族，平等对待，这也造就了禅宗的繁荣与扩展。

青原系亦然，一直注重对外开放与传播。唐朝之时，前来中国求法的朝鲜、日本僧人很多，特别是来自朝鲜半岛的东国僧人难以计数。石头法孙仙天和尚曾有新罗僧人前来参礼，惜无名字。德山宣鉴亦接待过新罗僧人，并留下了“未跨船舷时，好与三十棒”的著名公案。德山系有新罗慧云禅师（白兆志圆法嗣），惜不见机语。

雪峰义存知名弟子之中，来自东国的便有齐云和尚灵照、福清和尚玄讷，玄讷住持泉州福清三十年，王延彬延请开法，奏赐紫衣。《景德传灯录》称还有大无为禅师，亦为雪峰法嗣，事迹不详。

据《景德传灯录》卷二十一：

> 新罗龟山和尚，有举：相国裴公休启建法会，问看经僧：“是什么经？”僧曰：《无言童子经》。公曰：“有几卷？”僧曰：“两卷。”公曰：“既是无言，为什么却有两卷？”僧无对。师代曰：“若论无言，非唯两卷。”①

如此长庆慧稜有门人新罗龟山和尚，曾代答裴休之问。有言则一卷两

---

① 《大正藏》51 册，第 376 页下、377 页上。

卷，无言则非止两卷，超出数量。从此答语，可以看出其境界之高深。依照《景德传灯录》的记事习惯，此龟山和尚应当在新罗开法，当然也是新罗人。

据《云门匡真禅师广录》卷三：

> 问新到："尔是甚处人？"僧云："新罗人。"师云："将什么过海？"僧云："草贼大败。"师云："尔为什么在我手里？"僧云："恰是。"师云："教跳。"无对。代前语云："常得此便。"又云："一任教跳。"①

云门文偃特别喜欢以新罗作比喻，或许与其这位新罗门人有关。从二人问答来看，这位新罗禅师出语不凡，与云门过招数合，不落下风。后来云门门人中未有其名，可能是后来归国传法了。

雪窦重显也多次评点这一公案，可见对其非常重视。雪窦之后，云门宗还传入越南，建立草堂禅派。

草堂禅派为越南早期三大禅派之一，属于云门宗，始创于草堂禅师。

有关草堂禅师的资料很少，大多语焉不详。《禅苑集英》唯言"升龙京，开国寺，草堂禅师传雪窦明觉派"，过于简略。

据《安南志略》，草堂禅师，随师父客居占城。昔李圣王攻占城，获之，与僧录为奴。僧录作《语录》，置上而出，师窃改之。僧录异其奴，闻于王，遂拜为国师。李圣宗征伐占城是在宋熙宁二年即李朝神武元年春（1069），获其主制矩及其众五万人，将俘虏分赐朝廷官员为奴，草堂也在其中，恰巧分给僧录，一日僧录作《语录》，置于几上而出，草堂见之，发现错误很多，便随手为之修改，僧录回来之后大惊，于是上奏圣宗，圣宗诏其赴阙，乃知草堂随其师父客居占城传法。圣宗对其十分敬佩，封为国师，担任升龙开国寺住持。

草堂禅师既然是随其师父前来占城，其师父不会是雪窦重显（980—1052）本人，而应是其门人，如此草堂禅师实为雪窦法孙。后来其师父事迹不明，可能当时已经去世了。雪窦门人很多，究竟何人携带草堂来到占

---

① 《大正藏》47 册，第 567 页中。

城，已不可考，但有可能是在明州、泉州、漳州、潮州、广州等靠近海滨之地住持者，其来越南或是受当地商人信徒邀请。

《雪窦塔铭》论及其门人时，一说"度僧七十八人"，与《建中靖国续灯录》所录一致，一说"凡百五十人，传其法于天下"，可见有两个标准，其亲度者七十八人，传其法者多至一百五十人。草堂之师应当不是最著名的雪窦门人，成就可能不是很大，否则不会连名字也传不下来，有可能是扩大版的门人之列。其来越南占城，肯定是经海路，路过岭南南海是肯定的，另外广东滨海地区到达越南最为方便，很有可能他是属于这一带的人。

草堂生卒年不详，既然他是随师前来，估计当时年龄并不很大，其时上距雪窦入灭只有十七年，他可能没有见过雪窦本人，因此其或生于庆历之初（1041），当时大概接近三十岁，由于其学识渊博，禅法精通，年龄也不会太小。

草堂只是号，不是正式的法名。

雪窦有诗云"草堂云淡竹风清"，或许草堂禅师以此自号，以纪念祖师。由于资料欠缺，只知草堂是中国人，到底是广东人还是福建、浙江人，不太清楚，然而无论如何，他到越南都要经历岭南南海，因此肯定与岭南佛教有关。

云门宗至雪窦之时，由于长期在明州海隅弘法传禅，增入了海洋佛教的气息，也具备了向海外传播的意愿，这是草堂随其师来到越南、后来建立草堂禅派的重要原因。

据《禅苑集英》，草堂禅派共传六代，第二代三人得法，即李圣宗（1023—1072）、般若禅师、遇赦居士。第三代四人，吴益参政（得法于李圣宗）、弘明（绍明）禅师（师从般若）、空路禅师（？—1119），本为无言通派第九世，兼传此宗，定觉禅师（觉海），又属无言通派第十一世。第四代四人，杜武太傅（师从吴益）、梵音禅师（师从绍明）、李英宗（1136—1175）为觉海传人，杜都禅师（师从空路）。第五代三人，张三藏禅师、真玄禅师、杜常太傅，皆为杜都传人。第六代四人，海净禅师、李高宗（1173—1220）、阮识管甲，三人皆为张三藏传人，范氏奉御（真玄传人）。[①]

---

①　释清决：《越南禅宗史论》，中国社会科学院研究生院，2001 年博士论文，第61 页。

草堂禅派是李朝最有影响的禅宗宗派,有三位皇帝和多位大臣为其传人,是名副其实的上层禅或者说是官禅。这与云门宗在中国本土的发展路径一样,但雪窦重显本人虽然由于受到其同门附马都尉李遵勖的推荐而得到紫衣,然而并未有国师的称号和礼遇,直到皇祐初年大觉怀琏才真正成为仁宗国师,但他不是雪窦的直传门人,而是属于另外的支派。

草堂最大的贡献是将《雪窦语录》传入越南,并且很快便产生了广泛的影响,草堂住持的升龙开国寺本属无言通派,这一派的圆照、智宝、明智、庄严等都喜爱并研究《雪窦语录》,其中觉海和空路还转为草堂派传人,毗尼多流支派的真空禅师也受其影响,表明其他禅派愿意接受雪窦派的云门宗思想,这是李朝上下对之最为重视的重要原因。

第二节　法眼宗的海外传播

法眼宗主要与海东有缘,法流东国。

据《景德传灯录》卷二十五:

> 高丽道峰山慧炬国师,始发机于净慧之室,本国主思慕,遣使来请,遂回故地。国主受心诀,礼待弥厚。一日请入王府上堂,师指威凤楼示众曰:"威凤楼为诸上座举扬了,诸上座还会么?傥若会,且作么生会;若道不会,威凤楼作么生不会?珍重。"师之言教未被中华,亦莫知所终。①

慧炬国师为文益门人,后为国主所请,回国弘法,国主受其心诀,礼遇优厚。他住持扬州道峰山宁国寺,影响很大,可惜机语存世不多。

据《朝鲜禅教考》卷一:

> 光宗戊辰,以僧惠居为国师,坦文为王师。②

---

① 《大正藏》51册,第414页中下。
② 《续藏经》87册,第226页上。

高丽光宗（949至975在位）戊辰，即宋开宝元年（968），这位"惠居"国师应当就是慧炬国师，慧惠通用，居炬同音，并且时代一致，当为一人。此书将其作为永明延寿三十六门人之一，世次颠倒，有误。慧炬为国师，与坦文（900—975）为王师同时，而据《高丽国运州伽耶山普愿寺故国师制赠谥法印三重大师宝乘之塔碑铭并序》，坦文为王师，是在显德二年（955）冬十月，是故慧炬为国师，亦应在此年。

慧炬开法时间不详，然灯录称"嗣子天台山德韶（吴越国师）、文遂（江南国导师）、慧炬（高丽国师）等一十四人，先出世，并为王侯礼重"[1]，表明是他在文益生前（958）开法。此说与前述一致，表明他为文益门下长老。

据《扬州宁国寺慧炬国师碑文》残部：

> 国师讳慧炬，字弘炤，俗姓卢。
> 太祖神圣大王，膺期抚运，野
> 腥，暨入觐大宋，高丽国众谓
> 经旷野，见黑象伏地而喘气
> 玄砂，如赤水手探珠而满掬
> 安、远，旅抠衣而捧袂，亲入室
> 锦幡光动摇，通照寰宇者，禅
> 纶于烟言 贺凤仪，命驲骑以

此碑仅余残部，从上述文字来看，法师名慧炬，字弘炤，俗姓卢，生活在高丽太祖神圣大王王建时期，他曾经求学于大宋（实在五代之末），高丽国众谓其德高学精，故有意请其归国传法。第四行是言其求学经历，他乘船来华，可能到过广州等南方热带地区，故经旷野，见黑象伏地喘气。下两行言其闻道于清凉文益之经历，玄砂即玄沙，是说文益传玄沙正宗于江表，得赤水之玄珠，获桂琛之心印，德侔安远，道同生肇，遂抠衣入室，为其门人。第七行是说他得文益真传，禅学精深，境界高妙，光耀中国，

---

[1] 《大正藏》51册，第400页上。

通照寰宇，成为文益门下的大禅师。末行是说光宗降纶音，命驲骑，遣使来请，求归本国，入京传法，对圣谈禅。

慧炬卒年不详，然据前述坦文之碑，坦文始为王师，后于开宝八年（975）春正月升为国师，这表明其时慧炬已然入灭，故以坦文代之。

慧炬为高丽国师二十年，地位最高。道峰院为高丽初期著名道场，地位甚高，据前引，光宗曾将其与曦阳院、高达院并列为世代相承的三大寺院之一，也表明慧炬法裔世代住持此寺，可惜其碑文不全，未闻弟子之名。至高丽明宗之时，义天法孙、教雄门人德素（1107—1174）卒葬于智勒山（道峰山）宁国寺，或许表明其时慧炬后世势力不振，道场已被天台宗占据。

据《景德传灯录》卷二十六：

> 高丽灵鉴禅师。僧问："如何是清净伽蓝？"师曰："牛栏是。"问："如何是佛？"师曰："拽出癫汉著！"①

灵鉴为文益高丽门人，其传法地点不详，可能还是在中国。清净伽蓝，何处不是；伽蓝牛栏，有何区别！青天白日，问佛作么；如此疯癫，赶紧驱出。

据《景德传灯录》卷二十五德韶国师：

> 初止白沙，时吴越忠懿王以国王子剌台州，向师之名，延请问道。师谓曰："他日为霸主，无忘佛恩。"汉乾祐元年戊申，王嗣国位，遣使迎之，申弟子之礼。有传天台智者教义寂者，屡言于师曰："智者之教，年祀寖远，虑多散落。今新罗国，其本甚备。自非和尚慈力，其孰能致之乎？"师于是闻于忠懿王。王遣使及赍师之书，往彼国缮写，备足而回，迄今盛行于世矣。②

---

① 《大正藏》51 册，第 420 页上。
② 同上书，第 407 页下。

德韶禅师（891—972）长期在天台山弘法，被视为智者后身，其时钱弘俶为台州刺史，待以师礼，德韶预言他将来必为国主，后来果然于乾祐元年（948）为吴越王，因此遣使迎之，尊为国师。天台义寂感于本宗教典散落，闻海东文本整足，便请德韶设法相助。德韶上闻忠懿王，王遣使并携国师之书，往高丽缮写，为天台宗的复兴创造了条件。这表明德韶在海东有相当大的影响，也体现了他无私的精神。当时德韶为吴越国师，同门慧炬为高丽国师，相互联络自然方便，同时更加强化了法眼宗与天台宗的关系。

据《景德传灯录》卷二十六智觉禅师延寿：

> 著《宗镜录》一百卷，诗偈赋咏凡千万言，播于海外。高丽国王览师言教，遣使赍书，叙弟子之礼，奉金线织成袈裟、紫水精数珠、金澡罐等。彼国僧三十六人，亲承印记，前后归本国，各化一方。①

永明延寿（904—975）为中国禅宗史上最为重要的大师之一，其著作宏富，当时便播于海外，高丽国王光宗观其言教，致书求为弟子，并派本国僧三十六人前来求法，皆亲承印记，归国后分化一方。可惜其三十六海东门人未留名字。

据《朝鲜禅教考》卷一：

> 至若高丽禅教，本出杭州慧日之宗。年代未远，今姑略之。
> 《佛祖通载》云：宋太祖末年，杭州慧日永明智觉禅师示寂。……彼国僧三十六人，亲承印记，归国各化一方〇慈弘案：宋太祖末年，即高丽光宗末年也。（即开宝八年乙亥）光宗戊辰，以僧惠居为国师，坦文为王师。（史云：王崇奉缁流，以为师傅。自是以后，子孙相承，世为家法，多创寺刹）此二人，亦必在三十六人中。然则高丽禅宗，皆出于杭州慧禅师矣。②

---

① 《大正藏》51册，第422页上。
② 《续藏经》87册，第225页下、226页上。

以高丽光宗之国师惠居、王师坦文为三十六之数，此说有误。据前述，惠居即慧炬国师，为文益门人，乃延寿前辈。王师坦文为华严宗匠，少时号称圣沙弥，未闻赴中国学法，且年高于延寿，不可能为其门人。

延寿确有一位门人为高丽国师，但未闻其他三十五人。

据《原州居顿寺圆空国师胜妙塔碑》，智宗（930—1018），字神则，俗姓李，全州人，长兴元年（930）出生，天福二年（937）八岁有意出家，三年（938）印度僧弘梵三藏来到高丽，住舍那寺，智宗从之落发。后三藏回印度，智宗到广化寺师从景哲。开运（碑文误作开宝）三年（946）于灵通寺官坛受具。广顺三年（953），至曦阳山师从逈超禅师。显德初，光宗"征雪岭之禅，俾伸角妙；选丹霞之佛，明示悬科"，挑选学僧入华求法，他参与此事，应选入围，但在"凡是同年，尽游西国"之时，他却未行。这次选拔学僧入华可能发生在显德二年（955），时慧炬为国师，推荐延寿，故劝光宗派人入华从之学禅，大概就是三十六人学僧同来之事。后来证真大师迴超认为他这么做不妥，他顿时醒悟，后于六年（959）夏入京请行，光宗亲自设宴饯行。他泛舟西行，"得达吴越国，先谒永明寿禅师。寿问曰：'为法来耶，为事来耶？'师云：'为法来。'曰：'法无有二，而遍沙界，何劳过海，来到这里？'曰：'既遍沙界，何妨过来！'寿公豁开青眼，优待黄头，便解髻珠，即传心印。"他从永明寺延寿二年，得其心印，后来于建隆元年（960）又到国清寺从净光大师螺溪义寂（919—987），义寂以《大定慧论》和天台教法授之。开宝元年（968）应僧统赞宁及天台县宰任埴之请，于传教院讲授《大定慧论》和《法华经》。他于开宝三年（970）回国，应光宗之请，住金光禅院，授大师号。光宗末年，加重大师。景宗践祚，除三重大师。成宗朝，加号慧月禅师，移住积石寺。穆宗时，授光天遍炤至觉知满圆默禅师之号，任佛恩寺和护国外帝释院等寺院住持。显宗时，升任大禅师，请住广明寺，进法号寂然。辽开泰二年即宋大中祥符六年（1013）秋，聘为王师，越三年，加号普化。开禧二年（1018）夏四月十七日，于原州贤溪山居顿寺坐化，春秋八十九，僧腊七十二，赠国师，谥号圆空、胜妙之塔。门人庆充、贞元、契想、惠明、惠保、得来等，建塔立碑。

智宗历受五朝崇奉，生前位至王师，卒赠国师，是当时地位崇高的大禅师，门人庆充等，亦应有相当大的影响。

　　法眼宗在吴越国影响最大，德韶号称国师，门人延寿亦非常杰出。吴越国之明州等为海上丝绸之路的重要港口，与海外商业、文化来往很多，因此法眼宗得以依靠国王的支持和商人的辅助，努力向外弘化，取得丰硕的成果。

第三节　药山、曹洞宗的海外传播

　　药山一系包括曹洞宗为青原系流传至今的最大派系，在海外传播方面成就也最大。

　　疏山匡仁门人百丈明照禅师安和尚、百丈超禅师，先后住持洪州百丈，皆为海东人。匡仁门人庆甫（868—947），据《高丽国光州曦阳县故白鸡山玉龙寺制谥洞真大师宝云之塔并序》，大师法讳庆甫，字光宗，俗姓金氏，鸠林人，咸通九年（868）出生，幼年出家于仁山寺，后师从白鸡山道乘和尚，光启元年（885）受具于月游山华严寺，参访圣住无染、崛山梵日。景福元年（892）西行入唐求法，至抚州疎山，谒匡仁和尚，仁告曰："格汝鲽海龙子耶。"庆甫升堂入室，得其心印，仁公大喜，曰：其有东流之说，西学之求者，则可与言道者，鲜矣，东人可目语者，唯子矣。他后来又参江西老善和尚。天祐十八年（921）夏归国，达全州临陂郡，初受请住南福禅院，后归白鸡山玉龙寺故地传法。清泰三年（936）秋，太祖王建一统三韩，奄有四郡，闻师之名，请入京供养。其后义恭大王惠宗、文明大王定宗皆加尊礼。天福十二年（947）入灭，春秋八十，僧腊六十二。谥洞真大师，宝云之塔。传法大弟子泉通禅师、玄可、继默等。

　　石霜庆诸一派有众多新罗禅师，石霜有门人新罗钦忠禅师、行寂禅师、朗禅师、清虚禅师，灯录未收其机缘语句。

　　朗空大师行寂（832—916）影响最大。据《新罗国故两朝国师教谥朗空大师白月栖云之塔碑铭》①，行寂始拜盐官齐安门人通晓大师梵日为师，后于咸通十一年（870）来华，受到懿宗接见，后游五台，于中台见神人，

---

　　①　李智冠：《校勘译注历代高僧碑文·高丽篇1》，第306至314页。

告其"不易远来，善哉佛子，莫淹此地，速向南方。认其五色之霜，必沐昙摩之雨"，暗示石霜为其师。行寂于是南行，先于乾符二年（875）到成都府静众寺礼无相大师影堂。后"企闻石霜庆诸和尚，启如来之室，演迦叶之宗，道树之阴，禅流所聚。大师殷勤礼足，曲尽虔诚，仍栖方便之门，果得摩尼之宝。俄而追游衡岳，参知识之禅居；远至曹溪，礼祖师之宝塔。傍东山之遐秀，采六叶之遗芳，四远参寻，无方不到。虽观空色，岂忘偏陲。以中和五年，来归故国。"行寂大概于乾符三年（876）来参石霜，得其法要，但在此时间可能不很长，"俄而"追游南岳，又到曹溪，所参之处甚多，于中和五年（885）归国。

行寂兼传梵日与石霜两个法系，门下人才众多，影响很大。

石霜门人云盖志元有门人新罗卧龙和尚。

据《景德传灯录》卷十七：

> 新罗卧龙和尚。问："如何是大人相？"师曰："紫罗帐里不垂手。"曰："为什么不垂手？"师曰："不尊贵。"问："十二时中如何用心？"师曰："猢狲吃毛虫。"①

不自尊贵，方是大人相。十二时中，日用之际，穿衣吃饭，无非用心。

志元还有门人新罗忠湛（869—940），据王建《高丽国原州灵凤山兴法寺忠湛大师塔铭》，忠湛来华后"径登云盖禅宇，虔礼净圆大师。大师是栖云壑之居，佩石霜之印。知大师远离（缺）图南，迥奋垂云之翼；豫章向上，高挥拂日之枝。大师谓曰：'汝还认其到此阶梯。'预呈其迁乔（缺二字），所以不离宝所……"其中错漏字不少，"净圆"，《景德传灯录》作"圆净"。志湛归国后影响很大，高丽太祖王建亲撰碑文，赞其"传十八代之祖宗，统三千年之禅教"，有弟子五百人。

《景德传灯录》对道虔门下似是按年龄资历排列的。新罗清院生平事迹不详，位列第二，应当为道虔早期门人。

据《景德传灯录》卷十七：

---

① 《大正藏》51 册，第 343 页中。

新罗清院和尚，问："奔马争球，谁是得者？"师曰："谁是不得者？"曰："恁么即不争是也。"师曰："直得不争，亦有过在。"曰："如何免得此过？"师曰："要且不曾失。"曰："不失处如何锻炼？"师曰："两手捧不起。"①

最为有趣的是，"奔马争球"，似是对早期打马球的描述。球如同珠，人人具足，本无欠少，争则失，不争亦有过，关键是守护保任，不可暂失。虽然本性不失，不妨修证锻炼，如何锻炼，两手捧不起，掌上观不得。

石霜门人谷山藏有三位新罗门人。

据《景德传灯录》卷十七：

> 前潭州谷山藏禅师法嗣
>
> 新罗瑞岩和尚。问："黑白两亡开佛眼时如何？"师曰："恐尔守内。"问："如何是诞生王子？"师曰："深宫引不出。"
>
> 新罗泊岩和尚。问："如何是禅？"师曰："古冢不为家。"问："如何是道？"师曰："徒劳车马迹。"问："如何是教？"师曰："贝叶收不尽。"
>
> 新罗大岭和尚。僧问："只到潼关便却休时如何？"师曰："只是途中活计。"曰："其中活计如何？"师曰："体即得，当即不得。"曰："体得，为什么当不得？"师曰："体是什么人分上事？"曰："其中事如何？"师曰："不作尊贵。"②

谷山藏门人全是新罗人，比较罕见，或许他自己也是新罗人，故与新罗来者有缘。

新罗大岭和尚，当住吉州大岭，在罗山道闲之前。有如入京朝圣主，只到潼关便却休，实为半途而废，以方便为究竟，认有余作无余，不到含元殿，不可谓到家。体得当不得，知得证不得，虽明其中事，不作尊贵想。

---

① 《大正藏》51 册，第 342 页上中。

② 同上书，第 343 页中。

石霜还有门人谷山道缘，下传高丽兢让（878—956），据《高丽国尚州曦阳山凤岩寺王师赠谥静真大师圆悟之塔碑铭并序》，兢让俗姓王，公州人，初投本州南穴院如解禅师出家，乾宁四年（897）于鸡龙山普愿精舍受具，后为西穴院杨孚禅师传人，杨孚乃是南岳一系。兢让于光化三年（900）西行，先到雪峰，后至谷山，谒石霜嫡嗣道缘和尚，问："石霜宗旨的意如何？"道缘对云："代代不曾承。"兢让言下大悟，遂传密印。龙德四年（923）兢让离开谷山，游历诸方，西经云盖，南历洞山，后于同光二年（924）归国。他归国后，四主崇奉，三度加号，影响很大。他虽然"仰石霜诸，承谷山缘"，却是以杨孚一派为正宗，自认属于沧州神鉴一系。

谷山道缘此方失载，不知是否与"谷山藏"为同一人，另外大光居海有门人谷山有缘，辈份虽然有异，住山与名字颇同。道缘至少于龙德四年（923）尚在，此时上距石霜入灭已经三十五年了，应当属于石霜晚期门人，故也有可能先从石霜，后参大光。

云居道膺在海外的影响很大，他有利严（870—936）、丽严（862—930）、迥微（864—917）、庆猷（871—921）、云住和尚、慧禅师等六位新罗门人，其中前四人号称"海东四无畏大士"，对于朝鲜佛教发展贡献相当大。

利严、丽严寿命较长，影响更大，属于高丽时期，而且二人之碑，都明确强调上代宗承属于青原石头一系。迥微、庆猷去世较早，寿命皆短，属于新罗时期，而其碑文中并未明示上代宗承。

曹洞宗于宋元之时传入日本，日本僧人道元（1200—1253）于嘉定十六年（1223）入宋，始参无际了派、浙翁如琰等，后于宝庆元年（1225）参天童如净，得如净传授，三年（1227）归国，将本宗传入日本，创立日本曹洞宗。道元之后，其法裔寒岩义尹（1217—1300）复于宝祐元年（1253）入宋，次年归国，景定五年（1264）再度入宋，师从如净门人瑞岩无外义远等，咸淳三年（1267）归国。[①] 裔孙莹山绍瑾（1268—1325）门人祖继大智于延祐元年（1314）入元，参云外云岫（1242—1324），泰定元年（1324）归国。元代宏智正觉下四世直翁德举门人东明慧日（1272—1340）

---

① 参见杨曾文：《日本佛教史》第三章第七节。

应请赴日传法，其同门云外云岫的弟子东陵永屿（1285—1365）亦于至正十一年（1351）赴日，使得南方曹洞宗在日本得到传播与弘扬。①

明初天界道成是曹洞宗的代表人物，洪武三十年（1397）诏居南京天界寺，建文四年（1402）七月成祖即位之后又奉诏到日本宣扬圣化，弘传佛法，二年归国。

曹洞宗在清代传入越南。越南僧人水月通觉于康熙三年（1664）到中国湖州凤凰山参一句智教，三年后归国，与其门人宗演真融在越南北方传播曹洞宗。一句智教属于曹洞宗云门系，为湛然圆澄裔孙，圆澄传瑞白明雪（1584—1641），明雪传紫梅净周（1597—1648），净周传智教。

法函觉峰禅师与（？—1714）与如斯克玄（？—1706）将曹洞宗传入越南南方，然影响不大。其后有大汕（1633—1705）师徒到越南南朝弘法，使曹洞宗于此植根。大汕为觉浪道盛门人，笑峰大然与无可大智之师弟，康熙三十四年（1695）应请赴越，次年秋归国，有《海外纪事》载其在越弘法经历。大汕在越南传法获得空前的成功，成为南朝国师。②

---

① 见杨曾文：《宋元禅宗史》，中国社会科学出版社 2006 年版，第 497 页。
② 见徐文明：《广东佛教与海上丝绸之路》，羊城晚报出版社 2015 年版，第 284—289 页。

附录

青原法派大事年表

唐·咸亨二年	671	行思出生。
武周·久视元年	700	石头希迁出生。
唐·景龙三年	709	行思离开曹溪，回乡开创青原山静居寺。
景云元年	710	神会离开曹溪，后至青原访行思。
先天二年	713	石头希迁初见六祖。
		六祖惠能入灭。
开元十六年	728	石头希迁于罗浮山受具。
开元二十年	732	潮州大颠出生。
开元二十六年	738	行思入灭。
		慧朗出生。
		潮州开元寺建立，标志着佛教在当地开始盛行。
开元二十七年	739	丹霞天然出生。
天宝初年	742	石头希迁来到南岳，因在南台寺东一石头上打坐修行，得名"石头"。
天宝四年	745	药山惟俨出生。
天宝六载	747	江西采访判官朱元等人为行思在山顶造龛，供奉真身。
天宝七载	748	江陵道悟出生。
天宝九载	750	鉴真和尚第五次东渡日本受阻，返回扬州路经吉州，到达净居寺。
		慧朗于本州邓林寺出家。
天宝十三载	754	慧朗云游南岳。

续表

至德二年	757	慧朗于衡岳寺受具戒，之后前往龚公山参礼马祖。
上元二年	761	江陵道悟出家，年十四。
		药山惟俨从西山慧照禅师出家。
广德二年	764	石头希迁年迈，门人请之下山住梁端弘化。
大历元年	766	丹霞天然与庞蕴相伴入京应举。
大历二年	767	颜真卿访净居寺，书"祖关"二字，后刻于山门。
大历四年	769	石头希迁为丹霞天然落发。
		药山惟俨受具。
大历五年	770	丹霞大然始居天台华顶峰。
		平田普岸出生。
大历七年	772	江陵道悟于杭州竹林寺受具。
大历八年	773	丹霞天然到径山参国一禅师道钦。
大历十年	775	丹霞天然到京城参慧忠国师。
大历十一年	776	江陵道悟于浙江余姚大梅山庵居隐修。
建中元年	780	江陵道悟到钟陵开元寺，师从马祖道一大师。
		云岩昙晟出生。
建中二年	781	三平义忠出生。
		江陵道悟至南岳问道石头希迁大师。
建中三年	782	德山宣鉴出生。
贞元元年	785	大颠自石头得法后回到广东。
贞元四年	788	伏牛山自在和尚游历京洛。
		马祖道一入灭。
贞元五年	789	大颠回到家乡潮阳，弘法三十多年，开辟众多寺宇。
		道吾圆智出生。
贞元六年	790	石头希迁入灭。
贞元七年	791	大颠在潮阳开辟灵山寺，长庆二年（822）赐额"灵山护国禅院"，宋天圣七年（1029）改名开善禅院。

贞元十年	794	三平义忠从宋州玄用律师出家。
贞元十一年	795	慧朗入灭。
贞元十五年	799	云岩昙晟受具。
贞元十六年	800	石室高沙弥出生。
贞元十七年	801	德山宣鉴受具。
永贞元年	805	夹山善会出生。
元和二年	807	三平义忠受具。
		江陵道悟入灭。
		洞山良价出生。
		石霜庆诸出生。
元和三年	808	庞居士与其女灵照入灭。丹霞天然北上龙门香山，会马祖门人伏牛山自在。
		道吾圆智受具。
元和八年	813	夹山善会出家。
元和十四年	819	韩愈参礼大颠。
		投子大同出生。
		石霜庆诸出家。
元和十五年	820	丹霞天然于南阳丹霞山结庵，归隐林泉。
		慧恭禅师出生。
长庆元年	821	时任朗州刺史李翱请崇信出世说法。
长庆二年	822	雪峰义存出生。
长庆四年	824	潮州大颠入灭。
		丹霞天然入灭。
宝历元年	825	三平义忠到漳州三平山庵居，门庭兴盛。
宝历二年	826	岩头全豁出生。
大和元年	827	仰山慧寂参吉州性空禅师。
		云居道膺出生。

大和二年	828	药山惟俨入灭。
大和三年	829	石霜庆诸受具。
大和四年	830	昙晟于云岩开法。
大和六年	832	新罗行寂出生。
大和八年	834	乐普元安出生。
大和九年	835	道场如讷出生。
		玄沙师备出生。
		龙牙居遁出生。
开成元年	836	慧恭禅师因举进士而至京师，游终南山奉日寺，睹祖师遗像，发心出家。
开成二年	837	大光居海出生。
开成三年	838	投子大同受具。
		雪峰义存出家。
会昌元年	841	庆诸继性空之席住持石霜。
		慧恭禅师受具。
		云岩昙晟入灭。
会昌三年	843	疏山匡仁出生。
		平田普岸入灭。
会昌五年	845	清平令遵出生。
		武宗灭法，史称会昌法难。
		雪峰义存至芙蓉山，从弘照大师灵训隐居。
大中二年	848	龙牙居遁于吉州满田寺出家，后往嵩山受具。
大中四年	850	船子德诚入灭。
大中五年	851	云居道膺、雪峰义存、兴化存奖同于幽州金台宝刹寺受具。雪峰得戒归乡时，顺路参投子大同。
		良价始居高安之洞山，正式开法。
大中七年	853	乐普元安受具。

		雪峰义存再度出岭游方，始参大慈寰中。
大中八年	854	长庆慧稜出生。
大中九年	855	道吾圆智入灭。
大中十年	856	龙牙居遁受具，后参翠微无学。
大中十一年	857	道膺于云居山开法。
大中十三年	859	慧寂从袁州仰山多居洪州观音院，此前雪峰、岩头来参。
咸通二年	861	玄沙师备跟随芙蓉义通禅师入山，师从芙蓉灵训弘照大师，三年后剃度。
		雪峰在德山作饭头。
咸通三年	862	新罗丽严出生。
咸通四年	863	鼓山神晏出生。
咸通五年	864	玄沙师备依江西洪州开元寺道玄律师受具。
咸通六年	865	清平令遵落发出家。
		德山宣鉴入灭。
		慧恭禅师至信州，刺史为其创建西禅院。
咸通七年	866	雪峰义存罢参归闽。
		岩头全豁始住洞庭卧龙山。
		长庆慧稜出家于苏州通玄寺。
咸通八年	867	罗汉桂琛出生。
		慧恭禅师至福州，住长溪马冠山。
咸通九年	868	镜清道怤出生。
		洞山寺得皇帝赐"咸通广福寺"额并大钟一口。
咸通十年	869	洞山良价入灭。
		新罗璨幽出生。
		新罗忠湛出生。
		新罗庆甫出生。
咸通十一年	870	龙华灵照出生。

		新罗利严出生。
		新罗行寂来华，受懿宗接见。
		义存于雪峰山出世说法。
咸通十二年	871	智朗禅师出生。
		新罗庆猷出生。
咸通十三年	872	三平义忠入灭。
		神禄禅师出生。
		玄沙师备登雪峰山，辅助雪峰说法。
咸通十四年	873	长庆慧棱受具。
乾符三年	876	乌居仪晏出生。
乾符五年	878	令逢禅师出生。
		新罗兢让出生。
		长庆慧棱入闽，始参灵云，未尽疑滞，同年再参雪峰。
		曹山本寂于江西抚州曹山开法。
乾符六年	879	玄沙师备于闽清县普应山开法。
		新罗玄晖出生。
广明元年	880	疏山匡仁始住庐陵严田山。
		师会禅师出生。
		新罗丽严受具。
中和元年	881	玄沙师备移居玄沙宝峰院，于此开法近二十年，故以玄沙自号。
		璨幽出家。
中和二年	882	严俊禅师出生。
		鼓山神晏于嵩山受具。
		新罗迥微受具。
中和三年	883	疏山匡仁住持巴山白云禅院。
中和五年	885	新罗行寂归国。

续表

光启元年	885	法眼文益出生。
光启二年	886	大宁隐微出生。
光启三年	887	岩头全豁入灭。
		道勤禅师出生。
文德元年	888	罗汉桂琛受具。
		新罗庆猷受具。
		石霜庆诸入灭。
龙纪元年	889	新罗行严受具。
大顺元年	890	行思得到朝廷的谥号，曰"洪济大师"。
		璨幽禅师受具。
		疏山匡仁始住疏山。
大顺二年	891	禾山无殷出生。
		天台德韶出生。
乾宁元年	894	令逢禅师出家，次年受具。
		智朗禅师受具。
		慧恭禅师住持紫凝山瑞龙院。
乾宁二年	895	雪峰到达泉州。
乾宁三年	896	智远禅师出生。
		新罗利严入唐。
乾宁四年	897	云门文偃参雪峰，居三年。
		禾山无殷依雪峰大师出家。
		新罗兢让受具。
光化元年	898	清平令遵应鄂州节度使杜洪之请住持清平山安乐院。
		圆通缘德出生。
		新罗玄晖受具。
		乐普元安入灭。
光化二年	899	玄沙师备住持卧龙山安国院。

		师会禅师受具。
		归柔禅师出生。
		绍岩出生。
光化三年	900	云门文偃进入江西。
		新罗兢让入唐。
天复元年	901	曹山本寂入灭。慧霞继任曹山住持。
天复二年	902	云居道膺入灭。
天复三年	903	慧恭禅师入灭。
		大光居诲入灭。
天祐元年	904	瑞岩师彦入灭。
		青林师虔入灭。
		石门献蕴入灭。
		法眼文益受具于越州开元寺。
		永明延寿出生。
天祐二年	905 年	新罗迥微归国。
天祐三年	906	清皎禅师出生。
		长庆慧棱应泉州刺史王延彬邀请于招庆院出世说法，师弟道殷禅师等随行。
		新罗玄晖入唐。
天祐四年	907	道怤归岭再参雪峰，同年回乡，住持越州镜清。
后梁·开平二年	908	雪峰入灭。
		玄沙师备入灭。
		神晏于鼓山涌泉寺开法。
		香林澄远出生。
开平三年	909	长庆慧棱住福州西院。
		罗汉桂琛于闽城地藏院开法。
		新罗利严归国。

开平四年	910	双峰竟钦出生。
		禾山无殷受具。
		同安常察受具。
乾化元年	911	云门文偃到达曹溪，后至灵树为首座，结束游方。
乾化二年	912	道场如讷入灭。
乾化三年	913	月轮住持抚州黄山。
乾化四年	914	投子大同入灭。
		师会禅师住持罗汉院。
贞明元年	915	智远禅师受具。
贞明二年	916	归柔禅师投本府兴福院光法师出家，次年受具。
		新罗行寂入灭。
		报恩清护出生。
贞明三年	917	新罗迥微入灭。
	917	保福从展始于漳州出世开法。
杨吴·武义元年	919	清平令遵入灭。
武义二年	920	疏山匡仁入灭。
		风穴延沼参道怤。
龙德元年	921	璨幽住持三郎寺。
		九峰道虔入灭。
		新罗庆猷入灭。
龙德二年	922	道怤离开越州镜清院，灵照继任住持。
顺义三年	923	令逢禅师辞别黄龙到蕲州，于月峰结庵，号"南禅"。
		龙牙居遁入灭。
同光二年	924	兢让归国。
天成元年	926	罗汉桂琛应王延休之请住持漳州罗汉院，同年，法眼文益归入门下。
乾贞元年	927	光睦住持吉州南源山。

乾贞二年	928	令逢禅师入灭。
		保福从展入灭。
		罗汉桂琛返回闽城地藏院旧址，同年去世。
后唐·天成四年	929	双峰竟钦受具。
		云居道齐出生。
长兴元年	930	道诠禅师出生。
		智宗禅师出生。
		新罗丽严入灭。
		义犎于明招法会得悟。
长兴三年	932	长庆慧稜禅师入灭。
		新罗利严建灵峰广照寺，为禅宗九山之一。
长兴四年	933	乌居仪晏五十八岁时，始从括苍山德岩禅师出家受具。
清泰二年	935	法眼文益于抚州崇寿院开法。
清泰三年	936	新罗利严入灭。
后晋·天福二年	937	镜清道怤入灭。
天福三年	938	智宗禅师出家。
天福四年	939	鼓山神晏入灭。
		西峰云豁出生。
南唐·升元六年	941	法眼文益受南唐始祖李昪之请，住持金陵报恩。
后晋·天福七年	942	师会禅师得晋高祖赐紫衣。
天福八年	943	大阳警玄出生。
开运元年	944	师会得"法相"师号。
开运三年	946	智宗禅师受具。
		师会禅师入灭。
后汉·天福十二年	947	龙华灵照入灭。
		智朗禅师入灭。
乾祐二年	949	智作禅师由建州白云移居金陵奉先。

		高丽璨幽入京说法。
南唐·保大八年	950	惟旷禅师受到李璟召见，入京说法，赐住金陵龙光，得师号"寂照"。
保大九年	951	李璟召隐微入京住龙光。
		光睦禅师奉诏入京，赐号"慧观禅师"。
		行修禅师入灭。
保大十一年	953	悟空禅师休复入灭，文益继之住持清凉大道场。
后周·广顺三年	953	智踪禅师至曦阳山师从迥超禅师。
显德元年	954	永明道潜住持慧日永明寺，为开山始祖。
显德二年	955	慧炬为高丽国师。
显德三年	956	智远为复州刺史及道俗所请，住持复州东禅院，于此度众二十二载。
		高丽兢让入灭。
显德四年	958	法眼文益入灭。
		璨幽禅师入灭。
显德六年	959	清平令遵被敕封为法喜禅师，塔号"善应"。
		清凛住持澄心堂。
		智宗禅师西行来华。
		了宗智岳住持鼓山，为第三世。
北宋·建隆元年	960	永明延寿禅师中兴灵隐寺，是法眼宗住持灵隐寺之始。
		禾山无殷入灭。
		智宗禅师至国清寺师从净光大师螺溪义寂。
建隆二年	961	大宁隐微入灭。
		永明道潜入灭。
		清耸接替永明延寿住持灵隐寺。
		大阳警玄受具。
建隆三年	963	道诠离开延寿，至江西庐山开先寺。

		云门文偃门人竟钦、契本、常宝护送其真身入内供养。
乾德元年	964	道诠结茅于牛首峰。
		文遂禅师被李煜延请,接替神晏门人清护禅师入住金陵长庆。
乾德四年	966	严俊禅师入灭。
乾德五年	967	归柔禅师应村民胡可传等始请住赵横山慧通禅院。
		了悟清鄂住持鼓山,为第四世。
乾德六年	968	清禀住持洞山。
		智宗禅师应僧统赞宁及天台县宰任埴之请讲授《大定慧论》和《法华经》。
开宝三年	970	崇寿院第四代住持法安禅师入灭。
		报恩清护入灭。
		智宗禅师回国,应高丽光宗之请住金光禅院。
		云居道齐门人瑞岩义海出生。
		南安自严出生。
开宝四年	971	清耸住持灵隐之时,受钱王之命重建福建宁德支提山华严寺。
		文益门人杭州真身宝塔寺绍岩入灭。
开宝五年	972	道诠受南唐洪州帅林仁肇之请,居九峰隆济院,并奉师号。
		天台德韶入灭。
开宝八年	975	永明延寿入灭。
		高丽国师慧炬入灭。
		净德冲煦入灭。
太平兴国元年	976	神禄禅师入灭。
		道勤禅师入灭。
		清球禅师住持鼓山,为第五世。
太平兴国二年	977	智远禅师入灭。

		圆通缘德入灭。
		双峰竟钦入灭。
太平兴国三年	978	警玄住持大阳。
		洞山自宝出生。
太平兴国五年	980	雪窦重显出生。
太平兴国九年	984	道诠受南康知军张南金邀请，住持庐山归宗寺。
		契愚禅师继道诠任九峰住持。
		归柔禅师入灭。
太平兴国八年	985	道诠禅师入灭。
雍熙三年	986	天竺子仪入灭。
端拱元年	988	仪晏奉宋太宗诏请入京供养。
淳化元年	990	仪晏入灭。
淳化二年	991	浮山法远出生。
淳化三年	992	崇寿契稠入灭。
淳化四年	993	清皎禅师入灭。
		天衣义怀出生。
		资圣盛勤出生。
至道二年	996	宝昭正觉禅师应丞相张齐贤之请住江陵府承天禅院。
至道三年	997	云居道齐入灭。
咸平五年	1002	雪窦重显受具。
景德二年	1005	延珊禅师到达灵隐寺，礼文胜为师。
景德三年	1006	守诠移居洞山，在此五年，大新栋宇。
景德四年	1007	浮山法远受具。
		明教契嵩出生。
		大觉怀琏出生。
大中祥符二年	1009	真宗遣使迎请西峰云豁入京，赐号圆净禅师。
大中祥符三年	1010	守诠住持庐山栖贤宝觉禅院。

续表

		晓聪住持洞山。
		祖印行林住持庐山罗汉禅院。
大中祥符四年	1011	云豁禅师居大中祥符寺。
大中祥符六年	1013	高丽智宗被聘为王师。
大中祥符八年	1015	西峰云豁入灭。
天禧二年	1018	延珊禅师受马侍郎之请开法，住持灵隐寺。
		高丽智宗入灭。
天禧四年	1020	雪窦重显到灵隐寺，担任立僧。
		明教契嵩受具。
		慧林宗本出生。
乾兴元年	1022	大阳警玄委托临济宗之浮山法远代传衣钵。
		雪窦重显住持苏州洞庭翠峰。
天圣二年	1024	雪窦重显住持雪窦。
		义怀门人延恩法安出生。
天圣三年	1025	台州瑞岩义海入灭。
天圣四年	1026	文胜禅师入灭。
天圣五年	1027	大阳警玄入灭。
		圆通法秀出生。
		天衣义怀住持无为军铁佛禅院。
天圣七年	1029	觉海若冲出生。
天圣八年	1030	洞山晓聪入灭。
明道元年	1032	投子义青出生。
		佛印了元出生。
景祐二年	1035	五祖师戒入灭。
		大通善本出生。
景祐三年	1036	怀琏门人径山维琳出生。
		慈觉宗赜出生。

宝元元年	1038	投子义青于本州妙相寺出家。
庆历三年	1043	芙蓉道楷出生。
		参寥道潜出生。
庆历五年	1045	圆通法秀试经得度受具。
庆历六年	1046	投子义青试经得度。
庆历七年	1047	投子义青受具。
		广教守讷出生。
庆历八年	1048	楚才住持禾山寺。
皇祐元年	1049	通理恒策出生。
		通圆法颐出生。
皇祐二年	1050	德章禅师继任灵隐住持。
		怀琏奉诏住持京师十方净因禅院，得号大觉禅师。
皇祐三年	1051	南安自严入灭。
皇祐四年	1052	雪窦重显入灭。
皇祐五年		义怀住持池州秋浦景德禅院。
至和元年	1054	幼旻接任灵隐寺住持。
		洞山自宝入灭。
嘉祐三年	1058	大洪报恩出生。
嘉祐四年	1059	幼旻禅师入灭，将灵隐寺付予弟子云知慈觉。
		契嵩受紫衣。
		佛印了元住持江州承天。
嘉祐五年	1060	资圣盛勤入灭。
		延恩法安住持临川黄山如意院。
嘉祐六年	1061	契嵩携著作入京。
嘉祐七年	1062	浮山法远夜梦青鹰入手，次日投子义青来参。
		契嵩得明教大师之号，著作赐入大藏。
嘉祐八年	1063	义怀住持吴江圣寿禅院。

治平元年	1064	投子义青于浮山法远处得悟。
		天衣义怀入灭。丹霞德淳出生。
治平二年	1065	契嵩住持杭州佛日山净惠禅院。
治平四年	1067	投子义青辞别浮山法远,离山游方。同年,浮山法远入灭。
		云居晓舜入灭。
熙宁三年	1070	宝觉务周住持金山寺。
熙宁四年	1071	妙湛思慧出生。
		枯木法成出生。
熙宁五年	1072	大洪守遂出生。
		明教契嵩于灵隐寺永安院入灭。
熙宁六年	1073	投子义青受太守杨公之请,住持白云山海会禅院。
		芙蓉道楷出家。
		天钵重元住持东京广济寺。
熙宁七年	1074	芙蓉道楷受具。
熙宁九年	1076	大洪报恩出家。
		鹿门法灯出生。
		佛慧法泉住持越州柯山灵岩寺。
熙宁十年	1077	佛慧法泉住持衢州南明。
元丰元年	1078	天钵重元入灭。
元丰二年	1079	大洪报恩受具。
		大洪庆预出生。
元丰三年	1080	义青住持投子。
		圆通法秀受王安石之请住持蒋山太平兴国禅寺。
元丰四年	1081	青州希辨出生。
元丰五年	1082	芙蓉道楷归本乡马鞍山,于沂州仙洞山出世说法。
		守智住持云盖,直至元祐六年(1091)。
		佛印了元住持金山。

元丰六年	1083	投子义青入灭。
元丰七年	1084	大洪守遂依本乡南岩院自庆法师出家。
		延恩法安入灭。
		圆通法秀奉诏住持东京法云寺。
		慈觉宗赜从法秀剃度。
元祐元年	1086	宝觉务周入灭。
		圆照宗本辞任，同门若冲继之住持慧林。
元祐二年	1087	佛慧法泉住持蒋山太平兴国禅寺。
元祐三年	1088	真歇清了出生。
元祐四年	1089	慧林宗本入灭。
		照堂了一出生。
元祐五年	1090	圆通法秀入灭。
		月堂道昌出生。
元祐六年	1091	宏智正觉出生。
		雪窦宗珏出生。
		大觉怀琏入灭。
元祐七年	1092	通理恒策与崇昱等住持石经山云居寺。
元祐八年	1093	灵隐方丈圆明正童将白云庵划归清觉居住，是白云宗之始。
		通理恒策开放戒坛，以所得施钱交门善定续刻石经，至次年，共刻经四十帙。
绍圣元年	1094	报恩受韩缜之请住持少林。
		苏东坡岭南，路过金陵，参佛慧法泉。
		觉海若冲入灭。
		洪愿出生。
绍圣二年	1095	报恩应随州知州范纯仁之请住持洪山。
绍圣三年	1096	佛慧法泉入灭。
绍圣四年	1097	自得慧晖出生。

		甘泉行通出生。
元符元年	1098	大洪守遂受具，开始游方。
		真歇清了出家。
		佛印了元入灭。
		通理恒策入灭。
建中靖国元年	1101	宏智正觉出家。
		佛国惟白上所著《建中靖国续灯录》，徽宗制序。
崇宁元年	1102	照堂了一出家受具。
		石窗法恭出生。
崇宁二年	1103	大洪报恩应驸马张敦礼之请住持东京法云禅寺。
		大洪庆预受具。
崇宁三年	1104	大洪报恩离开法云禅寺，先至嵩山，后到郢州大阳山。
		芙蓉道楷受诏住持十方净因禅院。
		宏智正觉受具。
		通圆法磧入灭。
崇宁四年	1105	自觉禅师于大乘山普严禅院出世说法。
		真歇清了试经得度。
		足庵智鉴出生。
崇宁五年	1106	报恩复坐大洪道场，守遂来参，后担任寺主。
		真歇清了受具。
		长芦宗磧入灭。
大观元年	1107	芙蓉道楷住持天宁万寿禅院。
		自觉禅师受宋徽宗召命，继道楷之后住持十方净因禅院。
大观二年	1108	宏智正觉开始游方。
		真歇清了参丹霞德淳得悟。
		真定洪济禅院住持法琼奏请免除二税外差科役钱。
大观三年	1109	大通善本入灭。

大观四年	1110	石门元易始住邓州招提寺。
政和元年	1111	大洪报恩入灭。
		开封府尹李孝寿为芙蓉道楷赐紫衣及师号，道楷坚持不受，因此获罪流放淄州。
政和二年	1112	道楷获释，刘奉世为道楷买田于芙蓉湖，故以此为号。
政和三年	1113	宏智正觉参丹霞德淳得悟。
		真歇清了至真州，为长芦祖照侍者，逾年任首座。
政和四年	1114	云盖守智受潭州帅周穜之请住持开福，次年入灭。
		大明法宝出生。
		性圆出生。
政和五年	1115	妙湛思慧住持东京智海。
政和七年	1117	芙蓉道楷住持兴化禅寺。
		大洪庆预住持水南太平兴国禅院。
		法灯住持鹿门政和禅寺。
		善锐、善定等穿地为穴埋藏石经。丹霞德淳入灭。
政和八年	1118	守遂受太守袁灼之请住持双泉禅院，不久改主水南禅院。
		芙蓉道楷入灭。
		真歇清了住持长芦。
宣和元年	1119	径山维琳入灭。
		越南草堂派空路禅师入灭。
宣和三年	1121	宏智正觉于大洪山寺任首座。
		慧照庆预住持大洪。
		王山觉体出生。
		普照慧浃出生。
宣和四年	1122	宏智正觉至庐山，任圆通禅院阐提惟照会下首座。同年被长芦清了请为首座。
		广教守讷入灭。

宣和五年	1123	真歇清了开堂说法。
宣和六年	1124	宏智正觉住持泗州普照王寺。
宣和七年	1125	徽宗南巡，到泗州普照王寺观礼。
		洪济法琼与门人晦堂洪俊北上燕京，住持银山宝岩寺。
靖康二年	1127	大洪守遂退居德安，应太守李济之请住持延福禅院。
		宏智正觉住持舒州太平，又住江州圆通、能仁。
		鹿门法灯入灭。
南宋·建炎二年	1128	宏智正觉退居云居山，其年又住持长芦。
		枯木法成入灭。
		金兵破青州，希辨随至燕京，初住奉恩寺，后住华严寺，再住仰山栖隐。
建炎三年	1129	正觉住持天童。
		真歇清了至明州梅岑普陀，礼拜观音。
建炎四年	1130	真歇清了见正觉，同年住持雪峰。
	1132	法宝投磁州寂照庵祖荣出家。
	1133	清安善英出生。
绍兴五年	1135	大洪守遂退居东堂，不久应请住持大洪山。
绍兴六年	1136	真歇清了住持四明阿育王广利寺。
		雪岩善满出生。
		妙湛思慧住雪峰。
绍兴七年	1137	自得慧晖开法普陀。
绍兴八年	1138	真歇清了住持禅居寺。
绍兴十年	1140	大洪庆预入灭。
		希辩再领万寿。
		法宝试经受具。
		觉体礼汾阳惠众院净慧大师出家。
绍兴十二年	1142	普照慧浃受具。

绍兴十三年	1143	照堂了一应叶梦得之请住持福州黄蘗。
		觉体试经得度。
绍兴十四年	1144	妙湛思慧自雪峰退居。
		洪愿出家，依佛觉法琼受具，号通慧圆明大师。
绍兴十五年	1145	妙湛思慧入灭。
		法琼入灭，谥祐国佛觉大师，五处建塔。
		真歇清了住持径山。
绍兴十六年	1146	雷庵正受出生。
		仰山退居希辨作白瀑院圆正（1067—1134）灵塔记。
		晦堂洪俊住持长庆寺，号佛智护国大师。
绍兴十七年	1147	大洪守遂入灭。
绍兴十九年	1149	青州希辨入灭。
		法宝住持山东灵岩。
		圆通祖朗出生。
绍兴二十年	1150	真歇清了归长芦。
		法宝住持仰山栖隐。
绍兴二十一年	1151	真歇清了入灭。
绍兴二十四年	1154	照堂了一住持径山。
绍兴二十五年	1155	照堂了一入灭。
		月堂道昌住持径山。
		法宝南还滏阳，侍养业师祖荣，住均庆西寺旧基，辟为精庐。
绍兴二十七年	1157	宏智正觉入灭，次年诏谥宏智禅师，塔号妙光。
		祖朗依圆通广善出家。
绍兴二十九年	1159	月堂道昌住持灵隐，授妙行大师。
绍兴三十年	1160	法宝住交城王山。
绍兴三十一年	1161	月堂道昌自灵隐退居。

		觉体辞别法宝，法宝以玉环和偈颂赠之。
		洪愿入灭，子金世宗为其建塔于垂庆寺。
绍兴三十二年	1162	雪窦宗珏入灭。
		法宝所居得大明寺额，故称大明法宝。
		觉体所住得圆明禅院号。
隆兴元年	1163	长翁如净出生。
		晦堂洪俊主持扩建大延圣寺。
隆兴二年	1164	自得慧晖继如湛住持雪窦。
乾道元年	1165	觉体于圆明禅院开堂，后兼领天宁禅寺。
		甘泉行通入灭。
乾道二年	1166	万松行秀出生。
		月堂道昌住持净慈。
大定十年	1170	祖朗受具。
乾道七年	1171	月堂道昌入灭。
		觉体自汾阳天宁退席。
乾道八年	1172	法宝住嵚岹。
乾道九年	1173	大明法宝入灭。
		王山觉体入灭。
		圆通广善作《圆通全行大师碑》。
淳熙三年	1176	自得慧晖奉诏住持净慈。
淳熙六年	1179	普照慧浃入灭。
淳熙七年	1180	慧晖自净慈退居，师弟法恭以雪窦还之，复居瑞岩。
淳熙八年	1181	石窗法恭入灭。
	1182	性圆入灭。
淳熙十年	1183	自得慧晖入灭。
	1185	善英住持辽阳大清安寺，为第九世。
淳熙十三年	1186	万松行秀受具。

续表

	1188	清安善英入灭。
绍熙三年	1192	足庵智鉴入灭。
金·明昌六年	1195	万安广恩出生。
明昌七年	1196	虚照弘明出生。
南宋嘉泰元年	1201	雷庵正受上所著《嘉泰普灯录》三十卷。
		万安广恩门人崇旬出生。
金泰和二年	1202	净照禅师住持渔阳香林禅寺。
金泰和三年	1203	雪庭福裕出生。
泰和六年	1206	雪岩善满入灭。
		万松行秀住持仰山栖隐。
		复庵圆照出生。
南宋嘉定元年	1208	雷庵正受入灭。
		万松行秀住持古冀。
		云峰从檀出生。
金大安元年	1209	虚静广实灵塔建成。
金贞祐二年	1214	万安广恩受具。
兴定元年	1217	华严至温出生。
兴定二年	1218	福安住持十方净惠罗汉禅院。
兴定三年	1219	云峰从檀从万松行秀出家。
兴定四年	1220	福安为先师净照所作《香林十咏》立石。
兴定五年	1221	复庵圆照受具。
嘉定十五年	1222	圆通祖朗入灭。
嘉定十六年	1223	日本道元入宋。
嘉定十五年	1224	雪庭福裕受具。
宝庆元年	1225	道元参天童如净。
宝庆三年	1227	道元归国。
绍定元年	1228	志奥住持大觉寺。

		华严至温从寂照门人辨菴讷出家。
元太宗二年	1230	万松行秀邀请广恩于万寿寺登坛说戒。
太宗三年	1231	广恩受邀住持开元寺。
太宗八年	1236	灵隐文泰出生。
淳祐元年	1241	金山庆恩出生。
南宋淳祐二年	1242	云外云岫出生。
		崇旬从万安出家受具。
元·乃马真后二年	1243	万安广恩入灭。
乃马真后四年	1245	还源福遇出生。
		崇旬住持德州慈恩。
定宗元年	1246	万松行秀入灭。
	1248	雪庭福裕诏住和林兴国，授都僧省。
元宪宗元年	1251	忽必烈派近侍率甲士千人为广恩禅师营葬。
宪宗二年	1252	虚照弘明入灭。
南宋宝祐元年	1253	东谷妙光入灭。
		日本曹洞宗僧人寒岩义尹入宋。
		雪庭福裕任元朝都僧省。
宝祐二年	1254	寒岩义尹归国。
中统元年	1260	雪庭福裕赐光宗正法禅师之号，住持大都万寿寺。
中统二年	1261	金山庆恩受具。
景定四年	1263	损庵洪益出生。
景定五年	1264	寒岩义尹再度入宋，师从无外义远。
		九圣道坚出生。
		金山庆恩西行云游。
咸淳元年	1265	万山行满出生。
咸淳三年	1267	寒岩义尹归国。
		华严至温入灭。

续表

至元五年	1268	金山庆恩至大圣安寺参礼玉溪渊。
至元八年	1271	诏天下释子大集京师，雪庭福裕门人占三分之一。
咸淳八年	1272	东明慧日出生。
		林泉从伦诏入内殿，与元世祖及帝师讲禅。
咸淳九年	1273	淳拙文才出生。
至元十二年	1275	雪庭福裕入灭。
至元十三年	1276	金山庆恩始住涞水金山寺。
至元十七年	1280	万山行满至仰山栖隐，师从泽庵济公。
至元十八年	1281	林泉从伦于大都悯忠寺梵烧道藏伪经。
		万山行满始事素庵本琏。
至元二十年	1283	崇句入灭。
元·至元二十二年	1285	东陵永璵出生。
		万山行满受具。
		云峰从檀入灭。
至元二十六年	1289	灵隐文泰入灭。
至元二十七年	1290	万山行满受素庵本琏印可得法。
大德元年	1297	无印大证出生。
大德三年	1299	损庵洪益住持宝林寺。
大德四年	1300	金山庆恩与本寺都功德主光禄大夫大司徒阿尼哥建成白玉石千佛舍利宝塔，林泉从伦撰塔记。
大德七年	1304	万山行满住持仰山栖隐。
大德十一年	1307	损庵洪益住持法王寺。
		万山行满号佛慧镜智普照大禅师。
至大二年	1309	金山庆恩入灭，赠圆融广慧大师。
至大四年	1311	损庵洪益住持大开元寺。
皇庆元年	1312	万山行满授银青光禄大夫、司空。
皇庆二年	1313	还源福遇入灭。

延祐元年	1314	日本曹洞宗僧人祖继大智入元。
		庆恩门人福仁继福愿住持金山寺。
延祐六年	1319	云山慧从授荣禄大夫、大司空。
	1321	松庭子严出生。
泰定元年	1324	祖继大智归国。
		云外云岫入灭。
		淳拙文才住持少林。
泰定三年	1326	银山九圣禅寺住持道坚施五百贯供佛，副寺戒开、监寺道勤提点。时宝岩寺住持为远山长老普序。
天历二年	1329	淳拙文才住持邓州香严。
至元元年	1335	凝然了改出生。
至元六年	1340	东明慧日入灭。
		损庵洪益入灭。
至正五年	1345	淳拙文才再度住持少林。
		有旨以金泥写大藏经于福元寺，由云山慧从校正。
至正十一年	1351	东陵永璵赴日传法。
至正十二年	1352	淳拙文才入灭。
		云山慧从归隐红螺山大明寺。
至正十三年	1353	天界道成出生。
至正二十一年	1361	无印大证入灭。
至正二十五年	1365	东陵永璵入灭。
至正二十七年	1367	天界道成出家受具。
明·洪武十年	1377	觉初祖心出生。
洪武十五年	1382	天界道成任青州僧纲。
洪武十六年	1383	俱空契宾出生。
洪武二十四年	1391	松庭子严入灭。
洪武三十年	1397	天界道成任僧录司右讲经，住持南京天界寺。

建文四年	1402	成祖即位后，道成奉诏到日本宣化传法。
永乐元年	1403	天界道成归国，加左善世。
永乐六年	1408	天界道成奉旨于钟山建普度大斋，升座说法。
永乐九年	1411	俱空契宾参少林凝然了改。
永乐十一年	1413	天界道成入北京，奉旨于大庆寿寺建斋。
永乐十八年	1420	无方可从出生。
永乐十九年	1421	凝然了改入灭。
宣德三年	1428	天界道成南归天界寺西庵养老，内臣护送。
宣德七年	1433	天界道成入灭。
正统五年	1440	拙庵性成出生。
正统九年	1444	归源可顺出生。
正统十四年	1449	俱空契宾住持少林。
景泰四年	1452	俱空契宾入灭。
景泰六年	1454	月舟文载出生。
天顺五年	1461	觉初祖心入灭。
		归源可顺门人古梅祖庭出生。
成化十年	1474	无方可从住持少林。
成化十一年	1475	奇峰祖元出生。
成化十九年	1483	无方可从入灭，门人拙庵性成继任少林住持。
成化二十三年	1487	拙庵性成自少林退居，古山可仙继席。
弘治九年	1496	古山可仙入灭，归源可顺继任少林住持。
弘治十二年	1499	归源可顺入灭。
弘治十三年	1500	小山宗书出生。
弘治十四年	1501	拙庵性成入灭。
		古梅祖庭住持少林。
正德五年	1510	月舟文载住持少林。
		古梅祖庭入灭。

正德九年	1514	廪山常忠出生。
嘉靖九年	1530	月舟文载入灭。
嘉靖二十年	1541	敬堂法忠出生。
嘉靖二十六年	1547	无言正道出生。
嘉靖二十七年	1548	无明慧经出生。
嘉靖二十九年	1550	洪断诸缘出生。
嘉靖三十一年	1552	慈舟方念出生。
嘉靖三十二年	1553	宁州禅师与师弟天文智满率众于安福武功山开创九龙山胜佛禅林。
嘉靖三十六年	1557	奇峰祖元入灭。
		味白常慧出生。
嘉靖四十年	1561	湛然圆澄出生。
嘉靖四十三年	1564	寒灰慧喜出生。
嘉靖四十五年	1566	九龙胜佛禅林建成。
隆庆元年	1567	小山宗书入灭。
		首山常元出生。
隆庆二年	1568	无明慧经依蕴空常忠出家。
		云隐常月出生。
隆庆五年	1571	无明慧经于峨峰结庵。
隆庆六年	1572	无明慧经受具。
	1573	知悟常亨出生。
万历三年	1575	真元本寂出生。
		无异元来出生
万历五年	1577	晦台元镜出生。
万历六年	1578	永觉元贤出生。
万历七年	1579	闻然元谧出生。
		慈舟方念年二十八，得幻休常润付法。

		洪断诸缘住持北京西山万佛堂。
万历十二年	1584	瑞白明雪出生
万历十三年	1585	少室幻休常润入灭。
		雪关智誾出生。
		古航道舟出生。
万历十六年	1588	廪山常忠入灭。
		嵩乳道密出生。
万历十九年	1591	雪磵道奉出生。
万历二十年	1592	觉浪道盛出生。
万历二十二年	1594	慈舟方念入灭。
万历二十四年	1596	竹山道严出生。
		彼岸海宽出生。
万历二十五年	1597	紫梅净周出生
万历二十六年	1598	无明慧经住持宝方院。
万历二十八年	1600	无明慧经游历各地，访常润门人无言正道大师。
万历二十九年	1601	无明慧经再度出游，经一年，乃归故山。
万历三十年	1602	无异元来住持博山能仁禅寺。
万历三十一年	1603	无明慧经于宝方再度开堂。
		破闇净灯出生。
万历三十二年	1604	晦台元镜受具。
万历三十六年	1608	无明慧经受建阳刺史傅震南之请到董岩开堂结夏。
万历三十七年	1609	无明慧经迁住寿昌寺。
		无言正道入灭。
万历三十九年	1611	真元本寂受具。
		药地大智出生。
万历四十年	1612	洪断诸缘自云居山退席回京。
万历四十三年	1615	真元本寂住净居寺。

		为霖道霈出生。
万历四十四年	1616	觉浪道盛受具。
万历四十六年	1618	无明慧经入灭。
泰昌元年	1620	敬堂法忠入灭。
天启元年	1621	洪断诸缘入灭。
天启六年	1626	湛然圆澄入灭。
崇祯二年	1629	无异元来住持金陵天界寺。
		云隐常月入灭。
崇祯三年	1630	晦台元镜入灭。
		无异元来入灭。
崇祯五年	1632	首山常元入灭。
崇祯七年	1634	永觉元贤住持鼓山。
崇祯八年	1635	栖壑道丘访六祖新州故里，路过端州鼎湖，有栖身之志。
		永觉元贤于泉州开元寺开法。
崇祯九年	1636	栖壑应请住持鼎湖山庆云寺。
		弘赞在犙礼栖壑受具足戒。
		天然函昰祝发出家。
崇祯十年	1637	雪关智訚入灭。
崇祯十一年	1638	真元本寂入灭。
崇祯十二年	1639	天然函昰受具足戒。
		寒灰慧喜入灭。
崇祯十四年	1641	道独受请住持罗浮山华首台，以函昰为首座，函可为都寺。
		瑞白明雪入灭。
崇祯十五年	1642	刻《华首语录》，天然开法南海诃林。
崇祯十六年	1643	弘赞住英德县西来山，著《四分律名义标释》四十卷。
		味白常慧入灭。
弘光元年	1645	笑峰大然礼空隐道独为师。

续表

隆武二年	1646	笑峰大然从竹林颛愚受具。
永历二年	1648	觉浪道盛居栖霞寺，笑峰大然为监院。
		紫梅净周入灭。
永历三年	1649	闻然元谧入灭。
永历四年	1650	知悟常亨入灭。
永历七年	1653	药地大智投觉浪道盛受具。
		竹山道严入灭。
顺治十二年	1655	古航道舟入灭。
顺治十三年	1656	宗宝道独至广州海幢寺。
顺治十四年	1657	宗宝道独助钱谦益编辑《憨山大师全集》，得鼎湖栖壑禅师藏本。
		永觉元贤入灭。
		笑峰大然住持青原祖庭。
顺治十五年	1658	栖壑道丘示寂。
		弘赞继栖壑住持鼎湖山庆云寺。
		嵩乳道密入灭。
顺治十六年	1659	宗宝道独住海幢，同年门人剩人函可入灭。
		觉浪道盛入灭，同年笑峰大然入灭。
		破闇净灯入灭。
顺治十八年	1661	宗宝道独入灭。
康熙三年	1664	药地大智住持青原。
		越南僧人水月通觉到湖州凤凰山参一句智教。
康熙五年	1666	陈公孺请弘赞住持宝象林。
		彼岸海宽入灭。
康熙八年	1669	雪硐道奉入灭。
康熙九年	1670	药地大智退居泰和首山陶庵。
康熙十年	1671	药地大智因清政府迫害，慨然入灭，尽节而行。

续表

康熙二十七年	1688	为霖道霈入灭。
康熙三十四年	1695	大汕应请到越南南方传法。
康熙三十五年	1696	大汕归国。
康熙四十二年	1703	焦山定慧寺碧岩祥洁出生。
康熙四十四年	1705	大汕遭受清廷迫害，押解至常山入灭。
康熙四十五年	1706	在越南南方传法的曹洞宗僧人如斯克玄入灭。
康熙五十三年	1714	在越南南方传法的曹洞宗僧人法函觉峰入灭。
乾隆二年	1737	敏修福毅复主焦山定慧寺。
乾隆二十一年	1756	巨超清恒出生。
乾隆三十年	1765	碧岩祥洁入灭。
乾隆五十二年	1787	巨超清恒住持焦山定慧寺。
嘉庆三年	1798	墨溪海荫出生。
道光四年	1824	妙莲地华出生。
道光十五年	1835	巨超清恒入灭。
道光二十年	1840	虚云大师出生。
道光二十七年	1847	月辉了禅住持焦山。
咸丰九年	1859	月辉了禅入灭。
同治五年	1866	墨溪海荫入灭。
光绪三十三年	1907	妙莲地华入灭。

青原法派传承世系略表

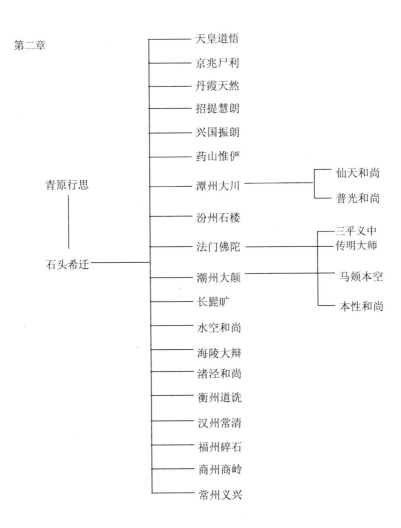

第二章

青原行思

石头希迁

天皇道悟
京兆尸利
丹霞天然
招提慧朗
兴国振朗
药山惟俨
潭州大川 — 仙天和尚 / 普光和尚
汾州石楼
法门佛陀
潮州大颠 — 三平义中 / 传明大师 / 马颊本空 / 本性和尚
长髭旷
水空和尚
海陵大辩
渚泾和尚
衡州道诜
汉州常清
福州碎石
商州商岭
常州义兴

第三章

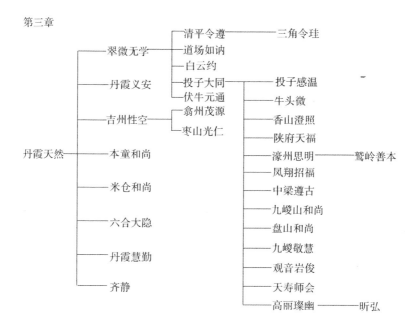

第四章

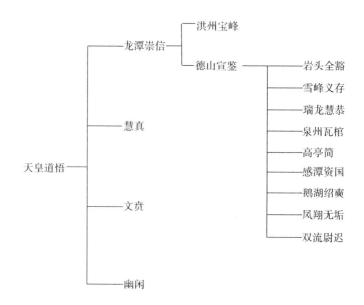

第五章

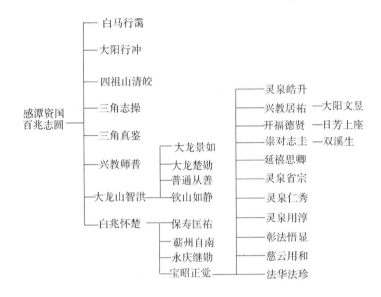

第六章

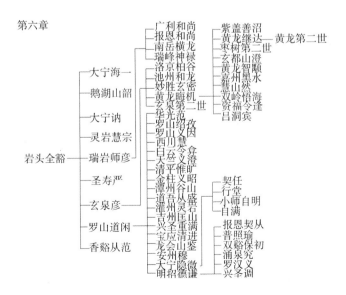

第七章

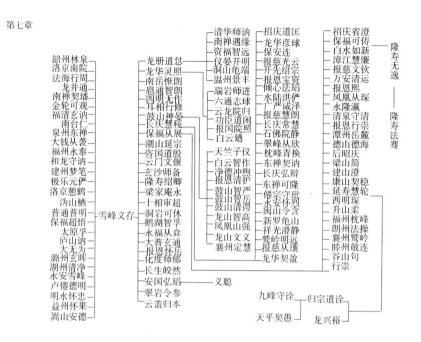

第八章

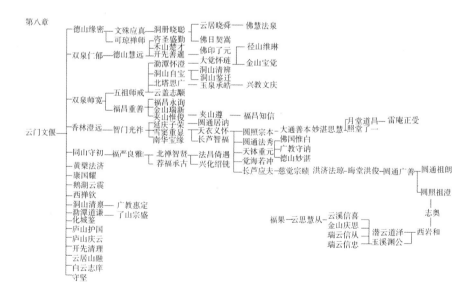

第九章

第十章

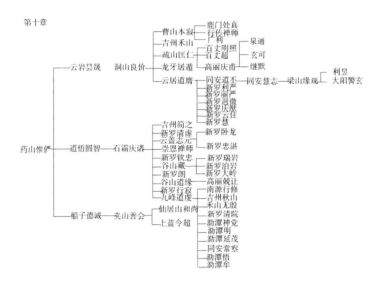

第十一章

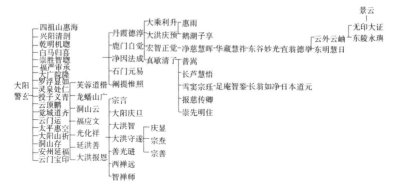

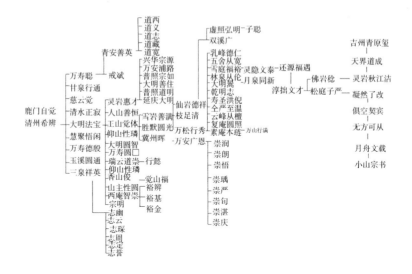

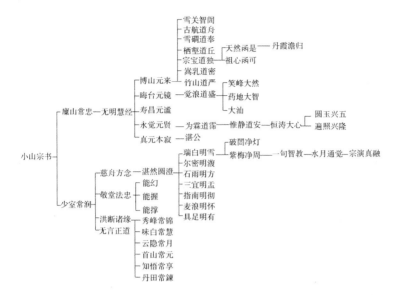

与吉州相关禅师列表

法名	生卒年	与吉州渊源			
		出生	出家求法	住持开法	游学参礼
青原行思	671－738	吉州安城人		709 年回到家乡开创青原山净居寺	
石头希迁	700－790		开元十六年（728）到吉州青原山依行思参学		
鉴真和尚	688－763			天宝九年（750）到净居寺参礼	
法登	不详	吉州安福人		大历间（766－780）开创吉州龙须山资国院	
药山惟俨	745－828			曾到江西青原山游历	
丁行者	不详		曾访天然门人吉州性空		
薯山慧超	不详			东寺如会门人，住吉州	
性空禅师	不详			大和之初（827）于吉州开法，在吉州孝义寺长期演教	
洞山良价	807－869			开法之后到吉州参访	
石霜庆诸	807－888	吉州新淦人			

法名	生卒年	与吉州渊源			
		出生	出家求法	住持开法	游学参礼
曹山本寂	840－901			初住吉州吉水曹山，乾符五年（878）离开	
龙牙居遁	835－923		大中二年（848）在吉州满田寺出家		
行传禅师	不详	青原人	吉州石钟院出家		
吉州禾山和尚	不详			洞山门人	
疏山匡仁	843－920	吉州庐陵郡淦阳人		出家开法都在吉州庐陵	
灵岩慧宗	不详			始居吉州灵岩，后住禾山	
新罗大岭和尚	不详			石霜门人谷山藏新罗门人，在罗山道闲之前住吉州大岭	
罗山道闲	生于大中四年（850）前后			昭宗之初（889）寻游吉州青原山并在此长期住持	
崇恩禅师	不详			石霜门人，吉州住持开法	
吉州简之禅师	不详			石霜门人，吉州开法	
大宁隐微	886－961	吉州新淦人，宋建隆三年（962）二月葬于吉水			
龙须山道殷	卒于南唐开国（937）之后		天祐之末（907）到吉州住持龙须山资国院		

法名	生卒年	与吉州渊源			
		出生	出家求法	住持开法	游学参礼
惟旷真寂	（888 后——951 前）			住持吉州清平	
吉州匡山		有可能出生于吉州		亦有可能先在吉州住持	
禾山无殷	891 – 960			顺义二年（922），中兴禾山寺，在吉州禾山时间至少有十六年	
行修禅师	不详			乾贞元年（927）住持吉州南源山	
法安慧济禅师	开宝三年（970）入灭	吉州太和人			
归宗道诠	930 – 985	吉州安福人			
潮山延宗	不详			雪早期峰门人，住持吉州潮山寺	
云豁禅师	（935 后—1011 后）	江西吉州永和人			
云居清锡	不详			初住持吉州龙须山广平院，后住云居山	
黄山良匡禅师	不详	吉州人			
禅智禅师	生于（990—1000）间，卒于1079 前			受宰相、时任洪州知州的刘沆（995 – 1060）之礼重，住持禾山	
妙湛大师法安	不详			政和元年（1111）从祥符寺移居庐陵禾山寺	
文遂禅师	咸平三年（1000）左右生			开法于吉州止观院，是南唐末期地位最高的禅师	
吉州仙居山和尚	不详			夹山善会门人	

法名	生卒年	与吉州渊源			
		出生	出家求法	住持开法	游学参礼
吉州秋山和尚	不详			九峰道虔门人，住持于吉州	
青原齐禅师	生于元祐二年（1087）左右			南宋之初绍兴年间（1131－1162）到青原山住持，为曹洞宗住持青原第一人	
吉州青原玺禅师	不详			明代曹洞宗流传青原的代表人物，传记不存	
真元本寂	1575－1638			曾募化铁佛于吉州，万历四十三年（1615）入净居	
笑峰大然	1589－1660			永历十一年（1657）至吉州扫塔青原，得师觉浪应允住持青原，入灭后建塔于青原	
药地大智	1611－1671			甲辰年（1664）冬住持青原，编撰《青原志略》	

参考文献

《大般涅槃经》，大正藏 12 册

《六祖大师法宝坛经》，大正藏第 48 册

《云门匡真禅师广录》，大正藏 47 册

《镇州临济慧照禅师语录》，大正藏 47 册

《晦堂慧远禅师广录》，大正藏 47 册

《密庵和尚语录》，大正藏 47 册

《筠州洞山悟本禅师语录》，大正藏 47 册

《抚州曹山元证禅师语录》，大正藏 47 册

《佛果圜悟禅师碧岩录》，大正藏 48 册

《宗镜录》，大正藏 48 册

《禅源诸诠集都序》，大正藏 48 册

《万松老人评唱天童觉和尚颂古从容庵录》卷三，大正藏 48 册

《释氏稽古略》，大正藏 49 册

《佛祖历代通载》，大正藏第 49 册

《宋高僧传》，大正藏 50 册

《景德传灯录》，大正藏 50 册

《游方记抄》，大正藏第 51 册

《传法正宗记》，大正藏 51 册

《禅林僧宝传》，大正藏 51 册

《庐山记》，大正藏 51 册

《镡津文集》，大正藏 52 册

《角虎集》，卍新纂续藏经 62 册

《宗门十规论》，卍新纂续藏经 63 册

《智证传》，卍新纂续藏经 63 册

《心赋注》，卍新纂续藏经 63 册

《禅门宝藏录》，卍新纂续藏经 64 册

《祖庭事苑》，卍新纂续藏经 64 册

《禅宗颂古联珠通集》，卍新纂续藏经 65 册

《祖庭钳锤录》，卍新纂续藏经 65 册

《宗鉴法林》，卍新纂续藏经 66 册

《宗门拈古汇集》，卍新纂续藏经 66 册

《正法眼藏》，卍新纂续藏经 67 册

《拈八方珠玉集》，卍新纂续藏经 67 册

《佛果击节录》，卍新纂续藏经 67 册

《释氏通鉴》，卍新纂续藏经 67 册

《普觉宗杲禅师语录》，卍新纂续藏经 68 册

《古尊宿语录》，卍新纂续藏经 68 册

《开福道宁禅师语录》，卍新纂续藏经 69 册

《庞居士语录》，卍新纂续藏经 69 册

《应庵昙华禅师语录》，卍新纂续藏经 69 册

《云门匡真禅师广录》，卍新纂续藏经 69 册

《白云守端禅师语录》，卍新纂续藏经 69 册

《无门慧开禅师语录》，卍新纂续藏经 69 册

《痴绝道冲禅师语录》，卍新纂续藏经 70 册

《投子义青禅师语录》，卍新纂续藏经 71 册

《无明慧经禅师语录》，卍新纂续藏经 72 册

《永觉元贤禅师广录》，卍新纂续藏经 72 册

《为霖禅师旅泊庵稿》，卍新纂续藏经 72 册

《憨山老人梦游集》，卍新纂续藏经 73 册

《玄沙师备禅师语录》，卍新纂续藏经 73 册

《玄沙师备禅师广录》，卍新纂续藏经 73 册

《隆兴编年通论》，卍新纂续藏经 75 册

《武林西湖高僧事略》，卍新纂续藏经 77 册

《补续高僧传》，卍新纂续藏经 77 册

《五家正宗赞》，卍新纂续藏经 78 册

《天圣广灯录》，卍新纂续藏经 78 册

《建中靖国续灯录目录》，卍新纂续藏经 78 册

《联灯会要》，卍新纂续藏经 79 册

《禅林僧宝传》，卍新纂续藏经 79 册

《罗湖野录》，卍新纂续藏经 83 册

《续灯正统目录》，卍新纂续藏经 84 册

《佛祖纲目》，卍新纂续藏经 85 册

《宗统编年》，卍新纂续藏经 86 册

《缁门世谱》，卍新纂续藏经 86 册

《云卧纪谭》，卍新纂续藏经 86 册

《林间录》，卍新纂续藏经 87 册

《林间录后集》，卍新纂续藏经 87 册

《宗教律诸宗演派》，卍新纂续藏经 88 册

《石门文字禅》，嘉兴藏 23 册

《赵州和尚语录》，嘉兴藏 24 册

《雪关禅师语录》，嘉兴藏 27 册

《蔗庵范禅师语录》，嘉兴藏 36 册

《频吉祥禅师语录》，嘉兴藏 39 册

《东山梅溪度禅师语录》，嘉兴藏 39 册

《宗门统要正续集》，永乐北藏 155 册

《幻有传禅师语录》乾隆藏 153 册

《全唐文》，清董诰等编，上海古籍出版社 1990 年版

《唐刺史考全编》，郁贤浩，安徽大学出版社 2000 年

《全元文》，李修生主编，江苏古籍出版社 1999 年

吴任臣：《十国春秋》，徐敏霞、吴莹点校本，中华书局 1983 年版

中国东方文化研究会历史文化分会编：《历代碑志丛书（全 25 册）？第一册》，江苏古籍出版社，1998 年 4 月

《校勘译注历代高僧碑文：高丽篇1》，李智冠译注，伽山佛教文化研究院 2003 年

青原山志编纂委员会编：《青原山志》，方志出版社 2011 年

茗山主编：《焦山志》，方志出版社 1999 年

岑学吕编：《云门山志》，云门山大觉禅寺印

林大春编：隆庆《潮阳县志》，上海古籍书店 1963 年

杨曾文：《唐五代禅宗史》，中国社会科学出版社 1999 年

杜继文、魏道儒：《中国禅宗通史》，江苏古籍出版社 1993 年

赖永海主编：《中国佛教通史》，江苏人民出版社 2010 年版

张美兰：《祖堂集校注》，商务印书馆 2009 年

叶德荣：《宗统与法统：以嵩山少林寺为中心》，广东人民出版社 2010 年

纪华传：《明清鼓山曹洞宗文献研究》，社会科学文献出版社 2014 年

徐文明：《中土前期禅学史》，北京师范大学出版社 2013 年

徐文明：《顿悟心法》，金城出版社 2010 年

徐文明：《唐五代曹洞宗研究》，中国社会科学出版社 2012 年

徐文明：《广东佛教与海上丝绸之路》，羊城晚报出版社 2015 年

论文：

王荣国：《雪峰义存的生平考述》，载《纪念雪峰义存圆寂 1100 周年学术研讨会论文集》

王荣国：《唐大安禅师生平考》，《中国佛教史论》146 页，宗教文化出版社 2008 年

王荣国：《文益禅师在闽参桂琛的年代、因由、地点与卓庵处考辨》，《世界宗教研究》，2002 年第 1 期

谢重光：《也谈文益禅师参桂琛的地点和年代——与王荣国同志商榷》，《世界宗教研究》，2003 年第 1 期

李庆新：《唐代高僧大颠事迹考述》，载《六祖惠能思想研究》澳门大学 1997 年

符永利、罗洪彬：《南充青居山佛教文化遗存初探》，乐山师范学院学

报 2015 年第 1 期

徐文明：《雪峰义存生平中的几个问题》，载《纪念雪峰义存圆寂 1100 周年学术研讨会论文集》，中国社会科学出版社 2010 年

徐文明：《赵州从谂生平研究》，载《中国禅学研究》上册，中州古籍出版社 2012 年

徐文明：《德山与洞山二支关系初探》，北京大学学报 2001 年第 4 期

徐文明：《大宁隐微禅师略考》，《宗教学研究》2006 年第 4 期

后　记

经过半年多的努力，终于到了要写后记的阶段，这就意味着又一个艰苦的学术工程进入尾声了。

去年夏天，中国人民大学哲学院的张风雷教授和历史学院的刘后滨教授约我到人大，与江西吉安市青原区委的程以金书记见面，商谈《青原法派研究》一书的启动工作。张教授和我是多年的老朋友，刘教授是江西吉安人，与程书记同乡，朋友、同行、同事、同乡，法归因缘，共同的善缘促成了我与程书记的结识，也促成了我最终答应担起写作此书的重任。

说实话，当时我心里颇为犹豫，因为我正在全力写作《广东佛教与海上丝绸之路》，每天都很辛苦，一件工作尚未完成，就接下一任务，肯定有很大压力，而且这本书的时间要求更急，难度更大。然而，程书记的热忱最终说服了我，我还是咬牙答应下来。从程书记殷切期待的目光中，我看到了青原人希望自己家乡的优秀传统文化得到系统整理和充分挖掘的心愿，也感受到了青原行思大师造福桑梓的弘愿，作为一个研究禅宗多年的学者，尽一份自己的努力完成这部既有学术价值、又有现实意义的著作，又何尝不是我的本份事呢。

天下禅宗，盛在江湖，南岳青原，五宗之源。青原行思大师，为六祖惠能大师嫡传门人，得曹溪正脉，归乡传禅，开法青原，后得石头希迁，为玉麒麟，开真金铺，下出天皇道悟、药山惟俨、丹霞天然三大系，天皇系后出雪峰义存，开云门宗、法眼宗，药山系出曹洞宗，支派流衍，风行天下。青原系不仅在国内与南岳系并肩，还很早就传到朝鲜半岛与越南，并且东至日本，近世更是遍及欧美，天下共传。

青原系影响之大、流传之广，天下共知，然而由于种种原因，对于青原系的全面研究开展不足，尚无一本能全面系统反映青原法派完整脉络和特点的书籍。"为策应吉安市委、市政府'三山一江一城'旅游发展战略，打造吉安中心城区休闲大花园的战略部署，青原区委、区政府决定大力推动青原山的文化、旅游发展，通过整理青原法脉，大力挖掘禅宗文化，编撰出书，进而宣传青原山，提高青原区乃至整个吉安市的知名度和美誉度。"这是青原策动这一研究项目的初衷，也体现了青原人民建设美好家乡的良好愿望。

当然，本书的意义不限于此。当前中国倡导一带一路，主张文明互鉴，提倡宗教中国化，而禅宗恰恰正是符合这些国家战略目标的样板与典范，禅宗从达摩祖师传入中国，正是经过海上丝绸之路，在其北上的过程中，也行经江西，青原系禅宗的外传，也是丝绸之路文化传播的重要组成部分。禅宗是外来宗教本土化、中国化成功的典范，是印度佛教的精华与中国文化的精髓的完美结合，其中不存在着谁吃掉谁、谁为主导的问题，而是一种水乳交融、珠联璧合、相得益彰的关系。青原法派传到朝鲜半岛、日本、越南等地，也很好地完成了本土化，将中国禅宗的精华与当地文化相结合，同样是本土化的样板。因此，研究青原法派，对于配合国家战略，促进中国与邻国的友好往来，同样具有积极的重要的价值。

佛教的中国化，主要是与本土的儒家文化和道家道教文化的融合，进而构成儒、释、道三教一体的中国文化格局。江西吉安一带，不仅佛教禅宗文化发达，道教、儒家同样非常繁荣，青原山及附近的武功山等，都是佛道并盛的名山，事实上这里也是中国文化三教互动融合的样板。研究好青原文化，可以见微知著，窥一斑而知全豹。

青原素有荆杏同参、佛儒并盛的传统，这也造就了青原法派爱国爱教的优秀传统。民族英雄文天祥起兵抗元之际，曾到青原山与禅师交谈，此后以身殉国，也体现了禅宗大无畏的精神，无愧于儒者中的禅师。抗清志士、哲学家大智禅师（方以智）晚年住锡青原，成为青原系晚期本山最有影响的巨匠，是禅师中的儒士。这两位典型都是中华民族的精英，是中国文化的代表，也是青原法派的骄傲。

本书的写作，也是个人禅宗研究计划的重要组成部分。我发愿将禅门五宗进行系统研究，如今已经出版了《唐五代曹洞宗研究》，《云门宗》将要截稿，《青原法派研究》的写作过程中，我对于三宗有了更深的认识，也为此后三宗的研究打下了更好的基础。虽属私心，不得不表。

本书的写作过程十分艰苦，确实是时间紧、任务重、困难大。初稿写作用了四个月，又经过两个多月的补充完善，完成四十万字的书稿，十分紧张。青原法派支派众多，可以借鉴的资料却不多，只能依据原始文献，反复琢磨，难点颇多。经常于三四点时开始工作，最后的感觉，除了累，还是累，这是消耗生命铸就的书稿，这样的事我以后不会再接了。

法不孤起，本书亦是众缘和合。感谢青原区区委、区政府的大力支持，特别是程书记的关心帮助，还有宣传部杨彩霞部长、青原山管委会蔡玫主任两位女菩萨的悉心协助。

感谢中国佛教协会副会长、江西佛教协会会长纯一法师为本书题辞。

感谢青原山净居寺方丈妙安法师，妙安法师继承五宗法脉，得体光、本焕、一诚、传开、佛源、灵意等长老传授，为虚云法孙，曹洞宗第五十二代传人。他继体光长老之后住持青原，光大宗门。他为本书的问世提供了很多帮助，还邀请作者加入由他主持的江西省宗教交流协会立项项目《青原法脉研究》。

感谢中国社会科学出版社的冯春凤老师，她也是我的老朋友，帮忙出了我的多本著作。

由于时间紧迫，能力不足，本书还有不少遗憾。本书部分内容引用了作者以前的研究成果，个别地方消化不够，或有雷同之处，来不及精雕细刻和提升改进。此外，青原法派是一个庞大的禅宗法系，没有办法在如此短的时间内都照顾到，特别是本应大书特书的大智法师，限于学力与时间，本书只能是点到为止。尽管已是尽力而为，遗漏错误之处亦在所难免。

本书图表部分主要由学生完成，后经我审订。我的硕士生张翔宇帮忙完成了《大事记》，法派传承图表由高黎、丁先锋完成。博士生刘田田、余世成完成了部分原文的断句标点。高黎、余世成通读全文，仔细校对，贡献尤多。感谢他们的辛勤劳动，其中错漏由我负责。

业师楼先生不辞高龄，命笔为序，足见老婆心切，自是怜儿不觉丑。老先生的大家风范与人格魅力令我感慕不已，可惜资质不够，虽然亦步亦趋，也只能瞠乎其后。

吉安旧称庐陵，又名吉州，素有文章节义之邦之美誉。此地物华天宝，人杰地灵，不仅有行思大师，还有欧阳修、胡诠、周必大、杨万里、文天祥、杨士奇、解缙、罗钦顺、邹元标这样的杰出人物。我在吉安作过一个学术报告，提出"吉祥吉安，清凉青原"之口号。近年吾师喜以对联表法，小子也不免效颦，亦有一联："吉州吉水吉祥地，净土净心净居天"，以此供养吉安人民和有缘众生。

徐文明

2016 年 5 月